理论建构与实证调查：
北京冬奥会背景下的冰雪运动参与

李树旺◎著

新华出版社

图书在版编目（CIP）数据

理论建构与实证调查：北京冬奥会背景下的冰雪运

动参与 / 李树旺著 . -- 北京：新华出版社，2024. 8.

ISBN 978-7-5166-7549-6

Ⅰ . G862；G863

中国国家版本馆 CIP 数据核字第 20247XY811 号

理论建构与实证调查：北京冬奥会背景下的冰雪运动参与

作者： 李树旺
责任编辑： 蒋小云
出版发行： 新华出版社有限责任公司

（北京市石景山区京原路 8 号　邮编 :100040）

印刷： 北京亚吉飞数码科技有限公司

成品尺寸： 170mm × 240mm　1/16	**印张：** 25.5　　**字数：** 457千字
版次： 2025年4月第1版	**印次：** 2025年4月第1次印刷
书号： ISBN 978-7-5166-7549-6	**定价：** 96.00元

微店　　　　视频号小店　　　京东旗舰店　　　微信公众号

喜马拉雅　　　小红书　　　　淘宝旗舰店　　　企业微信

前　言

　　自 2017 年始,本人荣幸地获得了主持并深度介入多项聚焦于冬奥会及冰雪运动领域的课题研究工作的宝贵机会。这些研究议题广泛覆盖体育学、社会学、教育学、经济学等多个学科领域,且深度契合国家层面的重大战略需求及当前社会广泛关注的热点议题。在研究逐步深入、持续推进的过程中,本人与团队同仁始终坚守探索精神,勇于面对挑战,不懈努力奋斗,最终取得了一系列具有鲜明特色及高度代表性的研究成果。本书正是根植于这些前期研究工作的坚实基础之上,依托近年来本人在课题研究中精心积累的大量丰富素材与独到见解,经过系统性的梳理与全面性的总结而得以最终编纂成书。

　　北京,这座古老而现代的城市,作为冬奥会这一全球瞩目的体育盛事的主办城市,承载着推动冰雪运动普及与发展的核心愿景。然而,必须正视的现实情况是,对于广大国民而言,冰雪运动仍相对陌生,普及程度有待提升;同时,在体育学这一专业领域内,冰雪运动研究亦处于相对薄弱的状态,亟待加强。正是在此复杂而紧迫的背景下,《理论建构与实证调查:北京冬奥会背景下的冰雪运动参与》这一著作的面世具有重要的时代价值与现实意义。

　　本书紧密围绕北京冬奥会的宏大背景,紧跟国家层面推动冰雪运动普及的强劲社会潮流,不仅详尽而深入地阐述了本课题的研究背景、研究目的及研究意义,还系统性地构建了冰雪运动参与等基础性概念框架,提炼并总结了冰雪运动参与研究的理论基础与整体架构,充分展现了较高的理论价值与学术贡献。同时,本书在坚实的理论支撑基础之上,精心组织并开展了三次全国范围内的冰雪运动参与数据收集工作,在此过程中,科学归纳并总结了冰雪运动参与社会调查的研究方法、主要研究发现及研究结论,为深入理解冰雪运动参与现象提供了有力的数据支撑。此外,本书还紧密结合具体生动的案例,对研究成果进行了深入细致的剖析与广泛深入的讨论,旨在进一步推动冰雪运动理论的深化发展,并为相关政策的科学制定与有效实施提供有益的参考依据与决策支持。

回顾整个研究历程，本人深切体会到冰雪运动在促进全民健康水平提升、推动体育产业繁荣发展、增强国家文化软实力等方面所发挥的不可替代的重要作用。然而，在冰雪运动快速蓬勃发展的同时，仍面临诸多亟待解决的突出问题与挑战。本书的编纂出版，旨在为广大读者提供一个全面系统、深入细致的知识框架与实践指南，以期为推动冰雪运动事业的持续健康发展贡献绵薄之力。

尤为值得一提的是，本书所取得的各项研究成果并非孤立存在，而是相互关联、相互印证，共同构筑了一个完整系统、逻辑严密的知识体系，为深入理解冰雪运动参与的本质特征、内在规律及发展趋势提供了有力的理论支撑与实践指导，并为未来的研究工作指明了前进方向。同时，本人也热切期盼未来能有更多有志之士投身此领域的研究工作，共同为冰雪运动的发展贡献智慧与力量，携手开创冰雪运动事业更加美好的未来。

最后，衷心感谢所有给予我坚定支持、无私帮助与热情鼓励的领导、同事、朋友及家人。在未来的研究工作中，本人及团队成员将继续坚守严谨求实、务实创新、锐意进取的科研精神，不断探索新的研究领域与研究方法，为推动冰雪运动的繁荣发展与国家决策的科学化进程贡献更多的智慧与力量。同时，本人也热切期待与广大专家、学者及读者开展更加深入广泛、务实有效的交流与合作，携手并肩，共同推动我国体育事业不断迈上新的台阶，开创更加辉煌灿烂的明天。

李树旺

2024 年 10 月 31 日

目　录

第一章 导 论

第一节 研究背景与意义

一、研究背景

北京 2022 年冬奥会和冬残奥会是中国首次举办的冬季奥运会,北京是世界历史上首次在同一座城市举办夏季奥运会和冬季奥运会的城市,成为了世界上独一无二的"双奥之城"。奥林匹克运动的发展历史清晰地告诉世人,现代奥林匹克运动会已不再是一项简单的体育赛事,而是一个超大规模的、综合性的世界盛会,一个文化盛会。每一届夏奥会或冬奥会都给举办城市、举办国乃至国际奥林匹克运动留下丰富而宝贵的物质遗产和精神遗产。所以,如何借主办冬奥会契机推动冰雪运动普及和发展,塑造并可持续地开发北京冬奥会奥运遗产,是一个广受国际社会关注的重要议题。在这个背景下,借主办北京冬奥会的契机推动奥林匹克文化在中国大地再次复燃,并推动大众冰雪运动的普及和发展,对于北京冬奥会的利益相关方而言具有深刻而又广泛的意义。

(一)顺应奥林匹克运动潮流,契合奥林匹克精神内涵

《奥林匹克 2020 议程》(简称"《议程》",下同)代表当代奥林匹克运动的发展方向和目标,在《议程》的"可持续性""鼓励社区参与""体育与文化融合"等条款中都内含了鼓励大众参与的价值取向,体现了奥林匹克运动对人的自身发展的人文关怀。在申办冬奥会时,习近平总书记就向国际社会宣告,"3 亿人上冰雪"是北京冬奥会的一个重要战略目标。

显然，带动更多人参与冰雪运动既是我国对国际社会的庄严承诺，也是顺应国际奥林匹克运动发展潮流，契合奥林匹克文化和精神内涵的重要体现。

（二）服务国家发展战略，推动全民健身运动广泛开展

北京申办冬奥会成功后，习近平、李克强、张高丽、刘延东等党和国家领导人多次就冬奥会的组织工作作重要批示，强调要将北京冬奥会纳入国家发展战略，希望北京冬奥会与京津冀协同发展战略相契合，与北京城市发展相协调，并以此为契机推进供给侧结构性改革。2017年2月，在北京市考察期间，习近平再次强调："人生幸福快乐，强身健体十分重要。中国是一个13亿多人口的大国，体育是重要的社会事业，也是前景十分广阔的朝阳产业。我们申办北京冬奥会，一个重要目的就是推动我国冰雪运动快速进步，推动全民健身广泛开展。我们提出，要努力带动更多人参与冰雪运动，北京冬奥会是一个重要推动，对冰雪运动产业也是一个重要导向。"2019年9月2日，国务院办公厅印发的《体育强国建设纲要》，把推进冰雪运动发展作为"落实全民健身国家战略，助力健康中国建设"的突破口，把冰雪运动发展纳入体育强国战略框架的重要内容。显然，党和国家领导人的指示精神深刻阐释了普及冬季冰雪运动、促进大众冰雪运动参与对于实现冬奥会目标与国家发展战略实现对接和融合的重要桥梁和支撑作用。但与世界冰雪强国相比，我国仍存在竞技水平不高、群众参与面不广、产业基础薄弱等问题[①]。所以，提高我国大众冰雪运动的参与水平，厚植我国冰雪运动发展基础，是落实全民健身国家战略工作举措的重中之重，同时也是实现"体育强国"战略的重要途径。因此，提高冰雪运动的大众参与不仅成为解决我国冰雪运动发展瓶颈问题之关键，也是贯彻实施国家发展战略的现实需要。

（三）提升人民群众幸福感，疏解冰雪运动可持续参与的困境

党的二十大报告指出，要把"以人民为中心"作为一切工作的出发点和落脚点，更加强调人民群众获得感、幸福感。冰雪运动作为服务于人

---

① 中共中央办公厅、国务院办公厅. 关于以2022年北京冬奥会为契机大力发展冰雪运动的意见[EB/OL].[2019-03-13].http://www.gov.cn/gongbao/content/2019/content_5383712.htm.

民美好生活需要的重要载体,被一些重要产业部门列为核心内容,在提升新时代人民群众幸福指数、助力人民美好生活追求方面肩负着重要使命。中国人民大学"北京冬奥会语境下大众冰雪运动参与现状与影响因素的实证研究"(2016)课题组、"北京冬奥会语境下大众冰雪运动参与的实证研究"(2015)课题组和中国人民大学科研基金"北京学校体育冬季冰雪项目开展与奥林匹克教育的实证研究"课题组等科研团队对北京市大众冰雪运动参与和北京居民申奥的社会心态进行了三年实证调查。调查数据显示,北京居民支持北京申办冬奥会(2014:91.5%;注:俄罗斯索契冬奥会,73%;薛福岐①,2014),喜爱冰雪运动(2014:85%;2015:89.2%),然而,参加并体验过冰雪运动的比率仍处于较低的水平(2014:55.1%;2015:57.3%;2016:58.8%)。在冬奥知识和运动知识的测评中,仅有28.1%的居民对冰雪运动知识和冬季奥运会的资讯比较了解,经常观看冰雪运动表演和冬奥会比赛的比例仅为32%。综合来看,北京居民支持国家举办冬奥会,对于冬季冰雪运动具有朴素的运动喜好,冰雪运动在城市文化中具有较为深厚的民意基础,但同时存在运动参与意识、参与行为等方面的问题,如何将大众意愿转化为参与行为同样是需要借主办冬奥会契机着力解决的重要问题。所以,满足民众对冰雪运动参与的需求,不断提升广大人民群众的幸福指数,是需要政府、社会、市场、个体协调配合才能达成的冬奥会目标。

(四)实现利益相关方愿景,推动中国社会全面稳定发展

2017年1月至5月,中国人民大学"北京2022年冬奥会和冬残奥会利益相关方体验愿景研究"课题组就北京冬奥会利益相关方体验愿景进行了系统的实证研究。研究表明,国际奥委会大家庭、国际单项体育联合会、中央和地方政府、中国奥委会和中国残奥委会、北京冬奥会和冬残奥会组织委员会、媒体方、社区、市场合作伙伴、运动员、场馆和基础设施建设方/场馆业主、志愿者是北京冬奥会利益相关方目录中的核心利益相关方。研究结果表明,北京冬奥会利益相关方共同期待北京冬奥会能够传播奥林匹克文化,进而借举办冬奥会这一契机,推动冰雪运动在中国的普及。冬奥会利益相关方特别关注青少年群体的冰雪运动参与状况,希望以此引导公众养成健康的生活方式,提升公众体质健康水平。利益相

---

① 薛福岐.2014年索契冬奥会:俄罗斯需要成功故事[J].当代世界,2014,No.388(03):47-49.

关方认为,我国大众冰雪运动的快速发展和全民健身的广泛开展能够为北京后冬奥会时期的场馆、冰雪运动人口以及国家经济社会发展提供不竭动力。可见,关于北京冬奥会语境下的大众冰雪运动参与主题的研究不仅具有重要的学术研究价值,也有助于更好地发展中国体育产业与体育事业,有助于推动中国的社会进步和经济发展。

二、研究意义

奥林匹克主义的核心内涵是传播奥林匹克文化,推动体育运动普及,促进群众性体育运动发展,增强大众的体质健康水平。党和政府对北京冬奥会的期待也是通过举办冬奥会促进以青少年群体为核心的大众参与、普及和推广冰雪运动。然而,目前体育界相关主题研究成果寥寥,研究成果的缺憾呼唤创新性研究的融入,大众性冰雪运动参与的研究对于体育学术、体育实践甚至整个社会的发展都具有重要的价值和意义。

(一)形塑冰雪运动参与和冰雪运动普及的理论体系

普及冰雪运动涉及多个学科的理论视角,其中,提高大众参与水平是普及冬季冰雪运动的重要手段,也是重要研究视角。本研究将以"体育参与"为切入点对普及冰雪运动的理论展开研究。冰雪运动具有独特的、特殊的运动属性,包括自然因素、经济基础、社会氛围、历史传统、民族文化等。实证性经典理论研究的缺失难以实现基础理论的创新,因而对冰雪运动所进行的针对性理论研究显得尤为重要。本研究将从综合性的学科视角,在多学科理论交叉融合的基础上,梳理普及冰雪运动的理论架构,并在一定程度上拓展现有成果内容,进一步完善普及冰雪运动的理论体系。同时,受主办冬奥会的影响,国内一些院校相继成立冰雪运动类的学科或学院,但根据调研发现,相应的学科建设大多集中在运动竞赛或运动竞技领域,鲜有大众冰雪运动的学科建设内容。因此,无论在理论和学术研究层面还是在学科发展和人才培养方面,大众性冰雪运动领域都存在亟需解决的问题。冰雪运动蕴含着独特的历史传统、文化遗产、运动特性、社会价值等元素,促进大众冰雪运动的理论发展、促进新兴的冰雪运动学科建设向更加完善的学科知识体系发展,是本研究在理论和学术领域的强烈追求,希冀能弥补一定的理论空点,并在此基础上推动学术视域的发展。

（二）构建冰雪运动参与的新概念和指标体系

从当下学术资料看,冰雪运动参与的概念和测量指标仍处于一种界定不清晰、界限不明确的模糊状态,有的学者从个体参与某一运动项目的年度频次界定冰雪运动参与水平,也有学者将其命名为"冰雪运动参与人口"等,相关研究成果没有对冰雪运动参与概念进行清晰界定。

核心概念和指标体系的建构是学术研究的基础,本研究将根据先前的研究经验,结合冰雪运动特性,从社会学和人口学的基础理论出发,尝试构建适合我国国情的"冰雪运动参与"概念,并以此概念为基础建立测量指标体系,以期为本课题以及后续的实证研究提供成熟的调查工具,为冰雪运动普及研究提供一个可操作化的、具有社会学理论支撑的测量指针,将冰雪运动普及研究引向深入。

（三）为政府制定相关政策和规划提供参考

目前,促进大众冰雪运动发展的规划性文件很多,例如,国家体育总局等23部门印发的《群众冬季运动推广普及计划（2016—2020年）》,北京市政府印发的《北京市人民政府关于加快冰雪运动发展的意见（2016—2022年）》,河北省体育局、河北省发展和改革委员会印发的《河北省冬季运动发展规划（2015—2022）》等。这些文件大多是纲要性文件,文件精神的贯彻状况少有评估性的研究成果,也缺乏指导大众冰雪运动开展的具体化的实施方案。本研究将从冰雪运动参与的角度切入,通过探讨冰雪运动普及与发展的对策,在一定程度上弥补理论与实践脱节的缺憾。

本次实证研究将从基础理论和经典研究范例出发,制定科学的、易于操作的研究方案,通过实证调查,深入解析冰雪运动文化以及影响冰雪运动普及的内在机理,找准关键点,在专家访谈的基础上,经过实践检验和反复论证,探讨指导大众运动参与的政策建议和实施方案,为国家和地方政府的大众冰雪运动规划提供对策建议和方法论支撑。同时,相关研究成果也能够为政府体育管理部门出台体育政策提供依据。

第二节　文献综述

普及冰雪运动受自然条件、历史传承、民族文化、经济基础、教育背景、文化宣传、体育参与等多元化影响。在上述影响因素中，体育参与是影响运动普及的最直接、最重要的因素。因此，本书的实证调查将以"体育参与"概念作为切入点，构建"冰雪运动参与"概念，结合对其他影响因素的探讨，研究影响冰雪运动普及的要素和发展对策。

为系统掌握研究主题相关领域研究现状，本研究针对国内外（1997—2022年）"体育参与""冰雪运动参与""奥林匹克""京津冀协同发展与体育"等研究主题，搜集包括图书、期刊、报纸、学位论文、科学报告等在内的各类文献资料，在对其加以鉴别和整理的基础上，系统掌握与研究主题相关的既有研究成果。

一、国外体育参与研究：概念操作化、参与阶层化与代际传承

关于体育参与的研究，国外主要集中在体育参与概念的操作化、体育参与的阶层化和代际传承两个方面。

（一）概念操作化

国外关于体育参与概念的应用和操作化的研究，主要考察参与体育运动的人口数量，如 Simon Hart（2012）关于英国民众大众体育参与的研究[1]、Cora L Craig（2011）关于加拿大青少年体育参与的研究[2]、

---

[1]　David Gilbert, Simon Hudson. Tourism demand constraints : A skiing participation[J]. annals of tourism research, 2000, 27（4）: 906-925.
[2]　Cora Lynn Craig 1, Catrine Tudor-Locke, Sue Cragg, Christine Cameron. Process and treatment of pedometer data collection for youth: the Canadian Physical Activity Levels among Youth study.Med Sci Sports Exerc. 2010 Mar; 42（3）: 430-435.

Andrew Malebo（2007）关于南非青少年体育参与的研究[1]、Erik Thibaut（2017）关于 Flanders 地区居民体育参与的研究[2]，等等。该类研究的理论视角主要是功能主义理论视角以及冲突理论视角，研究常用的方法为问卷调查法和数理统计法。

应用体育参与概念进行的调查经典研究案例有如 Cora L Craig（2011）关于加拿大青少年体育参与的研究。该研究通过问卷调查法（n=19862）和数理统计法，分析了温哥华冬奥会对加拿大青少年体育参与的影响[3]。关于国民体育参与的调查，如 Simon Hart（2012）通过机构调研了 2012 年伦敦奥运会期间英国的群众参与体育状况。研究报告显示，2012 年有 1500 万的英国民众一星期最少参加一次体育活动。关于特殊人群的体育参与调查，如 Rabina Cozijnsen（2012）对 1983 年至 2007 年荷兰离退休人员体育参与的研究。研究者通过多年跟踪调查数据，对荷兰离退休人员的体育参与状况进行了比较分析。研究报告显示，近二十年，荷兰离退休人员参与体育锻炼的人数比例在不断上升[4]。

（二）体育参与阶层化与代际传承

关于体育参与的影响因素，主要涉及社会阶层化和代际关系对体育参与的影响。

在社会阶层与体育参与方面，社会阶层化是基于社会成员之间资源分配不均的一种社会结构性反映。职业、种族、性别、宗教和年龄都会形成明显的层级而造成社会资源的分配不均，并且代代相传。西方社会学最早对社会阶层与体育参与的研究是凡勃（Veblen，1953）对 19 世纪社

[1] Malebo A , Eeden C V , Wissing M P . Sport Participation，Psychological Well-Being，and Psychosocial Development in a Group of Young Black Adults[J]. South African Journal of Psychology, 2007, 37（1）：188-206.

[2] Thibaut E , Eakins J , Vos S , et al. Time and money expenditure in sports participation：The role of income in consuming the most practiced sports activities in Flanders[J]. Sport Management Review, 2017, 20.

[3] Cora Lynn Craig 1, Catrine Tudor-Locke, Sue Cragg, Christine Cameron. Process and treatment of pedometer data collection for youth：the Canadian Physical Activity Levels among Youth study.Med Sci Sports Exerc. 2010 Mar; 42（3）：430-5.

[4] Cozijnsen R , Stevens N L , Tilburg T V . The trend in sport participation among Dutch retirees，1983-2007[J]. Ageing & Society, 2012.

会上层的体育参与研究^①。凡勃伦研究发现，19世纪后期美国的社会上层，主要通过炫耀性消费和显著休闲来显示自己不同的社会地位。炫耀性消费是一种生活方式的公开展示，有些阶层通过炫耀自己的社会经济地位的方式以期获得别人的尊敬和羡慕。凡勃伦指出，当人们的物质足够富裕时，他会强烈地寻求别人的尊敬和一种荣誉。这种欲望可以通过参加一些昂贵的体育运动和体育运动俱乐部而获得满足。这些经济因素给社会阶层低一些的人造成了难以逾越的屏障，这使其社会地位得到显示。西方关于社会阶层和体育参与的研究，研究的视点主要聚焦在体育的参与项目，通过体育参与的炫耀说、再造说和区隔说的视角揭示社会上层体育参与的别样性。吕臣（Luschen，1970）的研究发现，比利时社会阶层比较高的群体一般参加高尔夫球、滑雪、剑术和网球等运动项目，而参加健身房健身、拳击、柔道、手球、足球、田径等运动项目的人，一般都是来自社会底层。健身房健身在不同国家代表不同的社会阶层的体育参与，在比利时，健身房的体育参与就属于社会阶层比较低的群体的体育参与项目，而在西德，健身房体育参与就属于中产阶级的体育运动。也就是说，不同的体育项目在不同的国家可能存在参与者的社会阶层差异，这和一个社会的文化、经济、社会发展水平有关^②。同一种体育项目在不同的国家可能代表不同的社会地位的群体的生活方式。易安纳克斯（Yiannakis，1976）指出，体育项目反映社会地位应该具备以下特点：体育项目为个人项目；体育参与的成本比较高；参加的体育项目知道的人比较少；参加的体育项目中身体直接接触对抗比较少，具备了以上因素的项目反映出参与者的社会地位比较高。在美国，体育运动有一个公开的"秘密"，那就是美国不同的体育运动形成了不同的社会障碍，这些障碍的设立是为了防止黑人、女性和低社会阶层的人参与，体育运动的社会层级反映了社会的阶层模式。研究认为，体育运动参与和休闲模式反映了不同社会阶层对生活方式的选择。社会地位和社会阶层比较高的群体，其体育参与的概率比社会地位和社会阶层较低的群体高^③。人们参与体育项目的变化随着社会阶层的变化而改变，例如，美国学者宝罗·福塞尔（Paul

① （美）凡勃伦著；何志武，沈晓编译. 有闲阶级论[M]. 北京：中国水利水电出版社，2013.
② Luschen, G. Towards a New Structural Analysis — the Present State and the Prospects of the International Sociology of Sport[J]. International Review for the Sociology of Sport, 1988, 23（4）: 269-285.
③ Andrew Yiannakis. Sport sociology : contemporary themes /-2nd ed. Kendall/Hunt Pub. Co, 1976.

Fussell,1983)的研究。在日本,关于体育项目与不同社会阶层参与的经典研究为日本的丸山富雄的《社会阶层与体育参与》,他对社会阶层的分类采用日本学者福永建一的社会阶层与流动的研究,以受教育程度、职业及收入为基本变量,辅以财产、生活方式、权力等辅助变量,综合基本变量和辅助变量两个方面的因素建构衡量社会阶层地位的基本框架[1]。

西方一些学者还研究了代际关系对体育参与的影响。例如,桑德森(Saunders,1976)的研究发现,来自中产阶级家庭的学生比来自工人阶级家庭的学生的体育参与的概率高。随着年龄的增长,来自工人阶级家庭的学生参与体育锻炼的频率不断下降,其中的女性学生体育参与的概率始终很低[2]。

洛伊(Loy,1980)的研究证明,美国一些有名的私立学校对来自不同社会阶层家庭的学生开展不同的体育运动。由于学生来自不同社会阶层,具有的运动项目经验不同,学生在开展这些运动项目时呈现出阶级和地位的区别。洛伊的研究发现,当公立学校、父母、朋友和社区休闲体育计划鼓励青少年学生从事他们社会阶层、种族或者性别有关的特定类型的体育运动时,原来的社会阶层和社会地位得到维持和加强,从而实现了阶层的再生产。他们指出,当他们以此种方式进行体育的社会化时,会依据成人的阶级模式选择自己的运动项目,就此在体育运动领域和社会领域形成已经存在的阶层模式[3]。

二、国外冰雪运动参与:运动参与、限制因素与参与益处

(一)冰雪运动参与研究

1. 以社会人口属性为区分变量

国外关于大众冰雪运动参与状况的研究主要涉及一些地域的大众冰

---

① 陆学艺. 当代中国社会阶层研究报告 [M]. 北京:社会科学文献出版社,2002.
② Saunders. Sport and Physical Education. Review of Sport and Leisure.1.1976:122−138.
③ Loy, J.W.(1980)The Emergence and Development of the Sociology of Sports as an Academic Specialty. Research Quarterly for Exercise and Sports.51:91−109.

雪运动参与现状的主题,相关研究从调查对象的年龄、经济基础、受教育程度等社会人口属性的视角切入,相关研究成果比较丰富。

美国的冰雪产业研究机构(Snow Sports Industries America,2013)对美国冰雪运动开展了实证调查研究。该机构通过问卷调查法和数理统计法分析了2008年至2013年美国的6个主要冰雪运动项目(如高山滑雪、单板滑雪等)的大众参与情况,分析了参与各项目的年龄结构(如高山滑雪参与比例最高的年龄段为25～34岁)、学历结构(如单板滑雪参与比例最高的是1～3年级的大学生)。

Cora L Craig(2006)对温哥华冬奥会对加拿大大众体育参与的影响展开研究。该研究通过对加拿大19862名5～19岁的人群在2007年8月和2011年7月的身体活动情况的讨论,分析温哥华冬奥会对加拿大儿童及青少年体育参与的影响。

Tangeland和Aas(2011)也对挪威大众参与滑雪的状况展开研究。该研究通过数据分析,关注了社会人口属性因素对冰雪运动参与的影响。研究发现,滑雪运动受到社会人口统计变量影响,年轻男子参与滑雪的可能性最高,滑雪也受到女性的青睐[1]。Hungenberg等人(2014)关于经济因素对冰雪运动参与的影响进行了研究。该研究通过回归分析,研究克罗来多州大众参与冰雪运动影响因素,结果发现,大众参与滑雪运动的程度与滑雪消费高度相关[2]。

国外相关研究的视角主要是功能主义视角,应用定量的研究方法调查大众冰雪运动的参与现状,通过统计数据分析冰雪运动参与总体状况[3]及其影响因素。

2.基于功能主义的视角

国外关于冰雪运动研究的核心概念是"冰雪人口",对概念进行定义

[1]　Tangeland T , Aas O . Household composition and the importance of experience attributes of nature based tourism activity products － A Norwegian case study of outdoor recreationists[J]. Tourism Management, 2011, 32（4）: 822-832.

[2]　Hungenberg H , Thielert W , Vors J P. Pesticidal composition comprising a synthetic compound useful as nodulation agent of leguminous plants and an insecticide compound. US, 2014.

[3]　Cora Lynn Craig 1, Catrine Tudor-Locke, Sue Cragg, Christine Cameron. Process and treatment of pedometer data collection for youth: the Canadian Physical Activity Levels among Youth study.Medicien and Science in Sports& Exercise. 2010,42（3）: 430-435.

的角度是"参与人口数量",如某项目参加的人数总量。研究视角主要是功能主义视角,也有一些是批判主义视角,但研究成果相对较少。功能主义视角主要研究冰雪运动参与对冰雪产业的影响,如美国冰雪产业研究机构(2013)的研究,等等。

3. 基于冲突主义视角

从冲突主义视角对冰雪运动参与的研究主要探讨运动参与中的不平等。比较经典的研究如 Lawrence(2017)[①] 关于冬奥会运动员社会人口特征的研究,该研究运用国际奥委会数据库、国家体育组织数据库等,收集参加索契冬奥会的运动员社会人口及社会经济地位特征,研究参加冬奥会的运动员的社会人口属性以及社会经济地位。研究结果认为,种族和社会经济地位对参加冬奥会影响显著,参与冬奥会冰雪运动的运动员大多是白种人(94.9%),并且参与冰雪运动的运动员具有很高的社会经济地位。其他研究还包括 Javier(2014)[②]、Erik(2016)[③] 等的研究。该类研究主要运用问卷调查法、二次数据以及数理统计分析的方法。

(二)冰雪运动参与的限制性因素

国外关于冰雪运动参与的影响因素研究基本按照"滑雪运动"和"滑冰运动"这两个运动项目类别分别展开。从研究成果的层次和数量来看,滑雪研究的受重视程度远高于滑冰。滑雪运动研究大多与休闲、旅游等社会性主题相联系,研究的靶向清晰且实用价值高。在国外雪上运动开展比较好的国家,雪上运动参与者更多是被看作消费客户。因此,很多研究是关注如何提高大众参与滑雪的程度,以及如何对滑雪运动忠诚。研究方法主要采用定量研究,结合一些成熟的休闲理论(如:休闲限制),运用回归或者结构方程模型等统计方法对一些相关调查数据进行分析,探寻影响大众参与滑雪的因素。

① Lawrence, D. W. Sociodemographic profile of an Olympic team[J]. Public Health, 2017, 148: 149.
② ALBERTO, AIBAR, STUART, et al. Weekday and weekend physical activity patterns of French and Spanish adolescents[J]. European Journal of Sport Science Ejss Official Journal of the European College of Sport Science, 2014.
③ Erik Thibaut. Sport participation styles revisited: A time-trend study in Belgium from the 1970s to the 2000sInternational Review for the Sociology of Sport, 2016, 50(1), 45-63.

1. 基于"参与人群"视角的研究

Williams 和 Fidgeon[1]（2000）针对滑雪运动的"不参与群体"的研究成果开启了一项关于探讨制约滑雪运动需求的研究项目。该研究依据被调查者的社会人口属性、行为和态度对调查对象进行分类，而后在上述所分列出的同质性群体中，根据感知成本、难度、危险性、回报和社会效益，进行聚类分析，梳理出六类非滑雪群体。此研究表明，运动参与的限制是真实的、可感知的，限制因素包括时间成本、经济因素和能力限制等，其中一个重要的结论是，非参与群体对"滑雪体验的担忧"超过了对"参与成本的恐惧"。该研究比较值得借鉴的是对潜在参与者（是指"有兴趣的非参与者"）进行研究，将研究对象分为：现有滑雪者和潜在参与者。现有滑雪者的研究包括 Ruston 等[2]（1990）对滑雪者的社会经济、态度和行为特征的研究；Williams 等[3]（1994）对滑雪细分市场的游客滑雪支出能力、滑雪频率、地点和滑雪体验满意度等差异化因素的研究等。该类研究的目的在于为滑雪市场营销和滑雪产品计划和决策提供相关信息，以保持现有滑雪者和增加新的运动参与。潜在参与者的研究包括 Stynes 等[4]（1980）对滑雪者（即过去滑过但现在不参加的人）和从未滑过但表示有兴趣尝试的潜在人群的研究；Ruston 等[5]（1990）对滑雪运动独特的生理、社会、经济和心理约束的研究；Williams 等[6]（1992）对滑雪的潜在市场和群体的研究等。上述研究为滑雪参与提供了宝贵的见解。然而，在很大程度上，他们未能解决非参与者群体以及其中的亚群体的参与限制问题，而这些限制对是否运动参与是非常重要的。

此外，该类研究梳理出运动参与的主要潜在群体是"年轻人家庭"和

① Williams P，Fidgeon P R．Addressing participation constraint：a case study of potential skiers[J]. Tourism Management，2000，21（4）：379-393.

② Ruston/Tomany and Associates（1990）．The 1990 Ontario ski study-household survey，Toronto，Ontario Ski Resorts Association.

③ Williams，P. W.，Dossa，K.（1994）．Where do the trails lead？ Perspectives on the Canadian Ski Industry 1994，Tourism Canada，The Canadian Ski Council，The Centre for Tourism Policy and Research Simon Fraser University.

④ Stynes D J，Mahoney E M．Michigan downhill ski marketing study：segmenting active skiers[J]. Research Report Agricultural Experiment Station Michigan State University，1980，59（391）：2-20.

⑤ Ruston/Tomany and Associates（1990）．The 1990 Ontario ski study-household survey，Toronto，Ontario Ski Resorts Association.

⑥ Williams，P. W.，& Basford，R. Segmenting downhill skiing's latest demand markets. [J]. American Behavioural Scientist，1992，36（2），222-235.

"具有社会冒险性的群体"；滑雪运动的价值体现主要包括：自然环境下的户外运动、社交活动、与朋友分享经验、与家人共享、与精英或成功群体互动等；提出的建议包括以服务打包的理念设计套餐式服务、价格透明与沟通、价值宣传、额外的活动补充、恐惧心理的克服、市场细分与层次（吸引初学群体、引领潜力群体、满足高端群体）等。

2. 基于"忠诚度"视角的研究

将"忠诚度"引入滑雪运动研究被认为是一个亮点。对净利润现值增长率在 25% 到 95% 之间的 14 个行业的数据进行深入研究发现，净利润增长率是由 5% 的增长率引起的（Oliver[1]，1999）。因此，学者们普遍认为，吸引新客户的成本高于留住现有客户（Zeithaml 等 [2]，2006）。稳定的忠诚度是提升经济效益的关键。Kim 和 Scott[3]（1997）提出了行为和态度两方面的忠诚。行为忠诚代表参与的频率、花费的金钱、花在某项活动上的时间和旅行的英里数。态度忠诚反映了个人对产品 / 服务品牌的态度，以及在使用品牌时的重复光顾（Iwasaki 等 [4]，2004）。以往在滑雪方面的研究已经测量了态度忠诚，包括继续滑雪的意图（Alexandris 等 [5]，2007）和继续访问特定度假村的意图（Alexandris 等 [6]，2006）。

休闲滑雪者的动机和谈判策略被证明是滑雪忠诚的决定因素

[1]　Oliver, R. Whence consumer loyalty？ [J]. Journal of Marketing, 1999,63, 33-44.

[2]　Zeithaml, V.A., & Bitner, M.J. Services marketing: Integrating customer focus across the firm.[M]. New York：McGraw-Hill.2006.

[3]　Kim, S., & Scott, D. An exploration of the relationship among social psychological involvement, behavioural involvement, commitment, and future intentions in the context of birdwatchinhg. [J].Journal of Leisure Research,1997, 29（3）, 320-342.

[4]　Iwasaki, Y., & Havitz, M.E. Examining relationships between leisure involvement, psychological commitment and loyalty to a recreation agency. [J]. Journal of Leisure Research, 2004,36, 45-72.

[5]　Alexandris, K., Kouthouris, C., & Girgolas, G. Investigating the relationships among motivation, negotiation and intention to continuing participation: a study in recreational alpine skiing. [J]. Journal of Leisure Research, 2007,39（4）, 648-668.

[6]　Alexandris, K., Kouthouris, C. & Meligdis, A. Increasing customers' loyalty in a skiing resort: the contribution of place attachment and service quality. [J]. International Journal of Contemporary Hospitality Management, 2006,18（5）, 414-425.

（Alexandris 等人，2007），而场所依恋和服务质量被证明会影响度假村忠诚的发展（Alexandris 等人，2006）。Gilbert 和 Hudson[1]（2000）对比了滑雪者和非滑雪者之间的限制，他们认为，个人限制抑制了个人滑雪的兴趣，随后成为对非滑雪者最有影响的限制；另外，与时间有关的结构限制，家庭和经济问题限制了滑雪者的参与频率。Williams 和 Fidgeon[2]（2000）也报告了类似的结果，他们调查了潜在滑雪者的限制因素，认为对滑雪参与的好处缺乏认识和内部约束（情感约束）是阻碍滑雪参与的最重要因素。该研究所采用的技术路线是，首先进行探索性因素分析，建立约束量表的因子结构，然后对所有约束、投入和忠诚量表进行可靠性分析。用回归分析法检验了三种结构（忠诚、约束和投入）之间的关系。探索性因素分析梳理出具有重要影响的"滑雪经验"（五项）、"心理""时间""财务"和"缺乏合作伙伴"五个方面的元素。运用多元回归分析将参与的三个方面（吸引力、中心性和表达）设为因变量，五个约束维度设为自变量，进一步检验约束对参与的影响，证明游客对继续滑雪的忠诚度与个人对滑雪的重视程度有关，从"吸引力"和"中心性"这两个投入维度提供了滑雪忠诚的显著预测，而"自我表达"则没有。这些发现突出了吸引力和中心性在发展滑雪忠诚中的作用。

该研究得出了新的观点：第一，约束对投入和忠诚都有显著影响。投入度指的是社会心理参与，但也有行为层面，如花在某项活动上的时间或参与的频率（Kim 和 Scott[3]，1997）。投入出现在各种休闲决策模型中，以研究可能的前因并了解行为后果（Havitz 等[4]，1990）。"个人参与娱乐活动、旅游目的地或相关设备的情况与参与、旅行或购买的频率呈正相关"。第二，投入的中心性和吸引力两个维度对滑雪忠诚有显著影响。该研究结果在休闲约束对预测参与态度方面的作用具有理论意义，并对度假村管理者具有实际意义。

① Gilbert, D., & Hudson, S. Tourism demand constraints: a skiing participation.[J]. Annals of Tourism Research, 2000,27（4）: 906–925.
② Williams, P, Fidgeon, P. R. Addressing participation constraint: A case study of potential skiers. [J]. Tourism Management,2000, 21, 379‑393.
③ Kim, S., & Scott, D. An exploration of the relationship among social psychological involvement, behavioural involvement, commitment, and future intentions in the context of birdwatchinhg.[J]. Journal of Leisure Research, 1997, 29（3）, 320–342.
④ Havitz, M., & Dimanche, F. Propositions for guiding the empirical testing of the involvement construct in recreational and tourist contexts. [J]. Leisure Sciences, 1990,12, 179–196.

2017 年，Alexandris 等 [1]（2017）又启动了一项关于滑雪者"忠诚度"的调查，旨在通过探讨滑雪者忠诚度的内部的和外部的影响因素来提升滑雪者的运动参与频度和忠诚度。该研究采用了两个理论模型："休闲限制的层级模型"和"心理联系性模型（PCM）"，也是鉴于前人研究关于某些类型的动机（例如内在动机）解释了为什么某些人在模型的各个阶段都能成功发展；但是，尚未研究阻碍参与者逐步进入模型阶段的因素。

PCM（Beaton & Funk[2]，2008；Funk & James[3]，2001）提供了将滑雪者的忠诚度概念化的框架，这是一个基于阶段的态度框架，该框架描述了个人如何与"活动"形成心理联系，以及这种联系如何在意识、吸引力、依恋和忠诚这四个阶段所组成的连续体进行等级演进的机制。大多数研究者在操作化 PCM 模型时都聚焦在吸引力、依恋和忠诚这三个阶段，而对意识阶段的研究很少。研究表明，限制因素在上述模型中各个阶段的关系是动态的，会与个人的多样化的社会生活相关。该研究表明，约束层次模型的个人内在约束、人际约束、结构约束都存在于滑雪参与的吸引力、依恋和忠诚三个阶段，但不同的限制类型在不同的参与阶段的结构和所发挥的作用各不相同。该研究发现，首先年龄和教育两个人口统计学变量对滑雪者忠诚度的阶段性发展没有显著影响。这一发现与其他体育环境中的研究不一致，在这些环境中，教育和年龄被证明是体育参与的重要因素（Shores 等[4]，2007；Son 等[5]，2008）。鉴于先前的研究没有像当前的研究那样从发展的角度看待参与，年龄和教育可能对开始参与活动的决定起作用，但对进一步发展忠诚的影响有限。其次滑雪被认为是一项

① Alexandris K，Du J，Funk D，Nicholas D，Theodorakis. Leisure constraints and the psychological continuum model： a study among recreational mountain skiers [J]. Leisure Studies，2017，36：5，670−683.

② Beaton，A. A.，Funk，D. C.，& Alexandris，K. Operationalizing a theory of participation in physically active leisure. [J]. Journal of Leisure Research，2009，41，177－203.

③ Funk，D. C.，& James，J. The psychological continuum model： A conceptual framework for understanding an individual's psychological connection to sport. [J]. Sport Management Review，2001，4，119－150.

④ Shores，K. A.，Scott，D.，& Floyd，M. F. Constraints to outdoor recreation： A multiple hierarchy stratification perspective. [J]. Leisure Sciences，2007，29，227－246.

⑤ Son，J. S.，Mowen，A. J.，& Kerstetter，D. L. . Testing alternative leisure constraint negotiation models： An extension of Hubbard and Mannell's study. [J]. Leisure Sciences，2008，30，198－216.

需要大量经济投资和参与者文化资本的活动（Heino[①]，2000年）。从休闲限制的3个维度分析，不同类型的约束可能会影响属于不同休闲参与阶段的个人（Balaska 等[②]，2012；Son 等[③]，2008）人际限制在个人开始滑雪的决定中最具影响力（Gilbert 和 Hudson[④]，2000年）。对于某些人来说，滑雪被认为比其他运动更为危险，更难学习。提高滑雪知识和掌握技能对于成为经常滑雪者是最有效的。对于潜在滑雪者（潜在需求）的限制因素中，个人参与的限制水平与对滑雪参与潜在好处的认识不足有关，对个人决定开始参加这项活动的影响最大。（Williams 和 Fidgeon[⑤]，2000）

　　该研究是一项探索性的研究，有几个局限性需要指出，这些局限性表明了未来研究的必要性。首先这项研究只基于态度数据，而没有收集行为数据。没有收集到与滑雪频率、每年滑雪天数和滑雪持续时间有关的信息。为了更准确地对滑雪者进行分类，可以将这些信息与动力系统控制模块的各个阶段相关联。其次研究样本尽管足以进行所需的统计分析，但不能保证有信心地概括结果。毕竟高山滑雪是一项具有特定目标群体（属于中高级社会经济群体的个人）、特定形象和要求（如时间和金钱投资）的活动。这导致了人口统计学变量的不影响和休闲约束重要性等级的不确定等研究结果，这些结果显然不能推广到其他体育环境和活动。休闲约束对基于阶段的态度发展的影响应该在更多的体育和娱乐活动中以及在具有不同侧面的人群中进行测试，以便更好地了解PCM及其输入因素。再次心理依恋的发展是在休闲约束的存在下进行的，对处于模型最高阶段的个体所使用的认知和行为谈判策略的研究，可以进一步提高我们对某些个体是如何和为什么在这些阶段取得进步的理解。最后这项研究不包括处于认知阶段的个人（非参与者），而只包括滑雪者（参与者，他们显然在解决休闲限制方面取得了成功）。在模型的认知阶段，个体对

①　Heino, R. New sports: What is so punk about snowboarding？[J]. Journal of Sport and Social Issues, 2000, 24, 176 - 191.

②　Balaska, P., Alexandris, K., Kouthouris, C., & Polatidou, P. An examination of how constraints and processes of change affect stages of behavioural change for recreational sport participation. [J]. International Journal of Sport Management and Marketing, 2012, 12, 275 - 293.

③　Son, J. S., Mowen, A. J., & Kerstetter, D. L. Testing alternative leisure constraint negotiation models: An extension of Hubbard and Mannell's study.[J]. Leisure Sciences, 2008, 30, 198 - 216.

④　Gilbert, D., & Hudson, S. Tourism demand constraints. [J]. Annals of Tourism Research, 2000, 27, 906 - 925.

⑤　Williams, P, Fidgeon, P. R. Addressing participation constraint: A case study of potential skiers. [J]. Tourism Management, 2000, 21, 379 - 393.

休闲约束的感知方式是一个需要进一步研究的问题。

3. 基于"决策框架"视角的研究

Vassiliadis 等[1]（2018）开展了一项研究，该研究和以往研究制约因素与参与意愿的因果关系不同，试图将研究视角扩展到参与者的"决策框架"领域。此研究以参与者所体验到的限制因素的强度为区分变量，验证并考察不同群体的决策过程，所应用的统计工具为卡方自动交互检测。创新点包括，问卷结构的漏斗法、按照强度划分的"高约束"和"低约束"分类方法，应用"CHAID"，将约束层次模型的三个层次分解为"个人内部""财务成本""朋友和家人"和"滑雪相关"约束四个部分。研究表明，面临不同强度的约束限制，游客在决策是否重游滑雪胜地时的决策过程是有差异的。个人内约束、人际约束、结构约束的强度不同，以及三者之间的相互作用决定了游客在决策是否重新参与滑雪运动时的结果。研究验证了个人内约束是最有影响力的约束，而结构约束是影响力最弱的结论，并认为，休闲偏好、参与动机和人机互容性与休闲限制的博弈最终影响人们的运动参与以及运动参与的忠诚度。

（三）冰雪运动参与益处研究

关于滑雪给参与者带来的益处方面的研究，主要分析滑雪对人们社会心理方面的影响。

Svensson 等[2]（2019）开展了一项关于滑雪运动对抑郁症的影响研究，采用观察研究设计，对 395369 人进行了长达 21 年的跟踪研究，分析了参加超长距离越野滑雪比赛是否会降低患抑郁症的风险。使用瑞典人口和患者登记册，对参加比赛后的一般人群的滑雪者和匹配的非滑雪者进行研究。在随访期内，滑雪者（n=197685，中位年龄 36 岁，38% 为女性）患抑郁症的风险显著降低，几乎是非滑雪者的一半（校正风险比，HR 0.53）。此外，更高的健康水平（测量为完成比赛的结束时间，代表更高的

① Vassiliadis C A , Bellou V , Priporas C V , et al. Exploring the negotiation thesis application among ski resort tourists： a segmentation approach. [J].Journal of Hospitality & Tourism Research, 2018,42（5）：716-739
② Svensson M , Brundin L , Erhardt S , et al. Long distance ski racing is associated with lower long-term incidence of depression in a population based, large-scale study[J]. Psychiatry research, 2019,（281）：1-7.

运动剂量）与男性较低的抑郁发生率（校正 HR 0.65）相关，但与女性无关。该研究结果支持了将参加体育活动作为降低男性和女性抑郁风险的预防策略的建议。此外，运动可以减少剂量依赖性抑郁的风险，尤其是男性。

Mirehie 和 Gibson[①]（2020）的研究探寻了滑雪对女性幸福感的影响。该研究调查了女性雪地运动旅游的幸福感。作为一项更大的混合方法研究的一部分，评估了 PERMA 框架（积极情感、参与、关系、意义和成就感）作为衡量积极体育旅游背景下幸福感的工具的效用。随后，PERMA 被应用于调查女性雪地运动参与者在与运动相关的旅行中的幸福感。主成分分析只揭示了幸福感的一个维度，而不是之前提出的五个 PERMA 域。协方差分析结果显示，参加雪地运动旅行的女性比当地女性有更高的幸福感。层次多元回归分析显示，短途旅行与较高的幸福感呈正相关。此研究建议鼓励参与雪地运动旅游，注重健康。

Alexandris 等人（2007）关于社会心理因素对冰雪运动参与影响的研究。该研究通过社会心理学量表，旨在探讨休闲滑雪者为克服约束条件的影响而采用的谈判策略，以及测试谈判对动机和意向继续参与之间关系的中介作用的程度。该研究共有 220 名休闲滑雪运动员完成了体育动机量表（Pelletier 等，1995）的内在和外在维度以及 15 项谈判量表。探索性因素分析揭示了五个谈判维度："改善滑雪知识""调整生活方式""获取度假村信息""时间管理"和"寻找合作伙伴"。研究发现：内在动机和外在动机与继续滑雪相关显著，"时间管理"和"改善滑雪知识"对滑雪的倾向影响显著。

综上所述，国外关于影响大众体育参与的研究大部分集中在社会人口属性以及社会阶层对体育参与的影响，主要集中在社会经济地位对体育参与的影响。但是，体育参与毕竟是经过参与者的理性或者非理性的选择，决定体育参与的因素未必都是人口学或者社会经济地位因素，个体的体力状况、同伴或者他人、社会历史文化、社会观念、自身的体育价值观等因素可能都会影响个人的体育参与。所以研究体育参与的影响因素，应该在考虑社会经济地位的同时，还考虑生活方式、体育价值观念等因素的影响，争取从更多的方面考察其对体育参与的影响。就体育参与而言，国外研究主要从结构功能主义理论、互动理论、角色扮演理论或者批判主义理论进行解释。这四个理论视角或宏观、或微观，其中，以结构功能主义为视角进行的研究是主流。但是，由于冰雪运动的历史、文化、季节性

① Mirehie M , Gibson H J .The relationship between female snow-sport tourists' travel behaviors and well-being[J]. Tourism Management Perspectives, 2020, 33: 100613.

特征、运动特性、体育消费、场地器械等元素与其他运动项目有很大差异，导致相关系统性的研究很少。

三、国内体育参与研究：区域参与、群体参与、影响因素

国内体育参与的研究一般包括三个研究主题：特定区域的体育参与、特定人群的体育参与、体育参与影响因素的模型分析。

（一）特定区域的体育参与

对特定区域内的体育参与研究一般采用社会学的社会分层理论，应用问卷调查法和田野法寻找答案。最经典的研究成果是江崇民等人的《2007 年中国城乡居民参加体育锻炼现状分析》。该研究主要采用问卷调查法，对我国除港、澳、台外 31 个省市（自治区和直辖市）的城市和农村居民进行调查。调查用"经常参加体育锻炼"概念替代了"体育人口"概念，这是一个在概念上的重大变化。该研究的调查抽样为 16 岁以上非学生的城乡居民，研究采用"多阶段分层随机抽样"的方法，每个省按照社会、经济状况分层，分成 3 个等级水平，然后抽取 3 个地级市，再按照乡镇、性别、年龄等进行抽样。该研究包含了我国城乡居民参与体育锻炼的年龄、性别、城乡、职业特征，以及参加体育锻炼的时间、地点、项目、同伴、消费等特征[1]。

除上述研究外，还有如郭可雷（2010）[2]、姚磊（2010）[3]等的研究。在郭可雷对陕西省城市老年妇女的体育参与的研究中，将老年人体育参与的动机分为生理动机和心理动机，非常符合老年人的群体特征，这是此研究的一大亮点。而姚磊的研究主要采用问卷调查和田野调查法，参照国家体育总局所定义的参与体育锻炼程度的标准，结合农村实际，对农村的体育锻炼参与程度进行定义，将其分为：主动参与、经常参与、适度参与、偶尔参与及不参与共 5 个等级，并根据陆学艺当代中国阶层报告成果，将

---

① 江崇民,张彦峰,蔡睿,等.2007 年中国城乡居民参加体育锻炼现状分析 [J].体育科学,2009,29（03）：9–19.
② 郭可雷.陕西省城市老年妇女体育参与的生理、心理特征分析 [J].辽宁体育科技,2010,32（03）：51–52+55.
③ 姚磊,田雨普,谭明义.村落农民体育参与者的价值取向：基于社会分层视角的分析——安徽省小岗村、小井庄和落儿岭三村的实证研究 [J].天津体育学院学报,2010,25（03）：210–213.

农民分为上层、中上层、中层、中下层、下层，研究不同体育参与者的阶层特征。研究范式也比较具有创新意义。

（二）特定群体的体育参与

关于特定群体的体育参与，主要是从"职业"或"年龄"两个维度进行区分，对一定职业或者一定年龄人群的体育参与进行研究。该类研究的研究方法主要是问卷调查法和访谈法。关于学生体育参与的研究很多。如赵一平（2005）的关于大学生参与体育锻炼的调查研究，采用问卷调查以我国不同经济发展水平的 15 所院校 3000 名学生为调查对象，对现代大学生参与课外体育锻炼进行了全面的调查与分析[1]。

另一类研究主要是某些特定年龄段的人的体育参与研究，如欧阳萍（2009）等的关于高校退休教师参加体育锻炼研究，运用问卷调查法，共抽取了 300 名广州退休教师进行问卷调查，探讨高校退休教师参与体育锻炼的情况[2]。

关于影响体育参与的因素及分析模型，国内研究主要是应用统计学、社会学等多学科的理论视角和分析工具，对我国体育参与的权威数据进行分析，研究目的主要是探寻运动参与背后的社会动因。如刘大维、陆明涛的《中国居民体育运动参与的二项逻辑回归分析》（2012）是关于我国居民参与体育锻炼的影响因素的回归分析。该研究所使用的数据为中国人民大学与香港中文大学合作项目《中国综合社会调查》（简称 CGSS）2005年的调查数据，运用二项逻辑回归分析影响我国居民参加体育锻炼的影响因素。该研究将年龄、性别、受教育程度、家庭收入、主观健康等 14 个因素作为回归的自变量，将参加体育锻炼修正为二分变量的因变量，即是否参与体育，然后进行回归运算。针对该研究的范式进行仔细研读认为，该研究采用的数据较为权威，但是采用二项式逻辑回归对数据的信息量会降低，因变量参加体育锻炼是具有近似于连续变量性质的数据，处理为二分变量，使得数据流失，这可能使得具有强相关的两个变量变得没有关系，最终影响了研究的结果。文献分析后认为，由于参加体育锻炼的频度呈逐渐下降，具有序次的特点，所以本研究使用序次逻辑回归比较合适[3]。

---

[1] 赵一平, 马力. 大学生参与体育锻炼的调查与分析 [J]. 北京体育大学学报, 2005（07）: 897-899.
[2] 欧阳萍, 陆海. 高校退休教师参与体育锻炼情况研究 [J]. 广州体育学院学报, 2009, 29（02）: 126-128.
[3] 刘大维, 陆明涛. 中国居民体育运动参与的二项逻辑回归分析 [J]. 武汉体育学院学报, 2012, 46（2）: 6.

除此之外,刘大维、陆明涛(2012)还分析了国外关于参加体育锻炼的影响因素的研究。认为国外研究涉及参加体育锻炼的影响因素如下:年龄和参加体育锻炼负相关,也就是说随着年龄的增长,参加体育锻炼的人数比例降低;男性比女性参加体育锻炼的程度高;不同国家、不同民族参加体育锻炼程度不同;未婚的人比结婚的人体育参与程度高;参加体育锻炼程度和经济收入正相关,即收入越高,参加体育锻炼的程度越高;就业程度不同,参加体育锻炼的程度不同;受教育程度和参加体育锻炼程度正相关,即受教育程度越高,参加体育锻炼的程度越高;健康状况和参加体育锻炼程度呈负相关。这些成果为国内相关研究的调查设计提供了借鉴。

此外,有一些学者试图从其他学科的理论和方法出发,尝试建立影响参与体育锻炼的模型,这对于我们理解影响参与体育锻炼因素提供了可以借鉴的思路。如白彩梅等(2010)的研究是运用行为理论对参与体育锻炼的影响因素进行模型建构。该研究综合信念——态度型理论、能力基础型理论、控制基础型理论、决策型理论,经过理论推导,建构了行为理论对参与体育锻炼的模型。该研究认为,影响个人参与体育锻炼的因素分为倾向性、促成、强化等因素。倾向性因素里包括需要、态度及动机。该研究借鉴行为科学对影响参加体育锻炼的模型建构为我们探寻影响体育参与的因素提供了特殊的视角,为我们研究体育参与行为奠定了理论基础[①]。

四、国内冰雪运动研究:成果计量、核心概念与研究主题

(一)冰雪运动参与研究

1. 文献计量与统计

(1)相关成果发文量

以中国知网(CNKI)期刊数据库为文献数据来源,以"冰雪参与""冰雪运动参与""校园冰雪参与"为主题进行精确检索,期刊来源类别选择

---

① 白彩梅,马文飞.从身体活动的行为科学理论看影响参与体育锻炼的因素[J].四川体育科学,2010(02):42-45.

"中文核心"与"CSSCI"，检索时间 2022 年 6 月 12 日，共检索到 58 篇，并依据 CiteSpace 软件所需的 Refworks 文献格式将 58 篇文献数据进行导出，具体发文量趋势如图 1-1 所示。

我国冰雪参与研究文献的时间分布在一定程度上反映出我国这一段时间内的冰雪参与相关研究的理论发展水平、发展速度以及未来的发展趋势。不难看出，我国冰雪运动参与相关的研究论文数量较少，但总体呈现上升趋势，特别是 2015 年的北京冬奥会申办成功后，相关学者对此领域的关注度也逐步提升。检索结果显示，2016 年冰雪参与相关的研究文献发表 1 篇；2017 年，冰雪参与相关的文献为 2 篇。随着《带动三亿人参与冰雪运动实施纲要（2018—2022 年）》的出台，国家体育总局进一步指明了冰雪运动在我国的发展方向。冰雪运动研究逐渐成为热点研究话题，这一年相关的文献共计发表了 8 篇，冰雪参与研究迎来了学术界的研究热潮。到了 2019 年，冰雪参与相关的研究文献为 6 篇，2020 年为 14 篇，2021 年 11 篇，2022 年 16 篇，相关研究呈现出稳步上升的趋势。未来在国家政策导向的指引下，随着相关数据库的不断完善，冰雪运动参与领域将继续为冰雪事业发展发光发热，其研究主题也在不断丰富充盈，相关的论文数量可能会继续增加。

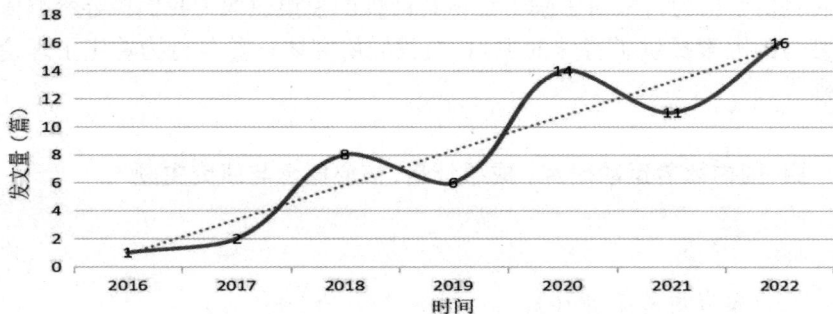

图 1-1　我国冰雪参与相关研究发文量

（2）研究成果的作者分析

通过 CiteSpace6.1 软件进行核心作者共现分析，可反映出我国冰雪参与方向研究作者的产出能力与合作关系。如图 1-2 所示，冰雪参与相关研究领域尚未形成高密度的作者合作网络，但局部形成了低密度的小范围或同机构的作者合作网络，例如，以李树旺和李京律为代表的作者合作网络、以阚军常和王飞为代表的作者合作网络等。

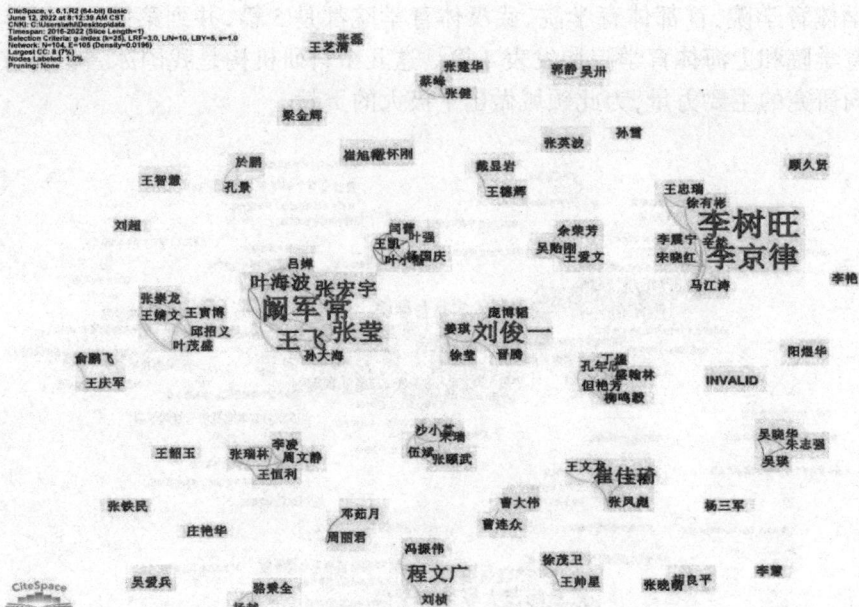

图 1-2 冰雪参与核心作者共现分析图谱

由表 1-1 可知,在冰雪参与领域研究作者发文量的排名情况中,李树旺等发表论文数量最多,为 5 篇;其次是李京津、阚军常发表论文 4 篇;再次,张莹、刘俊一、王飞作者发文量均为 3 篇。这体现出学术界对冰雪参与领域的关注度逐渐提高,发文量较高,作者论文产出量持续稳定,这对于及时掌握该领域的研究方向与学术动态起着积极的作用。

表 1-1 冰雪参与领域研究作者发文量排名(发文量 ≥ 2)

排序	作者	发文量	排序	作者	发文量
1	李树旺	5	6	王飞	3
2	李京津	4	7	崔佳琦	2
3	阚军常	4	8	张宏宇	2
4	张莹	3	9	叶海波	2
5	刘俊一	3	10	程文广	2

(3)研究机构分析

对科研机构的共现现象进行分析,可以直接反映冰雪参与研究的主要力量和影响。如图 1-3 所示,中国人民大学共 17 篇,排在首位;哈尔滨体育学院共 14 篇,排第二;北京体育大学共 9 篇,排第三,东北师范大学体育学院、首都体育学院、武汉体育学院都是 5 篇，并列第四；沈阳体育学院和上海体育学院均发表 4 篇。这几个科研机构是我国冰雪参与方向研究的主要力量，为此领域做出了极大的贡献。

图 1-3　冰雪参与科研机构共现分析图谱

（4）关键词共现分析

通过关键词共现分析可以反映我国冰雪参与相关研究领域的研究热点。本研究运用 CiteSpace 6.1 软件进行关键词共现网络图谱生成，得到冰雪参与高频关键词的共现结果如图 1-4 和表 1-2 所示。图 1-4 中的节点代表关键词，节点的大小与共现频率成正比，频率越高，节点越大，可认为该节点是该领域的热点问题。

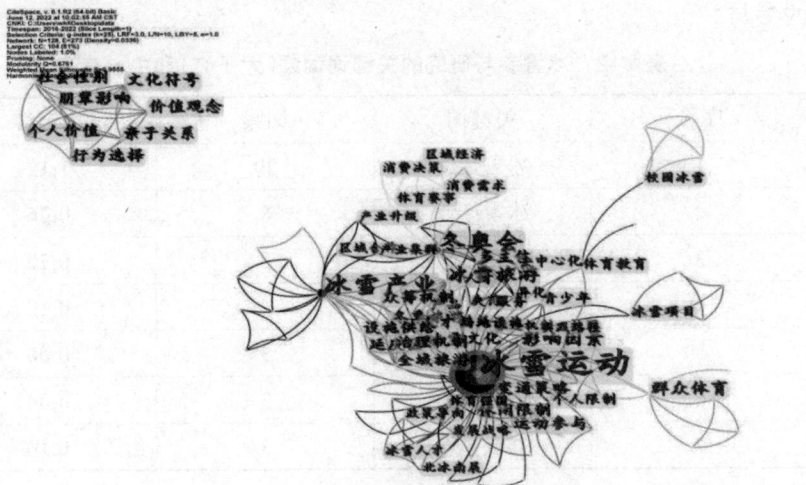

图 1-4　冰雪参与关键词共现分析图谱

从图 1-4 和表 1-2 可知,当前研究高度集中于冰雪运动(29,1.12),其次研究主要集中于冰雪产业(8,0.26)和冬奥会(8,0.20)。此外,研究还主要集中于体育教育(4,0.12)、群众体育(3,0.10)、冰雪旅游(3,0.04)和影响因素(3,0.00)。基于上述结果,本研究认为,首先,冰雪运动研究成果的加强是由于冰雪参与逐渐成为我国社会热点话题,并成为研究热点的重要标志,具体而言,通过科学研究明晰我国冰雪运动的发展过程、发展现状、未来发展趋势等内容有利于提出有针对性的发展策略,促进多方主体积极参与冰雪运动,因此相关研究高度集中于冰雪运动。其次,冬奥会的成功申办是我国冬季项目和冰雪产业发展的强大助力,国家层面提出促进冰雪产业和冰雪运动发展的一系列政策和目标,鼓励更多人参与冰雪运动,因此,冰雪产业和冬奥会的相关实践也为相关研究提供了鲜活的话题。最后,在全民健身背景下普及和发展冰雪运动,不仅可以满足人民多样化健身需求,也可以在举办冬奥会的背景下传承和发扬我国传统冰雪运动,有效推动我国冬季项目的发展。在此背景下,一方面,我国提出将旅游产业和冰雪产业融合发展,促进大众冰雪参与,提升大众冰雪运动的认同,进而促进大众参与。另一方面,我国提出了"三亿人上冰雪"的目标,并确定了以青少年为重点的工作思路,开启了冰雪运动进校园的实践。因此,学者们对冰雪旅游、体育教育、冰雪进校园等内容进行了广泛研究。此外,学者们还对冰雪参与的影响因素、现实困境等内容进行了学术探索,并提出相应的策略,以期促进冰雪运动的发展,提升冰雪运动的参与。

表1-2　冰雪参与研究的关键词词频（大于2）和中心度

序号	关键词	词频	中心性
1	冰雪运动	29	1.12
2	冰雪产业	8	0.26
3	冬奥会	8	0.20
4	体育教育	4	0.12
5	影响因素	3	0.00
6	冰雪旅游	3	0.04
7	群众体育	3	0.10

（5）关键词聚类和图谱分析

将从 CNKI 获得的数据进行格式转换，并完成界面上的基本设置，在 CiteSpace 的项目设置界面上点击关键词。数据处理完成后通过可视化界面聚类分析，得到关键词聚类分布图，如图1-5所示。通过 label clusters with indexing terms 为标签的聚类，得出以下聚类结果：0. 体育强国；1. 冰雪产业；2. 冬奥会；3. 影响因素；4. 校园冰雪；5. 大众冰雪。热点关键词聚类大致可以分为四个方向：第一是建设冰雪运动强国；第二是探讨冰雪运动和冰雪产业之间相互促进的关系；第三是基于2022年北京冬奥会研究我国冰雪运动发展的现状、问题及措施；第四是大众和校园冰雪运动参与的影响因素研究。

关键词聚类反映出相关研究所凝聚的几点关键共识。

第一，建设冰雪运动强国。肖坤鹏提出建设新时代冰雪运动强国面临五项任务，并从六个方面提出如何建设冰雪体育强国[1]。王飞[2]、董德朋等[3]人从体育强国建设背景下对我国冰雪运动产业以及冰雪运动文化的发展目标及路径进行研究。

第二，探讨冰雪运动和冰雪产业之间相互促进的关系。其中，以冰雪旅游为研究对象的文章最多。这一类研究主要聚焦于冰雪运动在体育旅

---

① 　肖坤鹏，张铁民. 新时代冰雪运动强国建设研究 [J]. 体育文化导刊，2020，（06）：20-25+60.
② 　王飞，马莉娅，高鑫瑶，赵琳. 体育强国建设背景下我国冰雪运动产业发展目标及路径 [J]. 体育文化导刊，2021（08）：1-6+13.
③ 　董德朋，孙卓，袁雷. 体育强国背景下冰雪运动文化力的内涵、解构与发展路径 [J]. 体育文化导刊，2020（11）：7-12+71.

游产业中的发展、国内外冰雪旅游开发、冰雪旅游营销开发现状及特点等,并在此基础上探索发展路径。

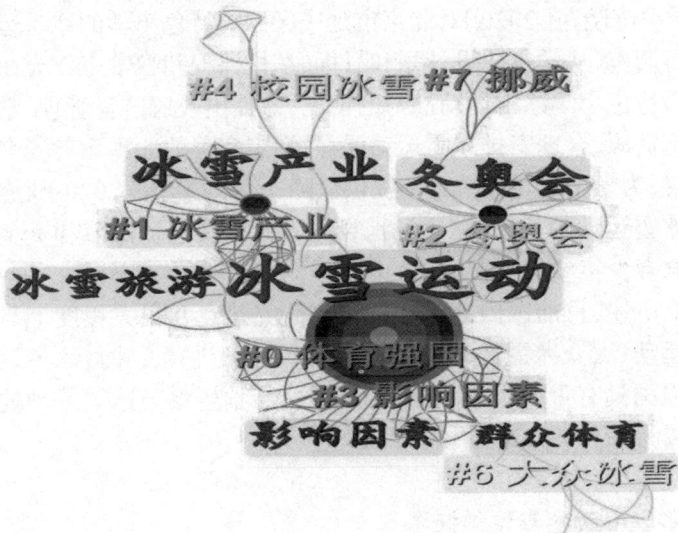

图 1-5　关键词聚类图谱

第三,基于 2022 年北京冬奥会研究我国冰雪运动发展的现状、问题及措施。周阳(2018)从家长、学生认知、参与动因、参与时间以及参与冰雪运动消费等方面对北京市中小学参与冰雪运动现状进行调查,提出在申奥成功背景下积极推广冰雪运动和冰雪运动文化,增进学生对冬奥会的理解,掌握冰雪运动技能[1]。穆小舟(2018)以河北省大众滑雪运动发展为研究对象,发现河北省群众对滑雪运动需求量增加,但一系列现实问题难以激发大众对滑雪项目的参与热情,因此提出加强基础设施建设、开发冰雪游戏等发展策略让更多群众参与滑雪运动[2]。

第四,大众和校园冰雪运动参与的影响因素研究。侯奕安(2020)以京津冀地区大众冰雪运动行为为研究对象,从参与强度、参与时间频率分

---

[1]　周阳 . 2022 冬奥会对北京市中小学生参与冰雪运动发展策略研究 [D]. 首都体育学院,2018.
[2]　穆小舟 . 2022 年冬奥会背景下河北省大众滑雪运动发展研究 [D]. 哈尔滨体育学院,2019.

析了京津冀地区大众冰雪运动参与的现状①。王忠瑞等（2018）将影响社会大众群体参与冰雪运动的因素划分为社会因素和个人因素，在推广和发展冰雪运动的过程中想要大众积极参与其中，就要通过相关制度设计和举办相关赛事，激发社会体育组织的活力，带动更多居民关注和参与冰雪运动②。陈晓花（2020）对北京市延庆区冰雪特色小学的冰雪运动开展现状进行调查，从学校建设计划和目标、学校课程和教学工作方面剖析延庆区冰雪特色小学冰雪运动参与的情况，并提出政府监督管理、学校开发场地设施资源，合理安排冰雪运动课程，制定完善的冰雪运动安全管理制度等建议，为学生参与冰雪运动提供保障③。程文广等（2020）研究发现青少年对冰雪运动的认知、冰雪场地设施方面以及师资保障和资金保障等都是影响青少年参与冰雪运动的因素④。

综上所述，目前国内冰雪运动参与研究热点在很大程度上与发展校园冰雪运动、大众冰雪运动、冰雪运动产业紧密联系，并且冰雪运动对建设体育强国具有重要作用。其中，对群众与学生参与冰雪运动的影响因素研究较为深入。

2. 冰雪运动参与核心概念

国内冰雪运动参与的核心概念主要有两类：一类借鉴国外的核心概念，即：参加冰雪运动的人次，如林显鹏（2016）⑤等的研究；另一类是借鉴我国"经常参加体育锻炼"标准，如张铁民（2016）⑥及王冠瑛等（2011）⑦的研究。冰雪运动研究的理论视角主要是功能主义视角，研究的方法主要运用调查法以及数理统计法，如林显鹏（2016）、张铁民（2016）及王冠瑛等（2011）的研究。比较经典的研究如张铁民（2016）关于东北

---

① 侯奕安. 京津冀地区大众冰雪运动参与者行为研究 [D]. 天津财经大学, 2020.

② 王忠瑞, 李树旺, 徐有彬. 冰雪运动参与的影响因素及其组织化机制——基于北京市居民的抽样调查 [J]. 沈阳体育学院学报, 2018, 37（01）: 1-6.

③ 陈晓花. 北京市延庆区冰雪特色校小学冰雪运动开展现状研究 [D]. 首都体育学院, 2020.

④ 程文广, 冯振伟. 我国青少年冰雪运动进校园：影响因素、推进机制与实践路径 [J]. 体育科学, 2020, 40（07）: 40-48.

⑤ 徐宇华, 林显鹏. 冬季奥运会可持续发展管理研究：国际经验及对我国筹备2022 年冬奥会的启示 [J]. 北京体育大学学报, 2016, 39（01）: 13-19.

⑥ 张铁民. "2022 北京冬奥会"背景下的我国大众滑雪运动的参与现状分析——以东北 3 省为例 [J]. 中国学校体育（高等教育）, 2016, 3（01）: 30-34.

⑦ 王冠瑛, 王卓涛, 田园. 秦皇岛冰雪运动发展状况的调查研究 [J]. 河北师范大学学报（自然科学版）, 2011, 35（05）: 536-540.

三省大众滑雪运动的参与现状研究。该研究借鉴一般运动参与调查的模式,通过问卷调查,研究和分析了东北三省大众参与滑雪运动的状况。

3. 相关研究主题

(1)冰雪运动参与现状主题的研究
该领域主要集中在运动员的专业化参与的研究和大众冰雪参与的研究。

关于专业化参与的研究主要聚焦在我国冰雪运动各项目的"三级梯队"人才培养状况问题,如:赵晶和闫育东(2015)[1]、王海(2013)[2]、王锥鑫(2017)[3]、马毅等(2016)[4]研究。该类研究主要通过调查和数据分析,研究我国不同地域的冰雪运动人才储备的状况。研究认为,我国冰雪运动后备人才储备总量低,质量不高,结构欠合理,区域分布不均衡,应该完善我国冰雪运动的人才培养体系,通过政府、体育、教育、社会等系统的协作夯实我国冰雪运动竞技人才储备的基础。

关于大众冰雪运动参与的研究,王冠瑛[5](2011)、唐哲(2012)[6]、孙科(2017)[7]等对不同区域的冰雪运动群体性参与展开调查。王冠瑛等(2011)关于秦皇岛冰雪运动发展的研究是较早的关于大众冰雪运动参与的研究案例,研究主题是秦皇岛居民的冰雪运动参与状况。该研究对秦皇岛市参与冰雪运动的人群进行问卷调查。我国关于大众冰雪运动参与状况研究所形成的比较一致的结论认为,我国冰雪运动的发展不平衡,适合开展冰雪运动的地区,如东北三省、京津冀、内蒙古及新疆等地区大众冰雪运动开展比南方好。此外,我国冰雪运动大众参与和普及状况总体上还处于较低水平。2022年北京冬奥会、冬残奥会的成功举办有助于

① 赵晶,闫育东.我国冰雪运动人力资源储备与发展规划研究[J].山东体育学院学报,2015,31(01):51-54.
② 王海.用科学发展观审视竞技体育强国下我国冰雪运动发展方略[J].辽宁体育科技,2013,35(03):26-29.
③ 王锥鑫.我国冰雪运动竞技人才储备与发展路径研究[J].南京体育学院学报(社会科学版),2017,31(02):82-87.
④ 马毅,吕晶红.我国备战2022年冬奥会重点项目后备人才培养问题探究[J].体育科学,2016,36(04):3-10.
⑤ 王冠瑛,王卓涛,田园.秦皇岛冰雪运动发展状况的调查研究[J].河北师范大学学报(自然科学版),2011,35(05):536-540.
⑥ 唐哲."北冰南展"的实施现状及拓展对策[J].广州体育学院学报,2012,32(05):72-75+79.
⑦ 孙科.全民健身与冰雪运动发展[J].体育文化导刊,2017(03):1-4.

吸引更多群众参与到冰雪运动中来，冰雪运动普及程度明显提升，但与国外一些冰雪运动强国相比，仍存在群众参与面不广、参与的积极性不足等问题①。因此，有些学者通过深挖我国群众冰雪运动发展中存在的问题以及形成根源以期推动我国冰雪运动的全面发展。

阚军常等（2018）的研究指出，我国大众冰雪运动发展还主要依赖于个体的能动性，尽管有政策的推出，但有效措施落地困难，政策的刺激没有较好地转化为现实推进措施，未从根本上形成对大众参与冰雪运动的有效激励；其次，冰雪运动参与对场地要求较高，需要参与者具备一定的物质基础，但目前我国免费大众冰雪运动场地过少，参与冰雪运动花费较昂贵，且在运营成本的制约下，大部分冰雪场地的安全性不足，导致参与率较低；最后，大众冰雪运动人口的不足是当前关键性的问题，而且大众冰雪运动参与的运动技能水平整体较低，因此冰雪运动参与者多为一次性体验者，参与积极性不高②。

（2）大众冰雪运动参与动机

提升大众冰雪运动参与的积极性需要了解大众冰雪运动的参与行为，因此有学者从参与动机的角度出发，对群众冰雪运动的参与行为进行深入研究。研究发现冰雪参与者在具有较强的强身健体目的或提高运动技能目的时更加投入，而以拓展兴趣、体验冰雪活动为动机的人群次之。同时参与群体密度会直接影响参与体验，就是指冰雪场地的数量不足以满足大众时会影响大众的参与体验。因此，可以通过提供免费或低价的入门指导的方式引导初学者入门，或是组织冰雪运动宣传活动来吸引参与者等措施提升大众对冰雪运动的认知和兴趣③。当大众对参与冰雪运动充满兴趣后，如何保持大众冰雪运动参与者的热情和积极性，使人们从体验冰雪运动转变为持续参与冰雪运动？又有学者们从冰雪运动参与者面临的休闲限制因素出发，寻找提高大众冰雪运动参与的重要途径④⑤。

① 中共中央办公厅、国务院办公厅.关于以2022年北京冬奥会为契机大力发展冰雪运动的意见[EB/OL].[2019-03-13].http://www.gov.cn/gongbao/content/2019/content_ 538371.htm.

② 阚军常，王飞，张宏宇，张莹.我国大众冰雪运动发展的问题、形成根源及对策[J].体育文化导刊，2018，（10）：40-45.

③ 李京律，马江涛，李树旺，李震宁.北京冬奥语境下大众冰雪运动参与动机、运动投入、参与满意度与持续参与意图的关系[J].成都体育学院学报，2020，46（06）：74-79.

④ 马江涛，李京律，李树旺.北京冬奥会背景下大众冰雪运动持续参与形成机制研究[J].西安体育学院学报，2022，39（01）：18-30.

⑤ 马江涛，李树旺，李京律，宋晓红.大众冰雪运动参与与休闲限制对变通策略的影响研究[J].沈阳体育学院学报，2021，40（01）：116-124.

研究认为,要提高大众冰雪运动的持续参与就要从休闲限制、变通策略和满意度方面入手。休闲限制因素包括个人限制、人际限制、时间限制、经济限制、环境限制。其中个人限制会抑制变通策略的运用,要提高大众冰雪运动参与最重要的途径就是要降低个人限制,多给予大众参与冰雪运动的机会,使大众体验到冰雪运动的乐趣。冰雪运动企业要提高服务质量,充分满足大众在参与冰雪运动过程中的各种需求,大众冰雪运动参与的满意度越高,持续参与的可能性才越大。

（3）校园冰雪运动参与

学生作为体育运动的重要参与者,在冰雪运动发展过程中具有重要的推动作用。为促进青少年参与冰雪运动,国家体育总局印发《冰雪运动发展规划（2016—2015）》,正式提出"冰雪运动进校园"这一发展规划。随着这一规划的正式提出,学术界也聚焦于冰雪运动在校园的发展。研究发现,当前我国对冰雪运动进校园的研究主要集中在两个方面:一方面,研究主要集中在冰雪运动进校园的价值研究、冰雪运动进校园的现状研究、冰雪运动进校园的困境和推进策略等,如许弘（2021）从冬奥会背景出发,通过调查发现现阶段我国冰雪运动在校园的发展存在区域之间差异大、基础设施建设不足、参与人口较少等问题[1]。在冰雪运动进校园的推进策略研究中。程文广等（2020）则从需求端出发,认为充分发挥政府、学校、家庭、社区和企业的功能作用,促进多元主体合作供给,是加快青少年冰雪运动进校园整体步伐的有效举措,具体来说包括政府部门加强政策扶持、学校提高教学质量、家庭积极支持和引导参与冰雪运动、社区积极创设冰雪运动发展的环境、企业提供高质量的冰雪运动用品和服务等[2]。曹英等（2020）则从校园冰雪运动开展的现状出发,提出应从强化政策引导、强化专业师资建设、开发专项课程、强化安全保障措施等方面推进冰雪运动在校园的发展[3]。另一方面,有些学者的研究主要聚焦于冰雪校园文化传播、冰雪运动进校园的传播策略等。如伊晓彤等（2019）立足于冬奥背景,认为冰雪进校园应在学校内积极宣传冰雪运动的知识和文化、开设冰雪课程、加强冰雪赛事推广、建设冰雪运动场地,提升学生对

① 许弘. 北京 2022 年冬奥会和冬残奥会背景下冰雪运动进校园的现状、思考与展望 [J]. 体育科学,2021,41（04）: 41-48.

② 程宇飞. 我国冰雪运动进校园经验及发展策略 [J]. 体育文化导刊,2020（06）: 33-39.

③ 曹英,程传银,董鹏. 我国校园冰雪运动开展的机遇、问题及策略 [J]. 体育文化导刊,2020（11）: 13-19.

冰雪运动的认知和兴趣，使学生积极参与到冰雪运动中①。

（二）冰雪运动文化研究

1. 文献计量与统计

（1）相关成果发文量

以中国知网（CNKI）期刊数据库为文献数据来源，以"冰雪文化""冰雪运动文化""校园冰雪文化"为主题进行精确检索，期刊来源类别选择"中文核心"与"CSSCI"，检索时间2022年6月12日，共检索到181篇，剔除作者等信息不齐全的文献，最终共计得到177篇文献，并依据CiteSpace软件所需的Refworks文献格式将177篇文献数据进行导出。学术发文量是衡量某一个领域科研发展水平最直观的指标，发文量的变化不仅能够折射出该领域研究是否为前沿或热点研究，还能够反映出该领域研究的历史脉络，预测未来该研究领域的动态变化趋势②。据此，研究绘制了发文量趋势，具体如图1-6所示。

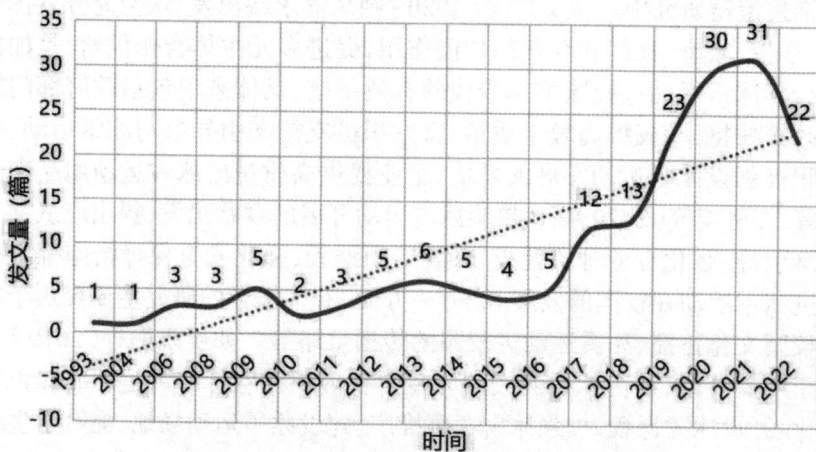

图1-6　冰雪文化相关研究文献年度发文量

---

① 伊晓彤，孙鸣浩.冬奥会背景下冰雪运动进校园的传播策略研究 [J].冰雪运动，2017,39（05）：67-70.

② 王恒利，王琪.我国体育彩票研究热点和脉络演进的可视化研究 [J].体育成人教育学刊，2018,34（06）：37-43.

　　观察我国冰雪运动文化研究领域发文量的时间动态分布,能够一定程度上反映冰雪文化研究的水平、发展速度等。近年来我国冰雪运动文化研究的文献量总体上呈先波浪式上升紧接大幅攀升的趋势。发文量的波动期处在 2008 年北京奥运会前后,而大幅攀升期起始于 2015 年后,适逢北京冬奥会申办成功之时,受冬奥热潮影响,群众冰雪运动及其文化得到快速发展,冰雪消费市场受到刺激,供需大幅增加,自然也引起广大学者的密切关注。显然,重量级的赛事盛会能够直接牵动社会发展和文化导向。

　　在整个北京冬奥周期内,研究从冰雪文化的基础理论逐渐深入到冰雪文化的传播、推广等未来发展层面。在这一时期研究成果取得了相当的积累,但与冰雪领域其他研究相比,冰雪运动文化研究受重视的程度还有待提高,其研究发文量远不如冰雪产业相关的研究。之后,受新冠肺炎疫情爆发的影响,我国冰雪运动的开展受到巨大冲击,在一定程度上对于学界研究产生了影响。目前,奥运遗产的保护和可持续性开发依然成为国际社会的共识和重点期盼,伴随着我国 2022 北京冬奥会的成功举办,后冬奥会时期我国必将产生与引发新一轮的冰雪热潮,相信后冬奥时代如何进一步保持与释放冬奥遗产效应,加速冰雪运动普及与推广,深挖冰雪文化价值仍会是未来研究热点或关注点之一,相关研究的数量也会有所增加。

　　(2)研究成果的作者与机构分析

　　借助 CiteSpace6.1 软件进行核心作者共现分析,整理出"冰雪文化领域研究作者发文量的排名"与"我国冰雪文化相关核心作者共现分析图谱"。如表 1-2-3 所示,学者杨宇菲和张小军以 4 篇发文量排在首位,其中,发文量 4 篇及以上的作者只有 2 人,发文量 2 篇及以上的作者共有17 人。

表 1-3　我国冰雪文化相关领域核心作者发文量排名(前 8)

排序	作者	发文量	排序	作者	发文量
1	杨宇菲	4	5	崔佳琦	3
2	张小军	4	6	刘俊一	3
3	李岫儒	3	7	孙民康	3
4	徐新武	3	8	张有平	3

　　作者共现图谱如图 1-7 所示,图谱中节点的大小与作者发文次数呈正相关,通过网络密度数据,反映出研究作者的合作密度情况不甚乐观。

换言之,我国冰雪文化研究领域研究人员之间尚未建立广泛密切的合作网络,仅在局部形成了少数合作团体,跨机构、跨学科领域的研究作者间的合作较为分散且合作发文量不多。另外,作者分布较为松散,虽然关注冰雪文化相关领域的专家学者较多,但集中度较低,一定程度上会影响到研究成果的深入和内容横向的拓展。综上所述,专家们的独立研究是共线图反映出的主要特征,作者间合作密度较低,仅有少数几个作者间的合作联结。现有的作者间合作通常发生在同一机构内,以两到三人的团队规模居多,最大规模团队可达四人左右。由此可见,冰雪文化研究领域中的研究人员目前以学者个体专研、内容松散为主要特征,研究人员缺乏横向合作,研究内容的深度和宽度有待拓展。

运用 CiteSpace6.1 软件,生成冰雪文化相关领域的研究机构共现分析图谱,如图 1-8 所示。在分析过程中,为研究方便,将同一机构内的二级部门进行合并处理,如将"北京体育大学新闻与传播学院"与"北京体育大学体育商学院"合并为"北京体育大学",得到相关机构的发文量情况,如表 1-4 所示。

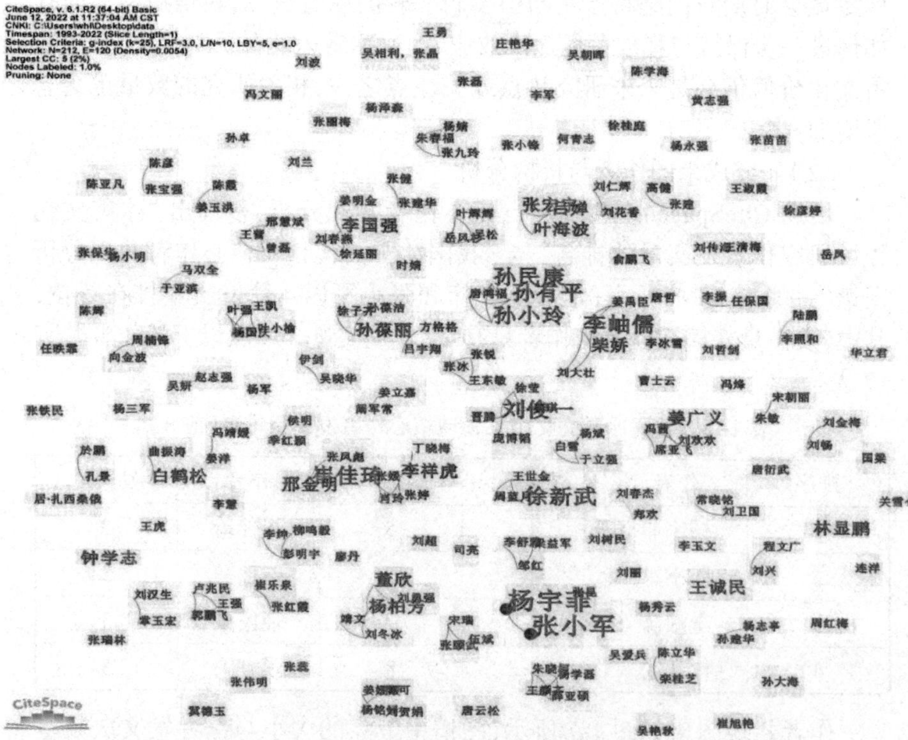

图 1-7　我国冰雪文化相关核心作者共现分析图谱

表1-4　冰雪文化领域研究机构发文量排名(前8)

排序	机构	发文量	排序	机构	发文量
1	北京体育大学	19	5	哈尔滨师范大学体育科学学院	7
2	东北师范大学体育学院	12	6	吉林大学体育学院	5
3	哈尔滨体育学院	11	7	清华大学	4
4	吉林体育学院	7	8	华东师范大学体育与健康学院	4

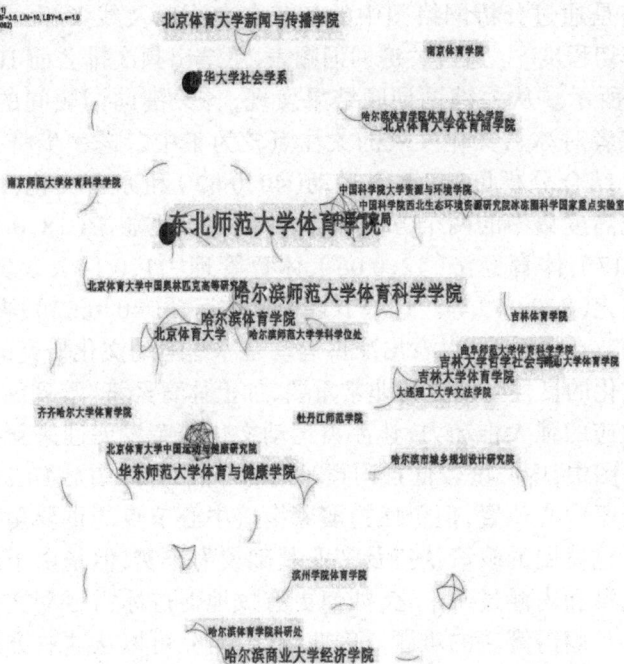

图1-8　我国冰雪文化科研机构共现分析图谱

根据图1-8和表1-4对科研机构发文量的统计结果可知,北京体育大学(19篇)、东北师范大学体育学院(12篇)、哈尔滨体育学院(11篇)、吉林体育学院(7篇)、哈尔滨师范大学体育科学学院(7篇)是发文量名列前5的机构。从机构性质上看,主要是各类体育专业类院校和师范大学的体育学院。这类机构是国内冰雪文化研究的主力军,且以北方地区的机构为主,其中的代表机构有北京体育大学、东北师范大学体育学院和清华大学社会学系等机构,其中,北京体育大学与华东、华北、尤其是东北等地的高校和研究机构产生了广泛的联系。从科研成果数量分析,排名前 16 位的机构中,体育类专业大学或师范大学体育学院占 10 所,发表论文共计 93 篇,可知体育类大学和师范大学的体育学院是冰雪文化研究领域的主力军,有着冰雪方面的研究和实践经验以及专业人才和硬件设施的集聚等优势,同时师范类院校的人文学科基础和学科交叉优势在此之中也提供了较多助力。

（3）关键词共现分析

运用 CiteSpace6.1 软件可视化分析工具分析样本文献,探索冰雪文化相关领域的研究热点方向,关键词共现图谱如图 1-9 所示。关键词共现网络是通过分析网络图中的各节点大小以及线条粗细表示彼此间联系的密切程度[①]。通过关键词词频表,总结出频次排名前 10 的关键词,如表 1-5 所示。从关键词词频结果发现,各关键词词频间的差别较小,说明研究者对冰雪文化发展的关注点较为集中。进一步将关键词词频与中心性结合分析可知,冰雪运动(40,0.62)和冰雪文化(36,0.62)是当前研究高度集中的两个方面,其次分别是冰雪旅游(18,0.17)、冰雪产业(15,0.17)、体育经济(12,0.06)、体育管理(11,0.14)、冬奥会(9,0.09)、体育文化(8,0.06)等。这些节点中冰雪运动(40,0.62)均是中心度和频次高的节点,从中可以看出冰雪运动是冰雪运动文化研究的核心主题,运动与文化的良性互动显得非常重要,加上体育经济、管理的发展和冬奥会红利效应的强大推动力,让冰雪运动文化繁荣发展迎来新机遇。在关键词网络图中,中心度较低且词频较高的节点,如冰雪旅游、冰雪产业等,虽然不处于中心位置,但仍然扮演着衔接中心节点的重要角色。当前冰雪运动文化发展的政策扶持及产业基础较为夯实,但是由于冰雪运动文化自身要素和内涵过于丰富,如何更有效地促进冰雪运动文化可持续创新发展仍是亟需解决的难题。因此,此后研究可以从这些方面继续进行深入探究。总体上,每个阶段关键词的强度都较为稳定,体现冰雪运动文化的发展一直是研究的重点,并且未来还会继续深化发展。

---

① 李树祯,成尔卓,雷尚坤,等.“一带一路”视角下跨境电商研究的现状、热点与趋势——基于 2015—2021 年 CNKI 文献的计量分析 [J]. 现代商业,2022,(06):42-46.

表 1-5　冰雪文化相关领域的关键词词频统计

序号	关键词	词频	中心性	序号	关键词	词频	中心性
1	冰雪运动	40	0.62	6	体育管理	11	0.14
2	冰雪文化	36	0.62	7	冬奥会	9	0.09
3	冰雪旅游	18	0.17	8	体育文化	8	0.06
4	冰雪产业	15	0.17	9	冰雪艺术	7	0.12
5	体育经济	12	0.06	10	哈尔滨	6	0.10

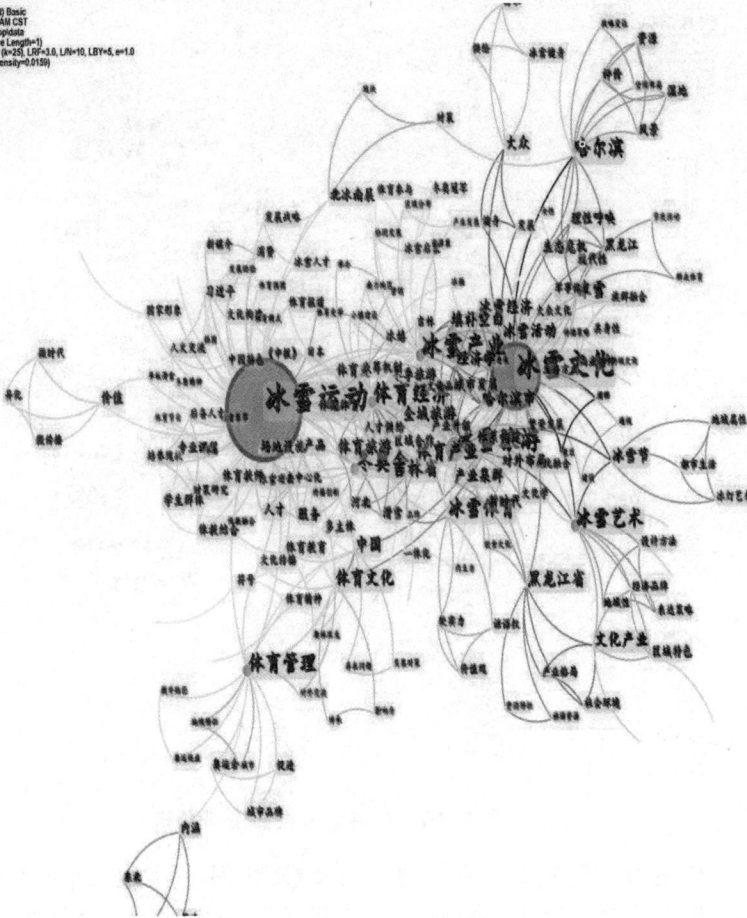

图 1-9　冰雪文化相关领域的关键词共现图谱

（4）关键词聚类和图谱分析

关键词聚类是文章重点词语的整体表现，可以有效明确地表达出本研究所涉及的主题与热点。本研究运用 CiteSpace6.1 软件生成关键词聚类图谱，得到冰雪运动文化相关研究的高频关键词聚类的共现结果，如图 1-10 所示。在图中的每一个节点就代表一个关键词，节点的大小与其所出现的次数密切相关，也就是说，节点越大，所出现的频率就越高。另外，节点与节点之间连线的粗细与其出现频次的增长速度也显著相关，可将其看作近几年相关学者对该主题的关注程度越高，越被认为是该领域下的一个热点问题。

图 1-10　关键词聚类和图谱分析

从图中关键词聚类节点的大小来看，我国冰雪文化研究领域所出现的关键词聚类图谱中，分别有"冰雪运动""冰雪文化""中国""体育经济""冰雪产业""文化产业""冰雪""冬奥会""价值""冰灯艺术"等这 10 个关键词。其中，位列首位的是"冰雪运动"。冰雪文化的传播离不开冰雪运动这一具体载体，对冰雪文化的研究要立足于现实的冰雪运动当中，与此同时，冰雪运动文化也会随着冰雪体育运动的进一步开展而不断得到弘扬与创新。此外,冰雪运动也不是随便的、简单化的运作,始终要以满足人民大众以及消费者的多样化的消费需求为出发点,不断更新与完善自身运动产品与体育服务。排在第二位的是"冰雪文化",即本篇文章的一个重点研究方向。第三位的是"中国",中国冰雪文化的传播势必要扎根于中国这片土地,反映出冰雪文化研究的本土化特征。紧随其后的分别是"体育经济""冰雪产业"以及"文化产业",冰雪文化属于体育的范围,冰雪文化的弘扬与传播会拉动体育相关经济的快速增长。同时,冰雪文化既属于冰雪产业的一部分,也属于文化产业圈的一个重要组成部分,它是处于冰雪产业与文化产业相联结的一个地带。因此,对冰雪文化进行深入研究将有助于推动冰雪产业的蓬勃向上,同时也将促进文化产业的繁荣与发展。此外,建立一套完备的文化产业体系是非常必要的,这套文化产业体系能够更好地加速推动冰雪体育产业的发展,助力冰雪运动,进而拉动体育经济的增长,并为弘扬体育文化做出巨大贡献。之后的排序是"冰雪""冬奥会"与"价值"。46 号文件的出台以及冬奥会的成功举办,使得我国的冰雪体育运动迎来春天,北京 2022 年冬奥会的成功举办迅速带动相关学者对于冬奥会冰雪运动相关领域的研究,同时哈尔滨作为中国的一个著名冰雪城市,依托当地丰富的冰雪资源开展冰雪旅游业,为游客展示丰富多彩的"冰灯艺术",令众多游客叹为观止,可以说直接对冰雪文化的传播产生了极大影响,从而引来学术界对该领域进行深入研究的旨趣。结合图谱综合考虑,"冰雪运动""冰雪文化""中国""体育经济""冰雪产业""文化产业""冰雪""冬奥会""价值""冰灯艺术"等是近几年冰雪文化相关研究领域内的研究热点。

2. 冰雪运动文化的研究

文献研究表明,当下我国冰雪文化研究内容主要包括冰雪运动的起源、校园冰雪文化、冰雪运动的文化发展与现状、我国古代冰雪运动的史学考证 4 个领域。

(1)冰雪运动的起源

国内不同学科的专家从滑雪、考古、民族学、古岩彩绘等多领域、全方位地对人类滑雪起源地进行了科学考证,发现中国新疆阿勒泰地区是世界滑雪最早的起源地[①]。不可否认,中国新疆阿勒泰地区拥有着世界上最早的冰雪文化。据史料记载,前秦时代的《山海经》、隋唐时期的《北史》、

① 王天军.新疆阿勒泰毛雪板滑雪历史考察[J].体育文化导刊,2012(07):123–125.

唐代回鹘族的记载等多部历史资料中早就对中华民族的冰雪文化生活有所记载，主要是以人们的狩猎、出行等生产活动和业余娱乐活动为载体，通过描绘我国古代北方人民在冬季里的生活图景，展示出体现了生存与创造精神的冰雪文化①。所以说，冰雪文化在我国拥有着悠久的历史底蕴，具有深厚的社会基础，且在发展过程中不断与武术、杂技等民间传统艺术文化产生交融，并对各个阶层的生活产生不同程度的影响。冰雪文化所凸显的民族地域性、娱乐健身性、艺术观赏性及其生产和军事功能也得到广泛的认同。

　　冰雪文化在人类社会发展的历程也是有规律可循的，它是随着社会生产和文明的迭代不断进阶②，其发展可视为一个动态的过程，与时代脉搏心心相印，与社会生活中的精神、物质要素息息相关，并保持着一种结构化的存在。这种结构化的存在伴随着社会演进而产生阶段性变化。受族群居住的地理位置和寒冷气候影响，早期冰雪文化起源于人类原始社会形态中。在经历了漫长的探索后，以社会生产、交通需要等形式逐渐习得了与冰雪环境相适应的生产方式和风俗习俗，形成了冰雪文化的初态③。此后，冰雪文化与生产生活的界限逐渐明晰，多元化的冰雪艺术或文娱形式得以延续，成为人民群众的一种独特的物质与精神文化生活。社会生产力和经济发展程度的不断提高带动了冰雪运动或冰雪娱乐活动在民间的活跃，促进了冰雪运动及其文化的传播，并形成相关产业，促进经济循环，吸引更广泛的民众参与。

　　尽管我国冰雪运动的发展有着悠久的历史，但是从整体上来看，我国现代冰雪文化发展仍处于发展期，远未达到成熟期的阶段④。相较于国外冰雪运动发展较好，且具有浓厚的冰雪文化背景和氛围的北欧国家或地区，我国无论是冰雪群众基础，还是冰雪运动氛围等都相对薄弱，究其原因除了受地域环境限制、群众基础薄弱、竞技体育与群众体育发展失衡等因素之外，还受我国冰雪运动文化发展程度的影响⑤。有学者从文化视角探究了我国冰嬉盛典与清代文化命运的兴衰，认为近代以来，具有"文化

① 庄艳华.我国冰雪文化普及的理论之维与实现路径 [J].体育与科学,2018,39（05）：109-114.

② 张志哲.冰雪体育文化传承与拓展研究 [J].冰雪运动,2016,38（03）：37-40.

③ 张驰,佟铁鹰.黑龙江省城市群众性冰雪体育行为研究 [J].冰雪运动,2015,37（6）：70-73.

④ 庄艳华.我国冰雪文化普及的理论之维与实现路径 [J].体育与科学,2018,39（05）：109-114.

⑤ 李岫儒,柴娇.冰雪体育文化传播的意义及路径 [J].体育文化导刊,2019（08）：43-47+53.

认同"意义的冰嬉文化是随着清王朝国力由盛转衰和冰嬉活动的没落而逐渐衰落的[①]。综上所述,虽然我国冰雪运动发展较早,但是受到西方文化的冲击以及现代冰雪运动的传播等影响,我国民间传统冰雪运动弱化加速,冰雪文化发展日渐衰微。但历史的沧桑难掩冰雪文化的韧性和活力,随着北京冬奥会的成功举办以及"三亿人参与冰雪"的目标实现,未来我国冰雪文化必将再次全面繁荣,以创新化的形态屹立于国际体育文化之林。

（2）校园冰雪文化

学术界关于校园冰雪文化的研究主要集中在校园冰雪文化建设的价值、校园冰雪文化建设的影响因素以及校园冰雪文化建设的路径三个方面。校园冰雪文化的价值是加强其建设的重要推动力,更是解决"为什么"要推进校园冰雪文化建设的根源问题。

首先,在校园冰雪文化建设价值方面。张志成等（2018）对我国北方高校冰雪文化建设的价值讨论,认为校园冰雪文化具有丰富的教育价值、健康价值,完善学生挫折教育并培养健全人格[②]。曹杰（2019）等通过研究近年来我国高校冰雪体育运动文化建设情况,发现新时代高校冰雪体育运动文化建设逐渐融入素质教育,对培养大学生的社会适应能力、提供冰雪体育文化发展的理论支撑和营造全民冰雪文化氛围都具有重大价值[③]。

其次,在冰雪校园文化建设的影响因素方面,王子鸣等（2017）认为校园冰雪体育教育对大学生的全面发展具有重大意义,并从兴趣因素、环境因素和教育因素三个方面深入分析了大学生校园冰雪文化素养培养的影响因素[④]。丁日明等（2018）则基于北京冬奥会的研究背景,从现实情况出发发现高校冰雪体育文化的发展存在场馆设施匮乏、教学方式单一,学生参与度低和规章制度欠缺等束缚。

最后,在校园冰雪文化建设路径方面,于德生（2014）基于冰雪文化的基本概念,分析了东北地区高校构建冰雪文化的必要性,并提出要从高度重视、明确方向、富有特色和完善基础设施四个方面优化东北地区高校

① 任映霏,郭磊.飞驰的冰刀与停滞的帝国——冰嬉盛典与清代文化命运兴衰[J].清华大学学报(哲学社会科学版),2021,36（06）:1-11+205.
② 张志成,周祖旭.高校冰雪文化建设与发展策略研究[J].黑龙江工业学院学报(综合版),2018,18（10）:24-27.
③ 曹杰,刘义峰,关富余等.新时代我国高校冰雪体育运动文化建设的多元意义[J].冰雪运动,2019,41（01）:89-92.
④ 王子鸣,管淑波.大学生冰雪校园文化素养的培养策略[J].冰雪运动,2017,39（01）:73-76.

冰雪文化的建设路径①。周祖旭等（2018）更多侧重于通过教学课程设置、训练与竞赛活动、文化知识与技能交流、课外体育活动与社团活动以及冰雪艺术等方式打造校园特色冰雪文化②。王学如（2020）等则认为冰雪休闲体育文化不能完全局限于工具性，提出要注重学生良好品格的锻炼，将教学原则和方法与学生的体验、感悟以及挑战自我等进行融合，彰显学生人文素质的培养③。从总体趋势来看，由于校园冰雪文化建设的研究起步较晚，其蕴含的丰富资源未能得到有效挖掘，因此，未来仍然需要加强冰雪校园文化建设的学术探究。

（3）冰雪运动文化

当前的冰雪运动文化可划归为冰雪体育旅游文化和传统冰雪体育文化。在有关传统冰雪运动文化的研究中，李玉文（2021）对我国少数民族体育项目进入冬季奥运会的可行性进行探究，认为冬奥会上需要有中国传统冰雪体育文化的身影，对外展示与输出我国的优秀传统冰雪体育文化是冬奥会举办的一个重要目标导向，在当今以和平与发展为时代主题的年代里，我国体育事业飞速发展，具有强大冰雪文化基因、文化底蕴丰厚的少数民族冰雪体育运动项目进入冬奥会将提高中国在冬奥会上的国际影响力，推动其国际化融合发展④。唐云松（2022）认为"一带一路"中的冰雪运动文化交流是整个"一带一路"文化交流的典范，能够有效促进民族传统冰雪运动文化的传承，并加强不同国家文明间的互动融合，应当构建新的冰雪运动文化交流机制，同时借助冬奥契机创建文化交流模式，来推动冰雪体育文化交流的新进程⑤。此外，随着国家对冬季体育运动的支持以及冬奥会成功申办的契机，我国提出实施"三亿人参与冰雪""北冰南展西扩东进"等战略目标，这有力地弘扬了冰雪运动文化，使冰雪运动文化在网络空间中展现出独有的活力⑥。

在冰雪体育旅游文化研究中，李祥虎（2021）基于全域旅游的视角

① 于德生.东北地区高校冰雪文化的构建[J].冰雪运动,2014,36（05）:50-52.
② 周祖旭,赵萌.北方高校冰雪体育文化实现途径研究[J].长春师范大学学报,2018,37（10）:113-115.
③ 王学如,谭睿,李智鹏,等.冰雪休闲体育丰富校园文化建设的研究[J].冰雪运动,2020,42（05）:45-50.
④ 李玉文.我国少数民族体育冰雪项目进入冬奥会的发展探索[J].广州体育学院学报,2021,41（06）:60-63.
⑤ 唐云松,陈德明."一带一路"冰雪运动文化交流价值与推进路径[J].体育文化导刊,2022（03）:14-19.
⑥ 吴爱兵.网络空间的冰雪文化参与:行为特征、价值转向与失范[J].体育与科学,2022,43（01）:13-19.

对我国冰雪运动小镇的发展进行研究,认为冰雪运动小镇的建立能够有效推动我国传统冰雪体育文化的传承与发展,并进一步推进我国体育产业的转型升级与高质量发展,需要加强国际间交流合作,为冰雪产业的发展指明方向,创建一个新发展格局,为宣传冰雪体育文化注入新的活力[①]。后冬奥时期,冰雪文化旅游产业空间有待进一步延续,需要深入挖掘内部空间文化,满足冰雪旅游产业的空间消费需求,鼓励各主体积极参与,提升冰雪产业的竞争力与影响力,有效延伸拓展冰雪体育文化旅游产业[②③]。综上所述,当前冰雪运动文化已经受到学者们的广泛关注,学者们从冰雪体育旅游以及传统冰雪体育运动等方面都对冰雪体育文化的传播与发展进行了颇为深入的研究,在冬奥会成功举办之后,即处于后冬奥时期的我国冰雪体育产业如何发展以及冰雪体育文化如何传播等问题将成为学术界更为关注的焦点。

(三)冰雪教育研究

1. 文献计量与统计

(1)研究成果发文量

以中国知网(CNKI)期刊数据库为文献数据来源,以"冰雪教育""冰雪人才""校园冰雪"为主题进行精确检索,期刊来源类别选择"中文核心"与"CSSCI",检索时间 2022 年 6 月 12 日,共检索到论文 77 篇,并依据软件所需的文献导入格式进行文献数据格式下载,具体发文量趋势如图 1-11 所示。

结果表明,校园冰雪教育研究在 2009 年到 2016 年属于萌芽期,而 2017 年对于冰雪教育是一个重要转折年,此后直至 2022 年,期间冰雪教育相关研究文章增长较为迅速,发文量显著骤增。在此期间,2020 年校园冰雪教育研究达到一个较高的峰值(23 篇),2021 年虽然发文量略有减

① 李祥虎,袁雷,丁晓梅.全域旅游视域下我国冰雪运动小镇发展研究 [J].体育文化导刊,2021(04):72-78.

② 李艳.后冬奥时期冰雪文化旅游产业空间的延续:政策变迁、行动框架及路径选择 [J].体育与科学,2022,43(02):43-48.

③ 於鹏,陈刚,孔景.北京冬奥会:冰雪文化启蒙与体育旅游产业推进策略——《体育与科学》"北京冬奥会与中国冰雪文化发展"学术工作坊综述 [J].体育与科学,2021,42(06):1-5.

少,但此阶段仍处于蓬勃发展期,其中 2019 年至 2022 年相关研究达到一个顶峰状态,并在 2020 年之后发文量在高处趋于平稳。导致这类趋势性变化的缘由定然与我国关于冰雪体育政策的效益有着不可分割的联系,也与冬奥会的举办有着密不可分的关系。伴随经济全球化,国内外冰雪教育形势悄然无息地发生新的转变,同时,一系列冰雪教育相关政策纲要颁布及改革方案文件的下发,推动关于冰雪体育等方面的研究跨入一个新的台阶。

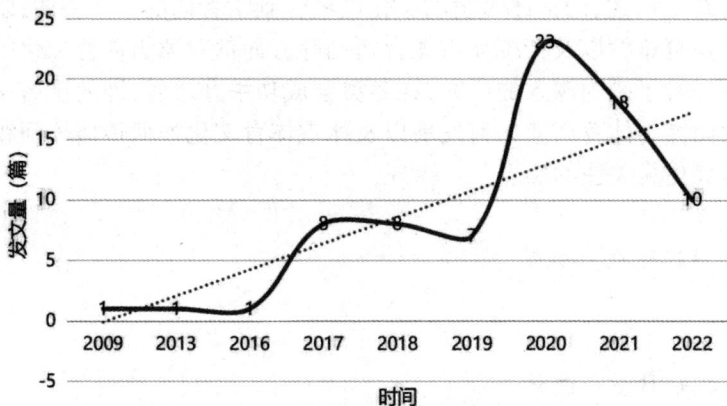

图 1-11 我国冰雪教育相关研究发文量趋势图

（2）作者和机构分析

通过 CiteSpace6.1 软件进行核心作者共现分析,可反映出我国冰雪教育方向研究作者的产出能力与合作关系。如图 1-12 所示。阚军常、吴晓华两人发表论文数量为 4 篇,排在首位。其次是袁雷、李祥虎、程传银等发表论文 3 篇,接下来的作者发文量均为 2 篇。

如图 1-13、表 1-6 所示,统计分析表明,中国人民大学（17 篇）、哈尔滨体育学院（13 篇）、北京体育大学（12 篇）、河北体育学院（6 篇）与东北师范大学体育学院（5 篇）是发文量名列前 5 的机构。机构之间的连线在一定程度上反映了各个机构之间的紧密程度,而从图 1-13 中可以看出,各个机构之间的连线呈现出区块状,在一定范围内的连线较多,说明各个机构之间会出现合作,但限制于一定的范围内。从发文量上看,中国人民大学、哈尔滨体育学院和北京体育大学遥遥领先;从发文量前八的角度出发,体育类专业院校占两所,综合类院校对于冰雪教育的学术关注度在提升。

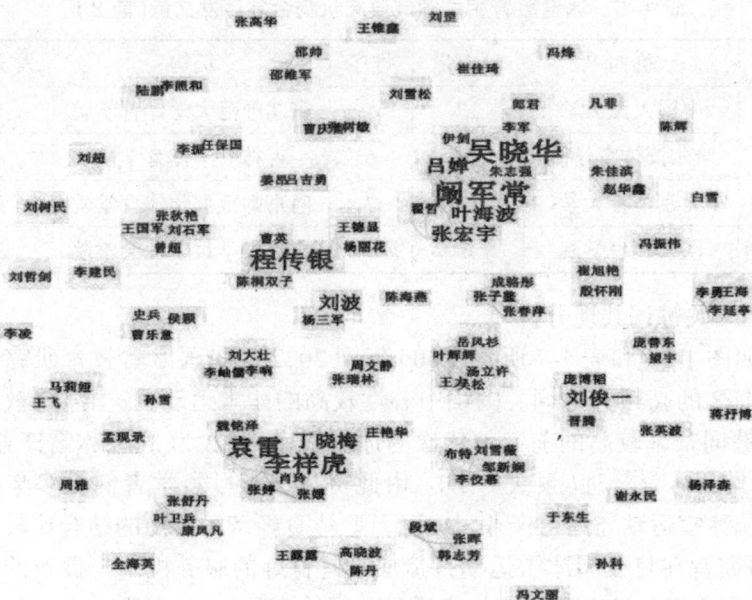

图 1-12 冰雪教育相关领域核心作者共现图谱

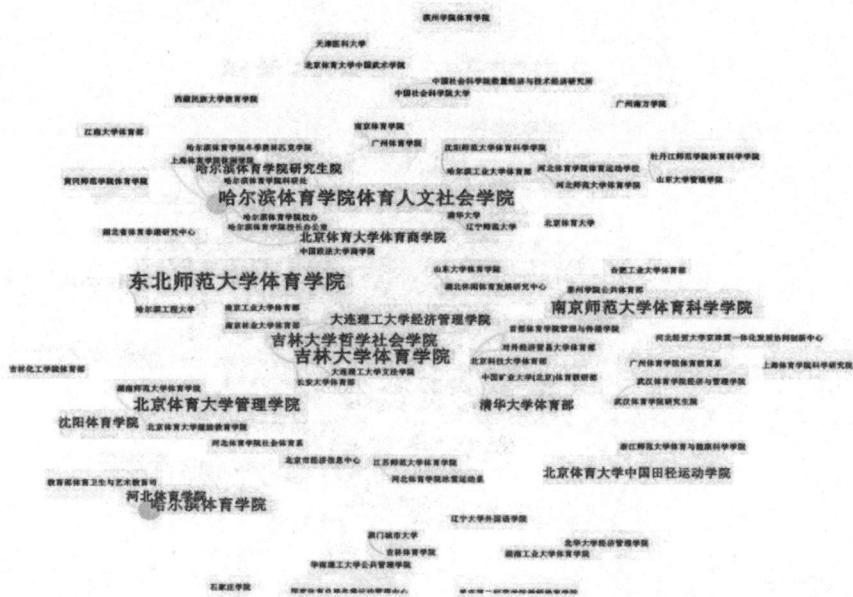

图 1-13 冰雪教育相关领域核心机构共现图谱

表 1-6 冰雪教育相关领域研究机构合并后发文量（前 8）

排序	机构	发文量	排序	机构	发文量
1	中国人民大学	17	5	东北师范大学体育学院	5
2	哈尔滨体育学院	13	6	吉林大学体育学院	4
3	北京体育大学	12	7	南京师范大学体育学院	3
4	河北体育学院	6	8	吉林大学哲学社会学院	3

（3）关键词共现分析

如图 1-14 和表 1-7 所示，2009 年到 2022 年我国冰雪教育研究领域排名前 8 的高频关键词。围绕中心性较高的冰雪运动，我国冰雪教育研究关键词频率较高的前三位依次为冰雪运动（频次为 36）、冰雪产业（频次为 11）、体育管理（频次为 7）。由此可见，现阶段，学者们更多集中于对校园冰雪运动与冰雪产业、体育管理、体育经济等方面的结合比较有兴趣，研究旨在将校园冰雪运动打造成具有良好的服务机制与极致的体验的、具有广泛的社会化程度的高质量校园体育品牌，进而推而广之。

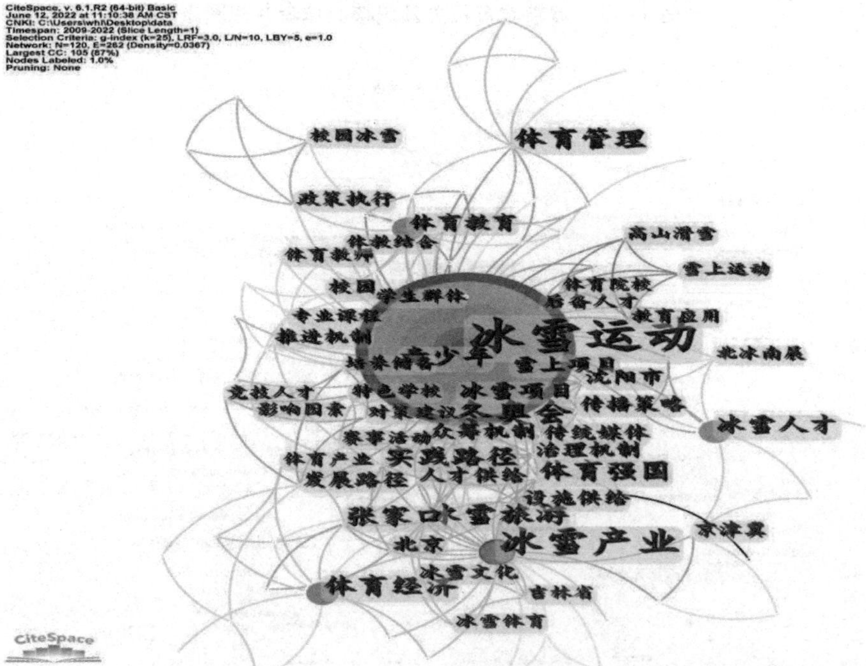

图 1-14 冰雪教育关键词共现分析图谱

除此之外,由冬奥会引发的校园体育教育也是我国冰雪教育研究方面的重点与热点,学者对在校园中开展冰雪运动,进而更好地普及冰雪运动进行了深入的研究。总体上我国冰雪教育的研究侧重于宏观层面,缺乏中观与微观层面的深入探索。因此,从实际出发,破除冰雪教育发展所面临的阻碍与难题将是冰雪教育未来研究的重点内容。

表1-7 我国冰雪教育研究关键词频次(前8)

序号	关键词	词频	中心性	序号	关键词	词频	中心性
1	冰雪运动	36	1.26	5	体育经济	6	0.07
2	冰雪产业	11	0.32	6	冰雪旅游	4	0.08
3	体育管理	7	0.12	7	冰雪人才	4	0.07
4	体育教育	6	0.02	8	冬奥会	4	0.05

(4)关键词聚类和图谱分析

如图1-15所示。图中线条的不同颜色代表了不同年份,系统自动统计出关联度较大的五个主题聚类:冰雪运动、校园冰雪、冰雪产业、冰雪人才和体育管理。

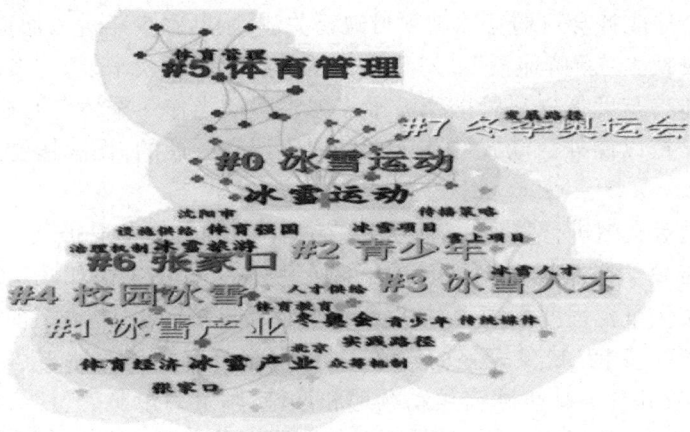

图1-15 冰雪教育相关领域的关键词聚类

2.冰雪教育相关研究主题

从冰雪教育的相关研究主题来看,学者们主要从以下三个方面展开。

（1）关于冰雪运动竞技人才培育的研究

该领域包括对冰雪竞技人才教育制约因素、冰雪后备人才培养、人才储备与发展路径以及冰雪运动的校园普及与开展所进行的探讨。在人才制约因素方面，我国冰雪体育后备人才发展瓶颈主要是培养模式单一。目前，我国虽然冰雪人才建立"业余体校—省市专业队—国家队"三级培养模式，但缺少社会力量投入，导致冰雪运动在我国青少年中普及面不广，冰雪体育后备人才不足。其次是学与训矛盾大。青少年很难兼顾"学与训"，大多数热爱冰雪运动的青少年由于文化学习原因放弃参加业余训练。另外，退役安置困难和教练员素质偏低等是制约人才发展的关键问题。最后，目前的冰雪运动后备人才的培养缺少新时代理论视域下的体育创新，缺乏系统化冰雪后备人才保障。冰雪运动后备人才培养要把握文化、教育、科研的优势，同时全社会要构建冰雪运动后备人才的"学习、训练、科研、就业"一条龙式的高效率模式[①]。

在人才储备与发展路径方面。学者们认为，目前我国冰雪运动人才整体人数呈现出极速下滑的阶段，体制机制不健全，人才成才之路较为艰苦，未来出路较窄，运动员缺少上升空间，造成许多家庭对冰雪运动持反对态度。目前我国后备人才培养集中在优势项目，人才架构分配不均，此种发展会造成社会对弱势冰雪项目缺乏关注，阻断青少年进入通道，冰雪运动项目缺少"新鲜血液"。对于冰雪运动的校园普及来说，主要问题是学生群体参与度低。尽管国家鼓励将冰雪运动当作冬季体育必修课，但是多数学校以课外活动式的冰雪运动体验课来开展的，无法接受系统化训练。

通过对文献进行整理，虽然研究结论不尽相同，但发现研究者对当前我国冰雪教学普遍从困境角度展开的研究较多，提出了诸如政府对于冰雪运动文化重视程度不高、学校对于冰雪运动进校园浮于形式、前期缺乏有力的资金支持、缺少完整的教学大纲、没有符合学校的冰雪运动教学教材、学校和社会缺少冰雪运动场地和设施、师资力量匮乏、社会受困于"应试教育"等判断，以及如何保障参与冰雪运动学生的安全等问题。

（2）校园冰雪教育实践

在校园冰雪教育方面，我国冰雪运动进校园确立了以青少年为重点的工作思路，并形成了自身的推进机制和实践经验，呈现出国家的强大力

---

① 王洪雷,杨鹏,高欣欣,等. 冰雪运动后备人才多元化培养模式的研究 [J].冰雪运动,2018,40（05）: 65-68.

量①。冰雪教育的发展初期开始于新中国成立初期,且教育部在1956年颁布的《中学体育教学大纲》中提出了将速度滑冰和滑雪项目加入校园冰雪教育②,此时,冰雪运动进校园已崭露头角。冰雪教育进入迅速发展的时期为北京冬奥会申办成功后,在此期间,与冰雪运动进校园的相关国家政策与区域制度次第出现,为冰雪运动进校园创造了切实可行的环境。同时,学校规章制度方面的设计逐步完善,这些规章制度对学校的培养方案、大纲设置、课程安排以及教师场地资源等建设做出了详细的规定,促进了校园冰雪运动的发展。2019年以来,根据《关于2022年北京冬奥会契机大力发展冰雪运动的意见》文件,全国各地积极响应,陆续出台了地方冰雪运动发展的指导性意见以推动冰雪运动进校园。校园冰雪教育助力青少年培养良好的身体素质和体育精神,在加强学生冰雪运动知识、普及冰雪运动等方面得到了普遍的认可。除此之外,冰雪教育的关键还在于冰雪人才的培养,培养出一批又一批理论水平高、实践能力强的高水平复合人才③。因此,培养和储备冰雪运动竞技人才是冰雪教育的主要阵地之一④。

就校园冰雪教育的发展,众多学者从不同的方面进行了深入的分析。韩重阳(2020)在对校园冰球的探析中发现,我国校园冰球教育拥有政策红利的支持、承办冬奥赛事的重大机遇以及与国际冰球运动的进一步深入合作的发展机遇,借助冬奥会带来的契机,学习国外的先进技术、管理与运营等方面的经验,促进我国校园冰球运动的发展⑤。但是,冰雪教育在我国仍面临着一些难题亟待解决。在对北京市中小学冰雪运动教育研究中发现,青少年冰雪运动具有较高的消费门槛,对家庭经济水平提出了较高的要求,这在很大程度上限制学校、家长支持学生参与冰雪运动的意愿⑥。程文广等(2020)认为现有的冰雪运动教育供给主体单一、资源配置有待优化,不能满足青少年多样性、个性化的需求,需要进一步提高校园

① 陈海燕.冰雪运动进校园推进机制及优化策略[J].体育文化导刊,2022(04):22-28.
② 王华倬.中国近现代体育课程史论[M].北京:高等教育出版社,2004.
③ 全海英,郭子萌."校企合作"推进冰雪运动进校园的机理、困境与路径研究[J].沈阳体育学院学报,2020,39(05):24-31+48.
④ 王锥鑫.我国冰雪运动竞技人才储备与发展路径研究[J].南京体育学院学报(社会科学版),2017,31(02):82-87.
⑤ 韩重阳,夏天.北京冬奥会背景下我国校园冰球发展机遇与策略[J].体育文化导刊,2020(04):99-104.
⑥ 陈海燕.冰雪运动进校园推进机制及优化策略[J].体育文化导刊,2022(04):22-28.

供给能力[①]。王蓓(2021)从教育资源、教学安排以及教学目标等方面探讨了我国冰雪运动进校园的现实困境[②]。

综上所述，学者对冰雪教育的研究主要集中于冰雪教育的发展历程、重要价值、冰雪教育的相关政策、冰雪教育的体制机制建设、冰雪教育发展面临的机遇与挑战等方面。学者更多地从宏观的层面对冰雪教育的发展进行研究，对我国冰雪教育的大环境以及未来的前景进行深入的分析。

3. 国家战略与校园冰雪教育的研究

国家战略拓展了校园冰雪运动的广阔视域。从事相关主题研究的学者主要将研究的重点放在国家战略所塑造的社会环境对冰雪教育的影响。靳勇(2020)以北京冬奥背景下京津冀冰雪人才协同培养为切入点，研究京津冀冰雪人才院校协同培养的途径，构建了冰雪人才协同培养的运行模式[③]。陈天玉(2020)基于"一带一路"的视域分析了一带一路倡议为我国冰雪教育提供的互学互鉴、互利共赢的核心精神，并倡导将冰雪运动训练"走出去"与冰雪运动经验"引进来"，推动我国校园冰雪运动教育的发展[④]。

综上可见，国内外已有文献为本课题研究提供了较为丰厚的研究基础。提高大众的参与水平是普及冬季冰雪运动的重要手段，这个观点和研究视角在学界取得基本共识。但是，相关研究仍存在较大的拓展空间主要有以下几个方面。

其一，"冰雪运动参与"领域的可供操作化的概念与指标缺乏。冰雪运动普及的研究大多从某具体运动项目和个体参与某一运动项目的年度性频次界定冰雪运动参与水平，也有学者将其命名为"冰雪运动参与人口"，但研究成果没有对概念进行清晰界定。

其二，相关研究还少有经典研究范式，核心概念"冰雪运动参与人口"的应用主要通过宏观统计参与的人口规模，缺乏对个体冰雪运动参与模式的探讨，且我国关于大众冰雪运动参与的大规模的社会调查目前尚未

① 程文广,冯振伟.我国青少年冰雪运动进校园:影响因素、推进机制与实践路径 [J].体育科学,2020,40（07）:40-48.
② 吴爱兵.网络空间的冰雪文化参与:行为特征、价值转向与失范 [J].体育与科学,2022,43（01）:13-19.
③ 靳勇,李永辉,路佳.北京冬奥会背景下京津冀冰雪人才院校协同培养研究 [J].西安体育学院学报,2020,37（02）:242-246.
④ 陈天玉,刘波,郭振."一带一路"视域下中芬冰雪运动交流与展望 [J].体育文化导刊,2020（04）:25-30.

进行过。

其三,我国关于运动参与的研究主要集中在不同地域或者不同人群的体育参与的研究,主要是一些浅表性的现状描述,对于深层次的影响运动参与的机制研究较少。从很少的影响运动参与的动因分析资料来看,研究靶向也主要锚定参与动机、场地条件、有无专业指导一些因素,很少涉及影响体育参与的社会因素,如家庭体育锻炼氛围、家庭体育参与支持、人口属性等。

综上所述,本研究尝试构建适合我国国情的"冰雪运动参与"概念,并以此概念为基础建立测量指标体系,以此为本课题以及后续的实证研究提供成熟的调查工具,为冰雪运动普及研究提供一个可操作化的、具有社会学理论价值的测量指针,将冰雪运动普及的研究引向深入。

第三节 研究对象与方法

一、研究对象

本研究旨在借北京主办冬奥会契机,对我国大众冰雪运动参与状况以及普及大众冰雪运动对策进行实证研究。

二、研究方法

研究方法将以理论导向的实证社会学研究方法为核心。除此之外,也将从交叉学科理论视角出发,采用综合性学科的研究方法,构建与课题研究目标、内容相适配的研究方法体系。

（一）文献研究法

充分梳理文献资料,奠定本研究的理论基础,进一步提出研究逻辑框架、研究概念与研究内容,使该项研究能够充分吸收相关研究成果并有所创新和突破。文献主要来自期刊与著作文献、政策文献和网络文献。

期刊与著作文献:以奥林匹克研究、体育参与、冬季冰雪运动参与、京津冀与体育发展的研究等方面的研究等关键词在以国外 Web of Science、EBSCO、Elsevier ScienceDirect、PubMed、Ovid、Springer、

MEDLINE 七个电子数据库及中国知网（CNKI）、万方数据库（Wanfang）两大数据库为检索源进行文献检索,梳理出与本研究相关的文献,并进行系统分析整理。查阅《奥林匹克文化》《冰雪运动》《文化论》《社会分层的理论逻辑》《社会行动的结构》《符号互动论：观点与方法》等书籍,为本研究提供坚实的理论基础。

政策文献：系统学习国家体育总局《冰雪运动发展规划（2016—2025 年）》、中共中央办公厅《关于以 2022 年北京冬奥会为契机大力发展冰雪运动的意见》、文化和旅游部国家发展改革委国家体育总局关于印发《冰雪旅游发展行动计划（2021—2023 年）》的通知以及体育总局、国家发展改革委、工业和信息化部、财政部等七部门联合发布的《全国冰雪场地设施建设规划（2016—2022 年）》、教育部联合国家发展改革委、财政部、国家体育总局《关于加快推进全国青少年冰雪运动进校园的指导意见》、国家体育总局《"带动三亿人参与冰雪运动"实施纲要（2018—2022年）》等相关文件,为本研究的实证调查确定明晰的政策框架,指明明确的政策取向。

网络文献分析：利用电子报刊、官方网站等电子文献,归纳整理多元化的与冰雪运动相关的线上资料,为研究提供咨询资料的贮备。

（二）问卷调查法

问卷调查分为"自填"和"代填"两种方式。本课题采用"代填问卷调查"的方式进行调查。采用理论导向的实证社会学研究方法,在以往研究的基础上进一步完善理论分析框架,并在特定概念框架的指导下开展抽样社会调查,然后以翔实的数据分析为基础,对相关问题展开深入的理论分析。

在这些社会调查中,要点有二：一是将在抽样方案和理论框架上与前几年的相关调查保持连续性,以获得可进行序时比较研究的纵贯性数据;二是将依托中国调查与数据中心选取特定地区,投放合理规模的调查问卷,以获得随机性很强的代表性样本。

（三）数据统计与分析法

采用 SPSS 22.0 和 AMOS 22.0 软件对问卷回收的数据进行频率分析（frequency analysis）、探索性因子分析（exploratory factoranalysis；EFA）、验证性因子分析（confirmatory factor analysis；CFA）、效度分析

（reliability analysis）、聚类分析（Cluster Analysis）、相关分析（correlation analysis）和结构方程模型（structural equation modeling：SEM）分析。

（四）数据分析与逻辑推理法

应用先进的分析软件和分析工具,对问卷调查的数据进行处理和分析,梳理调查数据所反映出来的问题和关系,从结构—功能的理论视角对数据结果进行分析。

（五）实地调查法

对京、津、冀、黑、吉、辽等省市的冬季冰雪运动场馆和冬季冰雪运动的大众参与状况,以及具有特色和具有示范价值的学校或社区进行实地考察,选取关键的利益相关者(参与者、经营者、管理者、组织者等)作为访谈对象,采用一对一访谈或小组访谈等方法,考察普及冬季冰雪运动的关键因素、成功经验和重要机制。

（六）关键因素分析法

影响冬季冰雪运动和大众普及的因素有很多,包括自然环境、历史传统、国家政策、社会资源、个体认知等,影响因素非常庞杂,涉及多个领域和多个要素。课题组在研究中分析归纳出其中的关键要素作为分析的对象,以期利用有限的条件,得出更具有针对性的结论。

（七）层次分析法

层次分析法是指将一个复杂的多目标决策问题作为一个系统,将目标分解为多个目标或准则,进而分解为多指标(或准则、约束)的若干层次,通过定性指标模糊量化方法算出层次单排序(权数)和总排序,以作为目标(多指标)、多方案优化决策的系统方法。该方法用于建立“冰雪运动参与”测量指标的评价指标体系等工作。

（八）本体构建法

本体构建法可以对一个领域里的概念及其相互关系进行清晰描述,

促进领域知识的共同理解。通过应用该方法，有关冰雪运动参与及其机制的概念和属性可以被充分理解，冰雪运动参与的层次、类别与特征可以得到清晰说明，从而确保大众冰雪运动及其机制是一个逻辑清晰、类目明确、描述细致的完整体系。

（九）田野调查法

田野调查又叫实地调查或现场研究，属于传播学范畴的概念。课题组将深入冬季冰雪运动的现场，对具体的冰雪运动参与者或冰雪运动典型个案或单位进行参与式跟踪观察，对被调查对象进行研究，通过对参与经验与观察结果的总结，观察、了解和认识他们的社会与文化。

（十）类比分析法

利用已有文献资源和实地调研所得资料，同其所同，异其所异，通过比对分析，归纳总结出大众冰雪运动参与或者典型个案的类型与特色。

第四节　研究思路、内容与创新点

一、研究思路

课题组以近年来的相关课题研究成果为基础，从推动大众冰雪运动普及这一最终目标出发，通过梳理理论研究的脉络，进行规范的社会调查，经过严谨的逻辑推演，解析出此命题的两个核心要素是"冰雪运动参与"与"发展对策"。那么，可以推知普及大众冰雪运动本质上是调查并梳理冰雪运动参与现状，解析影响运动参与的要素与机理，以期通过探讨出台相应政策建议，推动政府决策，并辅以具体的方案和规范，最终实现推动大众冰雪运动普及和发展的目标。课题的结构与逻辑见图1-16所示。

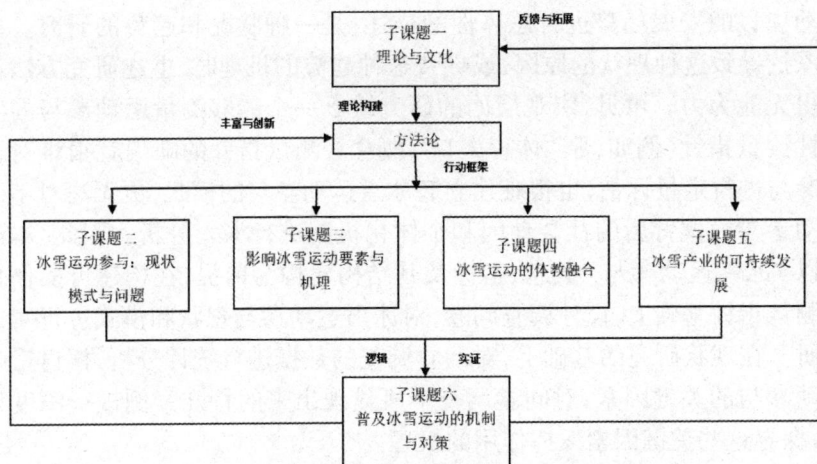

图 1-16 研究思路和研究方法

从这个基本逻辑结构出发,本课题设计了如下总体思路。

（一）以建构冰雪运动普及概念体系与理论架构为基础

随着北京申办冬奥会成功,普及冬季冰雪运动、传播奥林匹克文化、促进大众参与和全民健康成为国际社会、中央和地方政府、社会组织以及广大市民的共同愿景。因此,对冬季冰雪运动理论与文化的研究成为实现以上愿景的基础条件,也是本课题研究的理论基础。为此,本研究通过解析冰雪运动、冰雪运动文化、冰雪运动价值等概念,建立普及冰雪运动的概念结构;通过探究冰雪运动的起源和项目发展,梳理冰雪运动的历史脉络,帮助大众了解冰雪运动的历史知识和发展规律,丰富冰雪运动的知识体系,为普及冰雪运动提供工具性的传播媒介;通过分析冰雪运动参与要素、划分依据以及测度指标,为后续冰雪运动参与现状、机理等研究奠定理论基础;通过分析冰雪运动的文化内涵和文化架构,解析冰雪运动的文化层次,培育大众的运动兴趣和爱好;再通过分析冰雪运动普及的文化、经济、健康等维度的价值,培育大众的冰雪运动情感,为课题研究奠定价值基础。

（二）以冰雪运动参与现状与影响要素和机理的关系为核心抓手

先前关于大众冬季冰雪运动开展的研究大多使用全国性的年度参与人次这样的指标来推动,这是一个宏观层面的研究,它适用于对某一冰雪运动项目的发展趋势进行总体性的描述,是一种状况和趋势的研究。但是深挖导致这种现状的原因,或导致这种趋势的机理时,上述研究方法就显得无能为力。可见,宏观层面的研究缺乏一个能够测量运动参与的实证性测量指针(例如,原"体育人口"概念),测量指针的缺失就很难对运动参与进行定量评估,也很难建立起冰雪运动参与的模式,更无法对不同运动参与模式背后的社会动因和个体化机制进行深入分析。因此,本研究以"冰雪运动参与"概念、指标及其结构建构为前提,在构建可操作化的测量指针基础上,设计调查问卷,对冰雪运动参与现状和模式进行实证调研。在现状研究的基础上,对问卷调查的数据进行统计分析,探讨影响运动参与的关键因素,对问卷调查中所显现出来的特殊案例进行深度访谈,探寻这些关键因素发挥作用的机理。

（三）以校园冰雪运动为突破口,研究冰雪运动教育模式与规范

学校体育是影响冰雪运动参与模式与参与水平的重要因素。学校冰雪运动普及与大众冰雪运动普及是"一般"和"特殊"的关系。青少年学生群体是冰雪运动参与结构中的重要群体,青少年年龄阶段是学习冰雪运动的适宜年龄和养成冰雪运动爱好的敏感期,在普及冰雪运动的过程中,"体教融合"战略在推动校园冰雪运动发展方面发挥着重要的作用。鉴于学校体育对青少年冰雪运动普及的特殊作用和重要影响,本研究将体教融合背景下的学校冰雪运动发展模式单独作为一项研究内容进行深入探讨。同时,由于学校体育的研究内容更加具体化和规范化,因此,本研究将对学校冰雪运动政策、开展现状、体教融合下校园冰雪运动模式以及奥运教育遗产进行系统研究,通过提供易于操作的、具有指导意义的工作方案和规范体系,有效促进学校冰雪运动的开展,同时,纵深推进"体教融合"战略的实施与奥运遗产开发与保护。

（四）以冰雪产业为载体,拓宽冰雪运动普及与发展路径方案

冰雪产业与冰雪运动项目普及与发展存在着路径与目标实现的线性关系。做大做强冰雪产业提升整个冰雪事业的物质基础,是连接大众冰雪运动参与、学校冰雪教育与体育文化的载体。鉴于冰雪产业对冰雪运动普及目标实现的特殊意义,本研究将冰雪产业发展现状、特征、问题以及可持续发展对策纳入冰雪运动普及纵深推进的路径方案,以进行深入探讨。

（五）以解决冰雪运动普及的问题和困境为旨归的对策研究

提出 2022 年北京冬奥会冰雪运动普及工作的政策建议是本课题的最终落脚点,也是本课题研究的实践指导价值所在。本研究在概念界定、理论构建、方法论体系构建、实证研究的开展等基础上,经过数据和资料的收集、处理、整合、分析,发现问题、解析问题,最终目的在于提出一系列具有建设性、创新性、针对性和可操作性的政策建议,切实为推进冰雪运动普及工作的开展提供理论依据。

二、研究内容

研究内容是一个相互联系、相互作用的内容体系。以背景与意义的陈述为研究起点,在建构核心概念和理论框架的基础上,实证调研冰雪运动参与的现状、模式、问题与困境等数据,以调查数据为支撑探讨影响运动参与的内在机制,重点解析体教融合的模式和体育产业路径这样两个核心问题,在此基础上探讨促进冰雪运动普及和发展的对策。

（一）背景与意义的陈述

本部分主要阐述研究的背景与意义,评述相关的文献,明确研究对象,确立研究方法,进而形成了研究的完整思路和内容。

（二）核心概念界定与理论框架

本部分主要对冰雪运动参与、冰雪文化等概念进行界定,探究冰雪运动的项目起源、发展与文化内涵、架构,探讨冰雪运动普及的政策环境与愿景,在此基础上构建普及冰雪运动的概念结构、理论架构与测量指标,建立本研究的理论基础和调查工具。

（三）冰雪运动参与:现状、模式与问题

本部分主旨是建立冰雪运动参与的调查指标清单、问卷设计,通过抽样的分层与数据计量的方式对 2018—2020 年全国大众冰雪运动参与进行实证研究,界定不同的冰雪运动参与类型与模式,探讨不同模式所面临的或内含的差异性问题。

（四）影响冰雪运动参与的要素与机理

本部分通过资料研究和数据研究,将问卷调查中所涉及的变量进行统计分析,识别影响运动参与的变量,对不同层面和不同类别的元素之间的关系进行研究,探讨这些要素之间的关系,讨论影响冰雪运动普及的机理。

（五）校园冰雪运动发展及"体教融合"模式创新研究

本部分系统审视冰雪运动进校园的时代价值,研讨冰雪运动进校园的政策、亮点、特色与问题所在,提出冰雪运动进校园政策优化内容与路径；探讨校园冰雪运动开展所面临的场地设施、经济支持、师资力量等方面所面临的问题,提出解决思路和对策；立足新时代体教融合的"竞技后备人才培养"与"校园冰雪运动普及和发展"两大目标,提出校园冰雪运动体教融合的创新转化与创新发展的措施；在冬奥会教育遗产方面,本研究将总结双奥教育的综合影响和经验,分析遗产治理中存在的问题,从"双奥"视角塑造北京双奥教育遗产,提出增强北京奥林匹克教育软实力的路径建议,为推动校园冰雪运动开展与普及提供理论依据。

（六）后奥运时代我国冰雪产业可持续发展研究

冰雪产业是冰雪运动普及与发展的物质基础,是连接群众冰雪运动、学校冰雪体育和冰雪运动体育文化的载体。本章节的内容主要探究冰雪产业可持续发展对巩固拓展"带动三亿人参与冰雪运动"成果、引领全民健身新风尚、培育消费新需求的内在逻辑与机制。具体研究内容包括探究、审视冰雪产业发展的阶段特征、问题以及实现可持续发展内在要求与路径等,为实现后冬奥会时期冰雪产业可持续发展提供重要的理论与实践参考依据。

（七）冰雪运动普及与发展对策

在评估大众冰雪运动参与的现状、问题、机制、政策、规划、规范体系的基础上,从文化自觉、政策引领、社会传播、市场优化、动力激励等方面,研究推动冰雪运动普及和发展的对策与政策建议。

三、研究创新点

综合运用多学科的理论和方法研究体育问题,在理论应用和方法实践方面均具有创新性和拓展性。一方面将多学科融合的理论与冰雪运动参与相融合,拓展原有理论的理论框架;另一方面,充分考虑冰雪运动普及与发展的实践需求,在理论与实践相结合的基础上提出新的指标体系。创新点具体体现以下几个方面。

(一)研究视角创新

本课题要解决的是普及冰雪运动的机制和对策问题,这绝非单一学科的研究视角和知识积累可以完成的,内容研究涉及社会学、体育学、管理学、历史学、文化学、哲学、统计学、传播学等多个学科。例如,从社会学的视角,将提供基础理论框架和实证研究的方法论问题,从体育学的视角将提供运动知识、规律和特性的问题,从管理学的视角将提供决策和政策资政的理论支撑问题,从历史学和文化学的视角将提供解析冰雪运动文化元素和结构的方法,从统计学的视角将提供数据处理和统计的方法,从哲学的视角将提供逻辑推理的方法论,从传播学的视角将提供普及冰雪运动的传播路径等。每个学科视角都不可或缺,但却不是各个学科视角的简单相加,因为没有学科融合的帮助就不能看清整个图景。因此,本研究以核心问题为导向,以开放的、融合的视野,对多学科的理论视角进行梳理,将不同的研究理论融合在一起,形成课题研究的理论框架和结构。这种交叉学科的知识背景所搭建的理论框架,在基础理论建构、方法论、技术路线的选择、测量指标的识别、数据统计及分析等方面都能做到理论与实证研究的结合,实现研究的行动框架与研究特性的契合,实现冰雪学科与其他学科在交叉创新基础上的知识集成和创新。

(二)研究内容及观点创新

冰雪运动普及过程中存在的问题表明,政府的规划和文件精神在工作落实过程当中存在一定的障碍。本研究将探讨落实政府文件要求的路径,为落实相关政策文件提供易于操作的工作方案和规范体系,有效推动大众冰雪运动开展。本研究将从参与的角度入手探讨冰雪运动普及的对策,在一定程度上能够弥补理论与实践脱节的缺憾。同时,本研究始终坚守实效性、实操性这样两个基本原则,最终目的在于探讨普及大众冰雪运动的方法和路径。此外,本研究将从基础理论和经典研究范例出发,制定科学的、易于操作的研究方案,通过实证研究,深入解析冰雪运动文化,以及影响冰雪运动普及的内在机理,找准关键点,在专家访谈的基础上,经过实践检验和反复论证,出台指导大众运动参与的政策建议和实施方案,为国家和地方政府的大众冰雪运动规划提供具体的对策和方法论支撑。同时,相关研究成果也能够为政府体育管理部门和冬奥组委出台体育政策提供依据。

本章小结

本章首先阐述了2022北京冬奥会冰雪运动普及与发展对策研究的背景与意义;其次,对国内外有关冰雪运动参与和普及的文献进行系统述评,指出国内外相关文献研究成果大多仍停留在理论探讨与宏观层面,定量分析较少,且与国家相关规划、工作落实状况存在脱耦的问题;再次,通过文献综述为清晰界定冰雪运动参与及相关概念打下坚实的理论基础;最后,明确了本研究的研究对象与研究方法,确立了本研究的研究思路与具体研究内容,提出了本研究的创新之处。研究成果对课题研究的顺利开展起到了重要的支撑作用。

第二章 核心概念与理论框架

第一节 核心概念界定

一、运动参与概念

《现代汉语大词典》和《新编汉语词典》将"参与"概念解读为"预闻而议其事,即介入、参加"。这个解释有两个层面的内涵:一是参与的取向,个体向群体的"介入";二是参与的行为,意指是否具有"在场"的外显行为。随着学界对"介入""在场"过程中认识、情感等心理因素卷入的认识的深入,身体与心理双重并入成为学界对参与概念内涵的共识。

关于"运动参与"概念的界定,国外多从个体参加运动的频率、项目、时间、态度等指标进行探讨,国内多以"经常参加体育锻炼人群"(原"体育参与人口")概念为基础,从参加运动的频率、时间、强度三个方面进行操作化概念界定,如江崇民(2009)[①]、张彦峰(2010)[②] 等关于我国国民体育参与状况的研究。国内学者,例如,刘海燕(2005)[③]、卢元镇(2006)[④]、何思森(2010)[⑤] 等的研究表明,运动参与是心理因素与外显行为互动的

① 江崇民,张彦峰,蔡睿,等.2007年中国城乡居民参加体育锻炼现状分析 [J]. 体育科学,2009,29(03):9-19.
② 张彦峰,江崇民,蔡睿等. 中国城镇与乡村居民参加体育锻炼的差异分析 [J]. 中国体育科技,2010,46(03):3-9.
③ 刘海燕,于秀. 关于运动参与概念的研究 [J]. 沈阳体育学院学报,2005(01):79-80.
④ 卢元镇,马廉祯. 关于社会体育现状调查标准化的问题 [J]. 体育科学,2006(01):3-5.
⑤ 何思森. 高校体育教学中贯彻全纳教育理念必要性的思考 [J]. 沈阳体育学院学报,2010,29(04):141-142.

成果的观点得到学界普遍认可。从政府的规范文件的角度看,例如,《义务教育体育与健康课程标准》《体育与健康课程标准》等,在文本表述中对运动参与的界定都包括"心理"和"行为"在内的多个层面的内涵建构。

综合考虑文献研究的成果,本研究认为,运动参与是指个体在心理和行为两个层面介入体育运动的过程。运动参与的内涵可以从运动的频率、项目、强度、时间、态度 4 个向度的指标进行解构。运动参与类别可以从四个维度进行区分:在参与的实质性维度分为直接参与和间接参与;在参与的必要性维度分为当然参与和或然参与;在参与的连续性维度分为终身参与和间断性参与;在参与的驱动性维度分为主动参与和被动参与。

二、冰雪运动参与概念

冰雪运动参与是一种特殊的体育参与,它在总体上与研究体育参与的理论基础和研究方法相通,但由于冰雪运动自身的运动属性以及自然和地理条件的限制,相对于其他运动方式,冰雪运动概念就有了一些特殊的内涵。

国外关于冰雪运动研究的核心概念是"冰雪人口",定义角度是参与人口数量,如某项目参加的人数总量。国内冰雪运动参与研究的核心概念主要有两类:一类借鉴国外的核心概念,即:参加冰雪运动的人次,如林显鹏(2016)[1]等;另一类是借鉴我国"经常参加体育锻炼"标准,如张铁民(2016)[2]及王冠瑛等(2011)[3]的研究。

2014 年 2 月 7 日,习近平总书记在看望索契冬奥会中国体育代表团时指出,"冰雪运动不出山海关啊!如果能在关内推广,将能带动起两三亿人,奥林匹克运动就是要推动群众性体育运动,增强人民体质。举办一届冬奥会,将起到点燃冰雪运动火炬的作用"。2015 年 1 月 14 日,习近平总书记在会见国际奥协主席、亚奥理事会主席艾哈迈德亲王时强调,"为推动奥林匹克运动和冬季项目在中国发展,北京市和张家口市已经提

① 徐宇华,林显鹏.冬季奥运会可持续发展管理研究:国际经验及对我国筹备2022 年冬奥会的启示 [J].北京体育大学学报,2016,39(01):13-19.
② 张铁民."2022 北京冬奥会"背景下的我国大众滑雪运动的参与现状分析——以东北 3 省为例 [J].中国学校体育(高等教育),2016,3(01):30-34.
③ 王冠瑛,王卓涛,田园.秦皇岛冰雪运动发展状况的调查研究 [J].河北师范大学学报(自然科学版),2011,35(05):536-540.

出申办 2022 年第二十四届冬奥会,中国政府对此高度重视。北京举办冬奥会将带动中国 3 亿多人参与冰雪运动,这将是对国际奥林匹克运动发展的巨大贡献"。习近平总书记的指示精神表明,北京联合张家口申办冬奥会的主要目的在于通过筹办和主办奥运会,影响并带动更多的人关注、了解、参与冰雪运动,推进我国冰雪运动发展,积极改善人民健身和生活方式,提高国人的体质和健康水平。要实现习近平总书记所设定的北京冬奥会愿景,在推进冰雪运动发展的体育实践的过程中,需要建构一个清晰的、具有中国特色的"冰雪运动参与"概念,以此引领体育实践和体育理论的高质量发展。

从体育学科的研究成果看,《中国冬季奥运会发展报告(2017)》中比较清晰、系统地界定了"冰雪运动"的内涵:冰雪运动,又称冬季运动,是一项在冰面上或者雪地中从事的娱乐活动或运动。卢元镇在其著作《大话冰雪运动》中认为,冰雪项目分为冰上项目和雪上项目。冰上项目是指借助专用冰刀或其他器材,在天然或人工冰场上进行的体育运动,包括速度滑冰、花样滑冰、冰球、滑冰、短跑道速度滑冰、花样滑冰、冰壶、冰球、冰上举重、冰上三级跳等。雪上项目一般说来可分为实用、旅游、竞技三大类别,范围很广,有高山滑雪、越野滑雪、跳台滑雪、北欧两项滑雪、自由(花样)滑雪以及冬季两项、雪橇、雪车等。国家体育总局群体司编印的《全民健身计划(2016—2020 年)一百问》中明确指出:参与冰雪运动人群主要划分为:一是直接参与冰雪运动的群体,包括:到冰场滑冰、到雪场滑雪的爱好者;接受冰雪课程知识教育、技能学习的在校学生;冬季项目注册运动员、教练员、裁判员,冰雪项目社会体育指导员和冰雪场馆教练员等;参加冰雪俱乐部锻炼、培训活动的人员。二是间接参与冰雪运动的群体,包括:冰雪嘉年华、冰雪季、旅游节等活动吸引到的参与、体验者;冰雪训练、竞赛、冬令营等活动影响到的学生及家长;借助冰雪场地、场馆组织举办冰雪展览、表演、宣讲的受众人群;冰雪知识讲座、知识竞赛等活动的受众人群;冬季项目体育产业的从业人员。

从体育政策和规划的界定来看,国家体育总局、发改委、教育部、旅游局 4 部委联合印发的《冰雪运动发展规划(2016—2025 年)》提出冰雪运动参与人群包括:直接参加冰雪运动的人群和间接参与冰雪运动的人群。前者主要是指以运动竞技、健身休闲等为目的,进行冰雪运动的人群。如冰雪项目的运动员、教练员、裁判员、冰雪运动爱好者、参加学校冰雪运动课程的学生等。后者主要是指冰雪运动影响到的相关人群,包括冰雪赛事及相关活动的观众;参与冰雪嘉年华、冰雪旅游节、冰雪冬令营等冰雪体验活动的人群;冰雪产业的从业人员等。

从我国民族性冰雪运动文化角度看，我国民间具有很多独具特色的民俗性冰雪运动形式，例如，冰上捶丸、冰上拔河等；而在冰雪运动比赛方面，中华人民共和国第十四届冬季运动会设置了轮滑、轮滑冰球、陆地冰壶、滑轮、滑轮＋射击、跳台滑草、跳台滑草＋滑轮等比赛项目，其中滑草、轮滑、滑轮也是国内外专业队常规的反季训练项目，也被国际雪联认定为冰雪运动。

综合分析上述研究成果、政策文本和冰雪运动实践等多元化因素，本研究将冰雪运动参与概念界定为：冰雪运动参与是指大众在冬季的冰面上或雪地中所进行的娱乐活动或运动的参与，以及在其他季节或以其他替代性方式或场地上所进行的娱乐活动或运动的参与。从运动项目的属性分类，冰雪运动参与分为冰上项目运动参与和雪上项目运动参与两类。冰上项目运动参与是指借助专用冰刀或其他器材，在天然或人工冰场上，或在其他仿真冰面上进行的体育运动。雪上项目运动参与是指在雪中或其他替代性场地中所进行的娱乐活动或运动参与。从参与类别中的"参与的实质性"维度分析，以参与属性为区分变量，冰雪运动参与分为"直接参与"和"间接参与"两类。冰雪运动直接参与是指以运动竞技、健身休闲等为目的的，在冰面上或雪地中，或在仿真冰雪场地中，所进行的运动参与。冰雪运动间接参与是指受冰雪运动影响的参与，是指在冰雪嘉年华、冰雪季、旅游节等活动吸引到的参与，或冰雪训练、竞赛、冬令营等活动影响到的学生及家长的参与，以及其他并非直接运动性的体验性、观赏性的参与。

三、冰雪运动文化概念

（一）冰雪运动文化概念界定

1.文化概念的基本框架

文化在一定意义上意指人类自身生存和发展的一种能力。文化水平越高意味着人类征服自然和改造社会的能力越大。文化有广义和狭义之分。广义的文化是指人类所创造的物质财富和精神财富的总和，而狭义的文化特指人类在社会生活中所创造的精神财富，意指人类的精神创造。关于文化的结构，一说有三个层次：物质、制度、精神；一说有四个层次：

物质、制度、精神、行为。无论何种层次分类方法,学界均认同文化概念的核心是文化的价值性,也就是人类在对文化内容的社会化和意识化进程中所体现的主观选择和评判,反映了人对现实的理解和划分、看法和评价。文化的"价值性"代表了广义层面的"人"同"事物"之间的一种心理共鸣性或"人"对"事物"的一种意念认同性,由此也就产生了文化的认同性。人是社会的产物,人只有在社会的情境下才有意义,个体对事物的意念认同在与社会成员的互动中会逐渐梳理并凝聚为同民族的共同认同,形塑了民族文化的雏型。受自然、社会、历史等多元化因素的影响,民族文化各具特色,多元民族文化正在全球化的浪潮中交流互鉴,"构建人类命运共同体"的愿景正在成为人类文化的目标取向。

2. 体育文化与冰雪运动文化

体育文化是文化域内的重要组成部分。体育文化也有广义和狭义之分,套用文化的概念,广义的体育文化指人类在体育方面所创造的物质文化和精神文化的总和,狭义的体育文化特指人类在体育方面所创造的精神文化,意指体育精神、体育伦理等。

冰雪运动文化具有体育文化的共性,受运动项目属性和自然、社会等因素的影响,冰雪运动文化的特殊性也特别鲜明。在已有的概念解释中,很多人认为冰雪运动文化是一种地域性文化,是指人们以自然冰雪资源为依托载体,在日常生活生产中所采取的或所创造的,带有冰雪符号的一种极具地域特色和独特魅力的文化属性,既是一种具有地域特色的特定文化现象,又是一种具有独特魅力的"水"文化,有限界的地域性(寒冷气候和丰富水资源等地域特色)、相对的超凡性(表态美)和完美的可塑性(兼容性与随意性)是冰雪文化的独特特征[①]。这种以地域文化为框架的界定具有一定的合理性,但随着冰雪运动普及和拓展,特别是受北京联合张家口主办冬奥会所推动的冰雪运动"南展西扩东进"普及战略的影响,冰雪运动文化概念界定的地域性越来越难以解释新鲜的体育实践的外延,冰雪运动文化概念的拓展成为学界讨论的必然话题。

在我国,冰雪运动文化有两种文化形态,一是我国传统冰雪运动文化,二是以奥林匹克运动为载体的西方冰雪运动文化。两种文化既共生互融也存在一定程度的对立与竞争,这是中国冰雪运动文化的现实存在,这种文化特色是冰雪运动文化概念建构必须考虑的问题。

---

① 杨军. 中国冰雪文化发展研究 [J]. 体育文化导刊,2008(09): 35-36.

（二）传统冰雪运动文化的解释向度

我国传统冰雪运动文化是冰雪运动文化与民族文化相融合的产物，是生活在北方冰雪环境中的先民们为适应自然环境和发展生产或其他文化需要而创造出来的，以冰雪运动为载体的文化体系，包括与冰雪运动相关的行为模式、生活方式、价值判断以及运动项目自身属性等结构性的文化内涵与文化要素。中国传统冰雪运动文化源于生产劳动，它植根于民族文化或地域文化，带有浓厚的民族特色和地域文化特性。

主办冬奥会推动了我国冰雪运动文化的发展，如何定义和解释中国式冰雪运动文化涉及在世界竞争格局中必然要面临的文化自觉和文化自信的问题。党的二十大报告指出，文化自信是实现民族伟大复兴和中国梦的前提，而达成文化自信的基础在于实现文化自觉，在于对民族文化的自知、自悟以及在此基础上的自创。对于冰雪运动文化而言，我国传统冰雪运动文化弥足珍贵，是中华民族美好的冰雪情感与古老的冰雪运动相结合的产物，是民族认同感、归属感、民族精神的重要载体。只有对我国传统冰雪运动文化的系统解构，对冰雪运动的历史传承与当代境遇进行系统整合，才能凸显中国冰雪运动文化的主体意识和认识水平，在文化自觉的基础上实现中国冰雪运动文化的不断拓展与创新。

从以下几个视角进行文化自省将有助于提升中国传统冰雪运动的价值解读向度，进而增强文化自信。

第一，中国传统冰雪运动文化源自中华悠久的民族文化，中国人对冰雪的丰富的、特殊的情感是我国冰雪运动发展的价值基础。在国人的观念中，冰是坚韧的象征，晶莹剔透的冰象征光明磊落的心性，王昌龄"洛阳亲友如相问，一片冰心在玉壶"的美好诗韵道出了"清如玉壶冰"的心志和忠贞高尚的品格；而雪是纯净、祥和、静谧的代表，纯净的雪经常激发诗人化雪烹茶的雅兴，"吹灯窗更明，月照一天雪""白雪却嫌春色晚，故穿庭树作飞花"等佳作表达了先人追求与自然和谐相融的意境。中国人的冰雪情缘丰富又美好，雅兴之外甚至寄托了"北国风光，千里冰封，万里雪飘"的江山壮丽多娇的家国情怀。中国人对冰雪的美好情感寄托塑造了中国传统冰雪运动的精神和价值内涵。

第二，受自然条件限制，我国传统冰雪运动文化带有浓厚的地域性，但在北京主办冬奥会的影响下，地域性冰雪运动得到普及和发展，运动形式呈现多元化样态。丰富的冰雪资源是冰雪运动文化的基本条件，我国北方地区生活的赫哲族、锡伯族等少数民族在生产和生活中不断获得冰雪的新知识和新技能,逐渐培育了与雪共存、与冰共生的生活方式,进而创造出独具特色的冰雪运动文化。所以,中国冰雪运动文化受特定的地理环境和自然条件的影响。但是,随着我国经济发展、大众闲暇时间增多、高新科技的融入,特别是主办冬奥会的正向影响,我国冰雪运动在一定程度上已经打破了地域界限,娱乐享受型的冰雪体育运动已经成为南方居民的时尚性运动选择,冰雪运动文化与区域文化和需求的融合催生出多样化的运动样式。

第三,民俗性冰雪文化和民俗性冰雪运动是我国冰雪运动文化的中国特色,坚守我国冰雪体育文化的特殊性才能在世界冰雪运动文化的交流与竞争格局中奠定文化层面的自我与自觉。我国北方先民经过漫长的历史沉淀培育了独特的冰雪民俗,例如,冰雪代表了中国最大的节日"年"的临近,代表着团圆、希望和人们对春的期盼;再例如,在北方冬季经常见到堆雪人、滑雪橇、寻冰凌、冰帆、冰爬犁、狗拉爬犁、马拉雪橇、看冰灯、打雪仗等游戏活动,人们在民俗中享受着生命的美好和自然的馈赠。与冰雪共存共生的生活方式塑造了我国冰雪文化基因,为了利用冰雪为自身服务,人们从最初的了解冰雪到逐渐适应冰雪、利用冰雪以及最终能够驯服冰雪,这是一种自我超越,期间创造出多种形态的冰雪运动形式。可见,人们在苦寒的环境中,在生存动机的驱动下创造出冰雪民俗和冰雪运动,这种独特的冰雪运动文化在生产和生活实践中不断得到完善并世代传承。

四、奥运遗产概念

1956 年澳大利亚墨尔本申请奥运会举办权时所提交的报告中首次使用了"遗产"一词,"奥运遗产"开始成为奥林匹克研究领域的一个重要的主题。但在早期的奥运遗产研究或奥运遗产的操作化过程中,很多人认同遗产是一个由自我进行确证的概念,无需做出明确的界定。国际奥委会或学界均认为奥运遗产很重要,是评估奥运会承办效益以及扩大奥运会影响的重要抓手,但各方均对"奥运遗产"的界定比较宽泛,未做出确切的、规范性的解释。遗产概念泛化的益处在于可以激发相关研究的活力,但负面影响也很明显,就是会导致遗产的特征在泛化的概念中被淹没。在早期的奥运遗产的研究中,学界将物质遗产视作奥运遗产,但随着奥林匹克运动的发展和国际化,人们逐渐认识到除了物化的遗产,奥运遗产还应该包括体育精神、社会心理等潜移默化的、隐性的"影响",奥运遗产的内涵需要与奥运会多元化影响的向度相符合。2013 年国际奥委会颁布《奥运遗产》之前，国内学界对"奥运遗产"概念的普遍共识是：在奥林匹克运动实践中逐步形成的具有普遍价值的物质财富和精神财富的总和，包括有形遗产和无形遗产2大类（董进霞[①]，2006；金汕[②]，2008；戴勇[③]，2008）。其中，有形遗产是指举办奥运会所创造的物化遗产，例如，奥运会徽、吉祥物、奥运场馆、建筑景观等，或者是用来发展体育的捐赠基金；无形遗产是指主办奥运会所创造的影响性遗产，例如，冬奥理念、愿景、教育、社会心理影响等。

国际奥委会官方文件关于奥运遗产内容的解释被学界普遍视为国际奥委会对奥运遗产概念的定义。国际奥委会先后发布了《奥运遗产手册》（The IOC Legacy Brochure，2013 年）、《奥林匹克 2020 议程》（Olympic Agenda 2020，2014 年）、《奥运遗产指南》（The Olympic Games Guide on Olympic Legacy，2015 年）、《遗产战略计划》（Legacy Strategic Approach，2017 年）、《遗产战略方针》（Legacy Strategic Approach；简称《方针》，下同；2018 年）等文件对奥运遗产内涵进行解读。《奥林匹克遗产手册》将"奥运遗产"界定为："奥运遗产是可为社区建设与基础设施带来可观改变的持续性效益，包括有形遗产和无形遗产两个方面"。《奥运遗产指南》将"奥运遗产"的概念进行了完善：奥运遗产是奥运会能够带给举办城市和地区的、有形和无形的、具有长期效益而非短期影响的后奥运效应。《遗产战略计划》指出"奥运遗产是某个愿景的结果。它包含因举办奥运会 / 体育赛事而给居民、城市 / 地区和奥林匹克运动带来（新产生或在以往基础上加速）的所有有形和无形的长期收益"，并将奥运遗产的范畴界定为包括"有组织的体育发展""通过体育促进社会发展"在内的七个维度。

2018 年发布的《方针》是距今最近的国际奥委会关于奥运遗产的文件，其中对奥运遗产进行了清晰的定义：奥运遗产是由愿景产生的结果；它包含了所有因举办奥运会和体育赛事而对人民、城市和地区以及奥林匹克运动而产生或加速其发展的、可见和不可见的、长期正面效益。《方针》特别指出，奥运遗产是"奥林匹克核心愿景'以体育创造更好的世界'在具体时空环境中的呈现，是奥运愿景与城市愿景的结合"。相较于前期国际奥委会文件的陈述，《方针》对奥运遗产的界定除对奥运遗产内容的

---

① 董进霞. 北京奥运会遗产展望：不同洲际奥运会举办国家的比较研究 [J]. 体育科学，2006（7）：3-12.
② 金汕. 奥运遗产在北京延伸 [J]. 瞭望，2008，1275（31）：21-22.
③ 戴勇. 北京"人文奥运"非物质文化奥运遗产特点分析 [J]. 体育与科学，2008，174（05）：18-21.

梳理和总结外,同时也包括对奥运遗产的属性和特性的剖析、解读,概念界定更为规范且明确。

国际奥委会官方文件的概念界定拓展了学术领域的研究视域,学界在此概念的基础上提出了"奥运文化遗产""奥运精神遗产""奥运效益遗产""奥运健康遗产""奥运文献遗产"等概念,极大地丰富和完善了奥运遗产研究的框架。由此"奥运遗产"概念成为一个多维度的概念体系,为本研究奥运遗产概念的界定及其内涵框架提供了学理依据。

第二节　冰雪运动项目与项目文化

一、冰雪运动项目

百度百科将"体育项目"解释为"为了强身祛病,娱乐身心及提高运动技术水平所采用的各项活动内容和方法的总称。通常也叫运动项目或体育手段。"并且指出,体育项目并非一成不变,会随着社会和科学的进步而不断更新和发展。在我国,一般把体育项目分为"奥运会项目"和"非奥运会项目"两类。奥运会项目指"被列为奥运会正式比赛,并在我国正式设立开展的体育项目",非奥运会项目指"未列入奥运会比赛的体育项目"①。

冰雪运动项目是一种特殊的体育项目,它是实现冰雪运动目标的手段和媒介,是将冰雪运动的规则和动作技术规范等按照一定秩序和门类组合而成的多元化体育文化的载体。"项目"建构蕴含了该类运动独特的运动特质,是冰雪运动相互区隔的单位,也为该项运动的文化发展提供重要支撑。根据本研究的实际需要,本书将冰雪运动项目分为"冬奥会比赛项目""非冬奥会运动项目"。

---

① 孙汉超.对我国运动项目的设立及其管理制度改革的新思考[J].武汉体育学院学报,2007（03）：1-5.

二、冬奥会比赛项目

（一）冬季奥林匹克运动会

随着冬季冰雪运动的兴起和发展，冬季奥林匹克运动会（冬季奥运会）诞生在奥林匹克运动大家庭。19世纪，冬季冰雪运动在欧洲和北美一些国家迅速兴起，滑冰、滑雪和雪橇等冬季运动组织随之纷纷建立，一些国际间的冬季运动赛会也相继举行。后来，在现代奥林匹克创始人顾拜旦的不懈努力和推动下，在1908年的伦敦奥运会上花样滑冰比赛首次亮相。在1922年国际奥委会巴黎会议上，在顾拜旦的坚持下，决定在1924年夏季奥运会前举行冰雪运动项目表演，称为"第八届奥林匹亚德体育周"。体育周期间运动员精彩的表演在世界体坛引起了巨大反响，1925年国际奥委会决定在夏季奥运会同年举办冬奥会，并决定将"第八届奥林匹亚德体育周"正式命名为第一届冬季奥运会。2022年2月4日至20日，第24届冬奥会在我国的首都北京举办，北京成为全世界第一个既举办过夏季奥运会，又举办过冬季奥运会的"双奥之城"。冬奥会的诞生是现代奥林匹克运动国际化的体现，从参赛的国家和运动员人数、比赛项目设置、运动技术水平和成绩提升等方面看，冬奥会的积极影响为冰雪运动普及和发展注入了强大的生命力。

尽管中国的冬奥会历程不平坦，但成绩斐然。1979年，中国奥委会恢复了在国际奥委会中的合法席位；1980年，中国代表队首次参加在普莱西德湖举行的第十三届冬奥会；2002年，杨扬在第19届冬奥会独得女子500米短道速滑和1000米短道速滑两枚金牌，中国代表团实现冬奥会金牌零的突破，在冬奥会的赛场上正式升起了五星红旗。经过多年艰苦努力，中国冰雪运动无论从竞技体育成绩还是群众性冰雪运动参与都得到长足发展。北京联合张家口成功申办冬奥会主办权是中国冰雪运动发展的必然结果，也是国际体育对中国冰雪运动发展的高度认可。但我国冰雪运动发展也面临一些问题和短板，例如，在竞技体育方面存在夺金面窄整体实力偏弱、冬奥会的冲金点仍然集中于冰上项目的"冰强雪弱"等；在群众性冰雪运动参与方面，存在冰雪运动参与人口规模小、参与忠诚度低等问题。北京成功举办冬奥会为有效解决中国冰雪运动发展困境，推动冰雪运动快速发展提供了难得的历史契机。

表 2-1　历届冬奥会举办概况

届数	赛事名称	举办地点		举办时间
		国家	城市	
第一届	1924 年夏慕尼冬奥会	法国	夏蒙尼	1924 年 01 月 25 日—1924 年 02 月 05 日
第二届	1928 年圣莫里兹冬奥会	瑞士	圣莫里兹	1928 年 02 月 11 日—1928 年 02 月 19 日
第三届	1932 年普莱西德湖冬奥会	美国	普莱西德湖	1932 年 02 月 04 日—1932 年 02 月 15 日
第四届	1936 年加米施 - 帕滕基兴冬奥会	德国	加米施 - 帕滕基兴	1936 年 02 月 06 日—1936 年 02 月 16 日
第五届	1948 年圣莫里兹冬奥会	瑞士	圣莫里兹	1948 年 01 月 30 日—1948 年 02 月 08 日
第六届	1952 年奥斯陆奥运会	挪威	奥斯陆	1952 年 02 月 14 日—1952 年 02 月 25 日
第七届	1956 年科蒂纳丹佩佐冬奥会	意大利	科尔蒂纳丹佩佐	1956 年 1 月 26 日—1956 年 02 月 05 日
第八届	1960 年斯阔谷冬奥会	美国	斯阔谷	1960 年 02 月 18 日—1960 年 02 月 28 日
第九届	1964 年因斯布鲁克冬奥会	奥地利	因斯布鲁克	1964 年 01 月 29 日—1964 年 02 月 09 日
第十届	1968 年格勒诺布尔冬奥会	法国	格勒诺布尔	1968 年 02 月 06 日—1968 年 02 月 18 日
第十一届	1972 年札幌冬奥会	日本	札幌	1972 年 02 月 03 日—1972 年 02 月 13 日
第十二届	1976 年因斯布鲁克冬奥会	奥地利	因斯布鲁克	1976 年 02 月 04 日—1976 年 02 月 15 日
第十三届	1980 年普莱西德湖冬奥会	美国	普莱西德湖	1980 年 02 月 13 日—1980 年 02 月 24 日
第十四届	1984 年萨拉热窝冬奥会	南斯拉夫	萨拉热窝	1984 年 02 月 08 日—1984 年 02 月 19 日

续表

届数	赛事名称	举办地点		举办时间
		国家	城市	
第十五届	1988年卡尔加里冬奥会	加拿大	卡尔加里	1988年02月13日—1988年02月28日
第十六届	1992年阿尔贝维尔冬奥会	法国	阿尔贝维尔	1992年02月08日—1992年02月23日
第十七届	1994年利勒哈默尔冬奥会	挪威	利勒哈默尔	1994年02月12日—1994年02月27日
第十八届	1998年长野冬奥会	日本	长野	1998年02月07日—1998年02月22日
第十九届	2002年盐湖城冬奥会	美国	盐湖城	2002年02月08日—2002年02月24日
第二十届	2006年都灵冬奥会	意大利	都灵	2006年02月10日—2006年02月26日
第二十一届	2010年温哥华冬奥会	加拿大	温哥华	2010年02月12日—2010年02月28日
第二十二届	2014年索契冬奥会	俄罗斯	索契	2014年02月07日—2014年02月23日
第二十三届	2018年平昌冬奥会	韩国	平昌郡	2018年02月09日—2018年02月25日
第二十四届	2022年北京-张家口冬奥会	中国	北京	2022年02月04日—2022年02月20日
			张家口	

（二）冬奥会比赛项目的设置与发展

冬奥会比赛项目是指被正式列入冬季奥林匹克运动会的比赛项目，分为运动大项、运动分项和运动小项。

国际奥委会为冬奥会比赛项目设置了一系列的标准，并具体负责冬季奥林匹克运动会项目的审批。一般而言，列入冬奥会比赛项目的运动大项和运动分项的门槛标准相同，需符合两个基本条件：其一，必须是被国际奥委会承认的国际冬季单项体育组织所管辖的，并且在一定数量的国家、洲中广泛开展的运动；其二，要求执行"奥林匹克运动反兴奋剂条例",特别是要按照世界反兴奋剂机构的规则进行比赛之外的药检。冬奥会比赛项目的运动小项需要满足以下三个条件:其一,在参加人数和地域范围上具有公认的国际地位,且至少两次被列入世界锦标赛或洲级锦标赛;其二,要在至少 50 个国家和 3 大洲的男子中及在至少 35 个国家和 3 大洲的女子中广泛开展的运动项目;其三,被接纳的运动小项必须在相关运动会召开 4 年前确定,确定之后不允许有变动。运动小项是冬奥会比赛项目的基础性项目单位,冬奥会名次、奖章和证书是根据运动小项设置的。

冬奥会自 1924 年第一届至今已举办 24 届,纵观冬奥会比赛项目的历时性发展趋势,可以将比赛项目发展分为三个阶段:一是,第二次世界大战前,冬奥会比赛项目保持基本稳定的"起始与基本稳定阶段",该阶段比赛项目基本保持不变,但存在男女项目设置失衡,男项居统治地位而女项发展缓慢;二是,第二次世界大战后到 20 世纪 80 年代初的"平衡发展阶段",该阶段比赛项目的大项稳中略有上升而小项逐步增加,同时女子项目比例快速上升,逐渐与男子项目看齐;三是,从 20 世纪 90 年代至今的冬奥会项目设置的"快速发展阶段",该阶段的国际合作和技术创新为体育场馆、运动设施、运动技能的进步提供了强劲动力,冬奥会项目增设的速度加快,项目发展呈现出新兴冬季项目和观赏性、刺激性和竞争激烈的比赛项目不断涌现的发展趋势。

经过近百年的发展,冬奥会比赛的竞争格局呈现相对清晰的两极分化态势。一是,受气候、温度等自然环境影响,加以历史文化和社会氛围的支撑作用,欧洲和北美国家的冬季冰雪运动实力强劲,形成冬奥会对金牌和奖品的有力争夺者,属于国际竞争格局的强势集团。德国、俄罗斯、挪威曾经是国际体育平台的"三足鼎立",几乎囊括冬奥会金牌,后来美、加的异军突起推动金牌之争更加激烈。欧美国家竞争实力主要表现在冬奥会比赛项目的"基础大项"雪上项目。二是,以中、日、韩为代表的东亚国家在有些比赛项目有所突破,但难以撼动欧美强势的传统格局。在冬奥会历史进程中,亚洲的参赛国较少,且实力有限。中、日、韩为代表的亚洲势力的崛起缓解了奖牌过于集中的局面,但实力基础仍较弱,夺金面窄,项目发展不平衡,难以撼动欧美等老牌劲旅的领先地位。三是,大洋洲和其他区域的冬季运动起步较晚,在冬奥会赛场偶尔能昙花一现,但难掩整体落后的问题。

（三）北京冬奥会比赛项目设置

冬奥会比赛项目设置从某种角度上讲可以反映冬季冰雪运动的发展状况，精彩的冬奥会比赛对于推动冰雪运动的普及具有重要的引领作用。

1. 北京冬奥会比赛项目总体设置

根据奥林匹克宪章，冬奥会的比赛项目设置有一些特殊规定。具体到北京冬奥会而言，北京 2022 冬奥会竞赛项目的大项必须在不晚于开幕前 3 年设定，由赛事组委会、国际单项体育联合会和国际奥委会提出建议，国际奥委会代表大会审议决定。小项同样必须在不晚于开幕前 3 年设定，由国际奥委会执委会与国际单项体育联合会商议决定。北京冬奥组委可提出设置的一至多个小项，但仅在北京 2022 冬奥会设置。

北京奥运会比赛项目共设 7 个运动大项，15 个运动分项，109 个运动小项，有 7 个小项是在北京冬奥会新增的项目。7 个运动大项是滑冰、滑雪、冰球、冰壶、冬季两项、雪车、雪橇。15 个运动分项是短道速滑、速度滑冰、花样滑冰、冰球、冰壶、自由式滑雪、冬季两项、越野滑雪、跳台滑雪、北欧两项（越野滑雪、跳台滑雪）、无舵雪橇、有舵雪橇、钢架雪车（俯式冰橇）、单板滑雪、高山滑雪。

2. 北京冬奥会比赛项目设置详解

北京奥运会比赛项目的运动大项、运动分项和运动小项的具体设置如下。

（1）运动大项：滑冰

滑冰大项设 3 个分项 27 小项：速度滑冰（Speed Skating）分项含 14 小项；短道速滑（Short Track Speed Skating）分项含 8 小项；花样滑冰（Figure Skating）分项含 5 小项。

表 2-2　奥运会滑冰项目设定

速度滑冰（14 小项）	
Men 500m: 男子 500 米	Women 500m: 女子 500 米
Men 1000m: 男子 1000 米	Women 1000m: 女子 1000 米
Men 1500m: 男子 1500 米	Women 1500m: 女子 1500 米

续表

Men 5000m：男子5000米	Women 3000m：女子3000米
Men 10000m：男子10000米	Women 5000m：女子5000米
Men Team Pursuit：男子团体追逐	Women Team Pursuit：女子团体追逐
Men Mass Start：男子集体出发，每组3人	Women Mass Start：女子集体出发，每组3人
短道速滑（8小项）	
Men 500m：男子500米	Women 500m：女子500米
Men 1000m：男子1000米	Women 1000m：女子1000米
Men 1500m：男子1500米	Women 1500m：女子1500米
Men 5000m Relay：男子5000米接力	Women 3000m Relay：女子5000米接力
花样滑冰（5小项）	
Men Single Skating：男子单人滑	Women Single Skating：女子单人滑
Pair Skating：双人滑 Ice Dance：冰上舞蹈	
Team Event：团体比赛	

（2）运动大项：滑雪

滑雪大项设6个分项50小项：越野滑雪（Cross-Country）分项含12小项；跳台滑雪（Ski Jumping）分项含4小项；北欧两项（Nordic Combined）分项含3小项；高山滑雪（Alpine Skiing）分项含11小项；自由式滑雪（Freestyle Skiing）分项含10小项；单板滑雪（Snowboard）分项含10小项。

表2-3 奥运会滑雪项目设定

越野滑雪（12小项）	
Men Skiathlon：男子双追逐（15公里传统技术+15公里自由技术）	Women Skiathlon：女子双追逐（7.5公里传统技术+7.5公里自由技术）
Men Individual Sprint Free Technique：男子个人短距离（自由技术）	Women Individual Sprint Free Technique：女子个人短距离（自由技术）
Men 15km Classic Technique 男子15公里（传统技术）	Women 15km Classic Technique 女子10公里（传统技术）

续表

Men 4×10km Relay（2 Classic/2 Free） 男子4×10公里接力（2传统+2自由）	Women 4×5km Relay（2 Classic/2 Free） 女子4×5公里接力（2传统+2自由）
Men Team Sprint Classic Technique： 男子团体短距离（传统技术）	Women Team Sprint Classic Technique： 女子团体短距离（传统技术）
Men 50km Mass Start Free Technique： 男子50公里集体出发（自由技术）	Women 30km Mass Start Free Technique： 女子30公里集体出发（自由技术）
跳台滑雪（4小项）	
Men Individual Normal Hill：男子个人标准台	Women Individual Normal Hill：女子个人标准台
Men Individual Large Hill：男子个人大跳台	
Men Team Large Hill：男子团体大跳台	
北欧两项（3小项）	
Men Individual Normal Hill + Cross-Country Skiing Individual 10km： 男子普通台+10公里越野滑雪	
Men Individual Large Hill + Cross-Country Skiing Individual 10km： 男子个人大跳台+10公里越野滑雪	
Men Team Large Hill + Cross-Country Skiing Team 4×5km： 男子团体大跳台+4×5公里接力越野滑雪	
高山滑雪（11小项）	
Men Downhill：男子滑降	Women Downhill：女子滑降
Men Super Giant Slalom：男子超级大回转	Women Super Giant Slalom：女子超级大回转
Men Giant Slalom：男子大回转	Women Giant Slalom：女子大回转
Men Slalom：男子回转	Women Slalom：女子回转
Men Super Combined：男子全能	Women Super Combined：女子全能
Nation Team Event：男女团体（2男+2女）	
自由式滑雪（10小项）	
Men Aerials：男子空中技巧	Women Aerials：女子空中技巧
Men Moguls：男子雪上技巧	Women Moguls：女子雪上技巧

Men Freestyle Ski Cross：男子障碍追逐	Women Freestyle Ski Cross：女子障碍追逐
Men Freestyle Ski Halfpipe：男子 U 型场地技巧	Women Freestyle Ski Halfpipe：女子 U 型场地技巧
Men Freestyle Ski Slopestyle：男子坡面障碍技巧	Women Freestyle Ski Slopestyle：女子坡面障碍技巧
单板滑雪（10 小项）	
Men Snowboard Halfpipe：男子 U 型场地技巧	Women Snowboard Halfpipe：女子 U 型场地技巧
Men Snowboard Cross：男子障碍追逐	Women Snowboard Cross：女子障碍追逐
Men Snowboard Slopestyle：男子坡面障碍技巧	Women Snowboard Slopestyle：女子坡面障碍技巧
Men Parallel Giant Slalom：男子平行大回转	Women Parallel Giant Slalom：女子平行大回转
Men Big Air：男子大跳台	Women Big Air：女子大跳台

（3）运动大项：冰球

表 2-4　奥运会冰球项目设定

冰球	
Men Team Competition：男子冰球	Women Team Competition：女子冰球

（4）运动大项：冰壶

表 2-5　奥运会冰壶项目设定

冰壶（3 小项）	
Men Team Competition：男子冰壶	Women Team Competition：女子冰壶
Mixed Doubles：男女混合双人	

（5）运动大项：冬季两项

表 2-6　奥运会冬季两项项目设定

冬季两项（11 小项）	
Men 20km Individual：男子 20 公里个人	Women 15km Individual：女子 15 公里个人
Men 10km Sprint：男子 10 公里短距离	Women 7.5km Sprint：女子 7.5 公里短距离

Men 12.5km Pursuit：男子 12.5 公里追逐	Women 10km Pursuit：女子 10 公里追逐
Men 15km Mass Start：男子 15 公里集体出发	Women 12.5km Mass Start：女子 12.5 公里集体出发
Men 4x7.5km Relay：男子 4×7.5 公里接力	Women 4x6km Relay：女子 4×6 公里接力
Mixed Relay（2x6km Women + 2x7.5km Men）：混合接力（女子 2×6 公里 + 男子 2×7.5 公里）	

（6）运动大项：雪车

雪车大项含 2 个分项 5 小项：雪车（Bobsleigh）分项含 3 小项；钢架雪车（Skeleton）分项含 2 小项。

表 2-7　奥运会雪车项目设定

雪车	
Two-Man Bobsleigh：男子双人雪车	Two-Women Bobsleigh：女子双人雪车
Four-Man Bobsleigh：男子四人雪车	
钢架雪车	
Men Skeleton：男子单人钢架雪车	Women Skeleton：女子单人钢架雪车

（7）运动大项：雪橇

雪橇大项含 1 分项 4 小项。

表 2-8　奥运会雪橇项目设定

雪橇	
Men Singles：男子单人雪橇	Women Singles：女子单人雪橇
Doubles：双人雪橇	Team Relay：团体接力

（8）北京冬奥会新增比赛项目

北京冬奥会新增 7 个比赛项目（小项）：女子单人雪地摩托、短道速滑混合团体接力、跳台滑雪混合团体、自由式滑雪大跳台、自由式滑雪空中技巧混合团体、单板障碍追逐混合团体。

（四）冬奥会比赛项目的项目文化

在冬季冰雪运动的文化体系中，运动项目文化蕴含该类运动的历史演化、运动属性、比赛规则等文化元素,是冰雪运动文化的核心。项目文化的挖掘梳理和文化呈现有助于初学者看懂、学会该类运动,在此过程中的美好运动体验有助于大众逐渐喜好冰雪运动,对于普及冰雪运动具有重要的推动作用。以北京冬奥会项目设置中的运动中项为单元,将冬奥会运动项目的历史沿革和比赛规则等文化元素梳理如下。

速度滑冰项目文化:速度滑冰是以冰刀为工具在冰上进行的一项竞速运动。早在 11—12 世纪就有关于将动物骨骼绑在脚上然后在冰面上快速移动的记载。1924 年速度滑冰正式成为冬奥会比赛项目。速度滑冰比赛时,每组由两名选手参赛,通过抽签决定各道次。为了保证两人的滑行总距离相同,每圈过后两位选手在交换区互换内外道位置。集体出发的比赛,场地不分内外道。队员从同一区域出发,每排最多站 6 人。比赛排名以最终的滑行时间决定。

短道速滑项目文化:短道速滑是在长度较短的跑道上进行的一项冰上竞速运动。19 世纪 80 年代,短道速滑起源于加拿大。1992 年,短道速滑运动正式成为冬奥会比赛项目。短道速滑比赛时,个人比赛采用淘汰制。接力赛分为半决赛和决赛,每队 4 名队员,每支队伍可以自己安排每个队员滑多少圈,通常,一个队员一次不会滑超过 1.5 圈,但最后两圈必须由同一个人滑完。比赛排名均以最终的滑行时间决定。

花样滑冰项目文化:花样滑冰是综合了滑冰、舞蹈和音乐的运动。它诞生于 18 世纪的英国。在 1924 年首届冬奥会上,花样滑冰被列为正式比赛项目。花样滑冰比赛包括很多种。单人滑比赛要求运动员在规定时间内完成一套短节目和自由滑的编排。双人滑由一男一女配对进行,比赛安排与单人项目相同,但短节目中每个动作只做一次,重复多做扣分。冰上舞蹈由一男一女配对参赛,有规定舞、创编舞和自由舞三部分。花样滑冰团体赛中,只有短节目排名前五的选手才能进入自由滑的角逐。裁判员根据运动员的技术动作和艺术表演分别给予评分。比赛依照第一名积 10 分、第二名积 9 分、第三名积 8 分,依此类推,得分多者名次领先。

越野滑雪项目文化:越野滑雪是借助滑雪用具,滑行于山丘雪原的运动项目。在远古,由于人们的出行和狩猎需求,越野滑雪由此产生了。1924 年,越野滑雪正式成为冬奥会比赛项目。越野滑雪在比赛时,个人计时赛采用间隔单人出发。集体出发赛与追逐赛均是选手抽签决定道次,比赛同时出发。比赛结束后计算各选手所用的时间,以最短者为胜。

跳台滑雪项目文化:跳台滑雪是一项需要运动员脚穿特制的滑雪板,沿助滑道加速下滑,再借助已获得的高速度与运动员自身的弹跳力纵身跳向空中并飞行 3 ~ 5 秒,最后落在雪坡上的运动。跳台滑雪源自挪威,最初是一种处罚犯人的方式，后来，逐渐变为一项体育运动。从第一届冬奥会起，跳台滑雪便被列为比赛项目。跳台滑雪比赛时，五名跳台滑雪裁判员会根据运动员的飞行距离和完成姿势判分，比赛总分为两者之和，分数越高，名次越靠前。

北欧两项项目文化：北欧两项是跳台滑雪和越野滑雪的结合项目。该项运动起源于北欧而得名，又被称作北欧全能。1924 年首届冬季奥运会上，北欧两项正式成为比赛项目。北欧两项的比赛场地、装备及技术动作与越野滑雪和跳台滑雪相同。最早到达终点的就是优胜者。

高山滑雪项目文化：高山滑雪是运动员使用固定后脚跟装置的滑雪板，顺着雪坡向下滑行的竞速运动。高山滑雪起源于阿尔卑斯地区，所以又名阿尔卑斯滑雪。五千多年前，滑雪运动作为人们的一种出行方式。1936 年开始，高山滑雪被列为奥运会正式比赛项目。高山滑雪比赛结果根据总时间决定胜负。

自由式滑雪项目文化：自由式滑雪是选手们在斜坡上自由滑降，通过表演空中技巧，来比拼艺术性的项目。自由式滑雪起源于美国，1992 年被列为冬奥会比赛项目。自由式滑雪项目最大特征是能欣赏到选手们的华丽空中技巧，如转体、翻滚、旋转、腾空、着陆等。得分高者排名靠前。

单板滑雪项目文化：单板滑雪又称滑板滑雪，比赛中运动员使用一个滑雪板，利用身体，尤其是双脚来控制运动方向。单板滑雪起源于美国，该项目于 1998 年首次进入奥运大家庭。单板滑雪运动的平行大回转项目，率先抵达终点的选手取胜。U 型场地技巧比赛，每位运动员任意一轮最好成绩作为最终成绩。障碍追逐比赛决赛采用 50% 淘汰的形式决出晋级者。坡面障碍技巧比赛使用百分制评分体系，最终得分为所有裁判分数的平均值。大跳台比赛中，最好的两次成绩之和决定名次。

冰球项目文化：冰球运动是两队运动员在设有界墙的冰场上滑行，用球杆争夺、控制并击打一个橡胶扁圆球，最终将球射进对方球门的运动。该项目起源于 19 世纪 50—60 年代的加拿大。从 1924 年开始，冰球成为冬季奥运会的主要项目之一。冰球比赛共 3 局，同一时刻场上队员 6 名。比赛将球射进对方球门得 1 分，得分高者获胜。

冰壶的项目文化：冰壶是在冰上以两支球队对抗的形式将目标投掷到特定位置的运动。该项运动最早可追溯到 16 世纪的苏格兰，1998 年正式成为冬奥会比赛项目。冰壶比赛每队各由四人组成，每名队员有两次掷壶机会。各队按领队员、二垒队员、三垒队员和四垒队员的顺序，交替投掷冰壶。一人掷壶时，本方其他两人作为刷冰员在冰壶前方快速擦刷冰面，以使冰壶到达目标位置。过圆心线后，本方队员不得再擦刷，但对方的队员可在冰壶的前面擦刷冰面干扰球的滑行路线。最后根据冰壶停留位置距离营垒圆心远近计分,每壶 1 分,积分多的队获胜。

冬季两项项目文化:冬季两项由越野滑雪和雪上射击两个项目结合而成。该项目起源于 18 世纪的斯堪的纳维亚半岛。1960 年,该项目成为冬奥会比赛项目。冬季两项的越野滑雪部分与越野滑雪项目的技术和规则相同,雪上射击部分的技术主要有卧射、立射两种基本姿势。比赛结果根据到达时间和射击情况决定。

雪车项目文化:雪车是运动员集体乘坐雪车在冰上滑行,并利用舵和方向盘进行操控的项目。该项目 1924 年成为冬奥会正式比赛项目。雪车项目分为女子双人、男子双人、男子四人三项。在规定距离中滑行用时少者获胜。

钢架雪车项目文化:钢架雪车是选手保持头朝前姿势,用肩膀和膝盖来控制方向,俯卧在钢架雪车上沿冰道滑行的运动。该项目起源于 19 世纪的瑞士圣莫里茨,并在 1928 年和 1948 年两次冬奥会上作为比赛项目。直到 2002 年,钢架雪车才在盐湖城冬奥会上被重新恢复为正式比赛项目。钢架雪车比赛出发时选手将钢架雪车向前推,经过加速再跳上钢架雪车,然后滑行。一切出发动作须由选手自行完成。最后通过终点时,选手必须在钢架雪车上。比赛分为两轮,两轮比赛成绩相加,时间少者名次在先。

雪橇项目文化:雪橇是运动员可以通过身体姿态的变换进行操控,并沿着具有一定坡度的槽状冰道快速回旋滑降的运动。雪橇起源于挪威。1964 年正式成为冬奥会比赛项目。雪橇比赛出发时,选手坐在雪橇上,凭借起点助栏后推起动并加速。滑行中,选手脚在前,头朝后,躺在雪橇上,单手拉住雪橇上的皮带,通过变更腿、肩姿势和身体起卧控制雪橇。比赛用时少者排名在先,成绩相等时,则会以任何一次最快时间完成的一队为优胜。

三、非奥运会运动项目

在冬季冰雪运动的文化系统内,除冬奥会正式比赛项目外,还有很多主办国和主办城市的具有丰富多彩的民族性、民俗性、休闲性、仪式性的冰雪运动或休闲娱乐活动。中国幅员辽阔且地形复杂,北部特别是东北的几个省份受东部季风的影响气候湿润,冬季平均气温在 -20℃左右,降雪大且蒸发小。独特的地理和气候条件让生活于此的人们获得了一份大自然的宝贵馈赠——冰雪。中国的冰雪文化就是在上述这种特定的地理环境和自然环境中形成的,生活在北方的先民为了利用冰雪为自身服务,从最初的了解冰雪到逐渐适应冰雪、运用冰雪以及最终驯服冰雪,实现了一种自我超越,创造出多种形态的冰雪运动形式。所以,根据上述我国冰雪运动历史、文化以及传统冰雪运动的运动形态,"中国传统冰雪运动项目"是北京冬奥会视域下的冰雪运动项目中"非奥运会运动项目"的核心内容,也是本节重点介绍内容。

（一）起源、融合与发展：中国传统冰雪运动的历史沿革

1. 传统滑冰运动的起源与发展

我国古代冰上活动源远流长,但从冰上活动到冰上运动却是一个从自然到自觉的转变过程。早在新石器时期,为了获取必需的生活资料,古人们不断创新冬季冰上的交通手段和狩猎工具,不断摸索提高冰上滑行的速度与控制的方法,也就是探索既能克制冰面滑性保持稳定又要利用这种滑性提高速度的方法,经历了"履冰""打滑溜""单脚滑行""撑动双脚滑行"[①]（李树旺,2020）几个阶段并逐渐成型。在这个从自然的冰上活动到自觉的冰上运动的转变过程中,人类制造和使用工具的独特能力起到了决定性的推动作用。

我国唐代就有关于滑冰运动的史料记载。《新唐书·回鹘下》《通典》等都描述了猎人将木板绑在脚上在冰上快速滑行追逐猎物的场景。冰上滑行在宋朝出现了转变,它不再仅仅用作交通和狩猎的工具,而逐渐变成了一种休闲娱乐的方式。《宋史·礼志》记载了皇帝"幸后院观花,作冰嬉"的情景。《梦溪笔谈》、文言轶事小说《江邻几杂志》都记载了"凌床"在冻结了的河面上滑行奔走的场景。滑冰运动实现从生产和生活的"工具"到宫廷或民间的"游戏"的转变,意味着"冰上滑行"具有了相对独立的冰雪运动文化形态。

滑冰运动的发展在清朝达到了新的高度,有几个历史性的事件。第一,清太祖努尔哈赤于1625年举办了一场别开生面的冰上运动会,这是中国有史以来首次政府主办的冰上运动会。据金梁所著的《满文老档》

---

① 李树旺,李京律,刘潇锴等.滑雪旅游服务质量评价与后北京冬奥会时期的优化对策——从北京雪场滑雪游客感知的视角切入[J].北京体育大学学报,2022,45（5）:146-161.

记载,本次运动会不仅有速度项目,还有球类和花样项目,赛制和奖励规则极大地增强了冰上运动的竞技性。第二,将"冰嬉"钦定为国家典制,称作"国俗"。清军入关后,冰上运动的军事价值逐渐弱化,"冰嬉"开始向政治功能转化。在皇权至上的年代,"冰嬉"声势浩大的活动场景更能体现"皇恩浩荡"与"长治久安"的政治意图。为了彰显"冰嬉"的尊崇地位,乾隆在《大清会典》中将"冰嬉"钦定为国家典制;在《冰嬉赋》序中将"冰嬉"称作"国俗",认为"冰嬉为国制所重";在组织上朝廷专设统帅机构"冰鞋处",冰上训练的兵种叫"技勇冰鞋营"、士兵称为"冰鞋"等。第三,滑冰运动的文化作品丰富多彩。诗歌如乾隆的《冰嬉赋》《腊日观冰嬉因咏冰床》《太液冰嬉诗十二韵》,李静山的《增补都门杂咏·冰鞋》、宗室诗人永忠的《初试冰床》、李声振的《百戏竹枝词·蹴鞠》等;绘画作品包括张为邦等绘制的《冰嬉图》、郎世宁的《弘历雪景行乐图》、姚文瀚的《紫光阁赐宴图》等。第四,滑冰的比赛项目在清朝逐渐成熟。宫廷内的项目包括"抢等""抢球""转龙射球""摆山子"等;民间的包括"冰上蹴鞠""轱辘冰""冰上捶丸""冰上龙舟"等。满族妇女喜爱的"轱辘冰"非常有趣,它也叫"滚冰"(滚病)、"走白冰"(走百病)。妇女们欢快地在冰面上翻滚,哼唱的"轱辘冰轱辘冰,腰不痛腿不疼""轱辘冰轱辘冰,身上轻一轻"等小调寄托了"脱晦气"和"走百病"的殷切期盼。

2. 传统滑雪运动的起源与发展

新疆阿勒泰市岩洞内的岩画是一项重要的考古发现。先人们在岩壁上绘制了脚踏雪板、手持单杆滑雪的动作形态。经多位权威专家考证,认为该绘画的年代距今至少一万年,上海大世界吉尼斯之最颁发证书认定阿勒泰是人类滑雪的摇篮。

战国时期的《山海经·海内经》记载了生活在贝加尔湖以南至阿勒泰山的"丁令之国"游牧民族的滑雪场景:"其民从膝以下有毛。马蹄善走。"其所描写的内容包括绑着带毛兽皮的滑雪板、滑雪动作、滑雪速度等。自隋唐至清朝,《隋书》《文献通考》《武林旧事·卷三》《陶庵梦忆》《养吉斋丛录》等资料也记载了先民或"骑木而行"雪上逐鹿,或拖雪车游戏,或赛爬犁等民俗性雪上运动。《文献通考》中有一段关于滑雪板的描述:前部尖翘、板底著马皮、顺毛下坡减少滑雪板摩擦、上坡则可增加阻力。器具制作技术和动作控制技巧的成熟意味着滑雪运动进入了理性认识的阶段。

综合来看,滑雪和滑冰都源于劳动,在服务于生产的同时由逐鹿雪原逐渐向赛场竞技转化,运动价值包括娱乐和民俗的游戏价值、军事的工具价值、国家庆典的政治价值等。然而与滑冰相比较,滑雪对器械、场地、运动技能的要求更高,当时的生产力水平和社会发展状况阻碍了滑雪在更广范围内的传播,限制了滑雪价值的应有体现。

3. 传统冰雪运动对西方冰雪运动的被动接受

西方冰雪运动在特殊的历史背景下传入中国。鸦片战争之后,现代冰雪项目作为西方文化的载体开启了中国之旅。随着英法租界内俱乐部的逐渐增多,滑冰运动开始由天津向中国社会渗透。北洋军师学堂首先将滑冰纳入操法科(课)。之后,燕京大学、北京大学、辅仁大学、北京潞河中学、天津南开大学等相继跟进,有些项目甚至作为表演项目进入大型运动会。现代滑雪运动进入国门比滑冰略晚。1932年哈尔滨铁路局修建了我国第一座包括高山滑雪和小型跳台的滑雪场;1948年,在新疆举办了"西北五省部队滑雪训练班",训练班结束后举行了我国近代史上规模最大的滑雪比赛。

西方冰雪运动走进国门时带有强烈的殖民主义色彩,对中国社会而言是一种被动的接受。工业革命氛围中成长的西方冰雪运动与渔猎文化培育的中国传统冰雪运动有很大的差异,西方冰雪文化在半殖民地半封建的中国社会缺少文化根基。西方冰雪运动首先进入学校,我国传统冰雪运动主要在民间,两者在融合的尴尬中逐渐找到了结合点。例如,1925年在北京举办的冰上化妆舞会,以及将京剧、武术的动作融入现代滑冰动作之中等。总体而言,固步自封的封建思想限制了我国传统冰雪体育的创新,西方文化的进入为旧中国带来了先进的冰雪体育项目、运动器材和体育价值理念,实现了我国传统冰雪运动文化与西方现代冰雪运动的跨文化对话,中国冰雪运动就此走上了一条国际化的、创新与变革的发展道路。

4. 传统冰雪运动与奥林匹克文化的主动融合

现代冰雪运动作为"新体育"的组成部分在新中国得到迅猛发展。1951和1953年我国先后举办了首届全国"滑雪表演大会"和"冰上运动会",冰上比赛的项目设置均为现代冰上竞技运动项目,雪上表演项目虽不很正规但同样推动了现代滑雪运动的开展。在校园内,体育课上的冬季运动教学内容基本上是现代冰雪运动项目,且大多引进苏联的教材。新中国对现代冰雪运动的主动接受为我国冰雪运动与奥林匹克文化的结合打下坚实的基础。

1979年,国际奥委会正式恢复中国的合法席位,中国成为奥林匹克大家庭的重要成员。1980年,在美国普莱西德湖第13届冬季奥运会上首次出现中国运动员的身影。此后,中国在冬奥会、亚洲冬季运动会等国际赛事中,培养了李琰、叶乔波、杨扬等获得过划时代意义比赛成绩的优秀选手,几代运动员所获得的13金、28银、21铜的冬奥会比赛成绩是中国积极参与奥林匹克运动的历史见证,而北京联合张家口成功申办冬奥正是中国传统冰雪运动与国际奥林匹克文化主动融合的必然结果。

5.北京冬奥会的跨文化对话

中国传统冰雪运动与奥林匹克冰雪运动既在精神层面内相互融通,又各自演绎着东西方冰雪文化的特色,北京冬奥会成为异质文化的跨文化对话平台。

两种文化在精神和技术层面均具有相通和相融之处。首先,两者均源于自然,源于人们的生产生活经验,其文化根脉是相同的。从源文化的演化进程看,两者都是由人们对冰雪的美好情感衍化出的冰雪游戏,再经过技术提炼而诞生,是自然与人类文明相融合的产物。其次,两者都在文化层面衍生出符合民族特质的价值观念、审美情趣和思维方式,两种运动文化都凝聚着民族的性格、精神以及对真善美的判定。这种民族文化的价值取向与冰雪文化的融合都为各自冰雪运动发展提供不竭的精神动力。再次,两种冰雪文化都表现出同样的精神气质。人们在观赏冰雪运动时都能领略到人类在冰天雪地中奋勇抗争、顽强拼搏的精神,都能感悟到人类的智慧、创造力和运动美感。最后,两种冰雪运动在很多技术表现形态上极为相似,例如,中国的冰上"抢等"与冬奥会的"短道速滑"、"溜冰车"与"冰橇"、"花样冰戏"与"花样滑冰"等。

中西冰雪运动文化差异也是显著的。例如,从精神角度来讲,受古希腊奥林匹克文化的影响,西方冰雪运动项目更强调竞争,注重个人潜能的开发与自我表达,运动的竞技性、拼搏性、冒险精神更强;中国传统冰雪运动蕴含丰富的和谐精神,追求人与自然的和谐共生,更注重人性的自然表达。再例如,西方冰雪运动受工业文明的支持,器物文化更加现代化、科技化、规范化,其主要目的是为人们的休闲生活服务,文化传播较为顺畅且范围更广;而中国传统冰雪运动是北部先民渔猎文化的产物,手工制作的运动器物主要是为了提高生产和生活的效率，文化传播受地域、季节、民族的影响较大。

东西冰雪文化的相通与差异使奥林匹克平台上的文化对话成为可能。经过百余年的发展，现代奥林匹克运动已经成为以体育为桥梁的超国度、跨时空、跨文化的文化互动平台，"团结、和平、进步、包容"是奥林匹克运动所秉持的精神诉求，"更团结"是奥林匹克格言百余年后首次加入的新内涵。当把目光转向北京，北京冬奥会提出"共享办奥"理念的核心价值就是倡导世界各国人民在冬奥会平台实现文化共享，中国要讲好的"中国故事"就包括加强我国传统文化与世界不同文化的交流，期盼大家"一起向未来（Together for a Shared Future）"。

我国传统冰雪运动文化弥足珍贵，是中华民族美好的冰雪情感与古老的冰雪运动相结合的产物，是民族认同感、归属感、民族精神的重要载体。利用北京主办冬奥会契机追忆先民所创造的优秀冰雪运动文化，深刻体悟其文化本源、传承与特色，在"文化自觉"的基础上以宽广的主人气度与不同冰雪文化平视交流，以"各美其美、美人之美、美美与共"的胸怀探讨多元认同的体育文化基本秩序，这是实现国际视野中的中国传统冰雪运动文化自信的必要路径。

（二）民族传统冰雪运动项目文化

我国传统冰雪运动源于劳动，孕育于苦寒的环境，在人们生存动机的驱动下被创造出来，并依据生产和生活实践不断完善，在社会生活的时光隧道中世代传承。

我国传统冰雪运动项目大多与民族文化或民俗庆典活动紧密融合在一起，因此具有浓厚的民族文化特质和民俗休闲属性。例如，朝鲜族的运动项目坐爬犁、打陀螺等；回族的运动项目滑冰车；锡伯族的打滑溜、打单脚儿、撑冰车、打冰嘎儿；鄂伦春族的皮爬犁、格音那等；赫哲族的恰尔奇刻、打爬犁、赛狗爬犁、冰磨等；满族的冰嬉、打滑达、木马、爬犁（法喇）等；鄂温克族的赛爬犁、滑雪（伊满得西勒都仁）等；达斡尔族的放爬犁、嘎嘎拉等。这些民族性冰雪运动项目在服务于生产的同时，在充分体现其独特的庆典的政治价值、军事的工具价值、娱乐和民俗的游戏价值的过程中，逐渐培育出多姿多彩的民族冰雪运动项目。这些运动项目及其项目文化在北京主办冬奥会的背景下成为冰雪运动普及的重要载体，是中国冰雪运动文化发展的特色文化。下面将以在北方地区非常普及的九个大众化冰雪运动项目为例，解析传统冰雪运动的项目文化特色。

1. 冰蹴球项目文化

冰蹴球源于 300 年前北京什刹海冰面上的"踏蹴"游戏,当时是北京老百姓冬天的消遣活动项目。冰蹴球玩法很简单,其规则与冰壶类似,不过只能用脚踢。比赛场地为长 12 米,宽 2 米的冰面,两端为双方队伍的发球区,中间圆圈是得分区,场地两边还画有蓝色的发球限制线,发球最远不能越过对面的限制线。比赛时,双方将球发向场地圆心,通过撞击和阻挡的方式,以达到本方球占领圆心的目的。

冰蹴球项目具有一定的普及性、健身性和娱乐性,很受市民欢迎。从项目性质上看,冰蹴球运动没有身体上的直接接触,这就避免了一些运动伤害的发生。从健身效果上看,冰蹴球使用下肢,尤其是足部进行蹴球,足部经络集中,穴位丰富,可以间接起到足底按摩的效果。同时,冰蹴球需要单脚蹴球,在练习过程中,反复地单腿支撑蹴球能够提高人们的身体平衡能力和腿部力量,从而有益于健康。此外,在比赛过程中,参与者还要具备良好的心理素质和场上应变能力。

2. 冰上捶丸项目文化

捶丸,顾名思义,就是用一些专用的运动器具捶打球,是中国古代汉族球戏之一。捶丸的前身是唐代马球中的步打球,类似现代的曲棍球,有较强的对抗性。到了宋朝,步打球由原来的同场对抗性竞赛逐渐演变为依次击球的非对抗性比赛,球门改为球穴,人用棒将球击入穴中。

冰上捶丸不仅能够提高选手的身体素质,而且,作为一项户外运动,也可以帮助人们充分享受阳光与氧气,以达到强身健体、娱乐身心的目的。由于该项目的运动强度较小,大大降低了运动损伤的发生。此外,该项目在比赛过程中,选手们能够通过设计合理的击球路线,培养各自的独立性和思维缜密性。

3. 打冰嘎项目文化

打冰嘎是满族冰上游戏的一种。打冰嘎的陀螺是由木头制成的,形状是圆锥形,锥端镶一个铁珠子;鞭杆木制,配有鞭绳。在冰面上,人们手持鞭杆,挥臂用鞭绳抽打冰嘎,让冰嘎快速旋转。打冰嘎比赛是在长 6

米,宽6米的正方形平坦冰面上进行。边线及各线段都宽5厘米,各线段均为场内的一部分。场地中心有一个直径为5米的方形区域,区内为界内,区外为界外。场地中设立四个直径50厘米的圆形途径点,呈方形分布在场地中,顺时针依次为1、2、3、4号。终点区是场地中心的一个直径50厘米的圆形区域。场地底角为放陀区。

打冰嘎过程中会有撞击、过点、走路线等多种玩法,具有一定的娱乐性和趣味性。此外,该项运动具有健身功能,能够锻炼手臂、腰腹等多处身体部位,非常适合广大群众在户外场所活动。

4.冰车项目文化

滑冰车是我国北方民族冬季传统体育活动之一。冰车用木板制作,板下安有两根铁条;准备两根木棍,棍端镶一铁钉,支撑冰车在冰面上滑行。早年间人们滑冰车需要蹲在板上滑行,现在为了方便少儿及年老者,冰车上安装有简易座位。人坐在滑冰车上,双手持冰锥,向后用力往冰上点击,冰车便启动起来。点击冰面的频率越快,用力越大,滑冰车的速度越快。拐弯时用棍的支撑来改变方向。

滑冰车不仅可以自己滑,也可以带人。孩子们经常在冰上进行速滑比赛,相同距离,先到者为胜。男女老少兴高采烈地在冰面上玩耍,感受着北国冬天的寒冷与欢乐。

5.冰雪拔河项目文化

冰雪拔河为双方各执绳一端在雪上进行角力的体育活动,属于中国的传统运动项目。冰雪拔河是在长12米,宽3米的平坦雪地上进行,主要装备有拔河绳、手套和冰爪。

冰雪拔河条件简单易于开展,通过开展该项运动,能够提高选手们的团队凝聚力和身体平衡能力,也能够考验双方队员的战术决策和合理安排人员位置的能力,具有一定的娱乐性和趣味性。

6.雪垒项目文化

雪垒是以我国传统民间游戏"打雪仗"为基础演化而来的运动项目,是一项将体育运动和民族传统文化相结合的民族项目。

雪垒运动的技术门槛较低,也基本不受场地、季节约束,适合各类人群参与,并且具有很强的趣味性。在锻炼价值方面,雪垒运动可以全面提高队员的身体素质,锻炼其心肺耐力、肌力爆发、身体协调、柔韧性和应变力,也能培养其各方面综合素质,如领导力、团队协作能力、意志品质等。

7.冰上木射项目文化

木射是一种类似于以地滚球击打木柱的运动。冰上木射是在半径10米,内角为20度的扇形冰面上进行的木射运动。冰上木射的比赛设备包括木瓶15个,其中,红色木瓶10个,黑色木瓶5个,冰蹴球5个,划线工具1套。

该项目的器材和场地设置简单,老少都适宜,比较利于普及。同时,游戏可以缓解压力,舒缓心理紧张,具有一定的趣味性和娱乐性。

8.冰上绫球项目文化

在我国东北地区,满族妇女用碎布缝成包,里面装上杂豆,供孩子们嬉戏。后来,把布包的形状确定成了菱形,里面装上豆类和铃铛,因此,被命名叫作"绫球"。

冰上绫球项目对运动场地要求不高,比较容易普及推广。另外,冰上菱球运动过程中需要相互传球的团队配合来得分,因此,能很好地培育参与者的团队精神。同时,在运动中比较少的直接身体对抗也避免了一些运动伤害事故的发生,是一项相对安全的运动。

9.冰上龙舟项目文化

在我国北方的民间,有一种叫作"冰车"的冬季娱乐活动。人们在冰车运动中获得灵感,将多个冰车串联起来,再结合冰上拔河的运动规则,经过不断地演化,形成了"冰上龙舟"运动项目。冰上龙舟融合了传统龙舟、冰车、拔河几项运动的元素,具有较强的技巧性、竞技性、趣味性,是一项受到大众喜爱的冰上运动。

透析上述民族传统冰雪运动项目文化特性,我国传统冰雪运动是我国传统体育文化的瑰宝,其文化内涵博大精深,冰雪运动与民族文化的融合带给国人强烈的民族认同感与归属感,其民族文化的感召力意义已经超越了冰雪运动的运动属性。随着我国社会的快速发展,新技术的融入推动了传统冰雪文化的南展东进西扩,深入挖掘传统冰雪体育项目的文化内涵有助于强化大众对传统冬季体育项目的认知,切实体悟我国冰雪体育文化之美,在丰富群众的冬季体育文化生活的同时传播奥林匹克文化,在主办冬奥会视域下推动我国冰雪运动普及与发展。

第三节　政策环境与愿景文化

一、冰雪运动的政策环境

根据《北京 2022 利益相关方名录》和《北京 2022 年冬奥会和冬残奥会基础规划》等文件的相关内容,北京冬奥会利益相关方涉及国际奥委会、中央和地方政府、运动员、媒体、大众等多元化群体。显然,当代奥林匹克运动会已经成为一个以体育为载体,多元主体参与的、多元文化互动融合的国际文化平台。对于北京冬奥会而言,中央和地方政府是冬奥会的重要利益相关方,在冬奥会申办、筹办、举办以及冬奥遗产的持续性开发的整个周期内发挥重要的作用和影响。政府通过政策杠杆的“有形的手”调控和引导冬奥会工作进展,政策机制既是政府发挥影响的重要抓手,也符合国际奥委会《奥林匹克 2020》议程所倡导的“善治”原则的理念。

（一）政策目标指向

国家领导人关于主办冬奥会,关于推动冰雪运动发展的体育思想代表了我国政府的冬奥会总体愿景,对主办冬奥会和推动冰雪运动发展具有重要的指导意义。北京申办冬奥会成功后,习近平、李克强、张高丽、刘延东等党和国家领导人多次就冬奥会的组织工作作出重要批示,强调要将北京冬奥会纳入国家发展战略,希望北京冬奥会与京津冀协同发展战略相契合,与北京城市发展相协调,并以此为契机推进供给侧结构性改革。而要贯彻落实上述指示精神,就离不开全民的冰雪运动参与,特别是青少年群体。

自北京联合张家口申办冬奥会成功以来的整个北京冬奥会的奥运周期,习近平总书记都对冰雪运动和北京冬奥会相关筹备工作高度重视,做出一系列的重要指示。对习近平总书记关于冰雪运动和北京冬奥会的指示精神进行梳理,可以很清晰地架构我国冰雪运动政策的体育思想和目标指向。

1. 遵循奥林匹克理念,以体育精神振奋实现"中国梦"进程中的中华民族精神

2016 年 3 月 18 日,习近平总书记听取北京冬奥会、冬残奥会筹办工作情况汇报时谈到:"在北京举办一场全球瞩目的冬奥盛会,必将极大振奋民族精神,有利于凝聚海内外中华儿女为实现中华民族伟大复兴而团结奋斗,也有利于向世界进一步展示我国改革开放成就、和平发展主张。"2019 年 2 月 1 日,春节前夕习近平总书记在北京看望慰问基层干部群众时谈到:"体育强则国家强,国家强则体育强。发展体育事业不仅是实现中国梦的重要内容,还能为中华民族伟大复兴提供凝心聚气的强大精神力量。"习近平总书记在北京冬奥会、冬残奥会总结表彰大会上指出:"伟大的事业孕育伟大的精神,伟大的精神推进伟大的事业"。他认为冬奥精神可以从"胸怀大局、自信开放、迎难而上、追求卓越、共创未来"这五个方面来体现,他对体育精神的凝练在思想上引领我国体育政策的目标指向。

2. 借国际奥林匹克的体育平台,展现大国形象,为国家发展填充体育动力

2013 年 8 月 31 日,习近平会见全国体育先进单位和先进个人代表时强调:"体育是社会发展和人类进步的重要标志,是综合国力和社会文明程度的重要体现。"2019 年 1 月 31 日,习近平在会见国际奥委会主席巴赫时谈到:"全民健身运动的普及和参与国际体育合作的程度,也是一个国家现代化程度的重要标志。中华人民共和国建立 70 年来,中国人民的健康素质有了很大提高。中国从过去未能参加奥运会,到现在已成为许多奥运项目中的佼佼者,这是中国国运国力发展的重要体现。"

3. 要"举办一届精彩、非凡、卓越的冬奥会"

2015 年 7 月 31 日,习近平总书记在致申办冬奥会代表团的贺信中谈到:"希望你们再接再厉、扎实工作,在全国各族人民大力支持下,把

2022 年冬奥会办成一届精彩、非凡、卓越的奥运盛会。"2015 年 7 月 31 日，习近平总书记致信国际奥委会主席巴赫时提及要"举办一届精彩、非凡、卓越的冬奥会，是中国 13 亿多人民的心愿"。因此，"要办精彩、非凡、卓越的北京冬奥会"成为政府制定冰雪运动政策的重要价值遵守。

4. 要"坚持绿色办奥运、共享办奥运、开放办奥运、廉洁办奥运"的理念

2017 年 1 月 18 日，习近平总书记在会见国际奥委会主席巴赫时谈到："我们将坚持绿色办奥运、共享办奥运、开放办奥运、廉洁办奥运"。2015 年 11 月，习近平总书记对办好北京冬奥会做出的重要指示中又对"绿色办奥运、共享办奥运、开放办奥运、廉洁办奥运"做了详细地解释：要坚持绿色办奥，提升全社会环保意识，加强环境治理和污染防控，把绿色发展理念贯穿筹办工作始终；坚持共享办奥，积极调动社会力量参与办奥，提高城市管理水平和社会文明程度，加快冰雪运动发展和普及，使广大人民群众受益；坚持开放办奥，借鉴北京奥运会和其他国家办赛经验，弘扬奥林匹克精神，加强中外体育交流，推动东西文明交融，展示中国良好形象；坚持廉洁办奥，严格预算管理，控制办奥成本，强化过程监督，让冬奥会像冰雪一样纯洁干净。自此，"坚持绿色办奥运、共享办奥运、开放办奥运、廉洁办奥运"成为我国冰雪运动政策的重要价值目标。

（二）政策价值旨归

借主办冬奥会契机推动奥林匹克运动在中国的传播和发展、推动我国冰雪运动全面、协调、系统性发展，是冰雪运动政策重要的价值旨归。

1. 将举办冬奥会融入国家发展战略，形塑新时代中国体育的价值

习近平总书记在多次讲话中发表"体育承载着国家强盛、民族振兴的梦想"、体育"是实现中国梦的重要内容""体育强则中国强，国运兴则体育兴""体育是社会发展和人类进步的重要标志，是综合国力和社会文明程度的重要体现""建设体育大国和体育强国，是中国人民实现'两个一百年'奋斗目标的重要组成部分"等思想，强调体育对于国家发展战略的重要意义。对于北京冬奥会而言，习近平总书记也将举办北京冬

奥会看作中国实现两个百年奋斗目标的历史节点的重大历史性任务和使命。

2. 传播奥林匹克精神，推动大众参与，体现体育的健身价值

2015 年 8 月 22 日，习近平总书记在会见国际奥委会主席巴赫时讲到："2022 年冬奥会在北京举办，是中国体育和经济社会发展同世界奥林匹克运动发展开创双赢局面的重要契机，也将进一步激发中国民众对奥林匹克运动的热情，带动更多中国人关心、热爱、参与冰雪运动，为奥林匹克运动发展和奥林匹克精神传播做出积极贡献。"2017 年 1 月 23 日，习近平在张家口市考察北京冬奥会筹办工作时谈到："我们申办北京冬奥会，一个重要目的就是推动我国冰雪运动快速进步，推动全民健身广泛开展。我们提出，要努力带动更多人参与冰雪运动，北京冬奥会是一个重要推动，对冰雪运动产业也是一个重要导向。"2022 年 1 月 5 日，习近平在北京考察 2022 年冬奥会、冬残奥会筹办备赛工作时强调：这些年，在各方面共同努力下，越来越多的人爱上了冰雪运动，提前实现了"带动 3 亿人参与冰雪运动"的目标。建设体育强国、健康中国，最根本的是增强人民体质、保障人民健康。这是全面建设社会主义现代化国家的一个重要方面。要充分利用举办北京冬奥会、冬残奥会形成的热潮，坚持竞技体育和群众体育一体推进，推动我国冰雪运动持续发展。

3. 关心青少年的体育参与，凸显体育对青少年成长的教育价值

早在 2014 年 8 月 15 日，习近平看望南京青奥会中国体育代表团时就强调："少年强、青年强则中国强。少年强、青年强是多方面的，既包括思想品德、学习成绩、创新能力、动手能力，也包括身体健康、体魄强壮、体育精神。希望通过你们在这届青奥会上的精彩表现，带动全国广大青少年都积极投身体育锻炼，既把学习搞得好好的，又把身体搞得棒棒的，做到德智体美全面发展，将来成为祖国建设的栋梁之材。"2017 年 2 月 24 日，习近平总书记在北京五棵松体育中心观摩了青少年冰球和花样滑冰训练时，以冰球运动员特有的"撞肩"问候方式与小运动员互动；同日，在首都体育馆同短道速滑队队员进行交流时强调：少年强则中国强，体育强则中国强。希望以北京冬奥会为契机，把冰雪运动各个项目开展起来，让冰上项目强项更强，同时抓紧补上雪地项目短板，把没有开展的项目开展起来，促进冰雪运动在我国全面开展。从习总书记的指示精神来看,冰雪运动是我国体育强国战略的重要组成部分,而体育战略的重点和重要实施抓手就是发展青少年体育,全民健身与全民健康的长远着眼点也在于青少年体育运动的开展。

4. 推动冰雪运动高质量发展,助力实现中国式现代化目标

2021 年 1 月 20 日,习近平在北京河北考察并主持召开北京 2022 年冬奥会和冬残奥会筹办工作汇报会时强调:建设体育强国,是全面建设社会主义现代化国家的一个重要目标。体育强国的基础在于群众体育。要通过举办北京冬奥会、冬残奥会,推动我国冰雪运动跨越式发展,补缺项、强弱项,逐步解决竞技体育强、群众体育弱和"夏强冬弱""冰强雪弱"的问题,推动新时代体育事业高质量发展。

(三)政策结构体系

体育政策是北京冬奥会重要的遗产,自北京开始申办冬奥会主办权之初,该遗产就已经被创造,为后续相关工作提供政策保障。申办冬奥会成功以来,为推动北京冬奥会筹办工作,促进我国冰雪运动高质量发展,政府作为冬奥会的重要利益相关方相继出台了一系列与冰雪运动和冬奥会相关的体育政策。除国务院、各部委出台的国家层面的政策文件外,作为冬奥会举办地的北京市和河北省,以及其他省市,也在国家政策的引领下进行相关政策设置,形成一个多层级的政策结构。冰雪运动政策体系具有很强的标杆性引领作用,产生了独具特色的政策效益。

1. 国家层面的冰雪运动政策

在北京冬奥会申办成功前后,国家在下发的《关于加快发展体育产业 促进体育消费的若干意见》《关于加快发展体育竞赛表演产业的指导意见》《体育强国建设纲要》等重要体育政策文件中已经将冰雪运动发展作为重要内容。国务院发布的《关于以 2022 年北京冬奥会为契机大力发展冰雪运动的意见》,以及国家体育总局连续发布《冰雪运动发展规划(2016—2025 年)》《"带动三亿人参与冰雪运动"实施纲要(2018—2022 年)》等,更是专门针对冰雪运动发展的政策文件,以期从政策层面推动冰雪运动的普及和发展。国家层面的相关政策文件如图 2-1 所示。

日期	《制度文件》	发文主体
2014.10	《关于加快发展体育产业 促进体育消费的若干意见》	国务院办公厅
2015.4	《京津冀协同发展规划纲要》	中共中央政治局审议通过
2016.10	《健康中国2030规划纲要》	中共中央、国务院
2018.12	《关于加快发展体育竞赛表演产业的指导意见》	国务院办公厅
2019.3	《关于以2022年北京冬奥会为契机大力发展冰雪运动的意见》	中共中央办公厅、国务院办公厅
2019.9	《体育强国建设纲要》	国务院办公厅
2019.9	《关于促进全民健身和体育消费推动体育产业高质量发展的实施意见》	
2021.7	《关于印发全民健身计划（2021—2025年）的通知》	国务院
2022.12	《扩大内需战略规划纲要（2022—2035年）》	中共中央、国务院
2015.11	《京津冀旅游一体化协同发展规划（2014—2020）》	交通运输部
2016.5	《体育发展"十三五"规划》	国家体育总局
2016.11	《冰雪运动发展规划（2016—2025年）》	
2016.11	《全国冰雪场地设施建设规划(2016—2022)》	
2016.11	《群众冬季运动推广普及计划（2016—2020年）》	
2018.4	《冰雪产业重点产品目录》	
2018.5	《北京2022年冬奥会和冬残奥会人才行动计划》	北京冬奥组委、国家体育总局、中国残联、北京市政府、河北省政府联合发布
2018.9	《"带动三亿人参与冰雪运动"实施纲要（2018—2022年）》	国家体育总局
2019.6	《四部门关于加快推进全国青少年冰雪运动进校园的指导意见》	教育部、国家发展改革委、财政部、国家体育总局
2021.2	《冰雪旅游发展行动计划(2021—2023年)》	文化和旅游部 国家发展改革委 国家体育总局

注：（日期） 《制度文件》　　　发文主体

图 2-1　国家层面的冰雪运动发展的制度

2.省市层面的冰雪运动政策

北京市作为北京冬奥会的主办城市也相继出台政策文件,引领冬奥会筹办工作和冰雪运动健康发展。2016 年 3 月 7 日,北京市出台《关于加快冰雪运动发展的意见(2016—2022 年)》及七项配套规划 ,被称为"1+7"政策体系:以《北京市人民政府关于加快冰雪运动发展的意见(2016—2022 年)》为政策引领,同时配套七项工作规划。七项配套规划提出"发展冰雪运动有利于满足人民群众多样化的体育健身需求、培养文明健康生活方式，有利于加快发展冰雪体育产业、促进体育消费、培育新的经济增长点，有利于激发群众体育健身热情、营造全社会积极支持参与北京2022年冬奥会的浓厚氛围。为加快冰雪运动发展，提升冰雪体育产业发展水平，为成功举办北京2022年冬奥会奠定坚实基础"的政策目标，规划内容涉及冰雪运动健身、竞技运动发展、青少年冰雪运动发展、冰雪产业、冰雪赛事、冰雪场地设施和冰雪运动的人才发展。此外，在《北京市国民经济和社会发展第十四个五年规划和二〇三五年远景目标纲要》《"十四五"时期健康北京建设规划》等高层级的规划文件的文本中，明确提出以筹办北京2022年冬奥会和冬残奥会为契机，"带动全民健身、竞技体育、体育产业全面发展""推动冰雪运动发展迈上新台阶，实现1000万人上冰雪的目标"等促进冬奥会筹办以及推动冰雪运动普及和发展的政策内容。其他制度文件还包括《北京2022年冬奥会和冬残奥会可持续性计划》《关于应对新冠肺炎疫情影响鼓励冰雪产业持续健康发展的若干措施》《京津冀文化和旅游协同发展战略合作框架协议》《冰雪旅游发展行动计划（2021—2023年）》等。

对于北京冬奥会另一个主办城市张家口而言，其所在的河北省为推进冰雪运动发展也相继出台一系列的政策。河北省的冰雪运动相关的政策发文主体以政府办公厅和省体育局为主，政策内容涉及冰雪产业、文化传播、校园冰雪运动开展等。比较有代表性的政策文件包括《关于支持冰雪运动和冰雪产业发展的实施意见》《河北省2020年扩大消费十大专项行动实施方案》《关于加快发展体育产业促进体育消费的实施意见》《河北省冰雪产业发展规划（2018—2025）》《关于促进全民健身和体育消费推动体育产业高质量发展的意见》《河北省群众冬季运动推广普及计划（2018—2022年）》《关于促消费十四条政策措施》《河北省体育产业发展"十四五"规划》《河北省冰雪产业发展"十四五"规划》等。政策的目标指向在于力争到2022年把河北省建设成为冰雪场馆设施布局合理科学化、群众冰雪运动基础雄厚扎实化、群众冰雪赛事形式多样常规化、冰雪人才培养机制科学化和完善的冰雪项目社会化的服务体系，助推实现"带动三亿人参与冰雪运动"目标，助力2022年北京冬奥会成功举办。

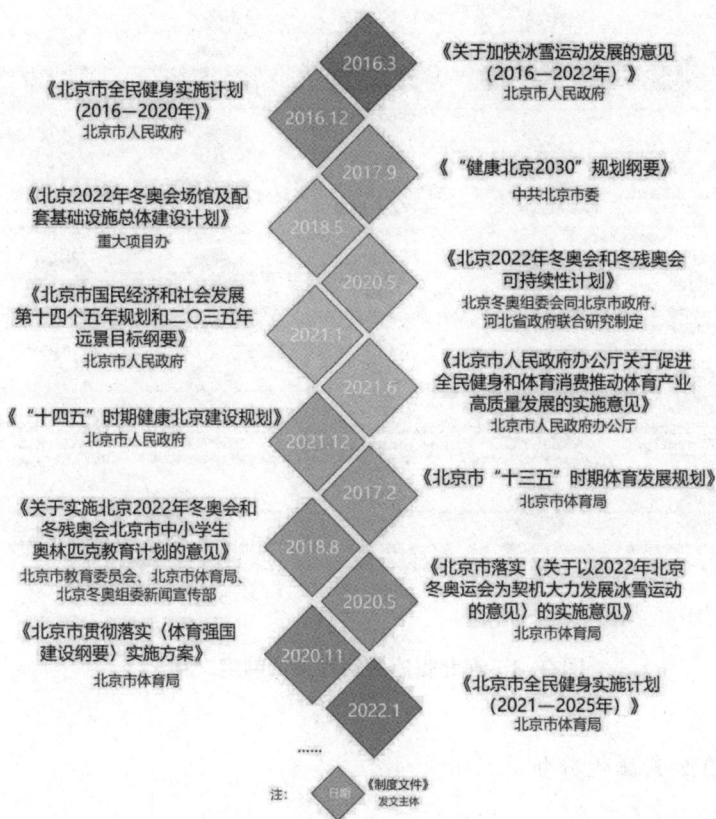

图 2-2　北京市冰雪运动相关制度文件

　　除北京市、河北省这两个冬奥会主办省市外,其他省市特别是冰雪资源比较丰富的省市也相继借主办冬奥会的契机发布相关政策文件,推动冰雪运动普及和冰雪产业发展,以政策为杠杆助力北京冬奥会成功举办。

3. 市县级的制度文件

　　在主办冬奥会的背景下,为贯彻落实省市冰雪运动发展政策或规划的文件精神和工作要求,市县级政府或教育局、体育局等也相应出台相关制度进行贯彻落实,为高层级制度文件的落地生根和切实发挥制度文件的效益提供制度保障。

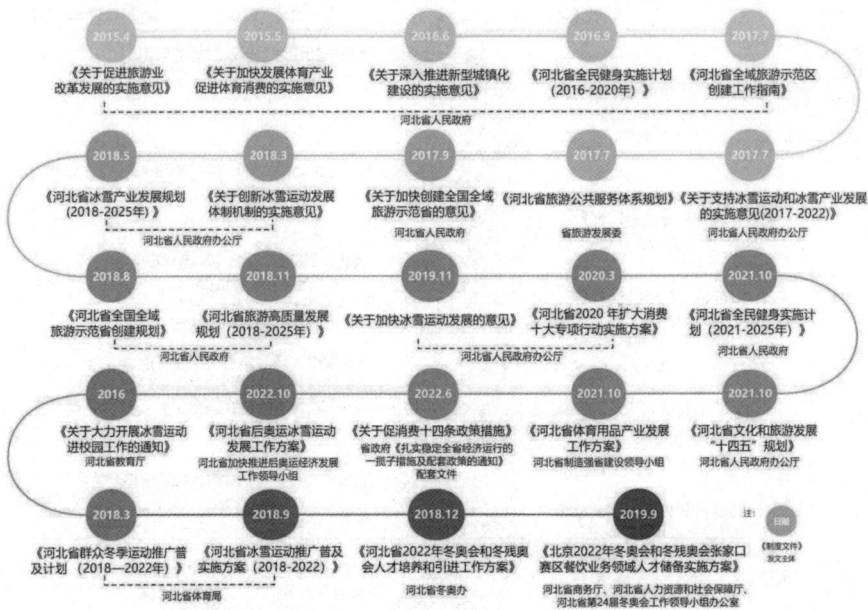

图 2-3　河北省冰雪运动相关制度文件

（四）政策属性分析

北京冬奥会背景下的冰雪运动政策是政府在主办冬奥会这一特定历史时期，为保障北京冬奥会成功举办，借主办冬奥会契机推动中国冰雪运动高质量发展，实现国家发展和民族腾飞的根本目标，以权威形式标准化地规定要求按一定路线发展而制定的行为准则，应该达到的奋斗目标，应该遵循的行动原则，应该完成的明确任务，应该实行的工作方式和采取的一般步骤和具体措施，它规定与指导着我国冰雪运动发展的方向。

1. 政策发文主体分析

从政策文件的发文主体来看，包括国家、省市、市县三个层级的政策文件，以及三个层级之内的各级政府、部委或司局、部处等行政机构。从三个层级政策文件的类型来看，国家层面的政策文件一般为"元政策"，主要是设定冰雪运动发展或冬奥会筹办等相关具体工作的目标和最高层面的精神和价值意涵。省市层面的文件一般为"基本政策"，主要是为实现国家的目标政策而规定某些战略措施。市县层级的文件一般为"具体政策",也就是为实现战略政策而制定的战术手段和具体举措。三个层级的政策具有不同的政策属性,设置不同的政策内容和政策要求,由上而下的纵向衔接以及同一层面配套政策之间的横向协同,结构层次与互动机制的拟合构成了一个多层级的政策体系。

2. 政策文件主旨分析

从文件的政策主旨来看,相关政策的意指在于从国家宏观战略的层面审视冬奥会筹办和举办的相关工作,将北京冬奥会纳入国家发展战略框架,借主办冬奥会契机推动我国冰雪运动的普及和发展,推动冰雪产业的高质量发展,为助力实现民族复兴梦想和体育强国战略提供政策保障。例如,2019 年国务院办公厅印发《体育强国建设纲要》,政策文本中"冰雪运动发展"作为关键词在全民健身、竞技体育、体育产业、体育文化发展等部分被多次提及,足以见得冰雪运动已成为我国体育强国建设事业的重要组成部分。但是,对于不同层级的冰雪运动政策,其目标主旨的内涵也有所差异,一般而言,层级越低的政策其目标主旨越具体和明确。例如,国家体育总局及多部委颁布的《冰雪运动发展规划(2016—2025 年)》中首次提出了"三亿人参与冰雪运动"的目标,这是一个国家层面的政策主旨;而在河北省体育局下发的《河北省群众冬季运动推广普及计划(2018—2022 年)》中就明确提出,力争到 2022 年把河北省建设成为冰雪场馆设施布局合理科学化、群众冰雪运动基础雄厚扎实化、群众冰雪赛事形式多样常规化、冰雪人才培养机制科学化和完善的冰雪项目社会化的服务体系,助推实现"带动三亿人参与冰雪运动"目标,助力 2022 年北京冬奥会成功举办。河北省体育局的政策目标既要落实国家政策的"带动三亿人参与冰雪运动"的总体目标主旨,也要对省内群众性冰雪运动发展进行部署和引领,政策主旨既承上又要启下,相对更加具体。

3. 政策工具手段分析

从政策工具的角度看,政策工具包括供给型、环境型和需求型 3 种类型。供给型政策工具是在资金、人才培养、场(馆)地设施、科研技术、信息共享等方面给予有效支持,为冰雪运动可持续发展提供保障,体现出政策对冬奥会和冰雪运动发展的推动作用。需求型政策工具是指通过制定政策消除冰雪运动参与和冰雪市场社会参与的障碍,尽管减少外部因素对冰雪运动发展的干扰和影响，推动冰雪运动普及，刺激冰雪消费，拉动冰雪产业发展。环境型政策工具的效应并不直接显现，而是一种潜移默化的持续性间接影响。例如，为保障冰雪运动发展而制定的目标规划，为规范冰雪产业市场而制定的体育法规、税收优惠、金融服务等，也包括政策所鼓励的各类冰雪运动发展平台或空间。

二、北京冬奥会利益相关方愿景文化

北京冬奥会利益相关方愿景文化是一种心理层面的价值预期，代表利益相关方对冬奥会整体工作的共同期待。所以，探讨北京冬奥会美好愿景是形塑冬奥会体育遗产和文化遗产的关键，也是国际社会评估冬奥会成功与否的重要指标。下面将从愿景文化的视角，讨论北京冬奥会利益相关方针对冰雪运动普及和发展主题的共同期待。

（一）北京冬奥会利益相关方

1. 利益相关方识别

利益相关方是在组织的决策或活动中有重要利益关系的个人或团体。具体到北京冬奥会而言，利益相关方涉及诸如国际奥委会、中央和地方政府、运动员、媒体／转播商等群体。根据《北京 2022 利益相关方名录》和《北京 2022 年冬奥会和冬残奥会基础规划》等文件的相关内容，识别出北京冬奥会利益相关方，具体如表 2-1 所示。

表 2-1　北京冬奥会利益相关方名录

序号	利益相关方分类	说明	主责业务口
1	国际奥委会／国际残奥委会大家庭及要客	国际奥委会官员、国际残奥委会官员、国际单项体育联合会官员、国际要人、国内要人等	奥林匹克大家庭服务和礼宾
2	国际单项体育联合会	国际单项体育联合会理事、技术代表、技术官员等管理和工作人员	体育

续表

序号	利益相关方分类	说明	主责业务口
3	中央和地方政府	中央政府和相关部委及事业单位、教育机构、文化组织,北京市政府相关厅局及事业单位、教育机构、文化组织,河北省政府、张家口市政府及事业单位	政府关系、城市运行
4	国家(地区)奥委会/残奥委会	代表团官员、国家(地区)奥委会/残奥委会工作人员	国家(地区)奥委会服务、住宿、抵离、餐饮、文化、反兴奋剂
5	北京冬奥组委	北京冬奥组委工作人员、志愿者、合同商	人员管理
6	运动员	运动员	住宿、抵离、餐饮、文化、比赛、反兴奋剂
7	媒体/转播商	奥林匹克广播公司、授权转播商、文字记者、摄影记者等	转播服务
8	观众/社区居民和组织	持票观众、无票观众、社区居民、社区组织等	新闻宣传、城市活动与文化广场、票务、观众体验、庆典、仪式、教育、奥运火炬传递
9	场馆和基础设施建设方/场馆业主	基础设施管理和运营部门、场馆业主、场馆投资建设方	场馆和设施建设、场馆管理
10	市场合作伙伴	奥林匹克全球合作伙伴、供应商、合同商,国际残奥委会赞助商、授权商,北京冬奥会合作伙伴、赞助商、供应商	市场合作伙伴服务、商业开发

2.利益相关方结构框架

北京冬奥会利益相关方的关系网络较为复杂,难以通过单一的框架表述。依据"权力/利益、权力/影响、影响/作用"矩阵模型,应用"权力/影响""影响/作用"两种矩阵对冬奥会利益相关方进行分类,具体如下:

权力/影响矩阵:国际奥委会/国际残奥委会大家庭及要客、国际单项体育联合会、中央和地方政府、国家(地区)奥委会/残奥委会与北京冬奥组委。

影响/作用矩阵：北京冬奥组委与运动员、媒体/转播商、观众/社区居民和组织、场馆和基础设施建设方/场馆业主、市场合作伙伴。

相关研究（陈宁，2016）表明，在国际综合体育赛事中，在利益相关方关系网络中起核心作用的是赛事组委会和政府。依据该研究观点，本书将北京冬奥组委、中央和地方政府作为重要利益相关方和重点研究对象。

利益相关方的结构、逻辑和分析框架如图2-4所示。

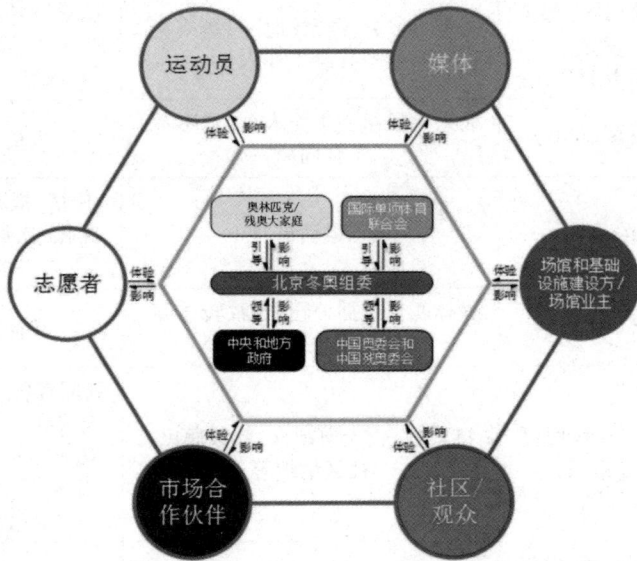

图2-4　北京冬奥会利益相关方结构、逻辑和分析框架

（二）利益相关方愿景

利益相关方愿景所凝聚的文化对北京冬奥会筹办和举办工作具有重要的引领作用。

1. 愿景和北京冬奥会愿景

美国著名的管理学大师彼得·圣吉在《第五项修炼》中提及"愿景"含义，他认为愿景是一个特定的结果、一种期望的未来景象或意向。彼特认为，"愿景"与可能性及所渴望的将来有关，它表现了乐观主义和希望。

"愿景"是组织未来的理想与独特的想象,凝聚着组织成员的信念、期盼与渴望。"愿景"包含目标、价值观和使命三个层次:目标为愿景的实现指明了具体的行动方向,价值观是愿景实现所应遵循的基本态度与原则,使命却是实现愿景真正的内在动力。

北京冬奥会将"纯洁的冰雪,激情的约会"作为美好愿景。在冬奥愿景的引领下,秉持"绿色、共享、开放、廉洁"理念,提出了传播和践行奥林匹克理念和价值观、点燃中国冬季运动全面发展的火炬、树立带动地区可持续发展新典范的三大目标。北京冬奥会愿景内含了"让奥林匹克点亮青年梦想、让冬季运动融入亿万民众、让奥运盛会惠及发展进步、让世界更加相知相融"四个方面的愿景内容。

北京冬奥会愿景的四项愿景内容中,"让奥林匹克点亮青年梦想"意指激励运动员全身心投入冰雪项目训练中,激励残疾人运动员取得卓越的冰雪运动成就,并有效促进奥林匹克精神在广大青年中的进一步普及和传播;"让冬季运动融入亿万民众"代表了"冰雪运动普及"和"快乐",旨在借主办冬奥会契机带动中国三亿人参与冰雪运动,大幅提高大众冰雪运动的参与度和普及率,让更多人享受到冰雪运动的快乐。所以,上述两项愿景内容均蕴含利益相关方对冬季冰雪运动普及和发展的共同期待。

国际奥委会为更好地指导筹办工作,将愿景作为指导组委会工作的明确要求,认为愿景应当是对组委会希望在中期或远期达成目标的鼓舞人心的描述,强调愿景的制定要结合主办城市的发展目标,为主办城市、地区和国家留下丰厚的、可持续发展的遗产。从这个角度讲,"让奥林匹克点亮青年梦想"和"让冬季运动融入亿万民众"这两项愿景内容将激发利益相关方迈向愿景的积极态度,激发组织成员的行动,对我国冰雪运动的大众普及和发展具有重要的指导、激励和凝聚作用。

2. 冰雪运动普及与利益相关方愿景

参考中国人民大学"北京冬奥会利益相关方体验愿景"课题的研究成果,北京冬奥会各利益相关方在冰雪运动普及和发展领域的愿景如下。

（1）国际单项体育联合会

愿景一:激励青少年参与,促进冰雪运动发展。期待北京冬奥会能够促进冰雪运动在中国、亚洲乃至世界范围的发展,关注青少年冰雪运动发展,关注冰雪运动与教育的结合。

愿景二:通过普及冰雪运动促进冰雪体育产业发展,为北京冬奥会留下可持续性冬奥遗产。国际单项体育联合会将冰雪产业的发展与群众冰雪运动的开展视为硬性冬奥遗产和软性冬奥遗产的结合点，认为普及冰雪运动既可以促进冬季冰雪运动场馆的可持续性开发，也有利于冰雪运动与旅游、休闲等产业的深度融合。

愿景三：特别关注和期待"三亿人上冰雪"的承诺。"三亿人上冰雪"是个极好的消息——让中国人民在国内就可以享受并欣赏到冬季运动的快乐和美感，也会推动中国冰雪体育度假地和运动设施的发展，更会使全球冬季体育产业因中国冬季体育参与者人数的上升而受益，并促进全球体育旅游和体育用品制造业的发展。

（2）中央和地方政府愿景

愿景一：坚持共享办奥，积极协调社会力量参与办奥，期望冬奥会的举办能"带动三亿人参与冰雪运动"，加强冰雪运动发展和普及，使广大人民群众受益；习近平在出席索契冬奥会时对巴赫主席说："在中国，冰雪运动不进山海关。如果冰雪项目能在关内推广，预计可以在两三亿人中带动更多人参与，由此点燃中国冰雪运动的火炬。"

愿景二：让更多青少年体验冰雪运动的快乐和魅力；2017年2月，习近平在首都体育馆对参加冰雪运动锻炼的青少年说："少年强则中国强，体育强则中国强，冰雪运动一定要全面开展。好风凭借力，送我上青云。"

愿景三：让冰雪运动成为更多中国人的健身载体和生活方式；2017年1月，习近平在张家口市考察期间强调："我们要办一届绿色、节约、廉洁的冬奥会，其重要意义在哪里呢？就在于全民健康是全面建成小康社会的题中之义。强身健体，让人民群众生活过得更好。"

（三）国家（地区）奥委会

愿景一：促进冰雪运动项目在中国的普及和发展，让更多的中国人民了解、参与并热爱冰雪运动。

愿景二：优化冰雪运动项目的结构布局，巩固扩展优势项目的基础和水平，补齐冰雪竞技体育的短板，夯实我国竞技体育的基础，促进竞技体育的平衡发展。

愿景三：努力加强冰雪运动院校和专业的发展，加强冰雪运动专业人才培养，加强国内外学术交流，为培养高水平的师资队伍、优秀的冰雪运动人才、专业技术人才和竞赛管理人才，开展运动科学研究提供良好平台。

（四）国家（地区）残奥委会

愿景一：期待残疾人运动员取得优异的比赛成绩。

愿景二：培养专业人才，提升残疾人适应性教育的质量。

愿景三：通过参与冬残奥会比赛或加入志愿者队伍，感受冬残奥会带来的快乐，参与和服务社会。

（五）北京冬奥会和冬残奥会组织委员会

2015年12月15日，北京2022年冬奥会和冬残奥会组织委员会（简称"北京冬奥组委"）成立。北京冬奥组委作为独立事业法人，是承办2022年冬奥会和冬残奥会的组织机构，负责组织、协调冬奥会和冬残奥会全部筹办和举办工作。北京冬奥组委愿景如下。

愿景一：落实北京冬奥会绿色、共享、开放、廉洁的理念，践行《奥林匹克2020议程》，通过制定和执行《北京2022可持续政策》，从体育运动与人的全面发展角度，激励广大公众养成更加积极、健康、文明的生活方式。

愿景二：共同参与，共同尽力，共享冬奥遗产。制定并实施"北京2022年冬奥会和冬残奥会教育计划"，鼓励社会公众特别是青少年了解冬奥、关注冬奥，进而积极参与冬奥，使他们成为奥林匹克精神的实践者和传播者。

愿景三：落实《2016—2022年北京冬奥会和冬残奥会推广计划》，最大范围地普及冰雪运动知识，最大范围地传播奥林匹克理念和价值观。

愿景四：北京冬奥组委整合业务口工作规划，将冬残奥会筹办工作放在与冬奥会同等重要的位置，各部门、各岗位均严格落实切实，做到冬残奥会与冬奥会"同步规划、同步实施"。根据"同步筹办、一岗双责"基本原则，按照"两个奥运、同样筹办"的一岗双责要求，保障北京冬奥会和冬残奥会所有场馆的设计、建设、改造都符合无障碍标准，方便赛会参与者以及赛后市民及游客的可持续使用。

愿景五：帮助更多的残疾人运动员实现梦想，进一步提升全社会对残疾人的支持和关爱。

（六）社区居民和社区组织

社区居民是冬奥会期间社区工作和社区服务的积极参与者，是北京城市形象的一张名片。愿景如下。

愿景一："参与共享"是北京冬奥会社区居民和组织最为真切的期盼与愿景。

愿景二：期待冬奥会的主办能够促进在社区内宣传冰雪运动知识，组织群众参与冰雪运动。通过社区志愿者、社区组织增强对社区居民的动员工作，通过举办各类冰雪健身的社区活动，打造社区品牌赛事。

愿景三：期待能够引入多元投资模式，加强社区冰雪运动基础设施建设。

（七）运动员

高水平运动员是精英体育群体，国家队运动员更能深切体会到冰雪运动普及的重要性。普及冰雪运动的愿景如下。

愿景一："参与共享"是运动员对冬奥会推动冰雪运动项目发展的热切期待。包括两方面内容：一是，期待北京冬奥会中国体育代表团参加全部项目，让民众更加了解这个运动项目，以顶级赛事吸引大众关注与参与；"2008年北京奥运会后，更多人了解了夏季项目，所以希望2022年冬奥会后，能够让大家了解冬季项目。"二是，培育冰雪运动明星运动员，以明星效应引领大众冰雪运动发展。"我国现在的体育缺少明星，尤其是冬季项目的明星，需要打造自己的明星。因为明星是带动效应很大的，而且他们也是诠释奥林匹克运动的载体"。

愿景二：期待群众性冰雪运动发挥重要支撑作用。通过冬奥会的举办，应该紧紧抓住青少年群体，只有青少年更多地参与其中并持续关注，享受到冰雪运动的乐趣，冰雪运动的发展才能"有后劲"，才符合可持续发展的要求。"青少年是未来，能够让更多的青少年参与到体育运动中来，这也是国际奥委会、中国奥委会一直倡导和为之努力的。我国青少年群体庞大，若真能带动如此多的青少年上冰雪，那对我国年轻一代一定是非常有益的"；"北京冬奥会举办后的最大遗产，我认为就是让我国年轻一代真正参与到冬季运动中来，参与到体育锻炼中来，这是最大的成就。"

愿景三：通过冬奥会的举办，公众能够更多了解奥林匹克文化和精神，真正感受到奥林匹克运动的魅力，而不仅仅是看比赛、看热闹。"我个人还是希望(北京冬奥会)筹办和举办期间,能够更多地从文化理解和展示的渠道来拓展奥林匹克的影响力,比如多举办些关于奥林匹克历史、文化和比赛项目的展览,让奥运参与者讲述参加奥运会的经历和感受等等"。

(八)志愿者

愿景一:较强烈的参与意愿,希望参与冬奥会志愿服务享受乐趣,为国争光。
愿景二:尽东道主责任、为冬奥会做出贡献。
愿景三:锻炼自身能力,增强自信。

第四节　理论框架与测量指针

理论框架是指在系统梳理课题研究所依据的理论视角的基础上,根据研究需要将多元化理论视角相融合,进而建构与课题研究主题相适配的理论框架。理论框架是课题研究的理论和经验的重要支撑。测量指针是在建构基本理论框架的前提下,确定进行实证调查的概念、维度以及相应的技术路线。

一、理论基础框架

(一)社会参与理论与冰雪运动参与

1.社会参与的内涵

《辞海》中的"参与"概念指的是参加某种活动。在《牛津高阶英汉双解词典》中"参与(participation)"指的是参加某一活动或事件(the act of taking part in an activity or event)。可见,参与活动是社会参与的前提,社会参与的内涵应围绕活动参与展开。

1967年，美国学者巴伦（J·Barron）发表《对报纸的参与权》一文，提出宪法必须承认公民使用大众传播媒介的参与权的观点。这被认为是社会参与理论的肇始[①]。2001年，世界卫生组织又从康复医学的视角，将社会参与定义为生活情境参与，是由环境、个人和健康之间的互动产生，它受躯体损害、环境和个人因素相互作用的影响。之后，很多国外学者和国内学者都对社会参与相关主题进行过深入研究。

国外权威机构或学者的界定提供了社会参与的结构性框架，将社会参与分为社区参与和个人关系两个方面。Mars等人确定了社会参与的4个维度：社会联系和活动、工作和非正式性支持、文化活动和公共事件、政治和媒体，而且在此基础上确定了社会参与的3个特征：社会联系、提供社会资源及接受社会资源[②]。国内的周璇等人[③]的研究通过文献综述和概念分析，从康复的视角建构了社会参与的五个纬度结构，"在社会环境的大背景下，个体利用社会资源，通过参与自我选择的活动，直接或者间接地与他人进行互动，以扮演相应的社会角色、发挥社会功能，实现疾病（或功能不全）状态下的个体价值的一种社会行为。"

综合国内外学者的研究，社会参与的内涵大致可包括五个方面内容：一是社会参与的含义是指人们对某项社会活动或某个社会团体的介入，否则社会参与将无从谈起；二是社会参与包含着正式的和非正式等多样化的社会角色及其扮演，人人都在扮演或建构个人的多维角色；三是社会参与是指人们共同参加的活动，实现人际互动，这是参与的客体因素；四是社会参与是指个人利用资源和分享资源的过程，这是社会参与的必要条件；五是社会参与是实现个体价值的提升的过程，这是社会参与的目标。在五种元素的关系上，参与活动是社会参与的前提条件，扮演社会角色是独特特点，与他人的互动是基本要素，利用社会资源是必要条件，实现个体价值是核心目标所在。它们相互作用，共同构成了社会参与的内涵和本质属性。

社会参与的测量主要是通过询问问题、研究对象在模拟的社会情况

① Barron, J. A. Access to the Press- A New First Amendment Right[J]. The Harvard Law Review Association, 1967, 80（8）: 1641-1678.

② Mars G M J, Kempen G I J M, Post M W M, et al. The Maastricht social participation profile: development and clinimetric properties in older adults with a chronic physical illness[J]. Quality of Life Research, 2009, 18: 1207-1218.

③ 周璇, 唐秀花, 周兰妹. 社会参与概念的研究进展 [J]. 中国康复医学杂志, 2018, 33（04）: 475-478.

下的合作程度、询问研究对象社会互动的次数以及参加社会组织的数量等方法进行评估。可见，人们对于社会参与的理解是参与社会团体或组织的情况，参与社会活动的情况，与他人的合作的情况等。

2. 社会参与所提供的理论视角

从社会学的角度看，无论是具有特殊属性的冰雪运动参与还是其他的体育参与，都是社会参与的一种特殊的形态。任海教授认为，"体育是人类通过身体活动来满足自身的健康、娱乐、社交、观赏等多种需要的社会文化形态。它类别多样，层次丰富，内容繁杂，功能齐备。任何人都可以在体育中找到自己的位置，因此，它具有其他任何文化形态所不具备的社会参与性。"[①] 他同时认为，"体育在扩大社会参与、促进社会融入、改善社会治理、传播社会价值等诸多领域具有促进社会建设，构建社会和谐的独特功能。"仇军、钟建伟[②]、田恩庆等[③]等专家都从不同的角度，在理论层面解释了体育参与的社会属性和社会功能。显然，讨论冰雪运动参与的本质属性不能从简单的运动参与或体育参与入手，而应从社会参与的视角切入，理论起点正确才是研究路径正确的前提。

社会参与理论为研究冰雪运动参与提供了丰富的理论视角。首先，冰雪运动参与的前提是"活动参与"。包括两个方面的内容：参与的行为模式、参与主体的评价。其次，冰雪运动参与是角色扮演。参与者的行为模式在某种程度上代表着自身的社会地位，显示一定的社会自我，承担一定的社会功能。特别是在组织化的运动参与中，角色扮演理论能提供多种解释视角。再次，冰雪运动参与都内含了社会互动。无论初次体验还是再次参与，抑或较高层次的专业化参与，参与模式的习得都是在关系网络中通过社会互动完成的。另外，冰雪运动参与也是一种社会资本的利用。参与活动、扮演社会角色、人际互动都要直接或者间接利用社会资源，需要地位、经济、文化、教育等各种有形和无形的社会资本的支撑。最后，冰雪运动参与的最终目标是提高个体价值，提高自我认同的社会参与。在冰雪运动参与过程中，只有不断积累自我认同，不断提高自我满意度，运动参与才可持续。由是可见，社会参与理论提供了行为模式的、角色

---

① 任海. 聚焦生活，重塑体育文化 [J]. 体育科学，2019，39（4）：3-11.
② 仇军，钟建伟. 城市中体育参与与社会融合的理论研究——以大众体育为例 [J]. 体育科学，2010，30（12）：29-33.
③ 田恩庆，仇军，方震平等."5·12"灾后重建中体育参与对个体社会资本和身体健康的影响 [J]. 成都体育学院学报，2014，40（11）：43-49.

扮演的、社会互动的、社会资本的和价值提升的五个视角,它们相互联系相互作用,共同建构了研究冰雪运动参与的社会参与理论架构,如图 2-5 所示。

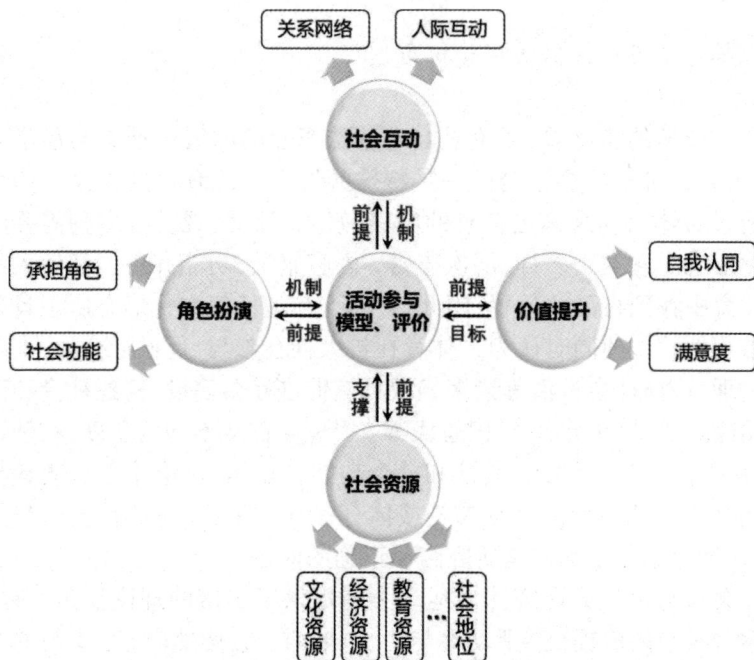

图 2-5　社会参与理论结构框架

（二）生活方式理论与冰雪运动参与

1. 生活方式的内涵

马克思在《德意志意识形态》中提到:"人们用以生产自己必需的生活资料的方式,首先取决于他们得到的现成的和需要再生产的生活资料本身的特性。这种生产方式不仅应当从它是个人肉体存在的再生产这方面来加以考察,它在更大程度上是这些个人的一定的活动方式、表现他们生活的一定形式、他们一定的生活方式。"马克思把"生活方式"作为与"生产方式"相对应的概念提了出来,旨在用生活方式概念分析阶级属性。韦伯在《阶级、地位与权力》中认为,特有的"生活方式"代表消费原则的差异,生活方式不同指代"地位群体"的区隔。凡勃伦在《有闲阶级论》强调了"有闲"的重要性,"有闲"指代一种社会上的差别。显然,初期的"生活方式"概念带有较强的阶级区分的属性,内含较强的政治性意涵。

在我国,于光远首次在《社会主义建设与生活方式、价值观和人的成长》一文就生活方式展开讨论,引起国内学界的研究热潮。《中国大百科全书·社会学卷》对生活方式概念进行了界定:不同的个人、群体或社会全体成员在一定的社会条件制约和价值观指导下,所形成的满足自身生活需要的全部活动形式与行为特征的体系。综合国内学者的研究成果,比较一致的看法是:生活方式是指人们依据一定的文化模式为满足自身生活需要而运用社会环境提供的各种物质的和精神文化资源的活动方式和配置方式。概念解读有两个不同的角度:广义的理解认为生活方式并不单指日常生活,应该将"生活"拓展到政治、经济、文化、闲暇等等方面,狭义的理解认为生活方式中的"生活"单指日常生活。

2. 生活方式的内容结构

从生活方式的内容结构看,"生活方式包括生活的活动条件、活动主体和活动形式三个方面,它们相互联系相互影响。"其中,活动条件是指与主体活动存在直接互动关系的客观条件,可以从自然的或社会的、宏观的或微观的等不同的角度进行区分。在上述内容结构中,生活活动主体是生活方式的核心,亦即大家认同生活方式的主体选择性。同时,由于人是有意识的社会存在物,价值观是支配主体活动的主要因素,所以,价值观是区分生活方式差异的核心要素。此外,在承认生活活动主体的核心地位的基础上,也承认社会、个人的心理或生理因素对生活方式的调节作用。活动条件与活动主体的不同互动方式会产生不同的生活状态或生活模式,也就形成了不同的生活方式。人们通过评估不同的具有可见性和稳定性的生活活动方式来区分不同的个人或群体的生活方式。

3. 生活方式理论所提供的理论框架

生活方式的结构对研究运动参与有一定的理论指导意义。参与者或参与群体是运动生活方式的主体,他们对运动的价值观发挥重要影响。自然条件、经济因素、教育背景等都对运动参与产生重要影响。用生活方式理论研究体育已经形成了几个相对成熟的切入角度:第一,体育生活方式作为健康生活方式的重要内容,探讨它与体质或健康的关系。第二,关注学生人群的体质及生活方式的影响作用。第三，关注生活方式对成年人体质状况的影响。第四，生活方式与体育参与的关系的研究。

从运动参与方式讲，运动参与包括了运动专业化的运动参与、尝试性的体验参与、娱乐性的休闲参与、民俗性的文化参与等多种形式。运动参与方式与生活方式综合考虑，也就是从生活方式理论出发研究"运动生活方式"符合理论与实践相结合的科研规律，也具有理论创新价值。结合前述理论梳理，以冰雪运动参与为例，从生活方式理论的结构框架可以解析冰雪运动生活方式的模型（图 2-6）。

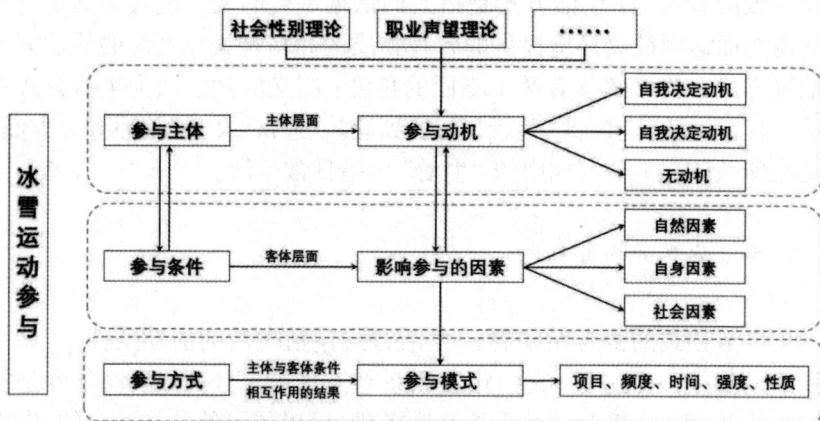

图 2-6　冰雪运动生活方式理论模型

（三）社会分层理论与冰雪运动参与

1. 社会分层理论

社会分层是体现社会结构的重要社会现象，也是社会学理论的一个重要的传统研究领域。在西方社会分层理论的理论结构和分析框架中，卡尔·马克思和马克斯·韦伯（Max Weber）代表两种最基本理论取向：卡尔·马克思的阶级理论和马克斯·韦伯的多元社会分层理论。阶级理论认为社会地位不平等源自以财产关系为核心的生产关系，主张从"关系"这种结构性因素的视角解释社会不平等。多元社会分层理论承认职业地位、收入和教育水平之间具有密切的联系，认为社会差别源自个体职业地位、收入等个体特征差异，主张从"共同体内部的权力分配"这种个人特征的视角解释社会分层问题。

2. 社会分层理论与体育参与的研究框架

在体育社会学的实证研究领域,西方学者从社会分层的视角对体育参与现象的研究成果比较丰富。徐茜通过文献研究,梳理了西方体育社会学领域关于社会分层与体育参与关系的五大理论流派,即"炫耀说""社会区隔论""冲突论""社会流动说""不平等论"。深入分析上述5大理论流派发现,相关研究都是在前述的阶级理论和多元社会分层理论的框架内展开,所关注的问题大致包括"体育参与方式如何反映参与者职业特征、经济水平与社会声望?""如何按照特定的标准对体育参与者进行阶层区分,并通过这种区分来强化或者改变现有的社会结构?"[①]等。由此,以阶级理论和多元社会分层理论为理论框架,从五个不同的理论视角解释体育参与,逐渐形成了一些颇具解释力的理论和研究范式。

改革开放所推动的社会结构巨变导致了体育参与在多个维度上的调整,也为社会分层理论与体育实践的融合提供了宏大的社会背景和实证材料。国内学者开始从不同的视角对不同群体、区域、阶层的个体参与状况进行研究,并形成了一些共识,认为"体育参与"是一种"社会化"进程,包括了人们形塑身体过程中的社会安排和制度安排。在社会转型的大背景下,体育参与社会的层级化以及社会结构的定型化之间存在着关系,通过对于人们的"体育参与"倾向的塑造,我们可以发现社会结构(阶层、地位、声望以及权力等因素)在一定程度上被复制了。

3. 社会分层理论提供的理论视角

由于冰雪运动对自然条件、文化认同、社会资源支撑等都有较高的要求,社会阶层对运动参与的影响更为显著。所以,社会分层理论的研究范式、社会分层理论与体育参与的研究框架都能引发关于利用社会分层理论研究冰雪运动参与的学理性思考。

相关主题包括:一是如何应用社会分层理论,梳理我国冰雪运动参与群体的阶层和结构;二是不同阶层的参与者对冰雪运动的认知和认同状况;三是不同群体参与冰雪运动的项目、参与模式的差异,以及背后的

---

① 徐茜. 国外"体育参与"与"社会分层"关系的五大理论流派述评 [J]. 体育学刊,2008,82(09):31-35.

社会学背景；四是不同阶层的冰雪运动参与群体的参与动机、影响不同群体运动参与的关键因素，以及影响机制；五是如何调动社会中间阶层的积极性，通过形塑他们的冰雪运动参与模式推动冰雪运动的普及；六是不同阶层群体对子女冰雪运动参与的社会支持；七是在上述研究的基础上，关注社会立法、社会政策的制定和推行，为各个社会阶层平等参与冰雪运动提供制度性的环境。

（四）符号消费理论与冰雪运动参与

1. 符号理论的内涵

瑞士语言学家索绪尔基于"能指""所指"及其相互关系的解读创造性地建构了结构主义语言学，认为语言符号就是"能指和所指连接而成的整体"。法国学者罗兰·巴尔特认为，符号蕴含多重的社会意义，他重新解读了日常生活中被人们认为是理所当然的意义，进一步发展了符号学理论。鲍德里亚相对而言更加关注符号的"所指"性，认为人们更多消费的是商品所蕴含的深层意义，是商品的差异和符号价值，并非商品本身。齐美尔认为，时尚是将社会成员区分成高低不同的等级、代表个人社会地位的符号，精英阶层将时尚作为一种地位的象征，然后通过时尚消费将自己与较低的社会阶级区分开来。布迪厄更加看重文化资本，认为造成社会区隔的主要因素不在于经济而取决于文化，因为文化资本决定了个人的审美和品味。符号理论的创建具有多层次的价值，首先"符号"作为一种研究工具拓展了社会学研究的视域；其次，将符号分为"能指"和"所指"，符号的内容结构和层次更为清晰，为更深入的探讨问题提供了方法学的工具；最后，"符号"概念的建构极大地丰富了语言研究的社会学意义解读，通过符号，人们读懂了语言表象内在的多元化语境和意涵。

2. 符号与消费的联系与融合

马克思的古典政治经济学将消费看作是为了满足人的需要而对物的使用价值的消费。鲍德里亚提出不同的观点，他认为物除了具有实用性之外，更具有承载社会意指、文化、等级的作用。他认为后现代社会是一个生产差异的消费社会，人们根据物的价值、地位和差异来编码，赋予物以符号价值。因此，"物"具有了代表有用性的使用价值、代表无差别人类劳动的交换价值、代表商品差异性的符号价值三个不同的价值向度,进而商品所蕴含的社会意义得到理论性建构。承认物具有符号价值,特权阶层才能通过购买、获得和占有差异性的符号价值将自己与其他阶级区分开来。也就是说,从社会的角度看,商品的差异性所指代的符号价值才是人们消费的逻辑起点。鲍德里亚关于符号价值的观点将符号与消费联结在一起,为研究冰雪运动参与提供了一个符号消费的视角。

3.符号消费理论所提供的理论视角

符号是鲍德里亚理论的一个重要概念。该理论的核心要点是,在物质资料充裕的后现代社会,人们消费商品的目的已经不仅仅是为了消费它的使用价值,而是消费商品背后体现的深层意义,即符号价值。人们消费的不再是商品本身,而是商品所体现出的差异性。在北京主办冬奥会助推下,冰雪运动参与已经成为社会生活中休闲、时尚、酷的代名词,指涉多种社会学层面的符号意义,成为大众尤其是年轻群体的时尚新宠。在这种潮流中,大众对冰雪运动的消费成为鲍德里亚所说的"符号消费",以鲍德里亚的"符号消费理论"为基础分析冰雪运动参与,是一个带有创新意义的研究视角。

从符号学的角度看,"物"永远有一种超出物体用途的意义,亦即所有的物品都有超越其功能和用途之外的意义,这对于理解冰雪运动参与过程中的符号的建构与所指的意义分析具有重要的指导价值。显然,人们在参与运动的过程中,除消费了冰雪运动直接的健身价值外,还包括了冰雪运动的文化价值,也就是符号价值,这是解释运动参与、冰雪消费背后的动机和机制的重要理论观点。冰雪运动符号消费的结构详见下图2-7。

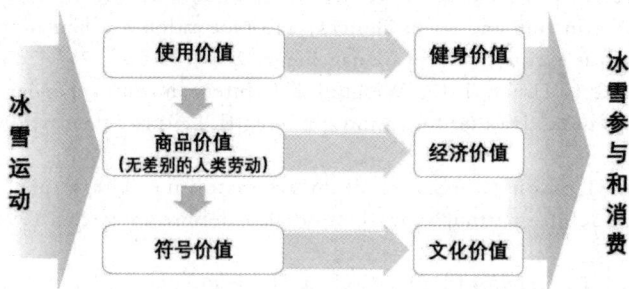

图 2-7　冰雪运动参与框架——符号消费的视角

（五）制约与变通：休闲限制理论与运动参与决策框架

1. 休闲限制理论的理论基础

休闲限制理论是一个注重探究限制休闲行为的因素或限制机制的理论。休闲学家认为，制约因素广泛地存在于休闲活动的开展过程中，它们通过阻碍人们的休闲活动参与，进而对人们实现良好休闲体验造成负面影响，甚至会导致个人放弃对休闲活动的参与。但是，也有学者研究发现，个人休闲活动的成功参与并非因为制约因素的退场，而是因为个人通过策略的变通而将之克服。换而言之，尽管休闲制约会阻碍或降低人们休闲活动的参与度，但对于人们喜爱的休闲活动，个人会做出努力，使用各种变通策略以实现休闲参与。可见，针对冰雪运动参与者的休闲制约对变通策略与持续参与意图影响的研究将是理解大众冰雪运动参与行为的关键所在，也是亟待解决的重要议题。

限制理论的基本假设是，"限制"会阻碍"参与"，而且这些限制实际上是稳定的（Vassiliadis[1]，2018年）。最初的理论应用主要是讨论停止或阻碍参与的限制因素，识别参与者或非参与者（Hinch[2]等人，2005年）。随着研究的深入，人们开始质疑限制对参与的影响的稳定性问题。Kay和 Jackson（1991）指出限制并不一定禁止参与[3]。Crawford，Godbey[4]（1993）进一步提出了"协商论题"，认为是否参与是"有效协商"的结果，是限制因素的强度与个体的休闲偏好、动机和人际相容之间的协调的结果。Crawford 和 Godbey[5]（1987）提出了更为明确和复杂的"休闲限制

[1]　Priporas C V, Vassiliadis C A, Stylos N, et al. The effect of sport tourists' travel style, destination and event choices, and motivation on their involvement in small-scale sports events[J]. Event Management, 2018,22（5）: 745-765.

[2]　Walker G J, Hinch T D, Weighill A J. Inter-and intra-gender similarities and differences in motivations for casino gambling[J]. Leisure Sciences,2005,27（2）: 111-130.

[3]　Kay T, Jackson G. Leisure despite constraint: The impact of leisure constraints on leisure participation[J]. Journal of leisure research, 1991,23（4）: 301-313.

[4]　Jackson E L, Crawford D W, Godbey G. Negotiation of leisure constraints[J]. Leisure sciences,1993,15（1）: 1-11.

[5]　Crawford D W, Godbey G, Crouter A C. The stability of leisure preferences[J]. Journal of Leisure Research,1986,18（2）: 96-115.

的层次模型",将限制因素归纳为个人内约束、人际约束、结构约束三个层次,使限制的结构更加清晰。Jackson[①] 等人(1993)更是引入了谈判理论,提出了限制理论的"平衡命题"。自此,国外应用限制理论所进行的研究形成了从限制因素的识别到深层次的因素间相互影响的梳理,再到更深层次的"决策框架"(Vassiliadis[②],2018 年)等限制机制,研究的延展助推理论体系逐渐成熟。

2. 休闲限制理论所提供的理论视角

冰雪运动作为一种面向大众的休闲方式,其参与行为的研究可基于休闲制约理论展开。

从研究选题来看,应有限制理论所开展的休闲研究或体育研究主要聚焦在两个方面:具体运动项目的参与限制和特定人群的参与限制。前者主要关注在开始、维持、增强的三个阶段中的限制参与的因素,例如,Boothby[③](1981)审查了参与者退出某些活动的原因,Bialeschki[④] 和 amp(1998)对徒步旅行的研究、Mahoney 和 amp(1980)对滑雪的研究、Dunn(1990)[⑤]对网球的研究等。后者例如 Henderson 和 amp(1991)对女性的研究[⑥]、Hultsman(1990)[⑦]对青少年的研究、Farber 和 amp[⑧]

---

① Gould D, Jackson S, Finch L. Sources of stress in national champion figure skaters[J]. Journal of sport and exercise psychology,1993,15(2):134-159.

② Priporas C V, Vassiliadis C A, Stylos N, et al. The effect of sport tourists' travel style, destination and event choices, and motivation on their involvement in small-scale sports events[J]. Event Management, 2018,22(5):745-765.

③ Boothby J, Tungatt M F, Townsend A R. Ceasing participation in sports activity: Reported reasons and their implications[J]. Journal of Leisure Research, 1981,13(1):1-14.

④ Bialeschki M D, Walbert K L. "You have to have some fun to go along with your work": The Interplay of Race, Class, Gender, and Leisure in the Industrial New South[J]. Journal of leisure Research,1998,30(1):79-100.

⑤ Henderson K A, Dialeschki M D. A sense of entitlement to leisure as constraint and empowerment for women[J]. Leisure Sciences,1991,13(1):51-65.

⑥ Stynes D J, Mahoney E M. Michigan downhill ski marketing study: segmenting active skiers[J]. Journal of Travel Research1980,19(1):31-32.

⑦ Hultsman J T, Kaufman J E. The experience of leisure by youth in a therapeutic milieu: Implications for theory and clinical practice[J]. Youth & Society,1990,21(4):496-510.

⑧ Farber S. Market segmentation and the effects on group homes for the handicapped on residential property values[J]. Urban Studies,1986,23(6):519-525.

（1986）对残疾人的研究等。

除此之外，国外滑雪参与研究的几个测量工具也具有借鉴价值。例如，Kyle 等人[1]（2003、2004）、Kyle 和 amp[2]（2004）、Chick[3]（2004）等认为，参与是一个多维结构，他们提出并检验了"参与程度测量模型"，将参与度分为"吸引力""中心性"和"自我表达"三个维度。后来，Kyle、Absher、Hammit 和 amp 等[4]（2006）又提出了五维模型——吸引力、中心性、社会联系、身份确认、身份表达。但是，无论三维模型还是五维模型都认同应该从"行为数据"和"态度数据"两个方面来综合考虑对"参与度"的测量和评估，缩减了从单一的行为角度进行考评的局限性。此外，Funk 和 James[5]（2001）、Beaton 和 Funk[6]（2008）提供了将滑雪者的忠诚度概念化的框架——"心理联系模型"（PCM）。这是一个基于阶段的态度框架，该框架描述了个人如何与"活动"形成心理联系，以及这种联系如何在意识、吸引力、依恋和忠诚这四个阶段所形成的连续体内进行等级演进的机制。

综合来看，国外关于滑雪参与的研究比较成熟。从限制理论的起点出发，学者们在理论应用中对理论框架进行了解构和操作化，并开发或完善了一系列测量工具，一些有趣的新发现引领了后续的学术追问，助推研究路径由元素识别和分类向深层次的机制研究延展，为国内研究提供了宝贵经验。但相关研究也存在缺憾，主要是国外的研究大多针对特定群体或特定的滑雪胜地展开的研究，而经过规范抽样的针对大众的研究成

① Kyle G, Graefe A, Manning R, et al. An examination of the relationship between leisure activity involvement and place attachment among hikers along the Appalachian Trail[J]. Journal of leisure research, 2003, 35（3）: 249-273.

② Kyle G, Graefe A, Manning R, et al. Effect of activity involvement and place attachment on recreationists' perceptions of setting density[J]. Journal of leisure Research, 2004, 36（2）: 209-231.

③ Chick G, Dong E. Possibility of refining the hierarchical model of leisure constraints through cross-cultural research[C]//Proceedings of the 2003 Northeastern recreation research symposium. Newtown Square, PA: US Department of Agriculture, Forest Service, Northeastern Research Station, 2003: 338-344.

④ Kyle G T, Absher J D, Hammitt W E, et al. An examination of the motivation—involvement relationship[J]. Leisure Sciences, 2006, 28（5）: 467-485.

⑤ Funk D C, James J D. Consumer loyalty: The meaning of attachment in the development of sport team allegiance[J]. Journal of Sport Management, 2006, 20（2）: 189-217.

⑥ Beaton A A, Funk D C, Ridinger L, et al. Sport involvement: A conceptual and empirical analysis[J]. Sport management review, 2011, 14（2）: 126-140.

果寥寥,导致研究成果的代表性受限,难以更广泛地推广。

根据现有研究成果,构建冰雪运动参与者休闲制约、变通策略和持续参与意图的结构关系模型如下。

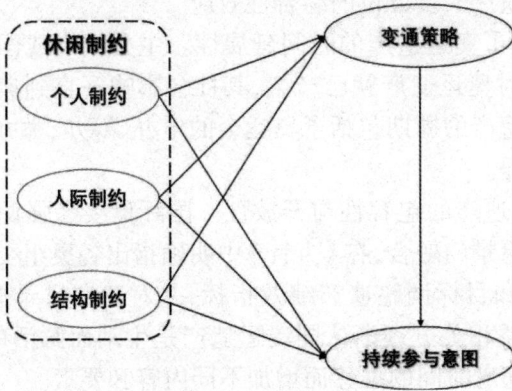

图 2-8 研究模型

（六）奥运遗产理论与冰雪运动参与

1. 奥运遗产理论的价值认知

对奥运遗产概念的清晰界定推动了各利益相关方对奥运遗产的理解,遗产认知从原有的泛化和模糊状态逐渐形成了几点清晰的共识。

第一,明确了奥运遗产的范畴。《奥林匹克宪章》第 14 条规定:"IOC 的主要作用就是通过奥运会为举办城市和国家带来正面积极的遗产",这项规定中止原有的奥运会的正向影响和负向影响的争论,确立了奥运会遗产的正向影响和积极效益。

第二,确立了奥运遗产的可持续性。《奥林匹克宪章》第 33 条要求举办城市和国家要在奥运筹办的遗产规划中重视奥运效应的可持续性问题,也就是极力推动后奥运积极影响的广泛认同。

第三,强调奥运遗产的多元性。国际奥委会希望每届奥运会的"遗产"能推动除体育之外的多重领域的发展,从体育遗产扩展到了社会、经济、文化、制度、国家形象、环境和可持续发展等方面,实现多重受益。同时，奥运遗产包括有形遗产和无形遗产（李慧林，2007[1]；霍建新[2]，2008；王欣[3]，2009；杜文[4]，2009；邵玉辉，2011[5]；鲁晨曦，2016[6]；吕季东[7]，2019），有形遗产大多具有显性效应，无形遗产大多具有持续性效应，两者共同推动奥运遗产的多方位的综合性效应。

第四，确定了奥运遗产的时间延展性。主办城市或国家在开始申办奥运会主办权时奥运遗产就已产生，其社会影响一直到奥运会结束后仍会持续。奥运遗产的周期包括了奥运会的申办、筹办、举办和后奥运的四个阶段的全过程。

第五，奥运遗产的包容性与开放性。国际奥委会强调奥运遗产是奥运愿景与城市愿景的融合，在《方针》中明确指出各奥组委可以根据各自奥运会的愿景和目标调整遗产绩效指标，并对遗产目录进行定期更新。这就意味着利益相关方逐渐认同奥运遗产是生动而鲜活的，这个开放性的遗产场域会随着时间的推移而增加不同内容和要素。

2. 奥运体育遗产内涵

奥运遗产的遗产价值远超体育的范畴而延展至经济、文化、社会、环境等广泛的领域，但作为世界规模最大的综合性运动会，奥运遗产中的体育遗产仍旧是奥运会最直接、最核心、最受世人关注的奥运遗产。

奥运会体育遗产是指奥运会主办城市在奥运周期所创造的，作用于体育领域的物质财富和精神财富的总和。体育遗产被多个国际奥委会遗产文件或主办城市申办报告和总结报告列为首要遗产内容（徐拥军等，2020[8]）。体育遗产包括体育场馆与设施、作为信息性公共体育服务的运

[1]　李慧林，王润斌. 论北京奥运会遗产及其可持续发展 [J]. 体育文化导刊，2007，60（06）：45-47.
[2]　霍建新. 利用奥运遗产充分发挥场馆价值 [J]. 北京观察，2008，216（10）：14-16.
[3]　王欣，王勇森，盛晓平. 奥运"遗产"在升值 [J]. 走向世界，2009，（23）：42-43.
[4]　杜文，杨爱华，黄军. 北京奥运会遗产价值内涵诠释及开发与利用 [J]. 沈阳体育学院学报，2009，28（02）：29-31.
[5]　邵玉辉. 2008年北京奥运会无形遗产保护和开发研究 [D]. 北京体育大学，2011.
[6]　鲁晨曦. 我国奥运会无形文化遗产的传承与创新 [D]. 山东师范大学，2016.
[7]　吕季东，史国生，缪律. 奥运遗产传承与保护经验及启示 [J]. 体育文化导刊，2019，02（04）：24-29.
[8]　徐拥军，张丹，闫静. 北京2022年冬奥会和冬残奥会遗产价值及其评估研究 [J]. 武汉体育学院学报，2020，54（10）：15-22.

动知识、全民健身战略和计划、体育公共服务制度性和政策性文件等(农若雯[①],2016)。体育参与遗产作为奥运遗产中的亮点遗产而备受主办城市重视,伦敦 2012 奥运会的口号"激励一代人"的意涵就是借奥运举办之机提升青年人体育参与(杨占武[②],2017),而我国 2022 北京冬奥会"三亿人参与冰雪运动"的奥运愿景也是表达推动以青少年为核心的全国范围内的冰雪运动参与,以冰雪运动参与为桥梁培育未来的运动员,并传播奥林匹克知识和奥林匹克文化。

3. 北京冬奥会体育遗产——冰雪运动参与

北京 2022 年冬奥会是《奥林匹克 2020 议程》颁布后第一届全面规划和管理奥运遗产的奥运会,为主办城市和地区留下丰厚遗产是成功办奥的重要标志之一。

根据北京冬奥组委发布的《北京 2022 年冬奥会和冬残奥会遗产战略计划》,通过筹办北京冬奥会努力创造体育、经济、社会、文化、环境、城市发展和区域发展 7 方面的丰厚遗产,为主办城市和区域长远发展留下宝贵财富,惠及广大人民群众,实现奥林匹克运动与城市发展的双赢,是北京冬奥会的主要目标。

体育遗产作为 7 大领域遗产目标中的首位遗产和亮点遗产备受利益相关方重点关注。体育遗产目标中关于冰雪运动普及和发展主题的内容包括:一是,围绕"三亿人参与冰雪运动"的宏伟目标,大力普及中国冰雪运动和中国残疾人冰雪运动,显著提升中国冰雪运动和中国残疾人冰雪运动竞技水平。二是,比赛场馆的可持续性开发,造福后冬奥会时期人民的体育参与。三是,建设冬奥博物馆,设立奥林匹克学院,做好知识转化与传承。

体育遗产的主要任务是推动冰雪运动普及和发展。具体包括:一是,贯彻实施《冬季运动振兴发展规划》和《群众冬季运动推广普及计划(2016—2020 年)》,在竞技体育方面加强国家和地方冰雪运动队伍建设,提升冰雪运动竞技水平;在群众体育方面,普及冬奥知识,推动青少年参与冰雪运动,举办各类冰雪活动和赛事,促进冬季运动普及与发展。二是,

---

① 农若雯,杜颖.试论 2022 冬奥会体育遗产对群众体育公共服务供给的积极影响 [C].// 中国体育科学学会体育社会科学分会 .2016 年全国体育社会科学年会论文集,2016:4.
② 杨占武,张连涛.北京 2022 年冬奥会体育参与遗产 [J].冰雪运动,2017,39(05):1-8.

推动残疾人冰雪运动普及与发展。贯彻实施《冬残奥项目振兴计划》和《残疾人群众性冰雪运动提升行动方案》等政策文件精神,推动残疾人冰雪运动项目拓展、专业人才培养、训练基地建设等方面工作,促进残疾人冰雪运动普及与发展。三是,冬奥会场馆规划要包括赛后利用的内容,努力实现场馆的持续性开发和利用,推动冰雪运动持续性发展。四是,贯彻实施《北京 2022 年冬奥会和冬残奥会人才行动计划》,为后冬奥会时期的冰雪运动赛事和冰雪运动普及储备专业人才。

创造冰雪运动普及和提高的冬奥会体育遗产的机制包括:依托国家、部委局、省市为主体所发布的政策和规划性文件,以北京冬奥组委体育部为主责单位,在教育部、国家广播电视总局、国家体育总局、北京市教委、河北省教育厅等部门的协调配合下,形成组织合力,以政策性文件为杠杆,以效果评估和标准验收为抓手,动员各层次的多元化力量,共同推动冰雪运动的普及和发展。

在国际冰雪运动参与的研究中,人们多以"年度"作为测量指针对冰雪运动参与进行评估和比较,测量变量包括滑雪人次、滑雪人口、人均滑雪次数等,其中"年度滑雪人口"的状况及其变化趋势经常作为具有解释力的变量而被广泛应用。而对参与概念的解构,除实际性的运动参与、赛事观赏外,也包括多元化的关注和支持等元素。这种"宽口径"的体育参与概念解读意味着鼓励公众作为运动者、观众、志愿者、社区组织者等多元化角色参与到奥运会的整个运作周期中,提升公众的奥运体验,推动主办奥运会对大众生活的积极影响,借此促进更广泛和持久的奥运遗产的产生(李佳宝[1],2018)。

综上所述,北京冬奥组委相关文件关于冬奥遗产、冬奥会体育遗产、冬奥会冰雪运动参与遗产的阐释为本研究的实证调查提供了理论依据。而国内外学界对体育参与遗产的多元化价值的解读符合国际奥委会《奥林匹克 2020》等重要文件关于奥林匹克运动价值取向的阐释,相关理论成果为北京冬奥会体育参与遗产的创造以及本研究实证调查和学术研究提供了学理支持。

---

[1] 李佳宝 . 北京冬奥会公众参与前瞻 [J]. 河北体育学院学报,2018,32 (03): 24-29.

（七）研究述评与理论框架

1. 基础理论述评

近年来,冰雪运动参与的研究主题很丰富,但成体系的研究成果很少。在基础理论层面上缺乏"问题意识",理论逻辑较混乱;在基础概念层面,大多引用"滑雪人口""冰雪人口""冰雪运动参与"等概念,概念应用比较杂乱,概念的内涵缺乏清晰的界定;在实证测量方面,因为基本概念的不清晰,大家不得不采用已经公布的全国滑冰或滑雪人次这样的宏观数据,缺乏权威性的冰雪运动参与的"测量指针"和实证调研成果;在学科背景方面,以体育学的学科背景的研究成果较多,社会学、历史性、文化学、管理学等学科的交叉性成果较少,学科的"边界融合效应"没有显现。

冰雪运动参与是一种特殊的体育参与,冰雪运动的普及和发展涉及自然条件、历史传统、经济基础、文化认同等多种元素。可见,冰雪运动参与的研究既需要基础理论的厚度,也需要多学科交融的广度。首先,深入剖析冰雪运动的内涵和文化,帮助大众了解冰雪运动知识,培养运动参与兴趣的文化学研究非常必要;其次,构建适合中国体育实际的冰雪运动参与概念和理论模型,是指导冰雪运动参与研究的前提;再次,在上述理论研究的基础上,设计具有科学性的测量冰雪运动参与的指标体系和测量指针,经过规范性的抽样,对冰雪运动参与的现状进行调查研究也是推进相关研究工作的前提;最后,在理论研究和实证调查的基础上,从政策角度进行的战略研究,是推动运动普及和发展的重要推手。

2. 微观与宏观相融合的理论框架

社会学自我决定理论认为,人们在充分认识自身需要和周围环境的基础上,具有进行自主抉择的潜能。该理论把人类的动机看成是一个从外在调节到内在动机的一个连续体。从这个理论的视角看,无论自然、社会、经济等宏观环境如何适宜,个体的运动参与的行为还需要有一个能够产生动机、需求的机制的支撑。所以,目前单单依靠对宏观数据进行统计就得出结论的研究范式,其解释力度不够,微观层面的动机和机制的问题被无情遗漏。这也是当下很多研究成果比较空洞，不接地气，难以形成有效解决方案的原因。

符号消费理论、生活方式理论、休闲限制理论是偏重微观层面研究的理论，社会参与理论、社会分层理论、奥运遗产理论是宏观与微观相结合的理论，在这六个理论的框架中都有一些微观层面的理论视角可以用来指导冰雪运动参与这个宏观的研究主题，例如，以符号消费理论看，冰雪运动参与是对冰雪运动符号价值的解读和建构的结果，也是一个由首次参与到产生认同，再到符号传播的过程性研究。在这个过程中，研究者可以梳理冰雪运动符号系统，可以解释冰雪运动消费过程中使用价值和交换价值被符号化的过程，还可以讨论不同参与者之间的人群区隔、空间区隔和时间区隔等问题。可见，微观研究可以提供很多宏观数据难以企及的信息，其研究成果对指导运动普及的具体工作具有指导意义；而宏观研究既是微观研究的最终结果呈现，也是微观研究不可或缺的研究背景和依据。因此，微观与宏观相融合才能建构冰雪运动普及和发展的研究主题的科学的研究框架。

二、概念结构与测量指针

（一）概念结构

在之前章节的概念界定与基础理论框架建构的基础上，本研究建构以"冰雪运动参与"为核心的冰雪运动参与概念结构。

"冰雪运动参与"核心概念可以解构为以下几个方面的内涵：一是，冰雪运动参与是一种特殊的体育参与，是本研究所要通过实证调查进行深入考察的核心概念。二是，"冰雪运动参与"概念的内涵是：大众在冬季的冰面上或雪地中所进行的娱乐活动或运动的参与，以及在其他季节或以其他替代性方式、场地内所进行的娱乐活动或运动的参与。三是，在实证测量中，冰雪运动参与分为冰上项目运动参与和雪上项目运动参与两类。四是，作为冰雪运动参与核心概念的两个从属概念：冰上项目运动参与是指借助专用冰刀或其他器材，在天然或人工冰场上，或在其他仿真冰面上进行的体育运动；雪上项目运动参与是指在雪中或其他替代性场地中所进行的娱乐活动或运动参与。五是，从"参与的实质性"属性来看，冰雪运动参与概念及其从属概念又分为"直接参与"和"间接参与"

两类。直接参与是指以运动竞技、健身休闲等为目的的,在冰面上、雪地中或在仿真冰雪场地中所进行的运动参与。冰雪运动间接参与是指受冰雪运动影响的参与,指在冰雪嘉年华、冰雪季、旅游节等活动吸引到的参与,或冰雪训练、竞赛、冬令营等活动影响到的学生及家长的参与,以及其他并非直接运动性的体验性、观赏性的参与。

除核心概念外,对"冰雪运动参与"核心概念具有重要影响的体育参与指标还包括"学校冰雪运动参与""家庭冰雪运动参与"以及"社区冰雪运动环境与资源"三个维度的指标。在上述重要影响指标的外围,还包括个体维度的社会人口属性、社会维度的社区类型、家庭成员、家庭属性等指标。这三个维度的指标主要作为在以某区分变量为基准对核心概念进行分析时,分析影响冰雪运动参与的因素和机制。

本研究除通过问卷调查方法对冰雪运动参与核心概念进行实证测量外,还将应用冰雪运动文化概念、我国传统冰雪运动文化概念、奥运遗产概念三个概念及其从属概念作为背景概念,对冰雪运动参与核心概念的测量数据进行深入解析,从多元化的视角解构冰雪运动参与的影响因素与机制。

（二）测量指针

"冰雪运动参与"核心概念的测量是个人指向,也就是测量公民个体的参与状况。从宏观的角度看,核心概念的测量主要是测量冰雪运动参与的"参与人口"的总量以及各从属概念的人口总量,而非"参与人次"。

如表 2-2 所示,确定研究的自变量和因变量,以及概念结构和变量清单。因变量为冰雪运动参与状况,用冰上运动和雪上运动参与人口为代表;自变量分为四类,分别是社会人口属性、个人因素、人际因素以及结构因素。社会人口属性包括性别、年龄、受教育程度、收入、城乡和居住区域。个人因素包括对冰雪运动的喜爱程度、健康状况、是否曾经参与过冰雪运动、是否通过媒体观看过冰雪运动、是否曾到现场观赛、对冬奥知识的了解程度。人际因素用亲属喜好表示,结构因素用冰雪消费运动总额表示。

表2-2 冰雪运动参与概念结构及变量清单

变量结构	概念与变量	测量指标	测量指针	问题描述
因变量	冰雪运动参与	参与次数	A6+A7	参加滑冰或滑雪的次数
自变量	社会人口属性	性别	B1	被访者的性别
		年龄	B2	哪年出生
		受教育程度	B3	目前的最高教育程度
		收入	B4	全年的总收入是多少
		城乡	B6	居住地,城市还是农村
		居住区域	B7	冰雪资源:传统、西北、南方
		健康状况	B5	身体健康水平自评
	个人因素	喜爱程度	A4	喜不喜欢冰雪运动
		曾经参与	A3	有没有参加过冰雪运动
		媒体观赏	A18	通过电视、互联网等观赏
		现场观赛	A19	有没有亲自到现场观赛
		冬奥知识	A26-30	冬奥会信息及运动知识测评
	人际因素	亲属喜好	A21	有运动喜好的亲属人数
	结构因素	冰雪消费	A9	消费总额

因变量中冰雪运动参与次数、年龄、收入、亲属中喜欢冰雪运动的人数为连续变量,性别、受教育程度、城乡、区域、喜爱程度、健康状况、是否参与过冰雪运动、媒体观赛经历、现场观赛经历、冬奥知识了解程度是分类变量。因变量与自变量的具体赋值情况如表2-3所示。

表2-3 变量清单与赋值

变量	变量代码	变量类型	赋值
冰雪运动参与		连续变量	
性别		分类变量	0=女;1=男
年龄		连续变量	
受教育程度		分类变量	1=小学及以下;2=初中;3=高中;4=专科;5=本科;6=研究生

变量	变量代码	变量类型	赋值
收入		连续变量	
城乡		分类变量	0= 农村；1= 城市
区域		分类变量	1= 传统省份；0= 否
喜爱程度		分类变量	1= 非常不喜欢；3= 说不上喜欢或不喜欢； 5= 非常喜欢
健康状况		分类变量	1= 很不健康；3= 一般；5= 很健康
是否参与过		分类变量	0= 否；1= 是
媒体观赛经历		分类变量	1= 从不；3= 偶尔；5= 经常
现场观赛经历		分类变量	0= 没有；1= 有
冬奥知识		分类变量	1= 非常不了解；3= 一般；5= 非常了解
亲属喜欢人数		连续变量	
金钱投入		连续变量	

本章小结

本章所要解决的主要问题：冰雪运动的概念架构、理论建构和文化解读，旨在为课题研究提供理论支撑、文化基础和价值前提。主要内容包括：一是，冰雪运动参与的概念、冰雪运动参与的理论框架、冰雪运动参与的指标框架与测量指针。二是，冰雪运动项目；冰雪运动文化。三是，冰雪运动政策环境与愿景。

概念和理论：以"运动参与"概念为起点，以"冰雪运动参与"概念为核心，对现有的相关概念进行梳理，搭建内含冰雪运动参与、冰雪运动文化、奥运遗产等概念的概念结构，将对研究主题的基本认识上升到理性层面，为之后几个子课题的研究奠定概念基础。课题研究形成的基本观点包括：一是，概念建构要依据冰雪运动的运动属性；二是，概念建构要在概念述评的基础上，结合中国本土化的实践和民族传统文化建构概念；三是，除学术性的研究成果外，也应依据政策文件中的相关解释界定概念的内涵和框架。

冰雪运动项目和文化：以冰雪运动奥运项目与非奥运项目为切入点，梳理了冰雪运动在东方的缘起和发展、冰雪运动在西方的缘起和发展、现代竞技化冰雪运动的发展、我国冰雪运动的发展历程，为冰雪文化传播构建多样化的文化符号，有助于大众更全面地了解和认识冰雪运动的历史，提升人们对冰雪运动的认知，对促进大众冰雪运动参与起到积极推动作用。

冰雪运动普及的政策环境与愿景：从政策和愿景两个层面解析冰雪运动的内在价值是普及的前提和必要条件。只有大众深切了解冰雪运动的重要价值，这项运动才会吸引人，才会具有普及的可行性和必要性。本部分从冰雪运动普及政策价值旨归和北京冬奥会利益相关方愿景文化两个方面，分析冰雪运动的文化、经济、健康等维度的价值，培育大众的冰雪运动情感和价值观。

冰雪运动参与的理论框架与测量指针：以结构——功能理论、社会参与理论、生活方式理论、社会分层理论、休闲限制理论、符号消费理论、奥运遗产理论、社会冲突理论、健康社会学理论界定课题研究的理论框架。从"冰雪运动参与"概念出发，建构实证调查的测量指标：从冰雪运动的参与时段、参与频次、参与时间、参与类型四个维度建构"冰雪运动参与"测量的指标框架；从社会人口属性、个人因素、人际因素以及结构因素完善实证调查的测量指针。

第三章　全国冰雪运动参与实证调查

北京冬奥会提出以"3亿人上冰雪"为目标的、旨在普及和发展大众冰雪运动的冬奥会愿景,这个愿景目标是中国向国际社会发出的庄严承诺。为了实现普及冰雪运动的冬奥会目标,中国政府出台了一系列政策鼓励冰雪事业和冰雪产业的发展。2016年11月,在《冰雪运动发展规划(2016—2025年)》中提出,到2025年直接参加冰雪运动人数将超5000万。2019年3月31日,由中共中央办公厅、国务院办公厅印发的《关于以2022年北京冬奥会为契机大力发展冰雪运动的意见》中指出,到2022年,我国冰雪运动总体发展更加均衡,普及程度明显提升,参与人数大幅增加,冰雪运动影响力更加广泛。国家层面的规划和政策极大地优化了我国大众性冰雪运动发展的环境。那么,我国大众冰雪运动参与现状如何呢?运动参与的模式是怎样的?存在哪些问题?带着对上述问题的追问,本章的研究将围绕"冰雪运动参与"这一概念,建立全国冰雪运动参与的规范的抽样框,以及问卷调查的变量清单,并由中国人民大学中国调查与数据中心对2018年至2020年冰雪运动大众参与状况连续进行三次全国性年度问卷调查,旨在对大众冰雪运动参与状况进行评估,预判大众参与的趋势,并为冰雪运动高质量发展提供数据支持。

第一节　问卷调查设计与抽样方案

一、指标体系与变量清单

从冰雪运动的参与时段、参与频次、参与时间、参与类型四个维度建构"冰雪运动参与"概念,围绕此概念,建立调查问卷的变量清单,并设计问卷。具体而言,"大众冰雪参与"调查问卷的基本框架由三部分组成(见

理论建构与实证调查：北京冬奥会背景下的冰雪运动参与

表3-1）：核心模块、主题模块、拓展模块。核心模块主要服务于描述与解释被调查者的社会背景，目的在于对被调查者给出一个基本而全面的图景，为建立各种分析模型提供必要的内生变量和外生变量，其特点在于求全面而不求深入。主题模块是指被调查者的体育信息，服务于解释被调查者的冰雪运动参与状况。扩展模块则主要服务于冬奥影响、冰雪运动情感、认知、价值判断等。贯穿这三个模块的是以城乡、文化差异等变量作为关键性的解释变量，寻找其间的差异，并从各模块中构造出解释差异的定量模型，在此基础上提出对策建议。

　　除上述问卷调查所获得的个人信息外，还在社区（村，居委会）层面、不同发展程度区县单元层面上收集代表区域特性的指标和信息：人口密度、非农业人口比重、人均地区生产总值、GDP、拥有教师总数、外国直接投资（FDI）实际使用外资金额、体育投入、体育场馆建设、体育社团数量等。这些数据将作为抽样和问卷调查信息的背景资料加以整理和分析。

表3-1　问卷调查的指标体系和变量清单

结构层次及测量指标			
核心模块	个体维度	社会人口属性与行为（客观）	社会人口属性：性别、年龄、民族、教育程度、婚姻状况、个人收入、政治面貌
			个体健康：身高、体重、主观健康自评、SF12（C201）量表
			迁移：14岁时居住地、居住地改变经历、户口性质改变经历、户口性质改变原因
			生活主式：媒体的使用情况、阅读情况、旅游、每日的时间分配
			社会态度：社会信任、社会公平感、主观幸福感
			个体认知能力：普通话能力（听、说）、英语能力（听、说）
	社会维度	劳动力市场	当前工作状态：基于国际劳动组织ILO的标准
			雇佣关系：基于国际劳动组织ILO的ICSE-93
			职业：行业、工作单位所有制、工作单位规模、工作时间、工作经历、工作单位所提供社会保障及福利等
			劳动力市场的附加信息
		社会保障体系	对各项社会保障的享有情况
			个人对各项社会保障的满意度

130

续表

结构层次及测量指标			
	社区	地理位置划分的社区	社区类型
			城乡类型
		日常交往的社会网络形成的社区	日常交往社会网络的规模
			日常交往网络的职业结构
	家庭	家庭的整体属性	家庭人口、家庭人口世代结构、家庭收入、住房、耐用消费品
		家庭成员(配偶、父母)属性	年龄、教育程度、政治面貌、收入、户口性质、工作状态、工作内容、单位性质
主题模块	社区体育环境	场馆、设施	冰雪运动冰雪场地、运动设施
		体育组织	体育社团、社团活动、健身氛围、健身指导、体质监测
	家庭参与	家庭冰雪运动:消费、参与频率、参与设施与装备、代际参与	
	个体参与	参与行为	冰雪运动参与人口(参与的时段、频率、时间、类型)、参与方式、参与目的、阻碍因素
		参与项目	运动项目
	学校参与	参与年级、参与时间、参与程度、是否终止、阻碍因素	
拓展模块	冬奥认知、冬奥价值判断、冬季冰雪运动的认知和评价、个体健康基础等		

二、抽样方案

(一)2018年"冰雪参与"调查方案的基本结构

2018年冰雪运动大众参与状况的有效调查样本为4126人。样本覆盖除港澳台地区以外,我国大陆31个省、直辖市、自治区的所有334个地、市级单位,有效代表了全国的情况。由于大众冰雪运动状况与地域紧密相关,在调查实施中,根据我国各地参与冰雪运动的程度和频率并结合规划,将 31 个省、直辖市、自治区分成三个区域。第一个区域为历来冰雪运动普及程度非常高的 5 个省级单位,包括黑龙江省、吉林省、辽宁省、内蒙古自治区和新疆维吾尔自治区,此区域共调查 1428 人;第二个区域为西北、华北的其余 12 个省级单位,包括北京市、天津市、山东省、江苏省、河北省、河南省、山西省、陕西省、宁夏回族自治区、甘肃省、青海省和西藏自治区,共调查 1247 人;第三个区域为其余的 14 个南方省级单位,包括上海市、浙江省、安徽省、福建省、江西省、湖北省、湖南省、广东省、重庆市、广西壮族自治区、海南省、四川省、贵州省和云南省,共调查 1451 人。

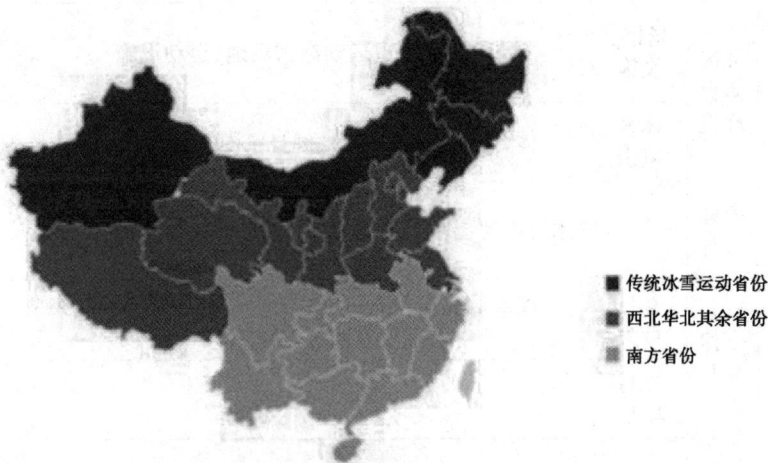

■ 传统冰雪运动省份
■ 西北华北其余省份
■ 南方省份

图 3-1　三大调查区域

　　根据各省份总人口[①]、分性别人口、年龄别人口[②],计算各区域总人口数、分性别人口数、年龄别人口数,然后对样本进行人口 × 性别 × 年龄组联合加权,得到权数。本报告的分析结果均基于加权后的数据。

　　从样本的社会人口属性来看,本次调查的被访者中男性占比 51.1%,女性占比 48.9%。被访者总体平均年龄为 42.6 岁,年龄分布在 15 岁到91 岁之间。受访者集中在 20 岁至 50 岁之间,总占比为 62.4%。20 岁以下被访者的比例为 5.2%,20 岁至 30 岁占比 22.7%,30 岁至 40 岁占比

---

① 各省份总人口数据来自《2017 年国民经济和社会发展统计公报》中的常住人口数据。
② 各省份分性别人口、年龄别人口数来自《2017 年国民经济和社会发展统计公报》《2017 年统计年鉴》以及《第六次人口普查资料》等,并由其推算得出。

17.5%,40 岁至 50 岁占比 22.2%,50 岁以上的被访者占比 32.4%。

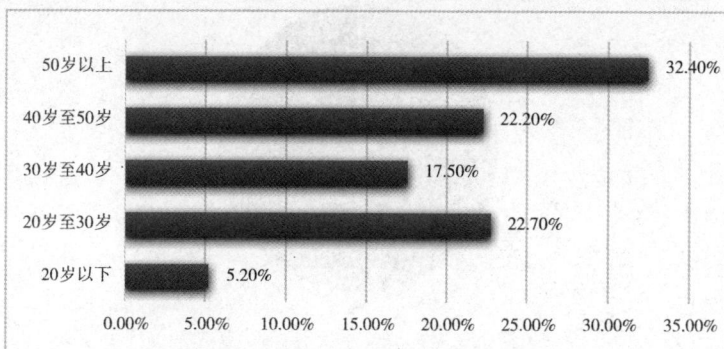

图 3-2　被访者年龄分布

教育程度分布为小学及以下 14.3%、初中 21.9%、高中(中专、技校)24.3%、大专 17.8%、本科 19.9%、研究生及以上 2.0%。

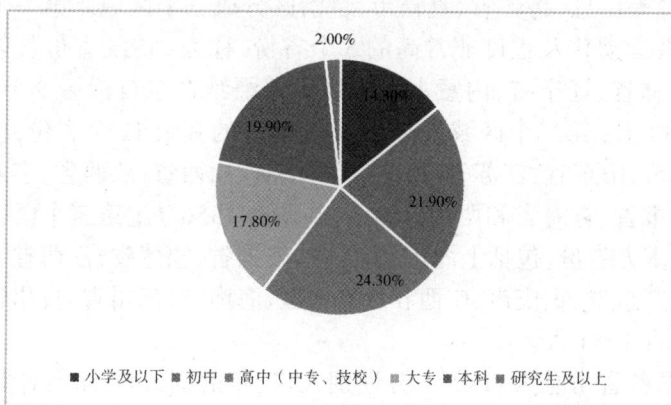

图 3-3　教育程度分布

(二)2019 年"冰雪参与"调查方案的基本结构

2019 年冰雪运动大众参与状况调查样本为 4351 人,样本覆盖除港澳台地区以外,我国大陆 31 个省、直辖市、自治区的所有 334 个地、市级单位,有效代表了全国的情况。由于大众冰雪运动状况与地域紧密相关,而调查结果中各省、直辖市、自治区样本的总人口、性别、年龄、教育程度等结构与各地实际情况并不相符,为使调查样本更加具备参考价值,故对数据进行联合加权处理。

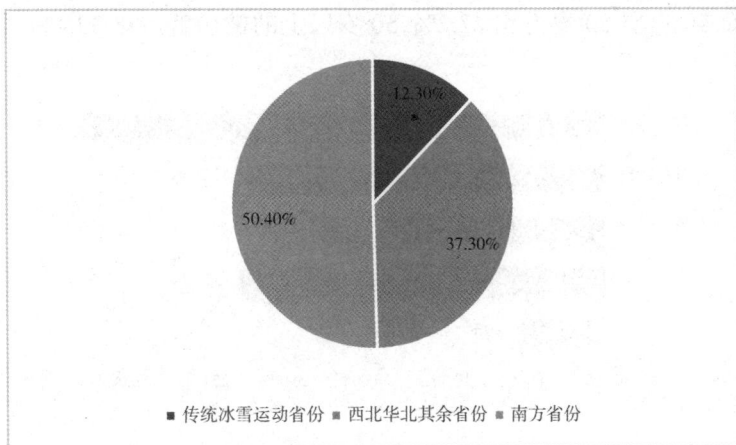

图例：■ 传统冰雪运动省份　■ 西北华北其余省份　■ 南方省份

图 3-4　调查地区分布

为满足分析需要,根据我国各地参与冰雪运动的程度和频率并结合地理位置等信息,将各省、直辖市、自治区分成三个区域。第一个区域为历来冰雪运动普及程度非常高的 5 个省份,称为"传统省份",包括黑龙江省、吉林省、辽宁省、内蒙古自治区和新疆维吾尔自治区 5 个省份,共调查 1533 人;第二个区域为西北、华北地区的其余 12 个省份,包括北京市、天津市、山东省、江苏省、河北省、河南省、山西省、陕西省、宁夏回族自治区、甘肃省、青海省和西藏自治区,共调查 1356 人;第三个区域为其余的 14 个南方省份,包括上海市、浙江省、安徽省、福建省、江西省、湖北省、湖南省、广东省、重庆市、广西壮族自治区、海南省、四川省、贵州省和云南省,共调查 1731 人。

根据各省份总人口 0F[①]、分性别人口、年龄别人口 1F[②],计算各区域总人口数、分性别人口数、年龄别人口数,然后对样本进行人口 × 性别 × 年龄组联合加权。通过权数调查计算出来的调查结果有效地代表了各区域及全国总体情况。基于加权计算出来的样本基本情况如下:

被访者中男性占比 50.1%,女性占比 49.9%。被访者总体平均年龄为 41.9 岁,年龄分布在 11 岁到 119 岁之间,受访者集中在 20 岁至 50 岁之间。其中,20 岁以下被访者的比例为 7.6%,20 岁至 30 岁占比 20.6%,30 岁至 40 岁占比 19.3%,40 岁至 50 岁占比 18.4%,50 岁以上的被访者

---

① 各省份总人口数据来自《2017 年国民经济和社会发展统计公报》中的常住人口数据。

② 各省份分性别人口、年龄别人口数来自《2017 年国民经济和社会发展统计公报》《2017 年统计年鉴》以及《第六次人口普查资料》等,并由其推算得出。

占比 34.2%。

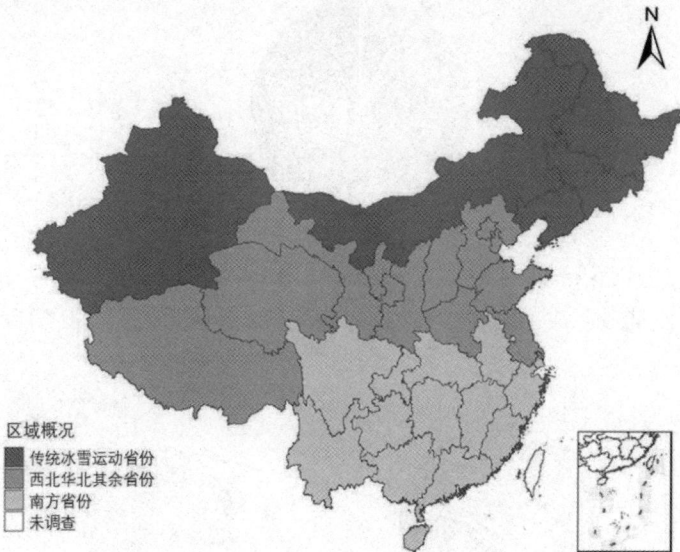

图 3-5　分类区域

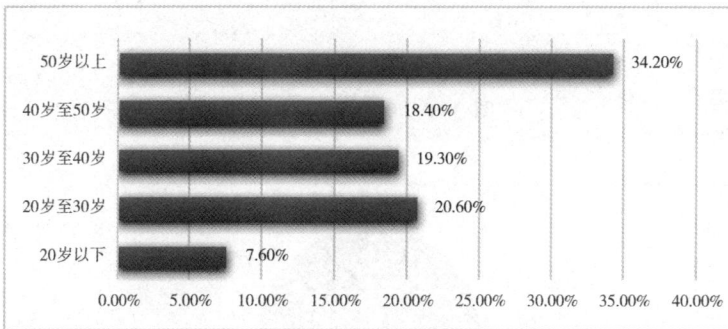

图 3-6　被访者年龄分布

　　教育程度分布如下：小学及以下 19.5%，初中 26.9%，高中（中专、技校）41.1%，大专 4.1%，本科 6.9%，研究生及以上 0.58%。

6.90% 0.58%
4.10%
19.50%
41.10%
26.90%

■ 小学及以下 ■ 初中 ■ 高中（中专、技校） ■ 大专 ■ 本科 ■ 研究生及以上

41.10%
4.10%
0.0748
26.90%
19.50%
6.90%
0.58%

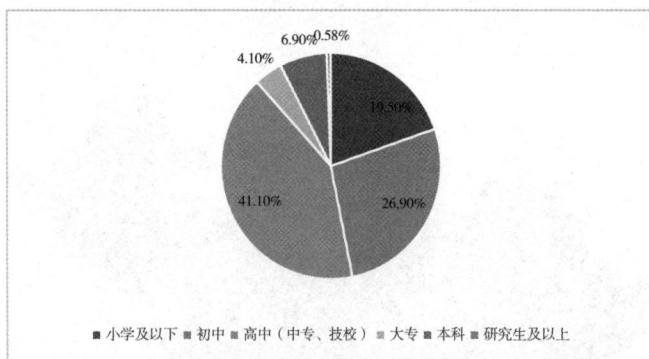

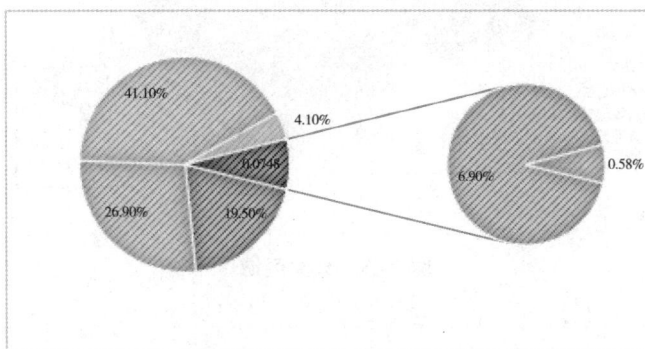

图 3-7 教育程度分布

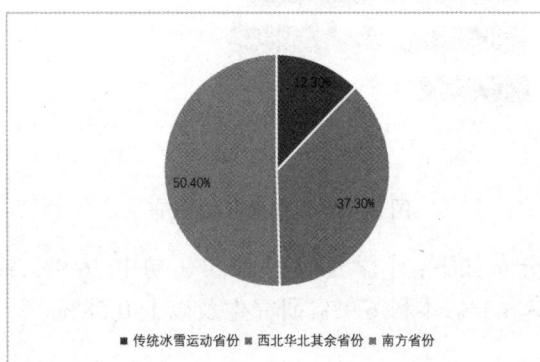

12.30%
50.40%
37.30%

■ 传统冰雪运动省份 ■ 西北华北其余省份 ■ 南方省份

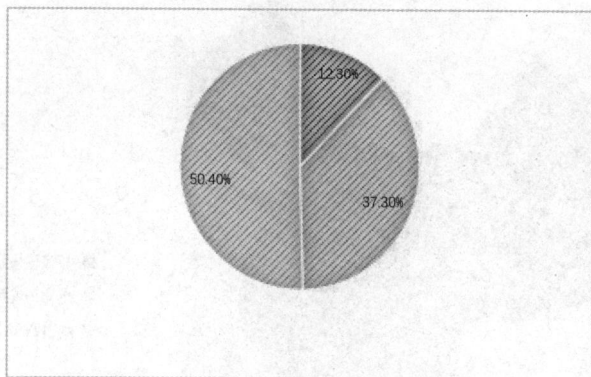

图 3-8　调查地区分布

　　根据冰雪运动的参与地区,加权后样本代表 11.3 亿人口,其中传统冰雪运动省份占比 12.3%,西北华北地区其余省份占 37.3%,南方地区省份为 50.4%。

　　(三)2020 年"冰雪参与"调查方案的基本结构

　　本次冰雪运动大众参与状况调查样本为 4827 人,样本覆盖除港澳台地区以外,我国大陆 31 个省、直辖市、自治区的所有 334 个地、市级单位,有效代表了全国的情况。由于大众冰雪运动状况与地域紧密相关,在调查实施中根据我国各地参与冰雪运动的程度和频率并结合规划,将 31 个省、直辖市、自治区分成三个区域。第一个区域为历来冰雪运动普及程度非常高的 5 个省级单位,包括黑龙江省、吉林省、辽宁省、内蒙古自治区和新疆维吾尔自治区 5 个省份,此区域共调查 1610 人;第二个区域为西北、华北地区的其余 12 个省级单位,包括北京市、天津市、山东省、江苏省、河北省、河南省、山西省、陕西省、宁夏回族自治区、甘肃省、青海省和西藏自治区,共调查 1604 人;第三个区域为其余的 14 个南方地区省级单位,包括上海市、浙江省、安徽省、福建省、江西省、湖北省、湖南省、广东省、重庆市、广西壮族自治区、海南省、四川省、贵州省和云南省,共调查 1614 人。

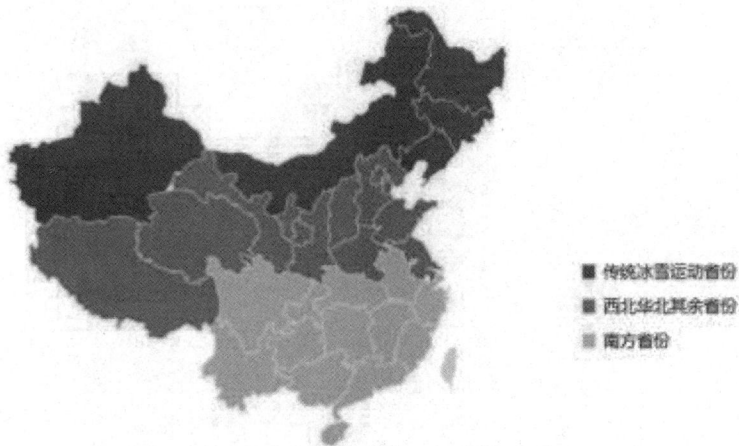

传统冰雪运动省份
西北华北其余省份
南方省份

图 3-9 样本总量与分布

样本基本情况如下：

被访者中男性占比 50.0%，女性占比 50.0%。

受访者集中在 20 岁至 50 岁之间。其中，20 岁以下被访者的比例为 10.7%，20 岁至 30 岁占比 14.4%，30 岁至 40 岁占比 21.4%，40 岁至 50 岁占比 19.2%，50 岁以上的被访者占比 34.3%。

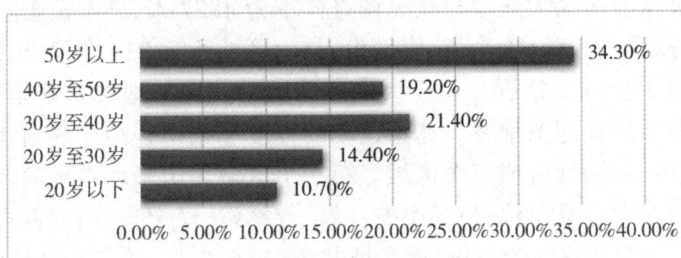

图 3-10 被访者年龄分布

教育程度分布如下：小学及以下 12.5%，初中 31.2%，高中（中专、技校）44.1%，大专 3.9%、本科 6.5%，研究生及以上 1.1%。

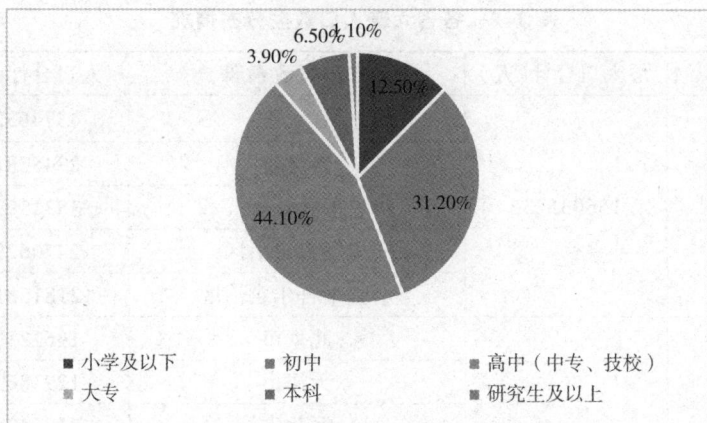

6.50% 10%
3.90%
12.50%
31.20%
44.10%

■ 小学及以下　　　■ 初中　　　　　■ 高中（中专、技校）
■ 大专　　　　　　■ 本科　　　　　■ 研究生及以上

图 3-11　教育程度分布

　　根据冰雪运动的参与地区,传统冰雪运动省份占比 33.4%,西北华北地区其余省份占 33.2%,南方地区省份为 33.4%。

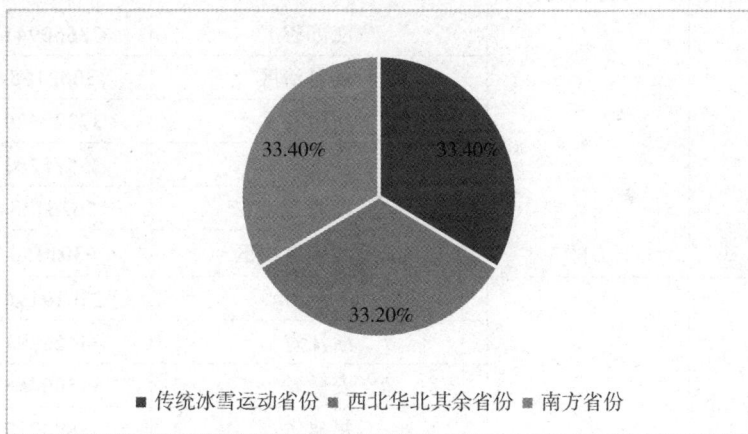

33.40%　　　33.40%

33.20%

■ 传统冰雪运动省份 ■ 西北华北其余省份 ■ 南方省份

图 3-12　调查地区分布

（四）具体的抽样设计

　　根据全国第六次人口普查数据,各省份的人口总数如下:

表 3-2　各省六普人口数据分布情况

层	层人口合计（人）	省级行政隶属	人口合计（人）
第一层	156035235	辽宁省	43746323
		吉林省	27452815
		黑龙江省	38313991
		内蒙古自治区	24706291
		新疆维吾尔自治区	21815815
第二层	521182407	北京市	19612368
		天津市	12938693
		河北省	71854210
		山西省	35712101
		山东省	95792719
		河南省	94029939
		贵州省	34748556
		江苏省	78660941
		西藏自治区	3002165
		陕西省	37327379
		甘肃省	25575263
		青海省	5626723
		宁夏回族自治区	6301350
第三层	655272768	上海市	23019196
		浙江省	54426891
		安徽省	59500468
		福建省	36894217
		江西省	44567797
		湖北省	57237727
		湖南省	65700762
		广东省	104320459
		广西壮族自治区	46023761
		海南省	8671485
		重庆市	28846170
		四川省	80417528
		云南省	45966766

在调查抽样中,抽取样本框是按地级市(自治州)标准进行抽取的,所以需要在各省的地级市(自治州)人口信息上进行抽样,课题组已经掌握具体 31 个省份中各城市(自治州)的人口分布数据。

抽样设计中,样本量 n 的确定与抽样误差、调查成本及所需估计的统计量有关。为合理确定本次调查中各地所需的目标样本量,并以较高的精度对总体做出估计,进行如下分析:

在简单随机抽样情况下,各地级市(自治州)所需基础样本量和绝对误差限度 d 的变化关系。设在置信水平(1-a)下,样本均值 $\bar{y}$ 的绝对误差限为 d,则有 P（ 1 $\bar{y}$ - $\bar{r}$ 1≤d ）=1-a。s^2 表示该地级市(自治州)的总体方差,则各地级市(自治州)在简单随机抽样时目标样本量应为:

$$n_0 = \frac{S^2}{\frac{d^2}{(Z\alpha_{/2})^2} + \frac{S^2}{N}}$$

在统计意义上,当总体规模 N 达到 100 万以上时,N 的变化对不再具有明显影响,例如,甘孜藏族自治州的常住人口数 N=109.19 万人;成都市常住人口数为 1404.76 万人,是甘孜州常住人口数的 13 倍,但因为两者人口规模都在百万以上,规模对样本量影响虽然存在,但没有一般认为的那样大。又根据大型抽样中以往的满意度调查数据,在百分制问卷中,满意度调查的总体方差约为 0.1。由此,可计算得到以地级市(自治州)为总体的基础样本量为 9.6。

由于本调查为两阶段分层抽样调查,其抽样效率低于相同样本量下的简单随机抽样,因此为本抽样方法确定设计效应。调整后各省样本量,计算可得。本着方案实施的便利性原则,我们取调整后各地级市(自治州)样本量为 11。

为了突出不同地域的差别,根据表 3-3 的分层信息,将总样本量定为 337*11=3701 （人）,但是考虑到第一层省份地域的特殊性,故增加 800 个样本,得到最终的样本量约为 4500 个。又因第一、二、三层的人口总数为 12：39：49,结合地理特征(北方到中部地区到南方地区冰雪活动越来越少),每个层的地区设定样本量为 1500 （人）。

由于各地级市(自治州)人口规模相差较大,虽然人口规模达到百万以上级别对样本量影响较小,但如果规模相差过大,影响还是存在的,规模较大的地级市(自治州)应该适当增加样本量。基于此,调查将 31 省 337 个地级市(自治州)划分为三大类:人口规模在 1000 万及以上的地级市(自治州)为第一类,300 万至 1000 万人口的地级市(自治州)为第二类,人口规模小于 300 万的地级市(自治州)为第三类。按照三类样本量 3∶2∶1 的标准进行划分。各层第一二三类地级市(自治州)分布如下:

表 3-3　各层地级市(自治州)分布

层数	类别数	地级市(自治州)数量
第一层	第一类	1
	第二类	14
	第三类	47
第二层	第一类	7
	第二类	70
	第三类	48
第三层	第一类	5
	第二类	82
	第三类	63

因此,对于第一层地级市来说,第一类的样本量为 1500*3/(3*1+2*14+1*47)66,第二类样本量 1500*2/(3*1+2*14+1*47),第三类样本量 1500*1/(3*1+2*14+1*47)。对第二层、第三层采用同样的计算方法。

第二节　冰雪运动参与现状与模式

一、运动参与程度

本章对问卷调查的数据统计未加特殊说明或标注,以总样本所代表的人口总数为基数进行计算。

(一)运动参与喜好

由表 3-4 可知,2018 年冰雪运动参与喜好程度的"非常喜欢"和"喜欢"的占比分别为 2.0% 和 11.6%,共计 13.6%。仅仅一成有余的喜好率说明被调查群体对冰雪运动的喜爱程度仍然较低。2019 年,"非常喜欢"和"喜欢"的分别为3.5%和30.3%,共计33.8%,被调查者的喜好率有较大幅度的提升。2020年全体样本中,"非常喜欢"和"喜欢"冰雪运动的被调查者占比为33.1%,被调查者对冰雪运动的喜爱程度同比处在持平状态;另外,还有40.0%的被调查对象对冰雪运动持"说不上喜欢或不喜欢"模棱两可的态度。2020年数据中"不喜欢"冰雪运动的占比为35.8%,将该指标与"曾经参与"和"不参与"指标的数据做交叉分析发现,参与者群体喜欢冰雪运动占比(52.4%)明显高于"不曾参与"群体(24.3%),说明运动喜好与参与行为之间存在较高的相关性。

表3-4　冰雪运动参与的喜好程度(%)

年份 类型	2018			2019			2020		
	全体样本	参与	不参与	全体样本	参与	不参与	全体样本	参与	不参与
非常不喜欢	0.1	0.4	-	2.3	0.6	2.8	1.7	0.4	2.2
不喜欢	2.9	12.2	-	30.0	9.5	35.8	24.5	9.3	31.5
说不上喜欢或不喜欢	7.4	30.9	-	33.9	35.1	33.6	40.0	37.8	41.0
喜欢	11.6	48.2	-	30.3	46.7	25.6	29.6	45.6	22.3
非常喜欢	2.0	8.2	-	3.5	8.1	2.2	3.5	6.8	2.0

（二）运动参与年龄

　　2018年,被调查对象第一次参加冰雪运动时年龄主要在18～28岁之间,占49.5%;其次为29～40岁、7～10岁、15-17岁,分别占13.2%、12.8%、10.4%。2019年,被调查者第一次参加冰雪运动平均年龄为20.5岁;其次18～28岁和15～17,分别占39.8%和15.3%;41～48岁、49岁及以上的比较少,占比分别为2.4%和2.7%。2020年,被调查者第一次参加冰雪运动的平均年龄为20.13岁,其中18～28岁第一次参加冰雪运动的群体占比最高,为32.7%,选择第一次参加的7～10岁和11～14岁的人数接近,分别为14.6%和14.0%,在15～17岁和29～40岁第一次参加的比例分别为15.1%和11.3%,有5.8%的人从童年就开始接触冰雪运动,6.5%在40岁之后才开始接触冰雪运动。

表 3-5　首次冰雪运动参与的年龄统计表

年龄段	2018			2019		2020
	参与者样本（%）	平均年龄（岁）	参与者样本（%）	平均年龄（岁）	参与者样本（%）	平均年龄（岁）
童年：6 岁以下	3.6		5.6		5.8	
少年：启蒙期 7～10 岁	12.8		10.9		14.6	
少年：逆反期 11～14 岁	7.1		9.8		14.0	
少年：成长期 15～17 岁	10.4	20.44	15.3	20.5	15.1	20.13
青年：青春期 18～28 岁	49.5		39.8		32.7	
青年：成熟期 29～40 岁	13.2		13.5		11.3	
壮年：41～48 岁	3.4		2.4		2.8	
中老年：49 岁及以上	0		2.7		3.7	

（三）运动参与频次

2019 年的全国调查加入大众参与冰雪运动的频次这项指标，以冰雪运动当年参与人口为基数进行计算。2019 年，年参与 1～2 次的占比为 55.3%，3 次及以上的占 44.7%。2020 年，该指标的数据有所提升，年参与 1～2 次的占比为 58.8%，3 次及以上的占 41.2%。数据分析发现，运动年度参与平均次数同比有所提升，不参与平均次数同比有所降低，表明大众冰雪运动参与的频度有较为明显的提升。具体如下。

表 3-6　2019 年大众冬季参与冰雪运动的统计数据

2019		参与者样本（%）	平均次数（次）
总样本分母	0 次	89.5	
	1～2 次	5.8	0.67
	3 次及以上	4.7	
当年参与分母	1～2 次	55.3	6.35
	3 次及以上	44.7	

表 3-7　2020 年大众冬季参与冰雪运动的统计数据

2020		参与者样本（%）	平均次数（次）
总样本分母	0 次	86.1	0.85
	1 ~ 2 次	8.2	
	3 次及以上	5.7	
当年参与分母	1 ~ 2 次	58.8	6.09
	3 次及以上	41.2	

　　2020 年,被调查者冬季参与冰雪运动的平均次数为 0.85。有 13.9%
的人在 2020 年冬季参加了冰雪运动,参加过 1 ~ 2 次和 3 次及以上的分
别占 8.2% 和 5.7%。以参与群体人口为基数计算,"深度参与"（年参与
3 次及以上）占比:滑雪 20.7%、滑冰 30%、民俗性冰雪活动 27%、冰雪嘉
年华活动 8.3%;而以"当年参与人口"为基数进行计算,平均参与次数为
6.09,其中有 41.2% 的被调查者参与过 3 次及以上。虽处在疫情影响之下,
运动的铁杆粉丝利用可允许的参与机会在尽情参与。

表 3-8　2019、2020 年冬季被调查者参与不同冰雪运动项目的频次统计

运动项目	频次	2019		2020	
		当年参与者样本（%）	平均次数（次）	当年参与者样本（%）	平均次数（次）
滑雪	1 次	45.4	3.94	48.9	4.40
	2 次	30.8		30.4	
	3 次及以上	23.8		20.7	
滑冰	1 次	31.2	5.39	44.4	5.06
	2 次	29.5		25.6	
	3 次及以上	39.3		30.0	
竞技性雪车 / 雪橇	1 次	37.7	3.16	47.8	5.48
	2 次	33.7		23.3	
	3 次及以上	28.6		28.9	
冰壶	1 次	43.2	3.46	69.9	1.50
	2 次	18.7		19.1	
	3 次及以上	38.1		11.0	

续表

运动项目	频次	2019		2020	
		当年参与者样本（%）	平均次数（次）	当年参与者样本（%）	平均次数（次）
冰球	1 次	52.5	21.79	57.4	1.94
	2 次	4.3		37.6	
	3 次及以上	43.2		5.0	
冰雪嘉年华	1 次	69.9	1.91	72.4	1.50
	2 次	15.4		19.3	
	3 次及以上	14.7		8.3	
民俗冰雪运动	1 次	58.5	3.96	46.2	4.11
	2 次	17.9		26.9	
	3 次及以上	23.6		27.0	

2020 年，除冬季外的其他季节，在参与国内或国外冰雪运动调查中，非冬季参加冰雪运动的样本占比较小，其中，冰雪嘉年华的参与比例最高，为 2.8%，冰壶和冰球的参与比例最小，分别为 0.2% 和 0.1%。当年在非冬季参与体验型冰雪运动的比例最高，为 19.6%，其次是雪上运动（7.3%）和冰上运动（7.2%）。

表 3-9　2019—2020 年非冬季参与冰雪运动项目

类型	全体样本		当年参与者样本	
	参与（%）	不参与（%）	参与（%）	不参与（%）
滑雪	1.2	12.3	10.9	89.1
滑冰	1.4	16.0	11.2	88.8
竞技性雪车/雪橇	0.4	4.0	13.7	86.3
冰壶	0.2	0.9	14.6	85.4
冰球	0.1	1.1	17.4	82.6
冰雪嘉年华	2.8	13.8	24.4	75.6
民俗冰雪运动	1.4	7.4	24.2	75.8

表 3-10 2019—2020 年非冬季参与冰雪运动项目类型

类型	当年参与者样本	
	参与（%）	不参与（%）
冰上项目	7.2	92.8
雪上项目	7.3	92.7
体验型参与	19.6	80.4

二、运动参与消耗

（一）运动参与时间

2018 年，被调查者每次参加冰雪运动的时间主要在 4 ~ 8 小时（39.3%），平均用时 10.12 小时，其中用时 30 分钟以下、30 分钟 -1 小时、1 ~ 2 小时所占比例为 0%、0.1%、4.4%；生活圈内能便捷参与冰雪运动的占比不高。

表 3-11 2018—2020 年大众每次参加冰雪运动的平均时间

时间段	2018		2019		2020	
	参与者样本（%）	平均时间（小时）	参与者样本（%）	平均	参与者样本（%）	平均时间（小时）
30 分钟以下	0		1.0		5.3	
30 分钟 ~ 1 小时	0.1		3.7		9.7	
1 ~ 2 小时	4.4		8.6		17.7	
2 ~ 4 小时	27.4	10.12	26.6	24.33	19.3	24.7
4 ~ 8 小时	39.3		22.7		10.9	
8 ~ 16 小时	19.7		6.1		2.8	
16 ~ 24 小时	3.8		14.0		12.4	
1 ~ 2 天	1.8		1.1		9.1	
2 天以上	3.5		16.3		12.9	

2019 年，被调查者最近一次参加冰雪运动的时间平均 24.33 小时，其中 2 ~ 4 小时、4 ~ 8 小时所占比例分别为：26.6%、22.7%。16 ~ 24 小时、2 天以上所占比例分别为 14.0%、16.3%，占有一定比例。

2020 年，被调查者参与冰雪运动（包括往返交通时间）的中位数为 2 ~ 4 小时，平均时长为 1 天。具体来看，耗费在 2 小时以内的占比 32.7%，近半数受访者（45.4%）花费时间为 2 ~ 24 小时，耗费在 1 天以上的占比为 22%。

（二）运动参与通勤时间

2018 年，被调查者最近一次参加的冰雪运动所花交通时间平均为 5.92 小时；通勤时间为 1 ~ 2 小时、2 ~ 4 小时、4 ~ 8 小时的各自比例分别为 18.3%、31.2%、23.4%。

表 3-12 2018—2020 年大众每次参加的冰雪运动的交通所需时间

时间段	2018		2019		2020	
	参与者样本（%）	平均时间（小时）	参与者样本（%）	平均	参与者样本（%）	平均时间（小时）
30 分钟以下	5.3		10.6		21.7	
30 分钟 ~ 1 小时	7.8		13.3		17.7	
1 ~ 2 小时	18.3		20.4		21.1	
2 ~ 4 小时	31.2	5.92	24.2	9.2	15.3	7.8
4 ~ 8 小时	23.4		10.8		8.4	
8 ~ 16 小时	7.8		5.4		2.4	
16 ~ 24 小时	1.2		5.6		3.7	
1 ~ 2 天	0.6		1.7		5.6	
2 天以上	4.4		8.2		4.1	

2019 年，被调查者最近一次参加的冰雪运动所花交通时间平均为 9.2 小时，较 2018 年平均时间有所提升。通勤时间在 1 ~ 2 小时、2 ~ 4 小时的各自比例分别为 20.4% 和 24.2%。4 ~ 8 小时、8 ~ 16 小时、16 ~ 24 小时所占比例分别为 10.8%、5.4%、5.6%。

2020 年，参加冰雪运动耗费的往返交通时间中位数是 1 ~ 2 小时，占比为 21.1%。在所有时间中比例最高的是 30 分钟以下（21.7%）。花费在 2 小时以内的有 60.5%，2 ~ 16 小时的有 26.1%，另外有 4.1% 的人会花费 2 天以上的时间前往参加冰雪运动，这些被调查者对冰雪运动的喜爱程度较高。

（三）运动参与消费

2018 年，被调查者每次参加的冰雪运动的平均消费为 522.1 元，消费在 500 元以下的占比较高（77.7%），3000 元以上所占比例仅为 4.1%。

表 3-13　2018 年大众每次参加的冰雪运动消费情况

消费水平	2018		2019		2020	
	参与者样本（%）	平均消费（元）	参与者样本（%）	平均	参与者样本（%）	平均消费（元）
200 元以下	32.7		29.1		33.8	
200 ~ 500 元	45.0		24.5		26.8	
500 ~ 1000 元	9.7	522.1	15.7	1620.35	15.0	900.1
1000-3000 元	8.4		16.9		15.7	
3000 元以上	4.1		13.7		8.8	

2019 年，被调查者最近一次参加的冰雪运动的消费平均为 1620.35 元，较 2018 年有较大提升。500 元以下的消费占比 53.6%，500 ~ 1000 元、1000 ~ 3000 元、3000 元以上所占比例分别为 15.7%、16.9%、13.7%。2020 年，被调查者参加冰雪运动平均花费 900 元，其中大部分（75.6%）的人花费在 1000 元以内，花费 1000 ~ 3000 元的有 15.7%，另外还有 8.8% 的人花费在 3000 元以上。

（四）运动消费结构

2019 年，被调查者参加的冰雪运动的消费主要花费在参与冰雪运动门票和交通、餐饮与住宿上，分别占 8.4% 和 6.9%。其次为购买服装和装备方面，均占 2.9%，而花费在观看冰雪运动比赛的门票和参与冰雪运动的教育与培训的比较少，分别占 0.6% 和 0.5%。

表 3-14 2019 年大众参加的冰雪运动的消费结构

2019 参与者样本	平均消费（元）	200 元以下（%）	200-500 元（%）	500-1000 元（%）	1000 元以上（%）
购买服装	362.82	30.4	23.6	7.4	38.6
购买装备	526.51	35.1	24.2	9.0	31.8
门票支出	168.58	58.7	27.1	9.1	5.0
观赛门票支出	20.47	51.8	30.6	14.2	3.3
交通、餐饮与住宿支出	681.42	29.3	25.4	15.2	30.1
教育与培训支出	92.48	31.7	18.5	16.0	33.7
其他	80.63	47.0	8.1	15.7	29.2

　　2020 年，被调查者参与冰雪运动消费结构为：购买服装平均花费 344.02 元，有 19.5% 的人花费在千元以上。装备的平均花费为 308.54 元，有 76.8% 的人累计购买 500 元以内的滑雪装备，10.9% 的被调查者累计购买千元以上的装备。被调查者在门票上的花费相对较少，平均花费 146.31 元，观看比赛类的门票花费平均值为 39.76 元，其中 81.9% 的被调查者花费在 500 元以下。另外，交通、餐饮与住宿也是冰雪运动消费的主要部分，平均花费在 414.40 元，在所有项目中最高。教育培训支出在 134 元。虽然被调查者在各个项目上的平均花费差别较大，但花费大多集中在 500 元以内。

表 3-15 2020 年大众参加的冰雪运动的消费结构

2020 参与者样本	平均消费（元）	200 元以下（%）	200-500 元（%）	500-1000 元（%）	1000 元以上（%）
购买服装	344.02	40.0	24.5	16.1	19.5
购买装备	308.54	54.1	22.7	12.4	10.9
门票支出	146.31	63.6	25.3	6.8	4.3
观赛门票支出	39.76	65.1	16.8	10.4	7.7
交通、餐饮与住宿支出	414.40	65.1	16.8	10.4	7.7
教育与培训支出	133.77	34.3	24.0	15.3	26.5
其他	39.18	59.0	18.2	4.5	18.2

三、运动参与方式

（一）运动参与组织

2018年,被调查者参与冰雪运动主要是自发前往的,占比为80.0%;其次为公司单位、社会团体组织,分别占6.8%、4.5%;最后为政府部门和社区居委会,分别占1.3%和0.5%。

表3-16 2018—2020年大众参与冰雪运动的参与方式

方式	2018	2019	2020
	参与者样本（%）	参与者样本（%）	参与者样本（%）
个人自发组织的	80.0%	77.8%	64.1%
公司单位组织的	6.8%	4.8%	10.8%
社区居委会组织的	0.5%	1.3%	2.9%
由政府部门组织的	1.3%	2.0%	5.4%
参加商业性质的健身俱乐部	2.6%	3.3%	5.7%
社会团体组织的	4.5%	5.3%	9.2%
其他	4.2%	5.5%	2.0%

2019年,被调查者参与冰雪运动同样主要是自发前往的,占比略降,为77.8%;其次为社会团体、公司单位以及商业性质的健身俱乐部,分别占5.3%、4.8%和3.3%;最后为政府部门和社区居委会,分别占2%和1.3%。

2020年,64.1%的被调查者参加的是个人自发组织的冰雪运动,虽仍然占比最高,但同比下降较大;其次是公司单位和社会团体组织的冰雪运动,分别为10.8%和9.2%;政府部门和商业性质的健身俱乐部组织的占比接近,为5.4%和5.7%,社区居委会举办的占比最小,为2.9%。

（二）运动参与项目

从表3-17可知,2018年,被调查者参与冰雪运动项目类型中滑冰项目高于滑雪项目,两者的比例分别为10.1%和9.8%。参与的冰雪运动项目主要以大众娱乐项目为主,如冰雪嘉年华和民俗冰雪运动,所占比例分别为 13.2% 和 4.3%;而专业性冰雪运动比例相对较低,竞技性雪车 / 雪橇、冰壶、冰球所占比例分别为 1.6%、0.6%、0.5%。以"参与者人口"为基数的计算结果详见下表。

表 3-17　2018 年大众参与冰雪运动项目类型

类型	全体样本		参与者样本	
	参与(%)	不参与(%)	参与(%)	不参与(%)
滑雪	9.8	90.2	40.8	59.2
滑冰	10.1	89.9	42.1	57.9
竞技性雪车 / 雪橇	1.6	98.4	6.5	93.5
冰壶	0.6	99.4	2.3	97.7
冰球	0.5	99.5	2.0	98.0
冰雪嘉年华	13.2	86.8	55.0	45.0
民俗冰雪运动	4.3	95.7	18.0	82.0

2019 年,被调查者参与冰雪运动项目类型中滑冰项目高于滑雪项目,两者的比例分别为 12.8% 和 9.9%。参与的冰雪运动项目主要以大众娱乐项目为主,如观光体验和民俗性冰雪运动,所占比例分别为 9.3% 和 4.3%;而专业性冰雪运动比例比较低,竞技性雪车和冰壶、冰球所占比例分别为 2.3%、0.8%、0.8%。以"参与者人口"为基数的计算结果详见下表。

表 3-18　2019 年大众参与冰雪运动项目类型

类型	全体样本		参与者样本	
	参与(%)	不参与(%)	参与(%)	不参与(%)
滑雪	9.9	90.1	45.2	54.8
滑冰	12.8	87.2	58.6	41.4
竞技性雪车 / 雪橇	2.3	97.7	10.7	89.3
冰壶	0.8	99.2	3.7	96.3
冰球	0.8	99.2	3.7	96.3
冰雪嘉年华	9.3	90.7	42.3	57.7
民俗冰雪运动	4.3	95.7	19.5	80.5

2020 年,滑雪、滑冰和冰雪嘉年华是被调查者参与比例最高的三个项目,分别占 13.5%、17.3% 和 16.6%。相比较之下,冰壶、冰球、竞技性雪车 / 雪橇项目的参与比例较低,分别占 1.1%、1.3%、4.3%。约有三成的被调查者表示曾经参与过冰雪运动,以"参与者人口"为基数的计算,参与滑雪、滑冰以及冰雪嘉年华的比例分别为 42.6%、54.8% 和 52.4%。

表 3-19　2020 年大众参与冰雪运动项目类型

类型	全体样本		参与者样本	
	参与(%)	不参与(%)	参与(%)	不参与(%)
滑雪	13.5	86.5	42.6	57.4
滑冰	17.3	82.6	54.8	45.2
竞技性雪车 / 雪橇	4.3	95.5	13.7	86.2
冰壶	1.1	98.9	3.4	96.6
冰球	1.3	98.6	4.0	96.0
冰雪嘉年华	16.6	83.4	52.4	47.6
民俗冰雪运动	8.8	91.2	27.8	72.2

四、运动参与目的

2018 年,被调查者参与冰雪运动的目的主要是娱乐,所占比例高达 54.8%,其次是健康、缓解压力、社交,所占比例分别是 15.8%、14.9%、8.8%。2019 年,被调查者参与冰雪运动的目的仍然主要是娱乐,所占比例高达 52.0%,其次是健康、缓解压力、社交,所占比例分别是 16.5%、14.5%、9.1%。2020 年,全国范围内参加过冰雪运动的群体中,出于娱乐目的参加冰雪运动的人群虽有所减少,但仍然占比最高,达到 45%,其次是出于健康和缓解压力,分别占总人数的 23.3% 和 17.5%,出于社交目的参加的占到 9.8%。另外还有 3.4% 和 1.8% 的人群出于追求时尚和其他目的参与冰雪运动。

表 3-20　2018—2020 年大众参与冰雪运动的目的

参与目的	2018	2019	2020
健康	15.8%	16.5%	23.3%
娱乐	54.8%	52.0%	45.0%
社交	8.8%	9.1%	9.8%

续表

参与目的	2018	2019	2020
缓解压力	14.9%	14.5%	17.5%
追求时尚	1.9%	4.1%	2.6%
出于其他目的	3.8%	3.8%	1.8%

五、运动参与制约

（一）运动参与的人际影响

在 2018 和 2019 年的调查中，朋友对被调查者参与冰雪运动的影响最大，所占比例分别为 9.0%、6.7%。在 2020 年调查中，家人对参与冰雪运动影响最大（8.9%）。

表 3-21　影响大众冰雪运动参与的人际关系因素

2018	曾经参与过冰雪运动的样本包括缺失值在内的百分比（%）	参与者样本（%）	无参与者样本（%）
没有人	4.7	20.6	-
家人	6.1	26.8	-
朋友	9.0	38.9	-
老师	-	-	-
同学	-	-	-
同事	1.6	7.0	-
其他人	1.5	6.6	-

表 3-22　影响大众冰雪运动参与的人际关系因素

2019	全体样本（%）	参与者样本（%）	无参与者样本（%）
没有人	5.4	24.7	-
家人	5.3	24.2	-
朋友	6.7	30.4	-
老师	0.7	3.1	-
同学	2.1	9.6	-
同事	1.3	6.0	-

2019	全体样本（%）	参与者样本（%）	无参与者样本（%）
其他人	0.4	2.0	-

2020 年,在所有被调查者中,8.9% 的人认为家人对其参加冰雪运动的影响最大,占比最高,另外也有 8.5% 的人认为朋友的影响最大,很少一部分人认为老师、同学对参加冰雪运动的影响最大,分别占到 2.0% 和 2.7%。对比全体样本,参与者在各个选项下的比例均有所上升,但仍然是家人、朋友对参加冰雪运动的影响最大,分别为 28.1% 和 26.7%。

表 3-23　影响大众冰雪运动参与的人际关系因素

2020	全体样本（%）	参与者样本（%）	无参与者样本（%）
没有人	6.6	20.7	-
家人	8.9	28.1	-
朋友	8.5	26.7	-
老师	2.0	6.4	-
同学	2.7	8.6	-
同事	1.9	6.0	-
其他人	1.1	3.4	-

（二）运动参与的疫情影响

在 2019—2020 冬季,新冠疫情的爆发对于个体参加冰雪运动影响的调查中发现,15.8% 的人因为疫情完全取消了原计划参加的冰雪运动,另外还有 3.1% 的人认为疫情大大减少了原计划参加的冰雪运动,也有 10.2% 的人表示疫情对参加冰雪运动基本上没有影响。以"参与者人口"为基数的计算,疫情对参加冰雪运动的影响分布比较极端,有 50.6% 的人表示因为疫情完全取消了自己的计划,也有 32.7% 的人认为疫情对参加冰雪运动基本没有影响,16.7% 的人认为疫情只是减少了原计划参加的冰雪运动。

表 3-24　新冠疫情对大众冰雪运动参与的影响调查

影响类型	全体样本（%）	参与者样本（%）	无参与者样本（%）
完全取消了原计划参加的冰雪运动	15.8	50.6	-
大大减少了原计划参加的冰雪运动	3.1	10.1	-
部分减少了原计划参加的冰雪运动	2.1	6.6	-
对于参加冰雪运动基本上没有影响	10.2	32.7	-

在 2020—2021 冬季个体参加冰雪运动的意愿调查中,57.1% 的人表示绝对不会在 2020—2021 冬季参加冰雪运动,2.6% 的人表示绝对会参加,剩下有 40.3% 的人表示有可能会参加,其中 4.6% 是较大可能会参加,10.4% 持中立态度,25.3% 的参加可能性较低。"参与者"和"不曾参与者"在未来冬季参与冰雪运动的意愿有显著差异,参与者样本中,绝对不会参加的比例较低,只有 27.8%,而不曾参与者样本中有 70.7% 选择绝对不会参加。

表 3-25　2020—2021 冬季大众冰雪运动参与的意愿调查

意愿类型	全体样本（%）	参与者样本（%）	无参与者样本（%）
绝对会参加	2.6	6.3	0.9
较大可能会参加	4.6	12.0	1.1
有一半可能会参加	10.4	20.5	5.8
有较少可能会参加	25.3	33.5	21.5
绝对不会参加	57.1	27.8	70.7

（三）运动参与的结构限制

2018 年,阻碍被调查者参加冰雪运动的因素主要是附近缺乏冰雪设施、太忙没时间,二者所占比例分别是 37.0% 和 21.8%。

表 3-26　影响大众冰雪运动参与主要因素

2018	全体样本（%）	参与者样本（%）	无参与者样本（%）
不感兴趣	12.4	9.0	13.4
经济条件不允许	10.8	8.1	11.6
太忙,没时间	21.8	28.5	19.8

续表

2018	全体样本（%）	参与者样本（%）	无参与者样本（%）
身体健康状况不允许	8.1	7.7	8.2
附近缺乏冰雪运动设施	37.0	33.5	38.0
怕受伤	7.6	9.6	7.0
没有人进行冰雪培训,不会	-	-	-
其他	2.3	3.5	2.0

2019 年,阻碍被调查者参加冰雪运动的因素主要是附近缺乏冰雪设施、太忙没时间,二者所占比例分别是 28.1% 和 19.5%。

表 3-27　影响大众冰雪运动参与主要因素

2019	全体样本（%）	参与者样本（%）	无参与者样本（%）
不感兴趣	9.8	6.0	10.8
经济条件不允许	13.1	10.7	13.7
太忙,没时间	19.5	25.6	17.8
身体健康状况不允许	7.5	5.9	8.0
附近缺乏冰雪运动设施	28.1	26.7	28.5
怕受伤	7.7	9.6	7.1
没有人进行冰雪培训,不会	12.4	12.3	12.4
其他	2.0	3.3	1.6

表 3-28　影响大众冰雪运动参与主要因素

2020	全体样本（%）	参与者样本（%）	无参与者样本（%）
不感兴趣	12.4	9.0	13.4
经济条件不允许	10.8	8.1	11.6
太忙,没时间	21.8	28.5	19.8
身体健康状况不允许	8.1	7.7	8.2
附近缺乏冰雪运动设施	37.0	33.5	38.0
怕受伤	7.6	9.6	7.0
没有人进行冰雪培训,不会	2.3	3.5	2.0
其他	12.4	9.0	13.4

2020 年全体样本中,因为附近缺乏冰雪运动设施而不参加冰雪运动的人群占比最多,达到 37.0%,其次有 21.8% 的人是因为太忙没时间无法参加,12.4% 的人是因为不感兴趣,10.8% 的人因为经济条件不允许所以不参加,8.1% 的人因为身体状况不允许。以"参与者人口"为基数的计算,因为"附近缺乏运动设施"不参加冰雪运动的人群占比最大,为 33.5%;其次为"太忙没时间",占比 28.5%。对于没有参加过冰雪运动的人群来说,有 38.0% 的人选择"附近缺乏运动设施",占比最多,缺少培训不参加的占 2%。

六、运动参与的家庭支持

(一)运动参与的家庭喜好

在对家庭参加冰雪运动的调查显示,2018 年,家人和亲戚中没有人喜欢冰雪运动的占大多数,比例为 77.3%。2019 年,该比例为 76.3%,有所下降。而同时,在主办冬奥会背景下,被调查者的家人和亲戚中喜欢冰雪运动的人数有所提升,具体数据详尽下表。

表 3-29　2018—2020 大众冰雪家庭参与的人数

年份	类型	全体样本（%）	参与者样本（%）	无参与者样本（%）
2018	人	77.3	52.0	85.2
	1 人	5.4	7.9	4.5
	2 人	6.7	12.9	4.8
	3 人	3.8	8.5	2.3
	4～6 人	4.3	11.1	2.1
	7～10 人	1.9	5.2	0.9
	10 人以上	0.6	2.1	0.2
2019	人	76.3	52.1	85.1
	1 人	5.2	6.5	4.9
	2 人	4.9	10.4	3.5
	3 人	3.6	8.7	2.2
	4～6 人	4.9	12.0	2.9

续表

年份	类型	全体样本（%）	参与者样本（%）	无参与者样本（%）
	7～10人	2.1	6.4	0.9
	10人以上	1.2	3.8	0.2
2020	人	59.5	40.7	68.2
	1人	4.1	5.1	3.6
	2人	8.1	12.5	6.1
	3人	6.7	10.6	5.0
	4～6人	7.3	14.8	3.8
	7～10人	3.7	7.6	1.8
	10人以上	2.5	4.5	1.6

2020年,全体样本中有59.5%的人表示周围没有人喜欢冰雪运动,其次8.1%表示周围有2人喜欢冰雪运动;"参与者"样本中40.7%的人表示周围没有人喜欢冰雪运动,相对总体有所下降,其次有14.8%的人表示周围有4～6人喜欢冰雪运动;对于没有参加过冰雪运动的被调查者,周围没有人喜欢冰雪运动的人群比例高达68.2%,有6.1%的人表示周围有2人喜欢冰雪运动。

（二）运动参与的家庭陪伴

2018年和2019年,在与被调查者"经常"一起参与冰雪运动的群体中,朋友所占比例最大,为12.0%、9.1%,其次是家人,所占比例为8.4%、6.7%。

表3-30　大众冰雪家庭参与的基本调查

年份	调查类型	曾经参与过冰雪运动的样本（%）	参与者样本（%）	无参与者样本（%）
2018	没有人	0.5	2.3	-
	家人	8.4	36.3	-
	朋友	12.0	52.2	-
	同学	-	-	-
	同事	1.7	7.4	-

续表

年份	调查类型	曾经参与过冰雪运动的样本（%）	参与者样本（%）	无参与者样本（%）
	其他人	0.4	1.7	-
2019	没有人	1.7	7.6	-
	家人	6.7	30.8	-
	朋友	9.1	41.4	-
	同学	2.8	12.9	-
	同事	1.4	6.4	-
	其他人	0.2	0.8	-
2020	没有人	2.4	7.6	-
	家人	11.8	37.3	-
	朋友	11.0	34.8	-
	同学	3.8	11.9	-
	同事	1.8	5.6	-
	其他人	.9	2.8	-

2020年全体样本中，11.8%的人选择经常和家人一起参加，其次为朋友，为11.0%，除了其他人外，和同事经常一起去参加的人占比最小，为0.98%。在参与者样本中，经常和朋友和家人一起去参加的比例仍然较高，分别为37.3%和34.8%。

（三）亲子共同参与

2018年，以有子女的样本为基数计算，被调查者经常带孩子参与冰雪运动的人数比例比较低，"经常"和"有时"分别占1.6%和2.0%；很少和从不参与的比重分别为5.8%和85%。

表 3-31　2018—2020 父母带子女参与冰雪运动情况

基本情况	2018	2019	2020
	有子女总样本（%）	有子女总样本（%）	有子女总样本（%）
经常	1.6	1.4	2.0
有时	2.0	1.9	4.3
偶尔	5.5	6.9	12.2
很少	5.8	9.7	16.9
从不	85.0	79.9	64.6

2019 年,以有子女的样本为基数计算,被调查者经常带孩子参与冰雪运动的人数比例比较低,"经常"和"有时"分别占 1.4% 和 1.9%;"很少"和"从不参与"的比重分别为 9.7% 和 79.9%。

2020 年,以有子女的样本为基数计算,64.6% 的家庭"从未"带孩子一起参加冰雪运动,16.9% 的人表示"很少"带孩子参加冰雪运动,只有 2.0% 的人会"经常"和孩子一起参加,4.3% 的"有时"会带孩子一起参加。

（四）亲子参与属性

2018—2020 年,被调查者或其他家人经常带家里的孩子参加的是娱乐性的冰雪运动,比例分别为 95.3%、96.9%、96.4%,始终保持在高占比的层面。

表 3-32　2018—2020 父母带子女参与冰雪运动的性质

性质	2018	2019	2020
	子女参与（娱乐性\专业规范性总合）样本（%）	子女参与（娱乐性\专业规范性总合）样本（%）	子女参与（娱乐性\专业规范性总合）样本（%）
娱乐性的冰雪活动	95.3	96.9	96.4
专业规范性的冰雪运动	4.7	3.1	3.6

七、校园冰雪运动参与

（一）校园冰雪运动课程

2018 年,学生所在学校有冰雪运动项目类的体育课的比例很小,为 3.9%。

表 3-33　2018 年学校冰雪课程开展调查

2018	类型	总样本（%）
学校开设冰雪运动的体育课	有	3.9
	没有	81.8
	不知道	14.3

2019 年,以体育课或其他形式进行冰雪运动教学的占 7.6%,学生组织冰雪运动比赛的占 3.5%,组织学生参加冰雪夏令营/冬令营的占 5.9%,讲授关于冰雪运动的知识占 12.7%,其他有关冰雪运动的内容占 3.5%。学校冰雪课程开展状况有所好转,但占比仍较低。

表 3-34　2019 年学校冰雪课程开展与学生参与冰雪形式

2019	类型	总样本（%）
学校开设冰雪运动的体育课	有	7.6
	没有	91.7
组织学生参加冰雪运动训练或比赛	有	3.5
	没有	96.4
组织学生参加冰雪运动夏令营	有	5.9
	没有	93.9
讲授关于冰雪运动的知识	有	12.7
	没有	86.0
其他有关冰雪运动的内容	有	3.5
	没有	96.0

表3-35　2020年学校冰雪课程开展与学生参与冰雪形式

2020	类型	总样本（%）
学校开设冰雪运动的体育课	有	6.7
	没有	93.3
组织学生参加冰雪运动训练或比赛	有	7.1
	没有	92.9
组织学生参加冰雪运动夏令营	有	7.4
	没有	92.6
讲授关于冰雪运动的知识	有	19.9
	没有	80.1
其他有关冰雪运动的内容	有	9.9
	没有	90.1

2020年，有6.7%的学校开设了冰雪运动的体育课，7.1%的学习组织学生参加训练和比赛，7.4%的学校组织学生参加冰雪运动夏令营，开展理论教育的比例相对较高，达到19.9%。

（二）冰雪运动教学的区域差异

2018年，45.7%的受访者家里有正在上学的孩子，在这一群体中，仅有13.9%的有14岁以上孩子在学校接受冰雪运动教育课程。其中，传统冰雪运动省份地区有13.8%的孩子接受这类课程，西北华北其余省份为4.0%，南方省份仅为1.6%。

2019年，传统冰雪运动省份中小学的冰雪运动教育情况相对好于其余两个地区，西北华北其余省份及南方省份的中小学在冰雪运动教育方面情况比较相似。其中，虽然在学校接受冰雪运动相关知识比例的中小学学生在各地区均超过10%，分别为19.8%、12.0%和12.1%，但是传统冰雪运动省份学校在组织学生进行冰雪运动实践方面的比例是其余两地区的2倍以上。传统冰雪运动省份学校开设冰雪运动的体育课比例也远高于其余两地区，为17.3%，与其余两地区的6.6%和6.5%相比，有较大差距。在组织学生参加冰雪运动训练或比赛方面，传统冰雪运动省份所占比例为11.8%，是南方省份的5倍以上。

表 3-36　2019 年不同区域学校提供冰雪运动教育相关课程分布

2019 年数据	传统冰雪运动省份	西北华北其余省份	南方省份
组织学生参加冰雪运动训练或比赛	11.8%	2.7%	2.3%
组织学生参加冰雪运动夏令营或冬令营	12.0%	5.6%	4.8%
讲授关于冰雪运动的知识	19.8%	12.0%	12.1%
学校开设冰雪运动的体育课	17.3%	6.6%	6.5%
其他有关冰雪运动的内容	7.8%	3.1%	2.9%

　　2020 年，不同区域学校提供冰雪教育的情况与前两年相比，情况依然相似。传统冰雪运动省份的教育情况要好过西北华北其余省份和南方省份。其中，各地占比最多的教育方式仍为"讲授关于冰雪运动的知识"，比例分别为 32.2%、16.8% 和 12.1%，西北华北其余省份同比有较大上升。除南方省份外，其余两地区"学校开设冰雪运动的体育课"占比有所下降，分别为 15.8% 和 2.9%，但学生接受学校其他有关冰雪运动的内容的比例普遍上升，在三大区域占比分别为 16%、9.8% 和 5.4%。

表 3-37　2020 年不同区域学校提供冰雪运动教育相关课程分布

2020 年数据	传统冰雪运动省份	西北华北其余省份	南方省份
组织学生参加冰雪运动训练或比赛	17.4%	2.6%	3.5%
组织学生参加冰雪运动夏令营或冬令营	15.4%	4.4%	4.8%
讲授关于冰雪运动的知识	32.2%	16.8%	12.1%
学校开设冰雪运动的体育课	15.8%	2.9%	6.5%
其他有关冰雪运动的内容	16%	9.8%	5.4%

　　2018—2020 年三年的数据显示，传统冰雪运动省份中小学的冰雪运动教育情况相比于其余两个地区更加乐观，特别是学校提供的冰雪运动实践活动方面。以 2020 年数据为例，西北华北其余省份及南方省份的中小学在冰雪运动教育方面情况较为相似，在学校接受冰雪运动相关知识比例的中小学学生在各地区均超过 10%，但在参加训练或比赛、参加冬令营或夏令营、冰雪运动教学等实践活动方面，传统冰雪运动省份表现比起其余两地区明显更出色，占比分别高于其余两个地区 12% 左右。

八、运动欣赏与资讯

（一）观赏媒介与频度

2018年,被调查者"偶尔"通过电视、互联网等媒介观看冰雪运动比赛的频率最高,比例为29.2%。2019年,被调查者"偶尔"通过电视、互联网等媒体观看冰雪运动比赛的频率最高,比例为29.6%。2020年,被调查者中"偶尔"通过电视、互联网观看冰雪比赛的人占32.7%。运动"参与者"和"不参与者"样本中分别有34.2%,32.0%的人会偶尔通过电视、互联网观看比赛。另外,"参与者"样本中从不通过电视、互联网观看比赛的占比,比全体样本为基数统计的占比数据要低,"经常"通过电视、互联网观看比赛的人群比例高于全体样本;"不参与者"样本的数据正好相反。说明亲身运动体验能在一定程度上提高被调查者观看比赛的兴趣,也可能是大众本身喜欢看冰雪赛事才更有可能选择去参加冰雪运动,背后的因果关系需深入研究。

表3-38　2018—2020年大众冰雪电视、互联网等媒体观看冰雪运动比赛情况

基本情况	2018			2019			2020		
	全体样本（%）	参与者样本（%）	无参与者样本（%）	全体样本（%）	参与者样本（%）	无参与者样本（%）	全体样本（%）	参与者样本（%）	无参与者样本（%）
经常	6.2	12.1	4.4	8.1	13.6	6.4	10.4	15.5	8.1
有时	15.7	17.6	15.0	15.5	18.5	14.6	15.7	20.4	13.5
偶尔	29.2	34.1	27.7	29.6	34.4	28.1	32.7	34.2	32.0
很少	21.2	20.4	21.4	21.0	20.1	21.3	22.5	18.3	24.5
从不	27.7	16.0	31.4	25.8	13.3	29.6	18.6	11.6	21.8

（二）现场观赛状况

2018 年,被调查者中没有亲自到现场观看比赛的占绝大多数,比例为 97.2%,亲自到现场观看冰雪运动比赛的只占 2.8%。2019 年,被调查者中没有亲自到现场观看比赛的占比略有下降,但仍是绝大多数,比例为 96.3%,亲自到现场观看冰雪运动比赛的只占 3.7%。2020 年,被调查者中有 4.7% 的人亲自到现场观看过冰雪比赛,其中,10.5% 的人有过曾经亲自到现场观看比赛的经历,"不参与者"样本中仅有 2.0% 有亲自到现场观看比赛的经历。

表 3-39　2018—2020 年大众现场观看冰雪运动比赛情况

情况	2018			2019			2020		
	全体样本（%）	参与者样本（%）	无参与者样本（%）	全体样本（%）	参与者样本（%）	无参与者样本（%）	全体样本（%）	参与者样本（%）	无参与者样本（%）
有	2.8	7.6	1.3	3.7	9.0	2.0	4.7	10.5	2.0
没有	97.2	92.4	98.7	96.3	91.0	98.0	95.3	89.5	98.0

（三）冰雪运动资讯

2018 年,被调查者获取冰雪运动知识的主要途径是电视,所占比例为 44.5%。其次是通过上网途径,所占比例为 23.2%。2019 年,被调查者获取冰雪运动知识的主要途径是电视,所占比例为 42.2%;再是通过上网途径,所占比例为 26.4%。2020 年,电视（33.8%）和网络（32.8%）成为被调查者获取冰雪运动知识最主要的两大途径,8.4% 的人会通过报纸杂志书籍获取信息,另外通过广播、运动场所的健身指南、咨询冰雪运动相关专业人员获取冰雪知识的被调查者依次占 5.8%、4.8%、2.6%。

分别考察参与者样本和不参与者样本发现,曾参加过冰雪运动的被调查者通过运动场所的健身指南获取知识的比例相对上升,由 4.8% 上升为 7.7%,而未曾参与的被调查者这一比例有所下降,由 4.8% 变为 3.4%。

表 3-40　2018—2020 年大众获取冰雪运动知识的途径

途径	2018			2019			2020		
	全体样本（%）	参与者样本（%）	无参与者样本（%）	全体样本（%）	参与者样本（%）	无参与者样本（%）	全体样本（%）	参与者样本（%）	无参与者样本（%）
报纸杂志书籍	6.3	8.1	5.6	5.7	6.6	5.3	8.4	8.7	8.2
广播	3.4	5.0	2.8	4.2	4.4	4.1	5.8	4.9	6.3
上网	23.2	31.2	20.0	26.4	32.8	24.1	28.0	31.4	26.1
电视	44.5	39.9	46.3	42.2	38.4	43.6	39.4	34.4	42.3
运动场所的健身指南	1.0	2.7	0.4	1.9	4.4	1.1	4.8	7.7	3.1
咨询冰雪运动专业人员	1.3	3.3	0.6	1.5	4.7	0.4	2.6	5.0	1.2
以上都没有	18.3	8.0	22.5	17.0	6.6	20.7	9.1	4.2	11.9
其他	1.9	1.9	1.9	1.1	2.1	0.8	2.0	3.7	1.0

九、冬奥认知与运动喜好

（一）冬奥会举办周期的认知

2018—2019 年，被调查者对于冬奥会"每几年举办一次"的奥运周期问题，答对和答错的人数比例分别为 45.3%、39.5% 和 7.7%、9.1%，而不知道的人数在 50% 左右。被调查者对于冬奥会的知识并不很了解。

表 3-41　2018—2020 年被调查者对冬奥会举办间隔时间的了解情况

情况	2018			2019			2020		
	全体样本（%）	参与者样本（%）	无参与者样本（%）	全体样本（%）	参与者样本（%）	无参与者样本（%）	全体样本（%）	参与者样本（%）	无参与者样本（%）
对	45.3	59.1	40.9	39.5	56.4	34.8	44.6	55.0	39.8
错	7.7	7.5	7.8	9.1	8.2	9.4	12.6	13.9	12.0
不知道	47.0	33.5	51.2	51.4	35.3	55.8	42.8	31.1	48.2

2020 年全体样本中,44.6%的人知道冬奥会举办周期,42.8%的人选择"不知道",还有 12.6%的人对冬奥会周期的回答错误。参与者样本中,55%的受访者能正确回答出冬奥会举办的周期,未参与者样本中有 39.8%的人正确回答出冬奥会举办周期。

（二）冬奥会主办地的认知

2018 年,被调查者对 2022 年冬奥会主办地回答"北京和张家口"（正确答案）、"北京"、"张家口"的比例分别为 14.2%、13.1%、4.8%,"不知道"的人数占比 67.8%。回答正确的人数比例比较低。

2019 年,被调查者对于 2022 年冬奥会的举办地"不知道"的人数占比为 56.4%,能够回答准确的人数占比为 24.6%,而仅能单一回答"北京"或"张家口"的人数比例分别为 13.6%、5.5%。由此可见,对于 2022 年冬奥会的举办地不了解的人数比例仍然比较高,超过一半以上。

表 3-42　2018—2020 年被调查者对 2022 冬奥会举办地点的了解情况

情况	2018			2019			2020		
	全体样本（%）	参与者样本（%）	无参与者样（%）	全体样本（%）	参与者样本（%）	无参与者样本（%）	全体样本（%）	参与者样本（%）	无参与者样本（%）
北京	13.1	16.0	12.2	13.6	15.0	13.1	18.8	19.7	18.3
张家口	4.8	6.6	4.3	5.5	8.1	4.7	5.7	8.1	4.6
北京和张家口	14.2	18.7	12.7	24.6	32.0	22.5	18.4	22.3	16.5
不知道	67.8	58.6	70.7	56.4	44.9	59.6	57.2	49.9	60.6

2020 年,选择"北京和张家口"的人数占比最高,为 18.4%,选择"北京"或"张家口"的人数分别占 18.8%和 5.7%;其中参与者样本中,选择"北京和张家口"的比例有所上升,为 22.3%,而无参与者样本中为 16.3%,低于前者。

（三）我国优势项目的认知

短道速滑运动属于我国冬季运动的优势项目。根据 2018 年和 2019 年的数据显示，被调查者了解我国冬季运动优势项目的人数比例偏低，比例分别为 38.7%、35.4%，不了解的分别占 61.3%、60.5%，回答错误的占 3.0%、4.0%。

表 3-43　2018—2020 年被调查者对我国优势项目的了解情况

情况	2018			2019			2020		
	全体样本（%）	参与者样本（%）	无参与者样（%）	全体样本（%）	参与者样本（%）	无参与者样本（%）	全体样本（%）	参与者样本（%）	无参与者样本（%）
是	35.6	52.3	30.3	35.3	57.7	29.1	49.5	64.6	42.4
不是	3.0	3.6	2.9	4.0	4.9	3.8	5.0	5.7	4.7
不知道	61.3	44.0	66.8	60.5	37.3	67.0	45.5	29.7	52.9

2020 年全国样本中，49.5% 的人知道短道速滑是我国的优势项目，45.5% 的人不知道，5% 的人回答错误。参与者样本中，回答正确的比例有所上升，为 64.6%，选择"不知道"的比例有所下降，由 45.5% 变为 29.7%，回答错误的比例基本不变。不参与者样本中回答正确、错误和不知道的比例依次为 42.4%、4.7%、52.9%。总体而言，该指标所反映的冬奥知识的认知水平有所提升。

第三节　冰雪运动参与总体样态和发展趋势

一、冰雪运动参与总体样态——基于 2018 年的调查数据

调查结果显示，大众"曾经参与"冰雪运动的合计约有 2.7 亿人，他们以各种方式"曾经参加过"冰雪运动，总人口占比为 24.0%。整体而言，滑冰人数占比高于滑雪，门槛较高的冰壶、冰球等冰雪运动参与率很低。参加过滑雪的约占 40.8%；参加过滑冰的约占 42.1%；参加过竞技性雪

车/雪橇的约占 6.5%；参加过冰壶的约占 2.3%、冰球的约占 2.0%，占比很少；参加过观光体验性活动的约占 55.0%；参与过地方性民俗冰雪运动的约占 18.0%。

2018 年"当年参与"状况中，全国约 6213 万人参加了不同类型的冰雪运动，总人口占比为 5.5%。从运动项目来看，参加滑冰的占 10.1%，参加滑雪运动的占 9.8%，参加冷门项目如冰壶、冰球的占 1.1%，参加竞技性雪车/雪橇的占 1.6%，参加观光体验性活动的占 13.2%，参加地方性民俗冰雪运动的占 4.3%。年度数据对比显示，滑冰人口增长更快，冰壶、冰球等始终较低。

分区域来看，不同区域群众冰雪运动参与水平差异明显。其中，传统冰雪运动省份冰雪运动的参与率高达 42.0%，约有 5863 万人，西北华北其余省份为 25.9%，约为 1.09 亿人，而南方省份的参与率仅为 18.0%，约有 1.02 亿人。

从大众参加的冰雪运动具体种类来看，无论在哪个区域，在公园或者景区参加冰雪观光活动的参与率都是最高的，是各地人民群众最喜闻乐见的冰雪运动。甚至在南方省份冰雪观光活动的参与率也有 10.1%。由于在南方不太可能从事真正的冰雪运动，因此大多是在北方省份旅游时参与的，这一地域特点为我国传统冰雪运动省份发展冬季旅游提供了良好的增长点。

在传统冰雪运动省份，由于地理气象条件较为适宜、历史文化氛围浓厚，参与滑雪、滑冰以及地方性民俗冰雪运动的比例最高，约为西北华北其余省份的 2～3 倍，南方省份的 2～6 倍，三个地区在民俗性冰雪活动方面的差异最大。

除此之外，传统冰雪运动省份与另外两个区域在竞技性、专业性较强的几项运动方面差异也比较明显。其中，在竞技性雪车/雪橇这一项比例相差 4 倍左右，在冰球方面的差异为 2 倍多。三个地区参与冰壶的比例均最小，均低于 1%。其中，西北、华北其余省份与南方省份在这三项上分布相近，相差在 0.3% 以内。

此外，传统冰雪运动省份与西北华北其余省份参加冰雪观光和滑雪的比例较为接近，南方省份则为冰雪观光与滑冰的比例较接近。同时，三个区域比较，只有南方省份的居民参加滑冰运动的比例高于滑雪运动，分别为 8.2% 和 5.2%。

2018 年冰雪消费 200～500 元的占 45.0%，消费 200 元以下的占 32.7%。在冰雪运动上花费 4～8 小时的占 39.3%，花费 2～4 小时的占 27.4%，花费 8～16 小时的占 19.7%。往返通勤总时间为 2～4 小时的占 31.2%,4 ~ 8 小时的占 23.4%,1 ~ 2 小时的占 18.3%。

二、冰雪运动参与总体样态——基于 2019 年的调查数据

截至 2019 年,全国合计约有 2.5 亿人以各种方式"曾经参加过"冰雪运动,总人口占比为 21.9%。分区域统计,北部约 5798 万人、中部约 1.1亿人、南部约 8151 万人;区域人口占比分别为 41.9%、25.5%、14.4%。从大众参加的冰雪运动具体种类来看,滑冰人数占比高于滑雪,门槛较高的冰壶、冰球等冰雪运动参与率很低。不论在哪个区域,曾有过滑冰经历的人占比最高,占比为 12.8%,总人数约为 1.4 亿人;进行冰壶、冰球等专业性较强冰雪运动的人占比最低,占比 1.6%,总人数约为 1816 万人。此外,曾参与冰雪观光、民俗冰雪活动的人占比达 13.5%,总人数约为 1.5 亿人。

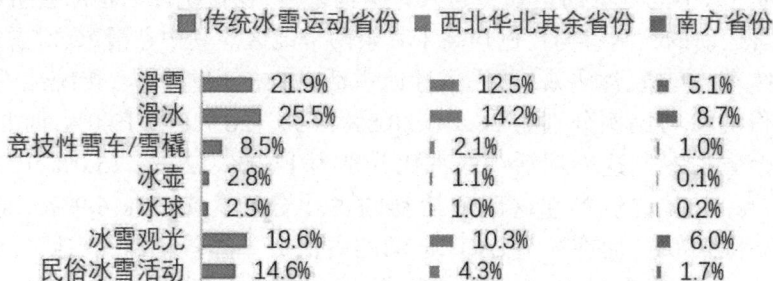

■传统冰雪运动省份 ■西北华北其余省份 ■南方省份

	传统冰雪运动省份	西北华北其余省份	南方省份
滑雪	21.9%	12.5%	5.1%
滑冰	25.5%	14.2%	8.7%
竞技性雪车/雪橇	8.5%	2.1%	1.0%
冰壶	2.8%	1.1%	0.1%
冰球	2.5%	1.0%	0.2%
冰雪观光	19.6%	10.3%	6.0%
民俗冰雪活动	14.6%	4.3%	1.7%

图 3-13　各地区曾参与冰雪运动状况

2019 年当年,全国约有 1.2 亿人参加了不同类型的冰雪运动。总人口占比为 10.5%,区域人口占比分别为北部 21.1%、中部 13.5%、南部5.7%。从运动项目来看,参加一般性滑冰、滑雪运动的占 8.4%,参加冷门项目如冰壶、冰球的占 0.9%,参加休闲、观光类活动的占 4.8%。年度数据对比显示,滑冰人口增长更快,冰壶、冰球等始终较低。

中小学生曾参加过冰雪运动的约占 18.6%;参加过冬奥会知识讲座的约占 12.7%;参加过冰雪体育课的约占 7.6%;参加过冰雪冬令营的约占 5.9%;参加过专业性训练的约占 3.5%;参加过娱乐性运动的约占18.4%。18 岁及以上学生曾参加过冰雪运动的约占 39.2%;参加过滑雪的约占 17.7%;参加过滑冰的约占 27.1%;参加过冰壶的约占 0.8%、冰球的约占 1.2%,占比很少;参与过民俗性运动或观光体验的约占 18.2%。

2019 年,以参与者群体为基数进行统计,冰雪消费人均费用约 1416元。花费较高的依次为交通餐饮、服装、装备,花费最低的是观看比赛的

门票,技能培训的花费也较低。显然,消费结构以必需品消费为主,服务性、文化类消费水平较低。值得注意的是,在南部冰雪匮乏区域,滑雪人口总量不大但参与频次很高,有着稳定的滑雪爱好者和深度消费群体。

三、冰雪运动参与总体样态——基于 2020 年的调查数据

截至 2020 年,全国合计约有 2.8 亿人"曾经参加过"冰雪运动,总人口占比为 24.9%。从参与项目的类别来看,滑冰人数占比高于滑雪,门槛较高的冰壶、冰球等冰雪运动参与率很低。以参与者群体为基数进行统计,参加过滑雪的约占 54.3%;参加过滑冰的约占 69.8%;参加过冰壶的约 4.3%、冰球的约 5.1%,占比很少;参加过竞技性雪车 / 雪橇的占 17.4%;参与过民俗性运动的约 25.0%;参加过观光体验性活动的占 45.6%。从不同地区的运动参与人口结构来看,在传统冰雪运动省份,各项冰雪运动的大众参与比例均高于其余两个地区。其中在滑冰、滑雪、竞技性雪车 / 雪橇、冰雪观光、民俗性冰雪活动方面相差较大,传统冰雪运动省份的参与比例分别为 26.5%、20.8%、8.9%、26.7% 和 19.0%,西北华北其余省份参与这四项活动的占比分别为 15.0%、12.7%、15.0%、12.6% 和 4.7%,南方省份参与这四项活动的占比分别为 10.5%、6.9%、0.8%、10.4% 和 2.7%。而在冰壶、冰球运动的占比上差异较小,三个地区冰壶参与占比分别是 2.2%、0.4%、0.6%,冰球参与占比分别是 2.1%、1.1%、0.6%。

2020 年当年,全国约有 1.2 亿人参加了不同类型的冰雪运动,总人口占比约为 10.5%。在参与群体中,"深度参与"(年参与 3 次及以上)占比:滑雪 20.7%、滑冰 30%、民俗性冰雪活动 27%、冰雪嘉年华活动 8.3%;在除冬季之外的季节,有 7.2% 的人参加了冰上运动,7.3% 的人参加了雪上运动,19.6% 的人参加了休闲娱乐性或民俗性的活动。

在组织方式上,自发组织的占比为 64.1%、单位组织的为 10.8%、社团组织的为 9.2%。为了"娱乐"目的的人最多,占 45%;之后依次是健康(23.3%)和缓解压力(17.5%)等。"附近缺乏冰雪运动设施"是限制运动参与的首要因素,占比 37%;其次是"太忙、没有时间",占比 21.8%。

在学校,开设冰雪运动课程的占比为 6.7%,组织课外训练或比赛的占 7.1%,组织冬令营的占 7.4%,组织运动知识讲座的占 19.9%。在家里,父辈"经常"带孩子参加冰雪运动的占 2.0%,"有时"占 4.3%,"从不"占 64.6%。93.2% 的父母带孩子参加的是娱乐性冰雪运动。

在北京冬奥会期间,计划去现场观赛的人约占 4.3%,"不去"的占

56.4%，"不一定"的为 39.3%。届时通过电视或互联网关注冬奥会的占比达到了 69.8%。

交通耗时代表着运动参与的"可获得性"。单程耗时在 15 分钟之内的占 21.7%，15 ～ 30 分钟的占 17.7%，31 ～ 60 分钟的占 21.1%，61 ～ 120 分钟的占 15.3%，超过 120 分钟的占 25.2%。

在冰雪消费方面，以参与者为基数，全年总消费人均 900.1 元；单次（最近参与）消费不足 200 元的占 33.8%，消费 200 ～ 500 元的占 26.8%，消费 500 ～ 1000 元的占 15.0%，消费 1000 ～ 3000 元的占 15.7%，高于 3000 元的占 8.8%。单次消费结构中，花费较高的依次为交通餐饮、教育与培训、服装，花费最低的是观看比赛的门票，参与冰雪运动的门票花费也较低。交通、餐饮和住宿的花费最高，人均 414.4 元；其后是服装（344.02 元）、装备（308.54 元）、门票（39.76 元）。显然，消费结构以必需品消费为主，服务性、文化类消费水平较低。值得注意的是，在南部冰雪匮乏区域，滑雪人口总量不大但参与频次很高，有着稳定的滑雪爱好者和深度消费群体。

四、大众冰雪运动发展总体趋势——基于 3 年的调查数据

（一）冬奥会认知与大众关注

通过各种媒介关注北京冬奥会的占比三年来都持续稳定在 70% 左右的高位。"经常"通过媒体关注冬奥会的占比、现场观赛的人口占比逐年提高，而"从不"关注冬奥会的占比逐年下降。问卷中冬奥知识测评的答题正确率有很大提高。

（二）交通耗时更少，运动参与更加便捷

到 2020 年，"生活圈"内（交通耗时少于 15 分钟）的运动参与占比逐年提升，依次由 2018 年的 5.3% 到 2019 年 9.2% 再到 2020 年 21.7%。居民在"生活圈"和"城区圈"参加冰雪运动更加便捷，运动参与的"可获得性"得到增强。

（三）"自组织"性质的参与方式在减少，专业化引领不断增强

从参与的冰雪运动组织方来看，2020年各地区大众参与冰雪运动的方式主要依赖自发组织，占比超过60%，通过其余方式组织参加的比例均不超过12%。但是较2018、2019所有降低。三年来，个人"自发组织"的运动参与占比从80%降为77.2%和64.1%。说明社会组织的活力和组织力在逐渐被激发出来；另外，由专业冰雪社团组织的运动参与由2018年的4.5%升到2020年的9.2%。

（四）冰雪教育渐次向好

2020年冰雪课堂开课率、课外训练和比赛、冬令营、冰雪文化讲座的状况逐年向好。冰雪课程的开课率从2018年3.9%升至2019年7.6%，2020年虽受疫情影响略降为6.7%，但仍处于总体增长的趋势。

（五）家庭和朋辈群体提供持续性支持

三年来，家长"从不"带孩子参加冰雪运动的占比逐年降低，由85%降至79.9%再到64.6%，但家长带孩子参加冰雪运动，大多（超过95%）选择娱乐性或民俗性项目，正规的运动参与很少，也给运动参与的持续性埋下隐忧。

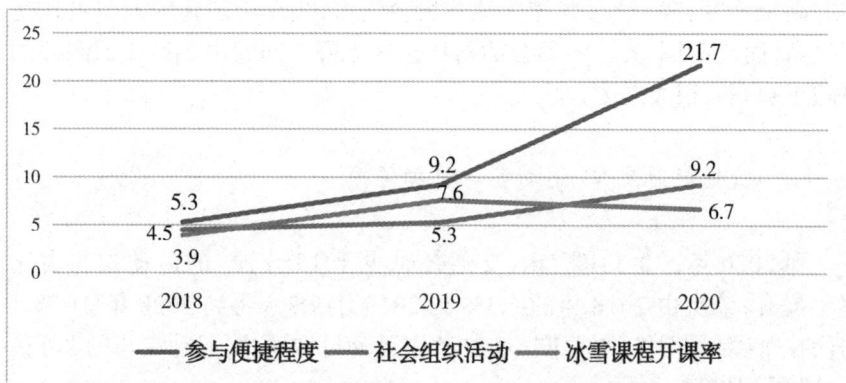

图3-14 2018—2020年三年来总体发展态势

第四节　冰雪运动参与的问题与困境

一、冰雪运动喜好偏弱,公众参与的内动力不足

2018 年数据显示,有超过 12% 的人"不喜欢"冰雪运动,约 48% 的家庭有喜欢冰雪运动的家人,约 31.4% 的人从不观看冰雪运动比赛,"经常"通过媒体观看比赛的不足 4.4%,曾经亲临现场观赛的约占 1.3%。

2019 年三个区域均有超过 30% 的人"不喜欢"冰雪运动,约 20% 的家庭有喜欢冰雪运动的家人,约 25% 的人从不观看冰雪运动比赛,"经常"通过媒体观看比赛的不足 8%,曾经亲临现场观赛的约占 3.4%。

2020 年有超过 25% 的人"不喜欢"冰雪运动,约 35.3% 的家庭有喜欢冰雪运动的家人,约 95.3% 的人没有亲自到现场观看过冰雪运动比赛,"经常"通过媒体观看比赛的占比 10.5%。

二、奥林匹克教育还需完善,"家校互动"没有形成机制

2018—2020 年,校园内场地设施短缺一直困扰着运动普及。在师资方面,一方面专业院校的培养不足,另一方面用人单位又难以常设专门的冰雪教师岗位,双重挤压妨碍了冰雪课堂的设置;有些学校的课外冰雪活动对运动体验的设置不够,参加专业训练的学生很少。家庭内"大手拉小手"的亲子参与占比较低。学校和家庭是重要的社会化场所,但两者在冬奥教育方面并没有建立起良性的互动机制。

三、场馆供给不到位,场馆分布与需求相背离

数据显示,2018 年冰雪运动参与的路程耗时 2 ~ 4 小时的占比 31.2%,耗时 4 ~ 8 小时的占比 23.4%,耗时 1 ~ 2 小时的占比 18.3%。2019 年冰雪运动参与的路程耗时平均约 4 小时。2020 年,冰雪运动参与路程耗时 2 ~ 4 小时的占比 19.3%,耗时 1 ~ 2 小时的占 17.7%,耗时 16 ~ 24 小时的占比 12.4%。总的来看,"居住地附近缺乏运动场地"和"时

间因素无法成行"是两大难题。场地设施供给不到位让公众难以承受高企的时间成本，限制了运动需求和体育消费。

在供需结构上，我国冰雪场馆的分布与区域人口密度、经济发展水平不匹配。以雪场为例，北部区域人口占比约38%，但雪场占比达到78%；从经济方面看，GDP全国排名前十的省份有8个"缺冰少雪"。显然，经济发达且人口基数大的区域却缺少冰雪资源和运动场馆，供需之间存在严重错位。

四、社会性组织机构偏弱，消费模式难以持续

2018—2020年，分别有80%、77.2%、64.1%的人参加冰雪运动属于自发性的，虽总体趋势有所下降，但仍然超过六成；其中86.82%、71.3%、71.3%的人选择与朋友、家人一起前往，血缘关系和友缘关系特色明显；由社团、俱乐部组织以趣缘关系为纽带的参与占比不足7%，专业体育社团的引领和服务缺失。可见，冰雪运动的自组织性参与模式始终占主体，大众参加冰雪运动仍然处在相对松散的组织内，而具有较强组织性和专业化的、以冰雪运动社团为组织方的参与模式还没有发挥应有的引领、指导、服务的作用。

家长在对孩子的技能培训方面的花费很少，带孩子进行规范化学习的均不足5%。冰雪运动有一定的技术门槛，娱乐化的"冰雪一日游"难以让人体验到极限运动挑战自我的乐趣，"冰雪重游"的动力不足就无法培养活跃的参与群体和深度的体育消费。

五、冬奥认知水平偏低，文化传播力不强

2018—2020年，约58.4%、53.0%、56.4%的人知道下一届冬奥会在我国举办，但能准确回答举办年份、主办城市的不到两成。综合数据表明，我国被调查者对冬季运动的了解仍处在较浅层面，科学运动和安全知识的深层次的认知不足。

电视和互联网是冬奥文化的主要传播媒介，年轻人更喜好互联网，老年人偏爱电视。电视和互联网具有远程传播能力，但其传播方式难以将内容的精度和文化的深度尽数呈现，其传播手段的弱互动性使受众的参与感不强，很难从深层次体悟文化。

六、疫情影响严重,运动参与和体育消费双双受挫

由于冰雪运动特殊的运动属性,要求具备较大规模的参与人口才能维持冰雪产业的基本运作和发展。但新冠疫情对旅游行为的限制,以及由此引发的消费心理的负面影响都成为限制冰雪消费的主要障碍。三年的系列调查数据显示,受疫情影响,在曾经参加过冰雪运动的群体中,50.6% 的人"完全取消"了运动参与计划,10.1% 的人"大大减少"了运动参与,冰雪运动参与计划受阻导致增长趋势被终止,运动参与逐年向好的良好趋势受疫情影响而被阻断。此外,因为参与意愿受挫而引发的心理内动力减弱、人均总消费大幅消减以及单次消费下降、冰雪旅游受损严重而导致深度消费减少等,这些因为疫情引发的运动参与限制因素都成为疫情后复工复产必须要克服的障碍。

七、运动参与水平较低,娱乐性参与的持续性较差

就目前来看,我国冰雪运动参与群体较大,但活跃人群较小。三年的数据显示,六成左右的人参加冰雪运动是为了"娱乐";在曾带孩子参加冰雪运动的这部分家长中,带孩子参加娱乐性冰雪运动的都超过九成,带孩子参加专业性冰雪运动的占比极少。我国推广冰雪运动的时日尚短,以娱乐为目的的体验性运动参与模式是必由之路,这无可厚非。但受运动属性的影响,要体验到冰雪运动带给人的独特的运动享受和领悟其特殊的运动价值,就要达到一定的技术水准,也要遵守严格的安全规范。所以,以娱乐为目的的初级阶段参与模式需要逐步升级,否则,娱乐化的"冰雪一日游"难以保持运动参与的充足动力。参与模式的不可持续性会影响后冬奥阶段冰雪运动事业和冰雪运动产业的长远发展。

本章小结

本章拟解决的主要问题和研究内容是:围绕"冰雪运动参与"概念和测量指标设计,建立我国大众冰雪运动参与调查的标准规范、运作流程和操作方法。基于统计数据的支持,描述 2018—2020 年冰雪运动参与的现状及模式,解析我国大众冰雪参与的限制因素。

1. 问卷调查设计与抽样方案

围绕运动参与的概念和测量指针，构建调查问卷指标结构的基本框架。

调查问卷由三部分组成：核心模块、主题模块、拓展模块。核心模块主要服务于描述与解释被调查者的社会背景和社会变迁，目的在于对被调查者给出一个基本而全面的图景，为建立各种分析模型提供必要的内生变量和外生变量，其特点在于求全面而不求深入。主题模块是指被调查者的体育信息，服务于解释被调查者的冰雪运动参与状况。扩展模块则主要服务于冬奥影响、冰雪运动情感、认知、价值判断等。

2. 抽样方案

以上述问卷调查框架设计调查指标，并以中国大陆 31 个省份的地理位置分部为基础，按照各地区的气候条件（主要是是否含有自然降雪和可供做冰雪运动的人工场地），将全国大陆 31 个省份划分为适宜冰雪运动开展北部"传统省份"地区、可以开展冰雪运动的"西北华北其余省份"地区、难以开展冰雪运动的"南方省份"地区三个层次，对特定地区投放合理规模的调查问卷，以获得随机性很强的代表性样本。

除通过问卷调查获得数据外，还在社区（村、居委会）层面、不同发展程度区县单元层面上收集代表区域特性的指标和信息：人口密度、非农业人口比重、人均地区生产总值、GDP、拥有教师总数、外国直接投资（FDI）实际使用外资金额、体育投入、体育场馆建设、体育社团数量等。这些数据可以作为抽样和问卷调查信息的背景资料加以整理和分析。

3. 冰雪运动参与现状、模式与趋势

基于统计数据的支持下，描述 2018—2020 年冰雪运动参与的现状及模式，探讨我国大众冰雪参与面临的问题。

系列年度调查数据显示，在主办冬奥会效益的推动下，在冰雪运动发展政策的引领下，我国群众性冰雪运动呈现出一定的向好态势，例如，公众的冬奥会认知与大众关注逐渐提升、运动参与的交通耗时更少、运动参与更加便捷、专业化引领不断增强、冰雪教育渐次向好、家庭和朋辈群体提供持续性支持等,这些积极的发展态势必将为我国冰雪运动的持续发展积蓄充足的动能。

但同时也应看到,虽然我国累积参与冰雪运动人口较多,但实际活跃人群规模小,参与冰雪运动的年度活跃群体较少,具有运动参与的地理特性显著的特点以及由此引发的问题。在冰雪运动参与的模式方面,八成左右的人参加冰雪运动是属于自发性的,参与项目主要以大众娱乐项目为主;大众第一次参加冰雪运动时的平均年龄为 20 岁,家人和朋友对其参与冰雪运动影响最大。在冰雪消费方面,消费模式难以持续是我国大众冰雪运动参与普及以及可持续发展面临的主要问题。

同时,群众性冰雪运动发展还要克服多重的限制因素。从休闲限制理论的角度看,在个体的内限制方面,大众的运动喜好偏弱,公众参与的内动力不足较为明显;在人际限制方面,七成左右的人选择与朋友、家人一起前往,社会性体育组织的组织能力偏弱,人际支持的施予主体并不丰富多元;在结构性限制方面,场馆供给不到位,场馆分布与需求相背离,始终是阻碍冰雪运动参与的重要结构性因素。

本部分的调查数据所呈现的结论为后续对大众冰雪运动参与的影响机制的讨论以及冰雪运动发展对策的探讨提供了一定的数据支撑。

第四章　影响冰雪运动参与的要素和机理

冰雪运动大众参与属于休闲参与，休闲活动的开展总是存在或遇到各种各样的约束条件，它阻碍着休闲偏好的形成和休闲活动的参与。我国冰雪运动大众参与率不高，是因为遇到很多限制因素。因此，从休闲限制的理论视角出发，结合样本数据的社会人口属性的信息，了解冰雪运动参与者面临的休闲限制，以及如何通过博弈成功摆脱或降低限制，实现大众参与，对于提高大众冰雪运动参与具有重要的理论和现实意义。

本章将在上文数据梳理的基础上，将问卷调查中所涉及的变量进行统计分析，识别影响或限制冰雪运动参与的变量，并借助 SPSS 统计软件建立逻辑回归模型，研究影响冰雪运动参与者决策的要素、关系及作用机理。

第一节　理论视角与影响因素

一、休闲限制理论的介入

国外关于休闲的研究已经有百余年的历史，其理论架构被"嫁接"到雪上项目时多以辨识大众参与滑雪的影响因素并进行结构性考察为重点。在以市场为主的研究领域，研究者多选择消费者的社会心理学变量来考察运动参与的动机[①]、目的地[②]、忠诚度[③]等意涵。之后,研究重点转向不同人群的市场化细分,旨在通过推动改革满足参与者或者潜在参与者的不同需求,提高大众参与率和忠诚度。

休闲限制(leisure constraint)是指任何影响主体休闲偏好、休闲决策过程及休闲体验,而导致其无法、不愿意或减少参与休闲活动的因素及其内在制约机制。国外对于休闲限制的研究也可以溯源至三十多年前,休闲限制理论延展了休闲理论的分析框架,在分析影响因素之外还侧重透析限制因素,理论相对比较成熟,对于研究我国大众冰雪运动具有很高的理论价值。20世纪80年代后期,国外的休闲限制研究从零散逐渐走向模型化、系统化,其中最具代表意义的是Crawford和Godbey的研究。1987年Crawford和Godbey[④]在前人研究的基础上建构了休闲限制理论的分析框架,即个人限制、人际限制及结构限制。个人限制是指影响休闲偏好或参与的心理状态或态度,例如,兴趣、信仰、意识、自我能力以及对休闲活动适宜性的评价等;人际限制是指由于周围群体的关系而影响其休闲偏好或参与的因素,例如,家人朋友的态度、与同伴休闲偏好不同;结构性限制是指影响个体休闲偏好或参与的外在因素,例如,时间、金钱、气候、休闲设施及社会环境等。后来,Crawford[⑤]发现模型结构在概念

① ALEXANDRIS K, KOUTHOURIS C, GIRGOLAS G. Investigating the relationships among motivation, negotiation, and alpine skiing participation[J]. Journal of Leisure Research, 2007,39(4):648-667.ALEXANDRIS K, KOUTHOURIS C, FUNK D, CHATZIGIANNI E. Examining the relationships between leisure constraints, involvement and attitudinal loyalty among Greek recreational skiers[J]. European Sport Management Quarterly,2008,8(3):247-264.

② KONU H, LAUKKANEN T, KOMPPULA R. Using ski destination choice criteria to segment Finnish ski resort customers[J]. Tourism Management,2011, 32(5):1096-1105.STEEN JACOBSEN J K R, DENSTADLI J M, RIDENG A. Skiers' sense of snow: Tourist skills and winter holiday attribute preferences[J]. Tourism Analysis,2008,13(6):605-614.

③ ALEXANDRIS K, Du J, Funk D, THEODORAKIS N D. Leisure constraints and the psychological continuum model: A study among recreational mountain skiers[J].Leisure Studies,2017,36(5):670-668.KYLE G T, THEODORAKIS N D, KARAGEORGIOU A, LAFAZANI M. The effect of service quality on customer loyalty within the context of ski resorts[J]. Journal of Park and Recreation Administration,2010,28(1):1-15.

④ CRAWFORD D W, GODBRY G. Reconceptualizing barriers to family leisure[J].Leisure Sciences,1987,9(2):119-127.

⑤ CRAWFORD D W, JACKSON E L, GODBEY G. A hierarchical model of leisure constraints [J].Leisure Sciences,1991,13(4):309-320.

上没有相互联系且无法解释这些结构的动力。因此,他在前期研究的基础上建构了休闲限制的层级模型,认为人们在参与休闲时要依次克服个人、人际及结构三方面的限制。由此,休闲限制理论为休闲活动的定量研究提供了可操作化的分析框架,本章也将依此分析我国冰雪运动的大众参与。

二、影响冰雪运动参与的因素

国外关于冰雪参与的影响因素主要涉及三个层面,即社会人口变量、运动经历与冰雪运动参与的关系。比较经典的研究包括 Tsiotsou[①] 对雪场顾客的研究、Malasevska[②] 对高山滑雪参与者的研究、Gilbert 和 Hudson[③] 对英国滑雪者的研究等,形成共识的研究结论是收入、受教育程度、滑雪经历与滑雪频率正相关,以及滑雪兴趣比较高的人运动参与频率也比较高、滑雪参与健康水平联系紧密等。

国内关于冰雪运动参与的影响因素的研究中,张磊等(2022)从外部动机、内部动机、困难感知度的三个维度构建了中小学生群体冰雪参与的模型,发现冰雪参与行为受到多种因素影响[④]。此外,马江涛等(2022)通过对大众冰雪运动的持续参与展开研究,发现大众在冰雪运动的参与前后,持续参与会受到休闲限制、变通策略等的不同影响,因此应降低参与冰雪运动的限制因素,提高参与冰雪运动的满意度,进而促进大众持续参与冰雪运动[⑤]。李京律等(2020)在研究中也指出冰雪参与动机能够依次通过影响运动投入和参与满意度,最终对冰雪运动持续参与意图施加影响,因此,提高大众的冰雪持续参与度,首先要提高其参与满意度[⑥]。

根据前文理论述评,结合本研究主题需要,认为影响冰雪参与的影响

① TSIOTSOU R. Using visit frequency to segment ski resorts customers J.Journal of Vacation Marketing, 2006,12(1):15-26.
② MALASEVSKA I. Explaining variation in alpine skiing frequency[J].Scandinavian Journal of Hospitality and Tourism,2018,18(2):214-224.
③ GILBERT D, HUDSON S. Tourism demand constraints:A skiing participation[J]. Annals of Tourism Research,2000,27(4):906-925.
④ 张磊,王芝清.自我决定理论视角下我国中小学生冰雪运动参与行为研究——困难感知度的中介效应[J].西安体育学院学报,2022,39(02):150-160.
⑤ 马江涛,李京律,李树旺.北京冬奥会背景下大众冰雪运动持续参与形成机制研究J.西安体育学院学报,2022,39(01):18-30.
⑥ 李京律,马江涛,李树旺,李震宁.北京冬奥语境下大众冰雪运动参与动机、运动投入、参与满意度与持续参与意图的关系[J].成都体育学院学报,2020,46(06):74-79.

因素主要在于社会人口属性、个人因素、人际因素以及结构因素。其中，社会人口属性包括性别、年龄、受教育程度、收入、城乡和居住区域。个人因素包括对冰雪运动的喜爱程度、健康状况、是否曾经参与过冰雪运动、是否通过媒体观看过冰雪运动、是否曾到现场观赛、对冬奥知识的了解程度。人际因素用亲属喜好表示，结构因素用冰雪消费运动总额表示。

三、理论假设

休闲限制理论认为人们在参与休闲时要依次克服个人、人际及结构三方面的限制。基于休闲限制理论，本研究的基本假设是：冰雪运动参与是经过参与者的理性或者非理性的选择，冰雪运动的开展往往存在各种各样的约束条件，阻碍着大众对于冰雪运动的参与。

参与者在做出决策时的影响因素除社会人口属性外，个体的喜爱程度、运动经历、了解程度等个体因素，同伴或者重要他人等人际因素以及冰雪消费等结构因素可能都会影响个人的运动参与。所以，研究冰雪运动参与影响因素的进程中，在考虑社会人口属性的同时，还要考虑个人因素、人际因素、结构因素等不同方面的影响。

第二节　影响要素及其机理的量化分析

一、数据来源与变量选择

（一）数据来源与加权

问卷调查的数据采集工作由中国人民大学中国数据与调查中心具体实施。调查范围、抽样框、抽样设计等已在前文的内容中陈明，在此不再赘述。

数据加权以 2015 年全国 1% 人口抽样调查数据为基础，以分层、性别、年龄、教育程度为加权变量，分层 × 性别 × 年龄 × 教育程度进行联合加权。加权后的样本在分层、性别、年龄、教育程度上与全国人口总体保持一致，通过权数调整计算出来的调查结果有效地代表了各区域及全国总体情况。

（二）变量选择

根据前述理论述评,结合本研究主题需要,确定研究的自变量和因变量,以及概念结构和变量清单,如表4-1所示。因变量为冰雪运动参与情况,用冰上运动和雪上运动参与次数代表,自变量分为四类,分别是社会人口属性、个人因素、人际因素以及结构因素。社会人口属性包括性别、年龄、受教育程度、收入、城乡和居住区域。个人因素包括对冰雪运动的喜爱程度、健康状况、是否曾经参与过冰雪运动、是否通过媒体观看过冰雪运动、是否曾到现场观赛、对冬奥知识的了解程度。人际因素用亲属喜好表示,结构因素用冰雪消费运动总额表示。

表4-1　问卷调查概念结构及变量清单

变量结构	概念与变量	测量指标	测量指针	问题描述
因变量	冰雪运动参与	参与次数	A6+A7	参加滑冰或滑雪的次数
自变量	社会人口属性	性别	B1	被访者的性别
		年龄	B2	哪年出生
		受教育程度	B3	目前的最高教育程度
		收入	B4	全年的总收入是多少
		城乡	B6	居住地,城市还是农村
		居住区域	B7	冰雪资源:传统、西北、南方
		健康状况	B5	身体健康水平自评
	个人因素	喜爱程度	A4	喜不喜欢冰雪运动
		曾经参与	A3	有没有参加过冰雪运动
		媒体观赏	A18	通过电视、互联网等观赏
		现场观赛	A19	有没有亲自到现场观赛
		冬奥知识	A26-30	冬奥会信息及运动知识测评
	人际因素	亲属喜好	A21	有运动喜好的亲属人数
	结构因素	冰雪消费	A9	消费总额

因变量冰雪运动参与次数、年龄、收入、亲属中喜欢冰雪运动的人数为连续变量,性别、受教育程度、城乡、区域、喜爱程度、健康状况、是否参与过冰雪运动、媒体观赛经历、现场观赛经历、冬奥知识了解程度是分类变量。因变量与自变量的具体赋值情况如表4-2所示。

表4-2 变量清单与赋值

变量	变量代码	变量类型	赋值
冰雪运动参与		连续变量	
性别		分类变量	0=女;1=男
年龄		连续变量	
受教育程度		分类变量	1=小学及以下;2=初中;3=高中;4=专科;5=本科;6=研究生
收入		连续变量	
城乡		分类变量	0=农村;1=城市
区域		分类变量	1=传统省份;0=否
喜爱程度		分类变量	1=非常不喜欢;3=说不上喜欢或不喜欢;5=非常喜欢
健康状况		分类变量	1=很不健康;3=一般;5=很健康
是否参与过		分类变量	0=否;1=是
媒体观赛经历		分类变量	1=从不;3=偶尔;5=经常
现场观赛经历		分类变量	0=没有;1=有
冬奥知识		分类变量	1=非常不了解;3=一般;5=非常了解
亲属喜欢人数		连续变量	
金钱投入		连续变量	

二、统计结果与回归模型

(一)描述性统计

各变量的数据统计及描述性结果如表4-3所示。样本中男性样本占总样本的64%,城镇样本占比68%,平均受教育程度在高中及专科之间。

表 4-3　统计变量描述结果

变量	变量代码	变量类型	均值	标准差	最大值	最小值
性别		分类变量	0.64	0.48	0	1
年龄（取对数）		连续变量	3.56	0.39	2.71	4.51
受教育程度		分类变量	3.33	1.35	1	6
收入（取对数）		连续变量	10.67	1.64	0.69	20.72
城乡		分类变量	0.68	0.47	0	1
区域		分类变量	0.33	0.47	0	1
喜爱程度		分类变量	3.55	0.83	1	5
健康状况		分类变量	4.09	0.92	1	5
是否参与过		分类变量	0.32	0.47	0	1
初次参与年龄		连续变量	18.46	8.83	3	48
媒体观赛经历		分类变量	2.58	1.22	1	5
现场观赛经历		分类变量	0.04	0.19	0	1
冬奥知识		分类变量	1.89	1.46	0	5
亲属喜欢人数		连续变量	1.13	4.01	0	99
金钱投入		连续变量	-94.36	301.41	-1000	13.82

（二）逻辑回归分析结果

　　根据概念结构和变量清单，以冰雪运动参与次数为因变量，利用 SPSS 统计软件平台进行统计分析，分别建立冰雪运动参与影响因素回归模型（表 4-4）。

　　模型 1 纳入社会人口属性变量，包括性别、年龄、受教育程度、收入、城镇、区域、健康状况。其中，对冰雪运动参与有显著正向影响的因素有"性别"（=0.236，<0.001）、"收入"（=0.000，<0.001）、"城镇"（=0.635，<0.001）、"区域"（=0.717，<0.001）、"健康状况"（=0.174，<0.001）。对冰雪运动参与有显著负向影响的因素有"年龄"（=-0.025，<0.001）。

　　模型 2 纳入个人因素、人际因素和结构因素变量，包括对冰雪运动喜爱程度、媒体观赛经历、现场观赛经历、冬奥知识、亲属中喜欢冰雪运动人数、冰雪消费支出因素。其中"喜爱程度"（=0.105，<0.1）、"现场观赛经历"（=0.393，<0.001）、"亲属中喜欢冰雪运动人数"（=0.153，<0.001）、"冰雪

消费"（=0.204，<0.001）对冰雪运动参与情况有显著的正向影响。

模型3的结果表明，将所有自变量纳入模型中，对冰雪运动参与影响因素具有显著的正向影响的指标有"区域"（=0.329，<0.001）、"健康状况"（=0.150，<0.001）、"媒体观赛经历"（=0.134，<0.001）、"喜欢冰雪运动的人数"（=0.151，<0.001）、"冰雪消费"（=0.216，<0.001）共5项。对冰雪运动参与具有显著负向影响的指标有"年龄"（=-0.031，<0.001）共1项。

表 4-4　冰雪运动参与影响因素 Logistic 回归模型

项目	模型 1	模型 2	模型 3
性别	0.236***		0.069
年龄	-0.025***		-0.031***
受教育程度	0.262		-0.036
收入	0.000***		0.000
城镇	0.635***		0.161
区域	0.717***		0.329***
健康状况	0.174***		0.150***
喜爱程度		0.105*	0.087
曾经参与冰雪		20.429	20.246
媒体观赛经历		0.041	0.134***
现场观赛经历		0.393***	0.240
冬奥知识		-0.031	-0.039
喜欢冰雪运动人数		0.153***	0.151***
冰雪消费		0.204***	0.216***
常量	-4.349	-22.027	-22.441

三、影响冰雪运动参与的要素的作用机理分析

对影响指标进行归纳，结合实地考察和访谈资料，沿着"结构与功能"的分析主线，在休闲限制理论的分析框架，即个人限制、人际限制及结构限制的理论框架内分析限制冰雪运动参与的要素及其影响机制；此外，通过对性别、年龄、教育背景等"社会限制"因素的分析，辨析运动参与背后的社会性别与分化、社会经济地位等社会建构。

（一）个体因素的影响与限制

模型参数显示，在个体层面，运动喜好、健康状况、运动体验是有益于运动参与的显性变量，但它们发挥功能的同时也存在不同的限制因素。

运动喜好有益于冰雪运动参与的观点被广泛认同。Malasevska[①]、Delfien[②]、Alexandris[③]、Barnett[④] 等都承认运动喜好是运动参与的内生动力，认为运动喜好会促进知识和技能的学习，帮助克服心理限制并建立心理与行为的联系。Funk 和 James[⑤]、Beaton 和 Funk[⑥] 甚至应用"心理联系模型"（PCM）建构了一个基于阶段的态度框架，描述了个人如何与"运动"形成心理联系，以及这种联系如何在意识、吸引力、依恋和忠诚这四个阶段所形成的连续体内进行等级演进的机制。但是，运动喜好的重要性难以掩饰现实中的喜好障碍，调查数据显示，大众对冰雪运动的关注度不高，经常通过电视、互联网等媒体观看比赛的观众仅占 6.2%，有时观看占比 15.7%，偶尔观看占比 29.2%，很少观看占比 21.2%，还有近三成群众从不观看冰雪运动比赛，占比 27.7%；在认知方面，大众对冰雪运动知识和信息的认识也处在浅表层面[⑦]。运动喜好是产生价值认同的前提，心理层面缺乏"趋新"和在信息和知识上的陌生化将难以成就参与行为的

① MALASEVSKA I. Explaining variation in alpine skiing frequency[J]. Scandinavian Journal of Hospitality and Tourism, 2018, 18（2）: 214-224.

② DELFIEN V D, GREET C, ILSE D B, et al. Who Participates in Running Events？ Socio-Demographic Characteristics, Psychosocial Factors and Barriers as Correlates of Non-Participation—A Pilot Study in Belgium[J]. International Journal of Environmental Research & Public Health, 2017, 14（11）: 1-14.

③ ALEXANDRIS K, Du J, Funk D, THEODORAKIS N D. Leisure constraints and the psychological continuum model: A study among recreational mountain skiers [J]. Leisure Studies, 2017, 36（5）: 670-668.

④ BARNETT L A. What People Want From Their Leisure The Contributions of Personality Facets in differentially Predicting desired Leisure outcomes [J]. Journal of Lsure Research, 2013, 45（2）: 150-191.

⑤ FUNK D C, JAME J D. Consumer Loyalty: The Meaning of Attachment in the Development of Sport Team Allegiance[J]. Journal of Applied Physiology, 2006, 105（2）: 621-628.

⑥ BEATON A A, FUNK D C, RIDINGER L, JORDAN J, Sport involvement: A conceptual and empirical analysis [J]. Sport Management Review, 2011, 14（2）: 126-140.

⑦ 人民日报. 中国人民大学发布《冰雪运动大众参与状况调查报告》[EB/OL]. [2018-11-20]. https://www.hubpd.com/c/2018-11-20/773902.shtml

热情和忠诚。我国大众在心理和知识层面对运动参与的助力不容乐观。

身体健康是冰雪运动参与生物和医学意义上的保障。Clark[1]用现象学研究滑雪运动后指出,如果没有一定的身体能力是不能很好地完成滑雪运动的。Alexandris[2]在研究希腊滑雪者后认为,健康状况和心理感知较好的人更可能克服个人心理限制,更频繁地参与滑雪运动。但身体不仅是物质性存在,更是文化和社会建构的产物。将本次调查数据的健康状况变量与性别、城乡、学历等指标做交叉统计分析后发现,健康状况差异的背后也存在着性别分化、城乡差异等内容。把个体维度的机体健康放到具体的社会生活世界来考察可以发现冰雪运动参与所隐喻的文化资本、社会资本等社会建构的差异。在冰雪运动参与的过程中,品味、喜好、生活方式等阶层区隔在健康状况维度上实现了再生产。所以,健康状况是一个"中间变量",它既影响冰雪运动参与程度,又受其所在的社会性结构所控制。

国内外研究一般都认同运动体验有益于继续参与的观点[3],本研究的模型参数也验证了其对冰雪运动参与的重要性。"开始参加并继续参加运动并非一个临时性决策过程,而是一个将个体运动体验内化并促进社会化的过程"[4]。起始时期运动知识的获得是必要的,滑冰或滑雪的高技术门槛要求一定的知识储备。同时,要成为冰雪运动世界的成员,学会"说该说的话和做该做的事"也同样重要,文化层面的融入能帮助参与者通过运动参与延展社会"联系",并在此基础之上将运动记忆内化为令人愉悦的运动体验。具体分析我国的冰雪运动参与的初始体验,本次调查发现一些问题。数据显示:89.6%的人参加冰雪运动是为了"娱乐",家长

①　CLARK K, FERKINS L, SMYTHE L, et al. Valuing the lived experience: a phenomenological study of skiing[J].Sport in Society,2018,21(2):283-301.

②　ALEXANDRIS K, KOUTHOURIS C, FUNK D, CHATZIGIANNI E. Examining the relationships between leisure constraints, involvement and attitudinal loyalty among Greek recreational skiers. [J]. European Sport Management Quarterly, 2008,8(3):247-264.

③　DENG Y, HOU J H, MA X, CAI S Q. A dual model of entertainment-based and community-based mechanisms to explore continued participation in online entertainment communities [J].Cyberpsychology, behavior and social networking, 2013,16(5):378-384.WANN D L, BRANSCOMBE N R. Sports fans: Measuring degree of identification with their team [J].International Journal of Sport Psychology,1993,24:1-17.

④　杰·科克利.体育社会学-议题与争议[M].北京:清华大学出版社,2003,1.

带孩子参加规范的"专业化"运动的不超过 5%[1]。体育源自"游戏"，运动的娱乐属性不应被指责，但"娱乐"仅可作为冰雪运动"菜鸟级别"的初体验，技能、规范、文化的停滞不前就让人很难体悟该类运动独特的速度、技巧和激情，运动记忆的"审美疲劳"难以产生深度的参与和消费，娱乐化价值取向最终会伤及运动参与的持续性。

（二）社会关系的支持与人际限制

概念框架中的家人、亲戚、同事、朋友、家庭喜好冰雪运动的人数都对运动参与的结果产生显著的正向影响。显然，"家庭"和"朋辈群体"扮演着运动参与的社会支持网络的角色。

家庭提供了冰雪运动参与启蒙阶段的社会"赞助"。Leff 和 Hoyle[2]的研究证实：孩子们自然倾向于通过父母的积极鼓励和参与来加强体育活动。家长在参与的初级阶段给予的支持和鼓励，对青少年运动员最初参与体育运动以及他们的持续参与和表现起着不可或缺的作用[3]。父亲和母亲的社会化活动不仅影响儿童最初的体育参与，而且还可以预测未来的体育活动选择和能力[4]。孩童首次接触冰雪运动时要有"一个'赞助性招募'的过程"[5]，意指生活中的重要关系鼓励他们首次接触和体验某种运动。模型参数显示：家人和亲戚的支持对滑冰和滑雪有显著的正向影响，表 4-5 数据表明，有 24.1% 的参与者认为"家人"对自己影响最大，有 34.7% 的人是与家人为伴参加冰雪运动的。可见，与国外类似，我国孩童运动初期的运动体验是依靠"亲缘"推动的，家人和亲戚在扮演着冰雪运动首次体验过程中的重要关系。但家庭支持的同时也有限制因素，Gilbert 和 Hudson[6]在滑雪旅游的研究中曾提到滑雪者经常陈述他们受到包括父母、配偶或孩子对冰雪运动不感兴趣的家庭因素制约。本次调

① 新华社.报告指出我国冰雪运动面临三大短板.[EB/OL].[2018-11-21]. http://www.bj.xinhuanet.com/bjyw/2018-11/21/c_1123748823.htm.
② LEFF S S, HOYLE R H. Young athletes' perceptions of parental support and pressure[J].Journal of Youth and Adolescence,1995,24（2）:187-203.
③ GREENDORFER S L, LEWKO J H. The role of family members in sport specialization of children[J].Research Quarterly,1978,49:30-36.
④ BRUSTAD, ROBERT J. Who Will Go Out and Play? Parental and Psychological Influences on Children's Attraction to Physical Activity [J].Pediatric Exercise Science,1993,5（3）:210-223.
⑤ 杰·科克利.体育社会学－议题与争议[M].北京：清华大学出版社,2003,1.
⑥ GILBERT D, HUDSON S. Tourism demand constraints: A skiing participation[J].Annals of Tourism Research,2000,27（4）:906-925.

查显示：仅有 14.9% 的家长带孩子"参加过"冰雪运动，"经常带孩子参加冰雪运动"仅占 1.6%，传统冰雪运动省份占比最高也仅为 4.4%[①]。代际互动关系在推动运动参与时的表现仍然较弱。

表 4-5　运动参与影响的重要他人和伙伴群体

类型	没有人	家人	亲戚	朋友	同事	其他人
运动参与影响的重要他人	20.6	24.1	2.7	38.9	7	6.6
运动参与的伙伴群体	2.3	34.7	1.6	52.2	7.4	1.7

表 4-6　亲子参与比例

家长带孩子"参加过"冰雪运动	经常	有时	偶尔	很少	从不	拒绝回答
有效百分比	1.6	2	5.5	5.8	85	0.1
累积百分比	1.6	3.6	9.1	14.9	99.9	100

朋辈群体对冰雪运动继续参与发挥关键作用。表 4-5 数据显示，38.9% 的被访者认为"朋友"是影响冰雪运动参与的重要他人，52.2% 的人经常与朋友结伴运动，两者的占比都排序第一。朋友和同事结成的社会网络催生出以冰雪运动为主题的趣缘群体。阳煜华[②]在研究我国青少年冰雪运动参与的亚文化时发现，冰雪运动造就了自外表至内核的青少年群体亚文化，形成了诸如个人主义价值取向、社会性别再定义、以趣缘结群的行为方式等酷文化的新表征。在北京的冰雪运动"示范校"和"特色校"的调研发现，参与者的角色认同有助于培养运动热情，"滑冰运动员"或"滑雪运动员"的角色认同巩固了朋辈群体的稳定性，而且在"他组织"的运动参与之外还拓展出"自组织"的文化学习群体，有些甚至加强了父辈之间的社会联系。运动协助下的社会网络延展有助于组建冰雪运动的"社会世界"，这种对生活控制的赋能推动了父代和子代双向社会化的发展，进而反哺冰雪运动的继续参与。

（三）结构性支持与限制

冰雪运动较高的时间成本和经济成本需要相应的时间投入和经费投

---

① 光明日报. 让冰雪运动更亲民 [EB/OL].[2018-11-21].http:// epaper.gmw. cn /gmrb/ html.

② 阳煜华. 酷文化的新表征：青少年冰雪运动参与的亚文化解读 [J]. 体育与科学,2019,40（4）：73-82.

入,本研究的模型数据支持时间和经费对运动参与重要性的观点。但引发的思考是,时间和金钱所提供的结构性社会支持并不是理所当然的,社会支持能否开始和持续取决于运动收益与限制因素之间的相互协调,博弈的结果决定运动参与的程度。Stebbins[1] 对体育休闲参与的研究认为,具有深度休闲特征的参与者才会花费更多的时间参与一项运动,并学习该运动的相关知识、训练和技能。Jeon 和 Ridinger[2] 以及 Hungenberga 等 [3] 的研究发现,运动参与频率和购买意愿呈正相关,运动参与频率高者愿意花更多的钱购买相关产品。Browne 和 Kaldenberg[4] 对消费动机的研究发现,很多发烧友购买特定品牌和商品是为了向他人展示自己的形象,就像奢侈品可以传达较高的社会地位一样,拥有最新的滑雪服和设备的滑雪者更符合某个社会群体的社会期待与身份认同。可见,资源的投入会涉及生活方式、参与模式、冰雪文化的符号表征等先决条件。社会支持与限制的共存与互动决定了个体决策过程的难度,评估事情重要性的先后顺序是产生博弈结果的关键。时间、金钱等结构性资源投入与运动参与建立联系需要符合相关方的自我建构和社会期待,社会支持与限制之间的内在逻辑是在互动中实现的。

调查表明,我国群众性冰雪运动参与获得的社会支持仍较弱。首先是运动参与资源的可获得性较差,时间成本较高。其次是深度参与占比较小,数据显示,2018 年大众平均参加了 2.96 次冰上运动、2.49 次雪上运动,大多数人参与了 1~3 次冰上运动和雪上运动,占比分别为 79.9% 和 86.0%[5]。最后是消费结构偏低,数据显示,在冰雪消费结构中门票、服装、器材、装备等实物性消费排序在前,技能培训和专业指导等服务性消费占比较小。综合来看,时间成本高、体验性的"浅参与"和低层次消费结构是限制冰雪运动参与的结构性因素。

---

① STEBBINS R A. Serious leisure：A conceptual statement[J].The Pacific Sociological Review,1982,25：251－272.

② JEON J H, RIDINGER L. An examination of sport commitment of windsurfers[J].Journal of Sport Behavior,2009,32（3）：325－338.

③ HUNGENBERG E, GOULD J, DALY S. An examination of social psychological factors predicting skiers' skill, participation frequency, and spending behaviors[J].Journal of Sport & Tourism,2013,18（4）：313–336.

④ BROWNE B A, KALDENBERG D O. Conceptualizing self-monitoring: links to materialism and product involvement[J].Journal of Consumer Marketing, 1997,14（1）：31–44.

⑤ 光明日报.让冰雪运动更亲民 [EB/OL].[2018-11-21].http：// epaper.gmw. cn /gmrb/ html.

（四）性别影响与运动中的性别分化

模型参数表明,性别变量对冰雪运动参与具有显著影响,男性比女性更具有冰雪运动参与的可能性。性别与运动参与关系的研究成果颇丰,Lera-lopez[①]发现男性比女性参与运动概率更高,并且运动花费的时间和金钱更多。Tangeland[②]研究了挪威的滑雪参与,发现男性参加滑雪的可能性是女性的1.5倍。在国内,马江涛[③]等对中国大众体育参与的影响因素的研究证实,性别对预测是否参加体育锻炼具有重要意义,男性选择参加体育锻炼的概率高于女性。李树旺等[④]的研究发现,性别差异对北京地区居民是否参与冰雪运动的影响非常显著,参与冰雪运动的频数男性比女性高1.45倍。相关研究表明,我国冰雪运动参与的性别差异更多源于社会和文化的议题。

社会学理论认同"性别是一种社会建构"[⑤]的观点,认为在社会成员由"自然人"向"社会人"转化的社会化过程中,性别定义、性别逻辑和性别秩序在社会文化的浸润中被不断建构,并在成体系的、高度组织化的教育系统的规训下被强化。熊欢[⑥]在我国城市女性的研究中认为,妇女参与体育在制度上和文化意识上仍存在一定的限制因素,并认为这些限制因素影响到妇女体育参与的深度与广度,以及她们对体育参与的真正意义和价值的认识,她们中的大多数人仍然生活在传统父权社会的氛围中。冰雪运动在文化层面的性别差异非常鲜明,速度、刺激、极限、对抗等运动诉求无不是"男儿精神"在冰雪运动中的宣誓,与其他运动项目相比,冰

---

① LERA-LOPEZ, FERNANDO, RAPUN-GARATE, MANUEL. Determinants of sports participation and attendance: differences and similarities[J]. International Journal of Sports Marketing and Sponsorship, 2011, 12（2）: 167-190.

② TANGELAND T, AAS Q, ODDEN A. The Socio-Demographic Influence on Participation in Outdoor Recreation Activities - Implications for the Norwegian Domestic Market for Nature-Based Tourism[J].Scandinavian Journal of Hospitality & Tourism, 2013, 13（3）: 190-207.

③ 马江涛,吴广亮,李树旺,宋晓红. 北京居民体育参与影响因素研究[J]. 成都体育学院学报,2016,42（06）: 60-66.

④ 李树旺,马江涛,李君律,等. 北京地区居民冰雪运动参与的影响因素研究[J]. 首都体育学院学报,2018,30（6）: 495-501.

⑤ 杰·科克利. 体育社会学 - 议题与争议[M]. 北京:清华大学出版社,2003,1.

⑥ 熊欢. 中国城市中产阶层妇女的体育参与研究[J]. 北京体育大学学报,2008, 31（8）: 39-41.

雪运动在"体能支配""攻击性""男子汉气质"等男性的价值和体验方面更为推崇。运动参与中的社会区隔同样存在，"7年前，当我开始（玩冰球）时，没有其他的妇女玩它……但我玩的时候一些小伙子甚至不愿上冰场"①，可见，性别分化在此处被更大程度上赋能，在男孩子的眼中，技巧性的、韵律性的花样滑冰之类的"柔美"运动是女孩选择的应然。冰雪运动的男性价值和经验源于传统和文化认同，强化于社会性建构，最终形成了阻碍女性运动参与的社会区隔。

（五）社会经济地位与运动的社会支持

社会经济地位是一个建立在教育、收入、职业和社会保障状况等基础上，衡量个人或家庭所处的与其他群体相对而言的经济和社会位置，是一个综合了经济和社会两方面的综合性指标②。布迪厄研究体育与社会阶层关系时发现，不同阶层的人参与不同的体育运动，有不同的运动品味，经济指标、文化指标、社会指标是解释这种差异的关键③。王甫勤④对中国综合社会调查（2005）数据分析发现，社会经济地位对人们是否参加体育活动有显著影响，社会经济地位越高的人越倾向于参加体育活动。另外，丸山富雄认为，考虑到经济、文化等指标中随着年龄增长而发生变化的状况，应该将年龄指标考虑在内，这个观点与本研究的数据模型参数所反映的年龄影响相符合。

从教育角度看，高学历意味着更加丰富的文化资源占有，组织化的校园体育经验可以规训学生时代的体育情感和态度。Kokolakakis⑤对英国

① MURRAR S, ISENBERG N, NIEDENTHAL P, et al. Shame and guilt among ice hockey players in the penalty box[J].Motivation and Emotion,2019,43（6）：940-947.
② 李培林,田丰.中国劳动力市场人力资本对社会经济地位的影响[J].社会,2010,30（1）：69-87.
③ 仇军.西方体育社会学：理论、视点、方法[M].北京：清华大学出版社,2010,1.
④ 王甫勤.社会经济地位、生活方式与健康不平等[J].社会,2012,32（2）：125-143.
⑤ KOKOLAKAKIS T, LERA-LOPEZ F, PANAGOULEAS T. Analysis of the determinants of sports participation in Spain and England[J].Applied Economics,2012,44（21）：2785-2798.

和西班牙体育参与、Tangeland[①]对挪威人滑雪、马江涛[②]和王忠瑞[③]对北京居民冰雪运动参与的研究都发现,较长的教育经历和较高的文化层次有利于建立健康的生活方式。从经济角度看,Melo和Gomes[④]、Williams和Fidgeon[⑤]、李树旺等[⑥]都认为,冰雪运动的器材、装备、服装等必需品越来越与经济地位联系在一起。"如果想要规律练习取得一定成绩,需要请高级教练,每节课的费用是600元,一个月至少16000元,这还不算上陆地课的费用。如果参加比赛和考级,还要负担教练的费用,对普通家庭来说,真的很有压力"[⑦]。家长们道出了当下我国冰雪运动参与的家庭经济压力。从生活方式角度看,休闲时间代表不同经济社会地位的人对工作的控制力,地位高者在时间分配上有较强的支配力和自由度。数据显示,大众参加1次冰雪运动总费时平均为5.75小时,其中交通耗时3.01小时,运动耗时2.74小时。另外,排序在前两位的阻碍因素"居住地附近缺乏运动场地"和"时间因素无法成行"都与时间成本较高有关[⑧]。从年龄的角度看,Farrell和Shields[⑨]的研究与翟水保等[⑩]的研究结论相反,丸山富雄[⑪]的研究也因为年龄与其他指标复杂的交叉影响而结论不明。一方面,

---

①　TANGELAND T, AAS Q, ODDEN A. The Socio-Demographic Influence on Participation in Outdoor Recreation Activities – Implications for the Norwegian Domestic Market for Nature-Based Tourism[J].Scandinavian Journal of Hospitality & Tourism,2013,13（3）:190-207.

②　马江涛.北京居民体质状况分析[J].体育文化导刊,2016,5（5）:31-36.

③　王忠瑞,李树旺,徐有彬.冰雪运动参与的影响因素及其组织化机制—基于北京市居民的抽样调查[J].沈阳体育学院学报,2018,37（1）:1-6.

④　MELO R, GOMES R M. Nature sports participation: Understanding demand, practice profile, motivations and constraints[J].European Journal of Tourism Research,2017,16:108-135.

⑤　WILLIAMS P, FIDGEON P R. Addressing participation constraint: a case study of potential skiers[J].Tourism Management,2000,21（4）:379-393.

⑥　李树旺,马江涛,李京律,等.北京地区居民冰雪运动参与的影响因素研究[J].首都体育学院学报,2018,30（6）:495-501.

⑦　光明日报.让冰雪运动更亲民[EB/OL].[2018-11-21].http:// epaper.gmw.cn /gmrb/ html

⑧　人民日报.中国人民大学发布《冰雪运动大众参与状况调查报告》[EB/OL].[2018-11-20]. https://www.hubpd.com/c/2018-11-20/773902.shtml

⑨　FARRELL, SHIELDS. Investigating the Economic and Demographic Determinants of Sporting Participation in England［J］.Journal of the Royal Statistical Society.Series A（Statistics in Society）,2002,165（2）:335 – 348.

⑩　翟水保,宁科.中国中部地区群众体育锻炼、消费模型的实证研究——基于有序probit回归模型的研究[J].体育科学,2011,31（12）:21-29.

⑪　仇军.西方体育社会学:理论、视点、方法[M].北京:清华大学出版社,2010,1.

年龄增长确实会有益于文化资源和经济资源的积累,但另一方面,高龄也会减弱运动能力和限制运动技巧习得。可见,影响的复杂性导致年龄影响目前难有确论。虽然模型参数显示年龄对滑雪产生显著的正向影响,但由此做出随着年龄的增长滑雪概率提高的结论仍有些困难。如果将本次调查的年龄与年度滑雪次数的均值作交叉统计(见表4-7和图4-1),显示出在40岁之前滑雪次数呈现随年龄增长而递增的趋势,但之后会快速降低,这或许算是一个相对辩证的观点。

表4-7　年龄与年度滑雪次数的交叉分析

	20岁以下	20-29岁	30-39岁	40-49岁	50-59岁	60岁以上	总计占比
1次	2.6%	19.8%	12.7%	11.6%	1.0%	0.3%	48.0%
2次	2.3%	9.3%	7.6%	5.0%	1.3%	0.0%	25.6%
3次	0.8%	10.9%	6.8%	5.3%	2.0%	0.6%	26.4%
总计占比	5.7%	40.1%	27.0%	21.9%	4.4%	1.0%	100.0%
=1656876.654, df=10, p=0.000							

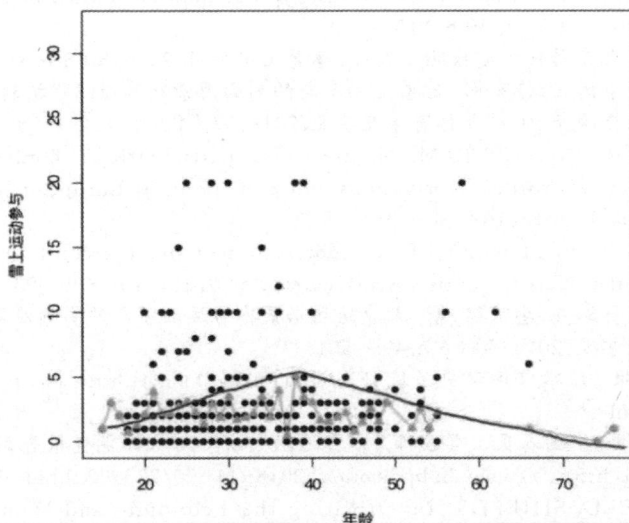

图4-1　年龄与年度滑雪次数的散点图与曲线图

概而言之,社会和经济资源的支持对所有人都很重要,但作为有钱有闲阶层的"显性消费"和"显性休闲"①却是忙于应对生活挑战的人的"奢侈品",运动参与背后的阶层差异很明显,应对策略需要在细化冰雪产业结构的基础上在供给侧强调不同阶层的运动趣味和需求差异来缓解。

（六）城乡二元性特征和区域资源差异

模型参数显示,在不加入个人因素时,城乡之别对冰雪运动参与呈现显著正向影响,城市居民参与滑冰的倾向更强。滑冰运动的城乡差异并非简单的出生地差异,社会背景下的机会不公平是主要动因。卢志成②等的研究指出,随着我国经济社会的快速发展,社会不公平现象难以避免,城乡"公平"整体性缺失再造了我国体育公共政策、资源配备、体育权力实现的城乡区隔。本次调查的数据显示：城里人对比农村人,上个冰雪季节运动参与占比为29.6%对比18.2%;生活圈内运动参与的可获得性占比(半小时路程内有滑冰场)为25.3%对比19.2%;"早启蒙"占比(在少年时代或之前已经体验冰雪运动)为45.8%对比12.4%;低消费占比(每次运动参与花费在100元以下)为9.2%对比26.5%;深度参与占比(年参与次数在3次以上)为24.4%对比11.7%。冰雪运动的城乡差异所隐含的教育水平、文化认知、生活方式、政治表达渠道等城乡二元性有待深入探讨。

表4-8　冰雪运动参与特征的城乡比较

参与特征	城市	农村
上个冰雪季节运动参与	29.6%	18.2%
生活圈内运动参与的可获得性：半小时路程内有滑冰场	25.3%	19.2%
早启蒙：在少年时代或之前已经体验冰雪运动	45.8%	12.4%
低消费：每次运动参与花费在100元以下	9.2%	26.5%
深度参与：年参与次数在3次以上	24.4%	11.7%

区域差异对滑冰有显著的正向影响,对雪上运动的影响为负向。冰雪资源丰富地区的居民更有滑冰倾向的观点有较强的解释力,但南方缺冰少雪地区的居民反倒更有可能会滑雪的判断需要多元化的理论角

① 仇军.西方体育社会学：理论、视点、方法[M].北京：清华大学出版社,2010,1.
② 卢志成.社会公平语境中我国城乡群众体育发展的差异与统筹[J].天津体育学院学报,2011,26（2）：153-157.

度。影响滑雪运动的因素很复杂,除冰雪资源等自然条件外,经济、社会、文化、人口等因素都会发生影响。以雪场为例,从人口与雪场的配比来看,北部区域人口占比约38%,但雪场占比达到78%;从经济方面看,GDP全国排名前十的省份有8个缺冰少雪[①]。一方面,北部地区冰雪资源丰富,运动设施供给充分,另一方面南部地区经济发达且人口基数大,运动参与的社会支持充足。因此,数据模型所显示的南部区域有更高的滑雪倾向的判断需要在更宽广的理论视角和更多元的数据支撑下寻求解释力。

本章小结

本章在问卷调查的基础上,拟解决以下主要问题:探讨影响大众冰雪运动参与的要素,探讨影响冰雪运动普及的机理。首先,通过资料研究和数据研究,将问卷调查中所涉及的变量进行统计分析,识别影响运动参与的变量;之后,探讨这些变量所代表的社会学意义;然后,对这些变量进行分层、分类和综合分析;最后,对不同层面和不同类别的元素之间的关系进行研究,探讨这些要素之间的关系,讨论影响冰雪运动普及的机理。

融合结构功能主义、休闲限制理论等理论视角,剖析影响冰雪运动参与的社会人口属性、个人因素、人际因素以及结构等因素。利用“全国冰雪运动参与状况年度调查”数据,借助SPSS统计软件建立逻辑回归模型,研探冰雪运动参与的影响因素作用机理。研究认为,性别分化催生了冰雪运动中的社会性别再生产;收入、教育背景、休闲时间是冰雪运动参与必要的社会支持,其社会性意涵代表了社会成员对生活的控制,社会经济地位的“低年级”承受着运动参与的诸多限制;城乡二元结构是我国经济社会发展的障碍,由此引发的城乡分隔导致了冰雪运动参与的城乡差异;运动喜好、健康状况、运动体验是个体层面的反应,但隐含了丰富的社会性内涵,冰雪运动的开始和兴趣培养需要有重要人际关系的引领,能否继续参与依靠良性社会互动来维系;家人、亲戚、同事、朋友等是影响运动参与的重要因素,家庭和趣缘群体是支持运动参与的社会网络,运动参与反过来为拓展社会网络赋能;金钱的投入为运动参与提供必要资源,这种结构性支持的持续性受生活方式、参与频率和价值认同的影响。

---

① 伍斌,魏庆华,孙承华,等.中国滑雪产业发展报告(2018)[M].社会科学文献出版社,2018,10.

第五章 校园冰雪运动及"体教融合"模式创新

青少年学生是我国大众冰雪运动参与的主要组成部分,也是普及冰雪运动的重要对象。关注青少年群体不仅能有效促进目前我国冰雪运动的大众参与,同时,也是保障北京冬奥会结束后的后奥运参与,以及更长远的"冰雪运动参与第二代、第三代"的重点考量。2021年习近平总书记在视察延庆国家高山滑雪中心时提出"冰雪运动进校园的行动指南是在教育、体育溯本追源和冬奥会历史契机节点下诞生的,是深化学校体育改革与实现冰雪运动蓬勃发展的重要途径"。在2022年北京冬奥会和冬残奥会背景下,冰雪运动进校园已经成为落实党中央国务院决策部署的自觉行动,亦成为全面深化教育体育领域改革的重点工作。

第一节 冰雪运动进校园的时代价值

一、北京冬奥会教育遗产

"奥运即教育"是奥林匹克主义的首要内涵,在奥林匹克运动发展历程中,主办城市都创造出与本民族文化紧密融合的独具特色的奥林匹克教育遗产。教育是奥林匹克主义的精髓和首要内涵,百余年来主办城市都借主办奥运会的契机创新奥林匹克教育的途径与方法,创造出与民族文化相互融合的奥林匹克教育模式。北京已经成为世界上独一无二的"双奥之城",冬奥会留给北京乃至中国的教育遗产集中体现在"冰雪运动进校园"。冰雪运动进校园是我国借主办冬奥会契机大力发展冰雪运动所进行的普及推广活动的一项重要内容,与"七进"中的其他活动比较,冰雪运动进校园更具有组织性、影响更持久，是北京冬奥会遗产中的亮点遗产，更为国际社会所关注。2008 年北京奥运会的奥林匹克教育的"北京模式"举世瞩目，其"示范校""同心结""奥林匹克教育实践与高层次科研的结合模式""政府在奥林匹克教育中的领导地位和组织模式"等，都在奥林匹克教育的历史上留下了浓墨重彩的一笔，也在冰雪运动进校园的冬奥会教育遗产中得到充分体现。在冬奥会战略和愿景的淬炼下，冰雪进校园也形成了稳定的校园奥林匹克教育模式。如河北省"大手牵小手"冰雪进校园模式、北京"冰雪运动示范校"教育模式以及校园"轮滑鞋配备计划"等活动，都将奥林匹克教育与学校教育紧密结合，因地制宜地创造出独具特色的奥林匹克教育遗产①。

二、素质教育的体育实践

2018 年，习近平总书记在全国教育大会上阐明了德智体美劳"五育"并举的核心价值。素质教育是教育的核心，体育是素质教育的杠杆，而学校体育是全面推进素质教育的突破口和切入点。冰雪运动以身体运动和适应冰雪自然环境为基本表现形式，其中潜藏着德育、智育、体育、美育、劳动教育五种育人功能的独特教育价值。②以冰雪为媒的各种艺术学习、艺术创作和艺术欣赏是学生美育培养的独特形式，也同样孕育着智力发展、意志品质和完善人格等多方面的培养；冰雪运动既能提高相关书本知识的学习效率和探究兴趣，也能锻炼学生意志品质和完善人格达到"育体、育脑、育心"的教育效果；冰雪运动学习既能培养学生崇尚劳动的可贵品质，又能培养冰雪体育人才。正是因为冰雪运动具有其他领域无法替代的教育价值，冰雪运动项目在世界范围迅速普及开来。目前，我国青少年"小眼镜""小胖墩"等体质健康问题、网络成瘾问题、过度疲劳体力透支问题以及缺少信念、缺少习惯、缺少兴趣、缺少吃苦耐劳的精神和观念问题亟须改变。

青少年的身心健康、体魄强健、意志顽强、充满活力是一个民族旺盛生命力的体现，是社会文明进步的标志，是国家综合实力的重要方面。以习近平为核心的党中央高度重视素质教育，特别是青少年身心健康问题。从 2020 年《关于深化体教融合 促进青少年健康发展的意见》到 2021 年

① 李树旺：共享办奥 打造体育强国群体基础.《民生周刊》[EB/OL].[2022-1-1].https：//xw.qq.com/cmsid/20220116A03Y7500.
② 徐焕喆，赵勇军.校园冰雪运动的育人价值及实现路径研究 [J]. 北京教育（高教），2021，（12）：49-51.

中央办公厅《关于全面加强和改进新时代学校体育工作的意见》都重申树立"健康第一"的教育理念,而密集的政策文件也彰显了新时代党中央对教育方针、学校体育工作的系统设计和全面部署。借助"三亿人参与冰雪运动"的"东风",推进"让学生熟练掌握一项以上体育技能"的新时代学校体育目标,着力解决青少年健康问题、心理问题、观念问题,显然,冰雪运动进校园是一项贯彻落实政策文件精神的重要路径和举措。从冰雪运动参与到体育课程开展再到掌握冰雪运动技能,校园冰雪运动的开展不仅促进学校体育实现"全域化、全周期"参与,而且借助冰雪运动全面塑造人,能有效提高青少年学生身体素质和健康素养水平。

三、体教融合的新切入点

"体教融合"是新时代学校体育服务我国教、体事业良性运转的重要举措[①]。冰雪运动进校园是基于主办冬奥的历史契机深化体教融合的产物,其政策红利将在教育改革中破除部门间的壁垒,并通过教育部门与体育部门的通力合作,以整合、优化资源进一步普及冰雪运动,夯实我国冰雪运动文化的基础,达到青少年体质健康、运动训练和体育竞赛3个方面的深度融合发展。《关于深化体教融合促进青少年健康发展的意见》文件立意高远,确定了以学校为载体,以教育为先导,深入推进体教融合,以进一步普及和发展青少年冰雪运动为国家培养输送冬季项目优秀后备人才的战略部署。一方面,通过学校冰雪运动实现增进学生体质健康与德智体美劳全面发展的目标;另一方面,通过学校竞赛、高水平运动队建设带动竞技体育人才培育;此外,通过冰雪运动拓宽青少年体育运动方式,进一步丰富体育介入和干预的类别,从而实现冰雪运动竞技后备人才数量和质量提升以及学生体质健康和冰雪运动技能提升的要求。

四、学校体育改革的抓手

学校体育是实现教育立德树人根本任务,也是提升学生综合素质的基础性工程,对于实现教育现代化、健康强国和人力资源强国,实现中华民族伟大复兴的中国梦具有重大的意义。推进冰雪运动进校园恰恰是深

---

① 李爱群,吕万刚,漆昌柱,简德平,王相飞.理念·方法·路径:体教融合的理论阐释与实践探讨——"体教融合:理念·方法·路径"学术研讨会述评[J].武汉体育学院学报,2020,54(07):5-12.

化学校体育改革的实践内容。其一,校园冰雪运动的开展有助于体育课程改革的实施,改变的是跑跑步、做做课间操的传统教学,是立足于"教会"学生健康知识、基本运动技能和专项运动技能。其二,冰雪运动进校园将有助于特色学校和高水平运动队的建设工作,拓宽冰雪项目青训渠道、缓解竞技冰雪青少年运动员后备人才的不足。其三,冰雪运动与冬季奥林匹克教育进校园向校园注入了冰雪运动文化,丰富拓展了学生班级竞赛、班级联赛、校级联赛、全国联赛、全国运动会的竞赛类别与模式,将有助于形成学校冰雪赛事组织、参与到参赛的新格局,实现思想观念上的新的发展。其四,冰雪运动进校园不仅深入推进学校体育改革的体育课程、体育竞赛、师资聘用、体育教学、考核评价等方面的实施,而且会加速"家、校、社"三位一体的体育课程改革,为学校体育教育落实国家体育与健康课程标准改革提供新内容和新实践。最后,校园冰雪运动行动通过定期举办冰雪嘉年华等文化活动吸引学生群体的参与,能够实现冰雪运动文化的推广与普及,并把奥林匹克教育纳入体育教育中,真正使奥运精神、体育文化融入进学校教育中[①]。

五、体育课程思政教育的载体

2018 年 9 月,习近平总书记在全国教育大会上提出思想政治工作是学校各项工作的生命线后,又在 2018 年 12 月全国高校思想政治工作会议上,强调要用好课堂教学这个主渠道,各门课都要守好一段渠、种好责任田。这是新时代我国学校课程改革的重要指引。体育既是素质教育的重要内容,又是全面育人的重要手段。体育课程要保持体育教学目标与思政教育目标一致。冰雪运动进校园是营造校园体育文化氛围,提高体育素养的重要途径。可通过冰雪运动进校园的活动,挖掘冬季奥林匹克教育与冰雪运动中蕴含的国家意识、价值理念、文化自信等思政元素,将其融入冰雪教学课程目标和内容中,这是新时代体育课程改革的重要实践。一方面以冰雪运动为手段,通过举办丰富多彩的校园体育冰雪文化活动将冰雪教育与体验融入学生"价值塑造、能力培养"的教育实践。另一方面通过冰雪赛事活动所持有的竞争精神、规则意识、团队精神以及责任感等精神元素,锤炼学生的意志品质。特别是当学生代表国家、学校参加大型冰雪赛事,可以借此培养青年学生"使命在肩、为国争光"的时代精神与"顽强拼搏、为校争荣"的品德意志。总之,冰雪运动进校园将进

---

① 陈辉.普及冰雪运动要从教育抓起 [J]. 中国教育学刊,2018（2）:101.

一步深入推进学校内课程思政主题的开展,学生通过亲自参加冰雪课程、活动、赛事,经历强烈的内心震撼,更容易达成对思想道德品质和价值理念的理解和内化[①],更好地发挥体育在提高学生身体素质、立德树人方面的功能。

六、体育强国战略的新路

2019年9月2日,国务院办公厅印发的《体育强国建设纲要》,明确把"持续加大冰雪项目选材力度,恶补冰雪项目短板,不断提高冰雪竞技水平",列入"提升竞技体育综合实力,增强为国争光能力"的重点内容工程。显然,体育强国建设纲要把冰雪运动作为体育发展的窗口和突破点,把高水平的冰雪竞技作为刻画体育强国的基本轮廓。但从我国体育发展的实践看,运动项目的夏强冬弱、冰雪运动后备人才短缺、队伍梯队结构不合理等问题是一直困扰我国体育发展的重要问题[②],而要使得冰雪竞技体育人才全面、科学、可持续发展也就成为体教融合首要任务之一[③]。冰雪运动进校园是将竞技体育人才培养融入教育体系中,这个举措不仅扩大了青少年群体的参与基数,而且拓宽并塑造出更为系统的大、中、小学相衔接的竞技人才培养机制,从而扩大我国冰雪竞技人才选拔基数,完善后备人才的梯队建设。

第二节　冰雪运动进校园的政策推动

一、政策环境形塑校园冰雪运动的文化生态

在20世纪50年代,体育系统和教育系统就有关学校开展冰雪运动项目提出了要求和倡议。如教育部1956年颁布《中学体育教学大纲》和原国家体委《关于贯彻中央关于卫生工作的指示精神,大力开展群众体

---

① 谷婧.课程思政背景下公共体育课程对大学生体育素养提升策略的初探 [J]. 体育科技文献通报,2021,29（10）: 129+140.
② 王蓓,谢慧松.2022年北京冬奥会背景下我国冬季奥运项目发展研究 [J]. 体育文化导刊,2019（9）: 26-30+37.
③ 吴建喜,池建.论我国竞技体育发展方式转变中体教结合向体教融合的嬗变 [J]. 北京体育大学学报,2014,37（04）: 88-93.

育活动的意见》先后提出了开展青少年冬季运动的工作要求。嗣后，中华全国总工会提出开展以普及"冬季体育锻炼运动"为主题的活动。正是基于这种追溯，有研究将冰雪运动进校园的政策起步定位到建国初期，并将其分为起步期（1949—1965 年）、恢复期（1978—1990 年）、发展期（2015 年至今）三个阶段[①]。但当前语境下的"冰雪运动进校园"并非是时间上可以随意拉伸、语义上可以随意使用的概念[②]。冰雪运动进校园根源于北京冬奥会申办和筹办这一特殊历史时期，它既是实现"带动三亿人参与冰雪运动"这一庄严承诺的战略实践，更是呼应国家重大战略的内在要求。因此，本研究认为冰雪运动进校园政策基本脉络贯穿于北京冬奥会申办与筹办的不同阶段，并与北京冬奥会周期各阶段保持同频共振。

（一）第一阶段：冰雪运动进校园的顶层设计阶段（2016—2018 年）

2016—2018 年是冰雪运动进校园的基础夯实阶段，也是顶层政策设计的阶段。2015 年，北京成功获得第 24 届冬奥会举办权。在此背景下，冰雪运动进校园作为"带动三亿人参与冰雪运动"的工程被提出，实现了由倡导性动员向实锤落地的实践活动的转换，也拉开了冰雪运动进校园的大幕。在此期间，《关于强化学校体育促进学生身心健康全面发展的意见》从国家意志层面明确了冰雪运动在全国中小学系统开展与部署。随后，在《体育发展十三五规划》《冰雪运动发展规划（2016—2025 年）》《全国冰雪场地设施建设规划（2016—2022 年）》等多部门相协调的政策引领下，"百万青少年上冰雪"和"校园冰雪计划"、创建"全国中小学校园冰雪运动特色学校""奥林匹克教育"等措施切实促进了青少年冰雪运动的普及发展。自此，冰雪运动在以政策文件为核心的顶层设计的指引下，开始在校园中落地生根。

---

① 程宇飞.我国冰雪运动进校园经验及发展策略 [J].体育文化导刊,2020,（6）：33-39.
② 陈海燕.冰雪运动进校园推进机制及优化策略 [J].体育文化导刊,2022,（4）：22-28.

表 5-1 2016—2018 年冰雪运动进校园的政策汇总

时间	颁布机构	政策	政策要义
2016	国务院办公厅	《关于强化学校体育促进学生身心健康全面发展的意见》	根据学校自身情况积极推进冰雪运动,充实和丰富体育课程内容
2016	国家体育总局	《体育发展十三五规划》	将大力普及冰雪运动项目,把青少年冰雪运动普及纳入国家体育事业发展之中
2016	国家发展改革委、国家体育总局、教育部、国家旅游局	《冰雪运动发展规划（2016—2025 年）》	实施校园冰雪计划;将冰雪运动项目列入冬季体育课教学内容;编制冰雪运动校园教学指南;创建冰雪运动特色学校;开设冰雪运动专业;培育冰雪运动教师等
2016	体育总局、国家发展改革委、工业和信息化部、财政部、国土资源部、住房城乡建设部、国家旅游局	《全国冰雪场地设施建设规划（2016—2022 年）》	鼓励在校园建设可拆装式滑冰场;支持有条件的地区和学校在冬季浇建冰场
2017	国家体育总局	《2017 年青少年体育工作要点》	青少年冰雪运动应被大力推广普及

（二）第二阶段：冰雪运动进校园"推广发展"阶段（2018—2022 年）

2018 年 2 月 25 日,平昌冬奥会落下帷幕,北京冬奥会正式进入北京周期。在此背景下,冰雪运动进校园也进入推广与发展阶段,相关政策也进入落实与具体贯彻实施阶段。2018 年,教育部、国家体育总局同北京冬奥组委先后颁布了《北京 2022 年冬奥会和冬残奥会中小学生奥林匹克教育计划》和《北京 2022 年冬奥会和冬残奥会青少年行动计划》,奥林匹克教育被纳入日常教学,为全国各地中小学校推进冬季冰雪运动进校园工作指明了方向。2018 年 4 月,教育部召开的推进冰雪运动进校园专题研讨会着重指出冰雪运动进校园是深化学校体育改革的重要内容,并确立了冰雪运动进校园的教学、训练、竞赛和保障体系的主要内容。此后,《关于加快推进全国青少年冰雪运动进校园的指导意见》《"带动三亿人参与冰雪运动"实施纲要（2018—2022 年）》等密集的政策文件（表 5-2）将冰雪运动进校园相关的教学、训练、竞赛等内容制度化、规范化,并提出冰雪运动特色学校、冬季奥林匹克教育示范学校的创建与遴选工作、冰雪冬令营、冬季研学活动冰雪运动教育模式等举措。各级政府切实把冰雪运动进校园纳入各部门工作布局，在教学、训练、竞赛、文化建设等方面进行全面设计与规划。这些政策的出台促使各级政府在冰雪运动进校园中扮演着主动实践探索者的角色，且初步建成协同推进冰雪运动进校园的新格局。

表5-2　2018—2022年冰雪运动进校园的政策汇总

时间	颁布机构	政策	政策要义
2018	教育部、国家体育总局会、北京冬奥组	《北京2022年冬奥会和冬残奥会中小学生奥林匹克教育计划》和《北京2022年冬奥会和冬残奥会青少年行动计划》	以全国中小学生为实施对象，将奥林匹克教育纳入学校常规教育教学工作；开展冬季奥林匹克教育文化活动，积极开展冬季运动项目系列比赛活动；建设北京2022年冬奥会和冬残奥会奥林匹克教育示范学校、特色学校，开展冬季奥林匹克交流活动，组织冬季奥林匹克教育课程资源研发，加强冬季奥林匹克教育研究
2018	国家体育总局	《"带动三亿人参与冰雪运动"实施纲要（2018—2022年）》	青少年被纳入"带动三亿人参与冰雪运动"的重点人群
2019	国务院办公厅、中共中央办公厅	《关于以2022年北京冬奥会为契机大力发展冰雪运动的意见》	以冰雪运动为主题的冬令营活动，建立健全冰雪项目U系列赛事体系，组织全国青少年冰雪赛事；推动全国中小学校将冰雪运动知识教育纳入学校体育课教学内容，制定并实施冰雪运动教学计划；鼓励中小学校采购使用安全系数高、训练效果好的普及型冰雪装备，与冰雪场馆或冰雪俱乐部合作，促进青少年冰雪运动普及发展。鼓励高等学校组建高水平冰雪运动队，构建"冰雪运动特色学校＋冬季奥林匹克教育示范学校＋高等学校高水平冰雪运动队＋冰雪运动试点县（区）"协同推进的校园冰雪运动新格局。制定冰雪运动后备人才培养计划，积极引导学校、企业、社会组织共同参与冰雪运动后备人才队伍建设，形成多元化培养模式

续表

时间	颁布机构	政策	政策要义
2020	国务院办公厅、中共中央办公厅	《关于全面加强和改进新时代学校体育工作的意见》	要"教会学生科学锻炼和健康知识,指导学生掌握跑、跳、投等基本运动技能和足球、篮球、排球、田径、游泳、体操、武术、冰雪运动等专项运动技能",为冰雪运动进校园和广大中小学校开设冰雪运动课程提供了政策上的保障和依据
2019	教育部联合国家发展改革委、财政部、国家体育总局	《关于加快推进全国青少年冰雪运动进校园的指导意见》	从布局、教学、训练、竞赛、文化建设、资源开发与研究及国际交流等方面对冰雪运动进校园进行全面设计与规划。从经费投入、师资队伍建设、人才培养体系改革、激励考核等方面,对冰雪运动进校园的条件保障作出规定
2020	国家体育总局、教育部	《关于深化体教融合促进青少年健康发展的意见》	实施冰雪运动进校园行动计划,组织开展形式多样的冰雪运动知识进校园活动,2021年底实现冬奥会知识、观赛礼仪、冰雪运动技能常识进校园全覆盖。全省各级冰雪运动协会、轮滑协会主动为学校提供服务,组织开展形式多样的青少年冰雪运动普及推广活动

（三）第三阶段：教育遗产的后奥运共享与实践探索阶段（2022年至今）

奥运遗产是通过举办奥运会推进公众、城市和区域的发展,以及奥林匹克运动所创造的或加速带来的有形和无形长期收益。经历了北京2008年奥运会的洗礼,国人对奥林匹克的认知更加成熟,学生的冰雪运动参与被认为是"进校园"活动产生的弥足珍贵的体育遗产。为此,相关政策的出台成为冰雪运动进校园"后奥运遗产"探索的顶层设计。2022年1月19日,在北京冬奥组委发布的《北京2022年冬奥会和冬残奥会遗产报告集（2022）》中,校园冰雪运动被界定为共享奥运遗产的重要内容。在国务院、教育部、北京市教育局等部门下发的《北京2022年冬奥会和冬残奥会遗产战略计划》《北京2022年冬奥委会和冬残奥会中小学生奥林匹克教育计划》《关于加快推进全国青少年冰雪运动进校园的指导意见》等文件和政策的协同配合下,冰雪运动进校园迎来了3个层面的发展助力。一是建构了冰雪运动进校园的明确的政策引领。国家、省市连续出台政策文件,从宗旨、原则、要求、目标、机制、协同等方面拓展了"进校园"的政策空间。二是完善组织体系。成立"北京2022"奥林匹克教育专项工作组,在专业指导层面成立全国中小学奥林匹克教育专家委员会和全国校园冰雪运动专家委员会,为贯彻落实上级有关政策精神,各省市及以下层级的教育和体育主管部门形成了相互配合组织架构和工作机制,就此形成清晰的奥林匹克教育的工作体系。三是因地制宜地创意与开发。以北京和张家口为例,北京的冰雪运动"示范校""特色校"的推广模式,河北省的"小手拉大手""轮滑鞋配备计划"等活动,都因地制宜地创新奥林匹克教育模式,创造出独具特色的奥林匹克教育遗产。

二、政策机制为冰雪运动进校园赋能

冰雪运动进校园的政策伴随着北京 2022 年冬奥会成功申办不断完善,其顶层设计绘制了青少年冰雪运动发展的基本蓝图,并借助政府强大的组织力和号召力,在较短时期内,推动冰雪运动进校园落地生根。毋庸置疑的是,冰雪运动进校园是一个复杂的系统工程,从冰雪运动进校园的顶层设计,到局部推广与发展,再到全国大规模的实践探索,确定了冰雪运动进校园的基本逻辑,形成了自身的政策推进机制,塑造了中国特色的校园冰雪运动模式。

(一)组织化的动员机制——政府主导,立体协同

冰雪运动进校园是一个复杂的组织体系,并非体育部门或教育部门单独能操办的事情,需突破制度供给不明、条块分割等问题,以"整合思维"推动冰雪运动进校园的实践。梳理 2016—2022 年冰雪进校园的政策颁布,冰雪运动进校园政策突出了政策制定主体的高层次、政策主题的强相关、政策制定主体的密切合作的特征,且不同业务领域整合各个部门统筹、协调推进政策实施。随着国务院办公厅、中共中央办公厅等具有最高效力的政策文件的逐步增加,保障了我国冰雪运动进校园政策制定与实施始终维持在一个较高层次的运作平台。

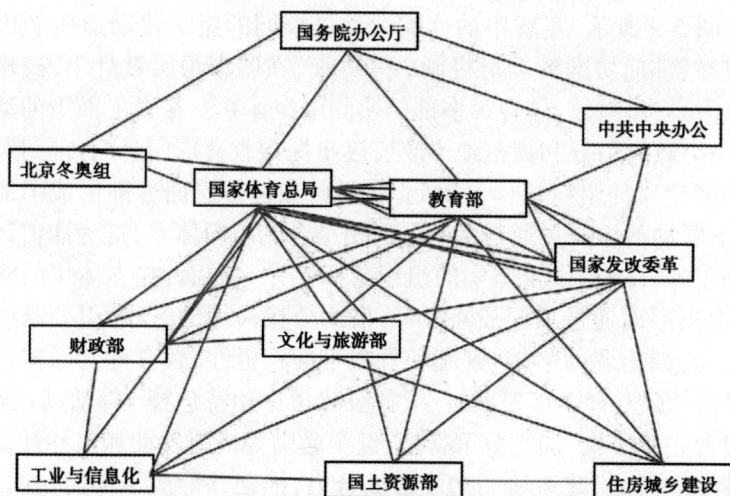

图 5-1　冰雪运动进校园政策中不同部门的合作强度示意图

　　冰雪运动进校园的组织化动员是指利用行政框架和行政力量进行动员的模式。在党和国家的高度重视下,以及各部门统筹、协调推进政策实施下,冰雪运动进校园的行动与组织必然充分利用我国"自上而下"的体制特点,以及中央—地方的分权治理路径,引导和规范地方基层政府、学校、社会组织和企业采取行动,以投身于冰雪运动进校园的实践,由此形成冰雪运动进校园的组织化动员机制。

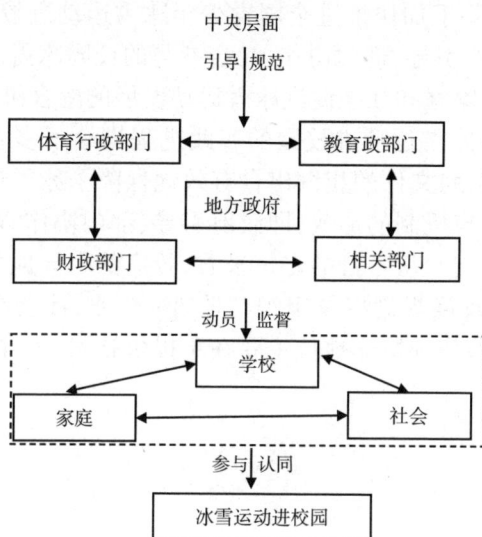

图 5-2　冰雪运动进校园动员机制

如图 5-2 所示,实践中的冰雪运动进校园的组织化动员机制体现了政府主导、部门协同的动员机制。一方面,在国家顶层设计下,构建了由教育部门牵头,财政、体育等多部门协同组织体系。在自上而下的动员逻辑下,中央政府引导和规范地方政府逐步探索教育部门、体育部门及相关部门协调运作的组织机构。由此,在国家和地方层面逐渐形成了部门协同、上下联动的纵向贯通与横向联通相结合的组织体系,这为冰雪运动进校园的工作开展提供了坚实的组织支撑。另一方面,在立体化的联动逻辑上,中央层面通过顶层战略设计,借助分权治理的方式,引导基层政府创新行为,如为调动学校、家庭和青少年的积极性,教育部会同体育部门牵头开展"百万青少年上冰雪""各级冰雪运动特色校"等活动;又如通过并出台完善审批、加大政策扶持、健全激励等措施发动和引导社会力量广泛参与。总之,政策协同初步形成合力,推动并形成了部门协同、上下联动动员机制,为冰雪运动进校园活动的教学、训练和竞赛的全方位开展提供了强有力的组织保障。

(二)多主体的参与机制——政府引导、部门协作、社会参与的协同推进

冰雪运动进校园工作任务的复杂性、系统性决定了冰雪运动进校园活动的参与主体的多元性。2019 年,教育部、发改委、财政部、国家体育局联合发表的《关于加快推进全国青少年冰雪运动进校园的指导意见》中明确提出"政府引导、部门协作、社会参与的校园冰雪运动推进机制基本形成","学校、家庭和社会促进冰雪运动发展的融合机制更加完善"的发展目标。这为冰雪运动进校园的实践进程描绘了多主体参与的基本图景。事实上,系列文件的相继出台有效地保障了冰雪运动进校园工作的贯彻实施的参与机制的形成,即政府引导、部门协作、社会参与的校园冰雪运动推进机制。从各自的定位来看,政府的引导地位主要在于资源的整合与投入、政策规划以及组织与监督;企业、社会组织以及体育学院、科研院所的参与和协作地位主要在于提供技术、人才等服务保障(图5-3)。

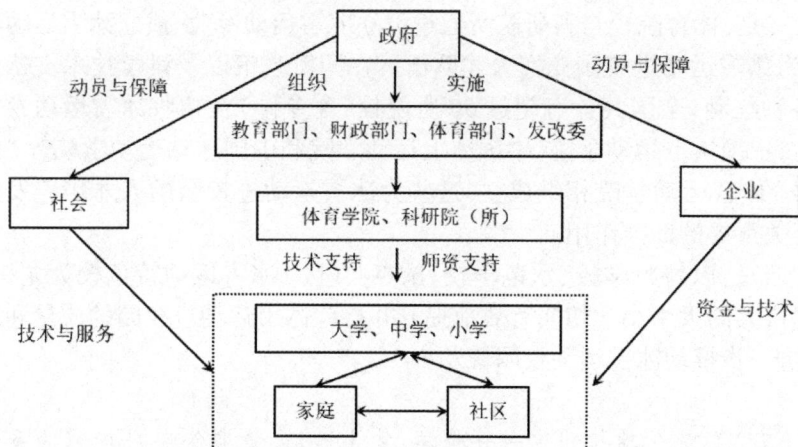

图 5-3　冰雪运动进校园参与机制

在构建制度化参与平台推动下,我国冰雪运动进校园多元主体参与机制基本形成,具体表现为:

一是,政府部门权责进一步明确。目前我国冰雪进校园的政策执行主体进行了重点分工,相关责任主体大体可以分为以下内容:教育部门作为推进的主体,是校园冰雪运动政策执行主体,负责统筹校园冰雪运动教学活动、课外冰雪项目体育活动、冰雪运动教育指导等。如《关于加快推进全国青少年冰雪运动进校园的指导意见》《关于以 2020 年北京冬奥会为契机大力发展冰雪运动的意见》等政策都对教育部门教材编制、冰雪特色学校建设、冰雪专业教师培养等提出了具体要求。体育部门作为具有专业优势的主体,与教育部门相配合做好冰雪运动进校园在师资培训、运动训练、竞赛的组织和管理等方面工作;发展改革部门做好冰雪运动进校园的资源统筹规划,并将冰雪运动纳入有关规划。

二是,在冬奥会助力"三亿人参与冰雪运动"背景下,体育社会组织纷纷参与到青少年冰雪课程、培训、赛事等供给体系。从体育社会组织参与校园冰雪运动的政策来看,体育社会组织通常采用政府购买服务等多种方式来参与到校园冰雪运动的开展。如辽宁的沈阳市的 15 所冰雪运动特色学校,冰雪课程几乎都有体育社会组织的参与;山东省淄博市 7所中小学与冰雪运动协会建立了合作关系,推动"轮转冰"项目;安徽省合肥市与冰雪运动协会组织合作,开展轮滑、轮滑球等旱地冰雪项目进入校园冰雪课堂[①]。

---

① 　晋腾,刘俊一.体育社会组织参与校园冰雪运动的价值、困境与路径 [J].体育文化导刊,2021（5）:98-103.

三是，体育院校与科研院所通过设立冰雪运动专业、成立冰雪运动学院，为冰雪运动进校园充实人才队伍。在国家政策以及科学技术支持上的各种红利，全国共计有超过50所院校（含专科）在招收冰雪运动专业学生，中国雪上运动学院、中国冰上运动学院和中国冰球运动学院等"国字号"体育运动学院相继成立，这些为冰雪运动进校园的人才培养发挥了至关重要的助推作用。

四是，以特色学校、示范学校、试点县（区）冰雪运动特色校为龙头，引领广大的大中小学切实有效地提升并检验冰雪运动进校园的质量和成效，进一步推动冰雪运动校园普及。

（三）系统化建构机制——教学、文化活动、竞赛等基础内容的系统化推广

"冰雪运动进校园"是一项复杂的系统工程，其发展关乎青少年冰雪运动素养培养、兴趣锻造、综合素质提升乃至全民冰雪运动兴起的关键和重点。因此，冰雪运动进校园的顶层设计不仅需要健全的制度和保障机制，更需要内容体系的完善。从推进冰雪运动进校园政策供给来看，其内容机制以推进课程改革为引导，通过广泛开展课外活动和课余训练，搭建完善运动竞赛体系，进而建立起校园冰雪运动教育体系，推动冰雪运动回归教育本真；此外，通过冰雪运动学校的遴选，进一步推动冰雪运动校园普及，切实有效地提升并检验冰雪运动进校园的质量和成效[①]（图5-4）。

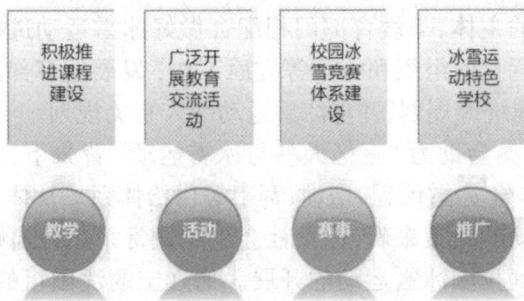

图5-4 冰雪运动进校园系统化内容机制

1.在教学方面，积极推进课程建设。2018年教育部、国家体育总局、

① 许弘.打造立体丰富体系 推动冰雪运动进校园[J].中国学校体育,2021,40（11）:2-3.

北京冬奥组委先后编辑并出版了《奥林匹克价值观教育》(OVEP)中文版、《残奥价值观教育》中文版(2册,36万字)和《走进北京冬奥会》知识读本三套教育材料。2020年发布了《北京2022中小学生冰雪运动项目教学指南》《北京2022年冬奥会和冬残奥会青少年知识读本(小学版和中学版)》和冬季体育运动知识挂图及项目介绍手册。同时,鼓励各地各校开发冰雪运动课程,丰富冰雪运动教学资源。2020年9月11日,动员社会力量参与编写和出版工作,发布了《奥林匹克读本》系列丛书和《奥林匹克知识课堂》等材料。教育材料的推广使用为青少年校园体育教育提供了有力载体,并将进一步指导教学实践。

此外,结合常态化疫情防控要求,依托线上平台,拓宽奥林匹克教育渠道,增强教育和公众参与线上产品供给,分步骤、全方位、立体化、可持续地开展奥林匹克知识普及工作。例如,积极推动将奥林匹克教育材料转化为音频资源,结合重要节点活动及实际工作进展,在广播和网络媒体等平台播放;拍摄奥林匹克教育教学视频,为一线教师提供课例参考。又如制作并发布《奥林匹克五环》《残奥运动》《速度滑冰》《冰壶》《短道速滑》等27个短片,吸引青少年学习和了解冬奥知识。

2. 在活动方面,广泛开展教育交流活动。2020年4月,教育部与北京冬奥组委联合印发《关于开展北京冬奥会和冬残奥会吉祥物故事征集主题活动的通知》明确提出:鼓励全国各地的小学生通过撰写吉祥物"冰墩墩"和"雪容融"的故事。在此倡议下,2020年3月,教育部会同国家体育总局、北京冬奥组委在全国小学生中组织开展故事征集活动。全国共有25个省市反馈了活动参与数据,约有3.6246万所学校,超过1518.1697万名小学生参与,共征集466.7288万篇作品。同时,举办"我的冬奥梦"冬奥小记者国际营全国总决选和颁奖典礼,累计走进全国1000所中小学校,覆盖150万青少年。开展"魅力冬奥"冬奥知识讲解员活动,鼓励学生参与线上讲解员冬奥知识答题,支持学校在校园举办冬奥主题知识竞赛。截至目前,活动已走进北京市和河北省的200余所学校、十多个社区,近千余名青少年参与。

3. 在赛事方面,加强校园冰雪竞赛体系建设。教育部等四部门关于《加快推进全国青少年冰雪运动进校园的指导意见》《北京2022年冬奥会和冬残奥会中小学生奥林匹克教育计划》等一系列相关政策文件的要求,建立和完善适合地方发展的校园冰雪竞赛体系。在政策的推动下,教育部、国家体育总局、北京冬奥组委、吉林省政府共同主办冰雪运动系列竞赛、冰雪嘉年华、全国校园冰雪创意设计大赛等不同内容的活动。据统计,2019—2021年,教育部、吉林省人民政府和北京冬奥组委连续举办

"筑梦冰雪·相约冬奥"全国学校冰雪运动竞赛暨冰雪嘉年华活动,达到了年均25个省(直辖市、自治区)5000余人次运动员、教练员参与。各地分学段(小学、初中、高中、大学)青少年体育赛事不断涌现,竞技、趣味等比赛及活动项目更是吸引更多的学生参与到冬季项目中来。如2021年河北省1.6万多所学校举办校园冰雪赛事,1200多万学生参与其中。

4.在推广方面,通过特色冰雪运动学校,进一步推动冰雪运动校园普及。《教育部等四部门关于加快推进全国青少年冰雪运动进校园的指导意见》指出,"到2020年计划遴选2000所冰雪运动特色学校,2025年达到5000所"。截至2021年底,已在全国遴选建设冰雪运动特色学校2062所、冬季奥林匹克教育示范学校835所。形成了以东北、华北、西北为重点地区,辐射西南和东南各省市的奥林匹克教育和校园冰雪运动的总体布局。

（四）制度化的保障机制——强化政策、资金及科技等方面制度化支撑

梳理我国冰雪进校园的各项措施的出台,进一步从政策保障、资金、场地及科技支撑、人力5个方面为冰雪运动校园普及与发展提供了支撑,为冰雪运动进校园工作的落地提供了保障(图5-5)。

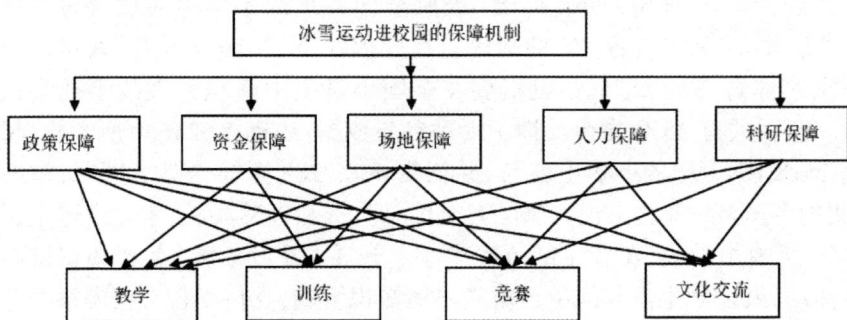

图5-5 冰雪运动进校园保障机制

在政策保障方面,主要体现在以下两个层面:一是,政策力度大。所谓政策执行的力度是指政府在制定法律法规时所体现的公信力以及强制性程度,直接影响政策对政策目标群体的影响力和约束力。政策颁布阶位越高,对执行主体激励与约束越高,越能代表政策实施力度[1]。我国校

---

① 蔡朋龙.地方政府对国家体育产业政策再制定的协同力评价研究——基于11个省、自治区、直辖市的实证分析[J].天津体育学院学报,2020,35（01）:70-79.

园冰雪政策不仅来自国家体育总局、教育部及有关体育部门联合颁发,更是上升到国家层面的意见、规划、通知等,如《国家教育事业的十三五规划》《体育强国纲要》将全面普及冬奥知识和青少年冰雪运动作为教育特色,写入"十三五"教育发展规划,纳入体育强国的主要任务,体现了校园冰雪运动的执行力度之大。二是,执行主体明确。2018年教育部工作要点中,"推进冰雪运动进校园"被正式列入当年的工作要点;2016年5月,国家体育总局公布的《体育发展十三五规划》中,青少年冰雪运动普及被列入体育事业重点内容。2017年11月,国家体育总局、教育部等七部门联合印发《青少年体育活动促进计划》明确提出"校园冰雪计划"涉及了冰雪运动进校园的课程、人才、场地、组织、赛事等多个方面,有效地保障了冰雪运动进校园工作的实施与开展。

资金保障方面,优化教育经费支出结构,政府部门安排专项资金予以支持,并充分运用税收工具、财政补贴、项目资助、购买服务等方式,引导社会力量参与,有效解决场地、器材、教师、教练员不足的问题。此外,2018年,由国家体育总局冬季运动管理中心和中华全国体育基金会发起设立的"冰雪运动发展基金",成为青少年冰雪运动发展的"助推器"和"蓄水池"。响应国家发展冰雪运动进校园的号召,地方积极部署冰雪运动的财政支持政策,如北京市发布《北京市冰雪运动特色学校评价指标体系》中设置了特色冰雪运动学校给予经费支持的25万元、50万元、75万元三个等级。

场地保障方面,政策因素仍最为关键,它成为冰雪运动进校园驶入快车道的"加速剂"。早在2016年,国家体育总局、发展改革委等7部门在联合印发的《全国冰雪场地设施建设规划(2016—2022年)》文件中就提出:"加快学校滑冰场地建设,支持有条件的地区和学校在冬季浇建冰场。鼓励在公园、校园、广场、社区等地建设可拆装式滑冰场。"国家体育总局、国家发展改革委、教育部、国家旅游局联合下发了《冰雪运动发展规划(2016—2025年)》,把加大场地设施供给作为冰雪运动开展的主要任务。这些政策对青少年冰雪运动进校园的场地设施建设提供了相关政策的具体配套制度。加之冰雪运动进校园期间,在"三亿人参与冰雪"的号召、"冰雪体育长廊计划""冰雪阳光计划"快速开展以及"北冰南展西扩东进"战略持续推进,我国滑雪场地近年来在逐年增加,校园冰雪场地设施在此阶段逐年增加。

在冰雪运动师资队伍建设方面,2017年《教育部关于印发＜学校体育美育兼职教师管理办法＞的通知》和2019年《教育部等四部门关于加快推进全国青少年冰雪运动进校园的指导意见》两大文件,从配齐、配实、配强冰雪师资队伍出发,通过建立冰雪专家人才信息库、省级专家讲师团,分阶段、分步骤、分层次举办示范性体育教师冰雪运动培训班,推动冰雪项目校园辅导员队伍建设。同时,依托高校、科研机构培养、培训、引进冰雪师资人才。

科研保障方面,近几年国家社会科学基金、自然科学基金项目及科技部的国家重点研发计划"科技冬奥"重点专项均涉及青少年冰雪运动的推广问题。此外,教育部同国家体育总局、北京冬奥组委研制了《北京2022中小学生冰雪运动项目教学指南》《北京2022年冬奥会和冬残奥会青少年知识读本(小学版和中学版)》等,这为推进课程建设提供了莫大助力。

三、政策短板问题与执行效益阻滞

虽然我国冰雪运动进校园的政策体系逐渐在完善,但如何实现科学有效地推进是当下面临的重要问题。本课题研究的实证调查数据表明,"器材缺乏、费用高昂、课程不规范成为冰雪运动进校园的拦路虎""场地资源不足让校园冰雪运动成无米之炊""学校滑雪课效果不佳,形式表面化""雪场尽头是骨科"……类似的新闻时常见诸报端,这不得不引起我们的思考。冰雪运动进校园政策顶层设计与实践之间的差距为何之大？事实上,校园冰雪运动推进本身的复杂性,决定了政策的执行与落地过程中受政策本身、执行主体、目标群体以及执行环境的多种因素影响。为进一步查找冰雪运动进校园政策短板与执行表现,本研究借鉴史密斯政策执行过程模型,从政策本体、政策执行、目标群体、执行环境四个维度,考察我国校园冰雪政策执行过程中障碍因素,深入解析校园冰雪政策短板问题。

(一)政策制定本身规制问题

政策本身的规制能力是影响政策是否有效落地以及达到预期的政策目标最直接的因素。基于课题组的实证调研与各个地区校园冰雪运动的政策落实情况,目前,校园冰雪政策制定存在着体系化不足、内容虚化等问题,具体表现为:

1.政策问题本身的复杂性阻碍了校园冰雪政策的落地

"冰雪运动进校园"并非独立于学校体育课程而存在,其本身与我国学校体育以及我国学校体育政策相互关联。所以,校园冰雪运动的顶层设计必然引发学校体育的局部改革甚至牵涉体育事业的相关政策,这也增加了校园冰雪政策的执行与落地的难度。具体而言,在2016—2022年的6年间,中共中央办公厅、国务院办公厅、国家体育总局、教育部、财政部等多个部门从不同角度制定了带动校园冰雪运动普及发展、冰雪项目教学改革、冰雪课余训练和竞赛体系建设、冰雪师资队伍建设、校园冰雪运动的经费投入、校园冰雪运动场地等任务目标。但每一项校园冰雪政策的执行,可能引起现有体育的局部改革,这也增加了校园冰雪政策的执行难度。单从教师而言就是一个不小的问题。针对北京市海淀区中小学的冰雪运动专项实证调查发现,90%的学校完全没有冰雪运动专项教师,仅通过外聘冰雪运动教练及冰雪运动专项教师进行教学,且大多数中小学冰雪运动课专任教师往往通过短期的培训和集训而兼任此课程,这既不满足中小学冰雪体育课的全面铺开的教学要求,也难以保障教学质量。如何在短期内保障冰雪项目教学改革、冰雪课余训练和竞赛体系建设,不仅仅是学校主体本身的问题,更涉及高校人才的培育问题。另外,冰雪场地建设扩容属于重资产项目,加之设备器材购买支出大(旱地轮滑设备每套上千元)、场地日常养护费用都较高(冰场电费及养护费一年达到百万元),诸多学校面临着经费不足的问题。虽然冰雪进校园对教育经费有所提及,但是校园冰雪运动专项经费制度尚未纳入教育专项经费和专项补贴拨款的财税制度,这也使得部分地区学校冰雪课程的开设只能"靠天吃饭",甚至沦为表面化。

2. 校园冰雪运动的政策指向性过溢,落地性不足

随着2022年北京冬奥会举办权的获得以及"三亿人参与冰雪运动"发展目标的提出,我国政府和各省区市相继颁布了一系列校园冰雪政策来保障校园冰雪运动的开展,体现出分权治理模式下整合社会资源、集中力量办大事的优势。但也存在自身局限,特别是政府制定冰雪校园政策多为原则性、指导性规划。梳理目前校园冰雪运动的10余份专项政策文件可以发现,"鼓励""支持""有条件"等政策指向型的表述较多,如《关于加快推进全国青少年冰雪运动进校园的指导意见》提出"鼓励各地教育行政部门逐级创建冰雪运动特色学校""有条件的北方地区中小学应将冰雪运动项目作为冬季体育课主要内容""有条件的学校要把冰雪项目列入课外体育活动范畴"等。显然,当下政府希望政策指向加快校园冰雪运动发展和良性发展环境的迫切性,但"鼓励""有条件"这种模棱

两可的表述会让政策执行者按照自己的理解和接受程度去执行,且这类被组织、被参与的性质无法转化为主动的行动。在政府指向型政策导致政策红利不足的情况下,往往会造成地方执行的异化或失去参与积极性和热情。比如一些学校推进冰雪运动进校园意在完成"指标""考核","多一事不如少一事"的心理不同程度地存在[1]。

3.校园冰雪政策集成与衔接不足

2016 年以来,各地根据《关于强化学校体育促进学生身心健康全面发展的意见》陆续出台了青少年冰雪发展的指导性意见,但更多是短期促进计划,缺少长期、系统的发展规划与具体执行方案,且在具体政策实施过程中缺少完善的政策实施长效机制,进而限制了政策实施效果的可持续性发展[2]。《关于以 2020 年北京冬奥会为契机大力发展冰雪运动的意见》要求"将冰雪运动知识教育纳入学校体育课教学内容",然而,冰雪运动的自然资源与地理位置的差异使南北方冰雪运动教学内容和教学计划不能统一,必须要根据当地特点制定具体的校园冰雪政策和实施方案。不同于夏季项目运动,冰雪运动进校园不仅受到场地、师资等条件的较大制约,难以吸引更多的青少年参与冰雪运动,也面临参与的门槛和价格较高、学生的业余时间有限、冰雪企业缺乏长远眼光去培育青少年参与人群等制约。此外,从冰雪企业承担青少年冰雪课外活动方面政策而言,国家政策指导虽支持企业参与青少年冰雪运动产品供给,但地方层面对冰雪运动的企业的减税、降税等方面的配套措施尚未跟进,造成其成本压力较大。一些学校由于资金有限而无法寻求与冰雪场馆合作,有些合作也是通过减少教练的配比,或是降低教练的待遇以节约成本的前提下去达到。但对于具有一定危险性的冰雪运动项目,学生的安全问题不断扩大[3]。冰雪运动项目属于高端、较高的消费门槛的运动项目,很多家庭无力承担。如在北京,年收入需要达到 80 万元以上的家庭才能够负担孩子长期打冰球和参与花滑的费用,这显然不是一般家庭所具备的条件。虽然国家出台了相关政策进行推进,但企业依然面临征税率及能源费用执行标准居高不下的问题;学校推广冰雪运动面临师资、资金场地等问题;学生开展

① 陈海燕.冰雪运动进校园推进机制及优化策略 [J].体育文化导刊,2022,(04):22-28.

② 朱焱,袁诗怡,张佃波,刘立清.新时代我国冰雪产业政策实施效果评估指标体系构建与实证研究 [J].中国体育科技,2022,58(05):11-20.

③ 慈鑫.冰雪运动进校园仅有政策还不够 [N].中国青年报,2020-12-22(003).

面临高额费用的问题。如何降低企业成本,让学生学得起,让企业、学校有热情去做,应该是现有政策的当务之急。

(二)政策执行机制问题

冰雪运动进校园这一复杂的系统性工程要求政策执行机构间与机构内部有效整合,但综合分析发现,目前我国校园冰雪政策执行机制尚处于各主体间较低层次的合作状态,机制不畅、资源整合能力缺失的问题突出。

1.政策横向协同:实施主体分工模糊,政策执行效力差

目前关于校园冰雪政策虽在制度供给上实现了协同,但政策实施的主体依旧不明,如绝大多数颁布的《规划》《办法》《意见》中对于执行主体多以"各级政府""各相关部门"等描述一带而过,这种笼统化分工,对政策目标是否达成无法进行考核与问责,也极易造成"人人该管——人人不管""有功归自己,有事归他人"的邀功和推诿现象[1]。与此同时,国家层面建立了由教育部牵头的奥林匹克教育工作专项小组,组建了全国校园冰雪运动专家委员会。与之相对应的是许多地方建立了由政府多部门构成的冰雪运动发展联席会议制度,但这种共建共治共享模式尚处于各主体间较低层次的合作[2],一方面受限于不同部门的利益趋向机制不畅,另一方面也受限于不同主体的能力水平,各部门会依据各自立场而争取最大化满足自身利益诉求,从而削弱校园冰雪政策跨边界合作的执行合力。

2.政策纵向执行:压力型任务传导机制导致的低效化

所谓压力型任务传导机制是指政策执行的上一级组织为完成政策任务目标向下一级政策执行组织下达任务,并将任务指标数量化分配给下一级组织的运行机制[3]。学校作为冰雪运动进校园政策最基层的组织,其处于各项规划、指标与任务的实施的末端,校园冰雪政策要经过教育部、

① 王家宏,蔡朋龙,刘广飞.我国体育产业政策实施执行的分析研究[J].武汉体育学院学报,2019,53(09):5-14.
② 陈海燕.冰雪运动进校园的多维内涵及实践意蕴[J].体育教学,2021,41(8):2.
③ 马德浩.新时代我国农村公共体育服务的治理困境及其应对策略[J].体育与科学,2020,41(1):104-111.

省教育厅、市教育局、县教育局等多个环节最后才能抵达学校。在压力型任务传导机制下，部分学校在参与冰雪运动进校园中，不仅要受冰雪运动开展的现实条件所制约，而且目标的任务量也难以完成。为了应对上级的任务压力，于是就出现了学校以敷衍的工作方式来完成上级政府检查。正如学者所揭示的那样，不少学校在推进冰雪校园活动开展时的"形式主义"严重，为应付指标考核，在无法完成任务的情况下常常剑走偏锋，诸如塑料"冰壶运动"道具铺在操场上，几个拍摄人员对参与的孩子进行拍摄[①]。这种压力传导与实际的工作并不对称，只会加剧校园冰雪推进的低效化。

3. 政策执行监督：监督机制不健全造成政策执行偏差

目前，校园冰雪运动相关政策的执行偏差很大程度上源于监督机制尚不健全，缺乏常态化的监督手段。从实践来看，各级政府对校园冰雪政策的执行情况监督与评估主要采用书面材料和听取学校单方面的工作汇报方式。这难免造成对学校冰雪政策执行监督流于形式，过于重视阶段性或结论性的评价，缺乏监督过程[②]的结果。由此，关于政策执行的好与坏，也只停留在数据层面，诸如学生参与率、开课率、学生赛事等，这样监督机制既无法发现和纠正冰雪运动进校园的现实效果与预期效果的差距，也难以保障政策执行的效率。

（三）政策保障问题

目前国家在推进校园冰雪运动的主要政策保障是围绕教学、文化活动与竞赛体系，从场地、师资、资金、课程标准设计等方面展开。从核心保障来看，供给不足，落地性不高，很大程度制约了校园冰雪运动的开展。

1. 师资保障政策难以长期化落实

在《教育部关于印发＜学校体育美育兼职教师管理办法＞的通知》

---

① 陈海燕. 冰雪运动进校园推进机制及优化策略 [J]. 体育文化导刊, 2022,（04）: 22-28.

② 孙雪. 我国校园冰雪政策执行的阻滞与消解——基于萨巴蒂尔和马兹曼尼安的政策执行综合模型视角 [J]. 沈阳体育学院学报, 2018, 37（02）: 8-15.

《关于加快推进全国青少年冰雪运动进校园的指导意见》等政策推动下,近年来我国通过体育院校及综合类院校加快了冰雪运动人才和师资的培养节奏,如首都体育学院在 2016 年率先推出冰雪人才培养计划,哈尔滨体育学院更是将冰雪运动作为办学特色运动项目,致力于冰雪运动人才的培养。但由于冰雪运动师资和人才培养周期长、培养条件高,跨行业人才需要较长的适应期,这些培养专业人才的举措目前还不能很好地解决冰雪运动专业师资的庞大缺口。由于我国从事冰雪运动的优秀的运动员和教练员相对较少,且大部分退役后从事高水平的教练员工作,只有少部分进入教育系统,从而导致我国冰雪运动人才培养的专业师资存量严重匮乏。另外,大多数中小学冰雪运动课由本学校的体育教师担任,这些教师往往通过短期的培训和集训,掌握初级的冰雪运动技能与知识,但由于教学时间的限制,一般都仅停留在初级阶段的水平,很难满足现有的冰雪运动的教学需要。在被调查的 16 所北京海淀区中小学中,仅 5 所学校有 1 名冰雪运动专项教师,其余没有冰雪运动专项教师。在冰雪运动专项师资存在巨大缺口下,虽然很多学校以外聘或政府购买服务的方式予以缓解,但培训市场的良莠不齐、课程教学、师资状况、服务标准规范性鱼龙混杂的等问题,很难保障专业过硬、师德高尚的冰雪运动专项教师配备。如何解决冰雪运动专项师资短缺难题,不仅需要从顶层设计上厘清大中小人才培养的连贯体系建设,更需要持续化的人才保障政策,吸引更多的人投身其中。

2. 资金保障政策的延迟

冰雪运动进校园的资金投入是冰雪教育有序开展的基础。2020 年颁布的《全国青少年校园冰雪运动特色学校及北京 2022 年冬奥会和冬残奥会奥林匹克教育示范学校遴选工作的通知》中提出"特色学校优先享有本地有关部门经费支持",但对于经费的具体落实并没有明确的界定。相较足球运动进校园而言,促进校园足球发展的《全国校园足球特色学校基本标准(试行)》和《教育部办公厅关于加强全国青少年校园足球特色学校建设质量管理与考核的通知》等政策中既有宏观指导,也有具体执行标准,切实强化组织领导和条件保障。据统计,仅 2015—2017年两年间,中央财政投入校园足球专项资金高达 6.48 亿元,各省、市资金投入及体彩、社会赞助等多达 196.03 亿元[①]。有研究显示,学生每人每年

---

① 　董杰,刘新立. 北京 2022 冬奥会支出的风险与风险管理 [J]. 体育与科学,2020,41(01):16-27.

的体育经费平均不足 1 元,不少教育行政部门用于学校体育的经费,平均不到 1%①,2019 年北京市用于冰雪进校园系列活动的经费仅有 420 万元②。所以,当重新审视冰雪运动时,这些数据都表明,冰雪运动进校园的经费支出不足在很大程度上束缚了我国校园冰雪运动的广泛开展,极大地削弱了学校参与冰雪运动进校园的积极性。

3. 场地政策不到位,不足以为冰雪政策开展提供支撑

冰雪场地问题是冰雪运动政策重点关注的焦点。截止到 2021 年初,全国已有 654 块标准冰场,较 2015 年增幅达 317%。已有 803 个室内外各类滑雪场,较 2015 年增幅达 41%。冰雪场地中滑雪场逐年增加,但用于校园冰雪运动的场馆大部分集中在学校以外以企业经营为主的专门性机构场地,校园内的冰雪运动场地甚少,场地匮乏、人造冰场费用昂贵成为校园冰雪运动推广的"一道坎"。

校园冰雪教育政策要求冬季浇建冰场、建设可拆装式滑冰场,但为冰雪项目开辟专门运动场地的学校比较少。一项对黑龙江省 80 所中小学校的冬季冰场数量进行调查数据显示,只有 9 所学校浇了标准冰场,20所学校浇了小冰场,4 所学校浇了小冰道③。对北京 31 所中小学冰雪运动特色学校试点学校的调研显示,拥有校园冰场的学校占比仅为 19%。部分学校通过建立移动仿真冰场和滑雪模拟机来缓解冰雪场地不足,也有些学校利用校园内的天然湖,在冬天开展滑冰课。冰雪运动场地相较于我国学生群体的人口总量而言,即便全国的冰雪场馆全部投入学校教学使用,也很难满足学校的冰雪教育需求。

4. 冰雪课程建设滞后

课程、教学大纲、教材等教学资源决定了冰雪运动进校园的核心内涵发展。从冰雪运动进校园政策来看,不论是国家相关教育部门还是学校都出台或实施了相关的关于冰雪教学大纲、教材制定等相关文件,在一定

---

① 程宇飞.我国冰雪运动进校园经验及发展策略 [J].体育文化导刊,2020,(06):33-39.
② 康凤凡,叶卫兵,张舒丹,王波,陈慧业.史密斯模型视角下我国校园冰雪政策执行研究——基于校园足球政策分析 [J].体育文化导刊,2020,(8):104-110.
③ 马瑞,刘春华,焦磊,耿新山.黑龙江省"百万青少年上冰雪"活动开展现状研究 [J].冰雪运动,2011,33 (02):65-69.

程度上规范和促进了教学资源的完善和发展,但冰雪运动教材建设相较于"冰雪运动进课堂"的发展态势而言有所滞后。一方面,"冰雪运动教材"建设没有统一标准,特别是小学阶段的《体育与健康课程标准》并没有将冰雪运动纳入教材中,多数学校没有统编的冰雪运动教材,在教材使用过程中,学校体育教师多按照个人理解与喜好进行选择性讲解。北京市是目前校园冰雪运动开展较好的城市,在冰雪教材方面,教育局印发的《京奥冰雪》教材作为冰雪运动普及读本,分年级介绍冰雪运动起源、冬奥项目、技能教学的相关知识,但目前没有根据自身特色开发的校本教材[①]。现有的冰雪课程内容未考虑对学生冰雪运动兴趣的培养,并未充分融入现有的教学体系中[②]。相较其他体育运动项目,冰雪运动教材数量相对较少,青少年学生较难选择到适合其自身特色与需求的教材。

(四)政策目标群体的问题

政策目标群体是指给予政策规定遵循的对象群体。校园冰雪运动健康发展需要地方教育行政部门、学校(校长和体育教师)、学生家长、学生自身以及社会(企业、体育社会组织)形成合力,协同配合才能达成。对政策目标群体进行整体考察,目前不同利益主体都要求自身利益最大化导致目标团体对政策不同程度的接受和执行选择性差异,加大了政策落地的难度。

1.地方教育行政部门的问题

地方教育部门接受并落实上级部门传达的校园冰雪运动的相关政策,并与体育、财政等部门相互协调,领导和监督本地区校园冰雪政策的落实。但不同部门的利益趋向异化导致教育部门联动不足,各利益主体对于自身利益最大化的考虑会导致其有选择性地执行政策。例如冰雪人才的培养,赛事资源多集中于体育部门,输送竞技体育人才、争牌创优始终是衡量体育部门业绩、体育事业发展的重要指标。地方教育行政部门的相关考核指标更多与"升学率"这一最终目标捆绑,这极易造成校园冰雪运动政策的执行折扣。

① 张世平,骆秉全.北京市中小学"冰雪运动进课堂"的可持续开展研究[J].首都体育学院学报,2021,33(01):56-61.
② 邢晓燕,Eric MacIntosh,刘平江,闫昕.加拿大青少年冰雪运动发展特征及启示[J].体育成人教育学刊,2019,35(06):45-49.

2. 地方学校层面问题

作为冰雪运动政策落地生根的基层单位，学校的政策执行的内容、层次及深度在一定程度上受当时学校领导层的认知程度与偏好的影响。由于冰雪项目运动技术门槛高、资源投入量大（教师培训与招聘、场地建设等），部分学校消极接受或拒绝接受校园冰雪政策，学校领导更加希望通过提高升学率扩大学校知名度。虽然部分学校按照政策要求积极部署教学内容、组建冰雪运动队，但追求的目标函数不仅仅是完成指令要求，更多的在于创建"冰雪运动学校""比赛争牌"以及提升学校知名度，由此将校园冰雪当作自己学校的"面子工程"和表演项目，这不仅忽视了素质教育的本源，也与国家普及冰雪运动的根本目的相悖。对于教师而言，校园冰雪政策的实施意味着自己要抛弃原本擅长的领域，走出舒适区，到一个新的领域中去摸索学习，无形之中增加了工作负担。加之冰雪运动环境的特殊性，不可避免地产生风险伤害问题，体育教师更多会产生抗拒心理。

3. 家长层面问题

在"应试教育"环境下，家长更多会将孩子升学、就业与前途摆在前置位置。这种功利性的思想使家长对校园冰雪政策的执行持抵触的态度，特别是目前我国高校开展高水平运动员选拔考试，对于冰雪项目接纳和落实程度较低，学训矛盾没有得到有效化解，也阻碍了运动员的上升渠道。对北京市冰雪特色学校的实证调查发现，起初为提升孩子身体素质、养成良好的意志、培养更多的兴趣爱好，很多家长非常支持孩子参加冰雪运动，但面临升学，特别是高考压力，家长对孩子参加冰雪运动的支持程度锐减。而谈到支持减弱的原因时，很多家长认为冰雪运动人才的培养体系尚未畅通，花费大量的精力会影响升学；另外一个重要原因在于我国冰雪职业联赛体系不健全，冰雪人才培养的就业渠道较窄，继续从事冰雪运动对未来职业选择没有太大帮助。

4. 社会层面的问题

经济利益取向是校园冰雪运动很难整合冰雪资源的问题的根源。在自负盈亏、自收自支的市场化制度下，校园冰雪运动培训机构等经营者是以经济价值为导向，在面对巨大的经济压力，承接者常出现"活动缩水""打折扣"的现象。北京市滑雪协会副秘书长张岩指出,"承接冰雪运动进校园的企业能够从学校、教委得到的经费有限,很难支付高额的经营成本。为了降低成本,获取最大的利润,不少企业只能减少教练与学生的配比。但是,冰雪运动的高风险属性,学生与教练的配比减少不仅难以实现冰雪参与的普及程度,连学生的安全可能都保证不了。"①

（五）政策执行环境问题

除了政策自身的处理性规制能力问题外,校园冰雪运动政策所处的社会环境变量也是影响政策有效执行的重要变量。

1. 应试教育的固化,冰雪运动政策目标受阻

近些年,国家对教育改革的持续推进,很大程度上缓解了应试教育对于体育的挤压与排斥。特别是2021年中共中央办公厅、国务院发布的《关于进一步减轻义务教育阶段学生作业负担和校外培训负担的意见》（又称"双减"政策),推动了体育在语数英"三人团"中成功突围,成为素质教育的重要方阵。但是,在传统的应试教育体制下,权威价值取向和功名价值取向使得通过考试取得"功名"是青少年获得社会褒扬的唯一途径,体育弱势地位并未发生根本改变。在国家政策的指导下,部分地区虽然将冰雪项目纳入中考内容,如哈尔滨中考体育中就包含冰球、花样滑冰、速度滑冰、滑雪、冰壶五种冰雪项目,北京市更是纳入中考体育特长生测试项目,但大多数冰雪运动考试项目所占分数比例较低,想要在中考中取得好成绩还要依靠文化课,加之体育人才的输送通道不畅通、培养体系不健全,学生在"急功近利"的教育诉求下使得冰雪运动进校园政策落地备受阻碍。冰雪运动进中考的设计的初衷是借传统的应试教育体制发展冰雪运动的重要尝试,但削弱了校园冰雪运动提高学生身体素质的本体价值和促进学生全面发展的重大意义,也使得校园冰雪运动政策失去了内生发展动力。

2. 文化缺失,抑制内生发展

校园冰雪文化是校园冰雪运动发展的必要条件,它包括了物质文化、

---

① 慈鑫．冰雪运动进校园仅有政策还不够 [N]．中国青年报,2020-12-22（003）.

制度文化和精神文化[①]。在运动参与初期，人们对冰雪需求主要以"外引"为主，即国家等治理主体通过冰雪赛事吸引了个体参与，这时的运动参与并非个体完全"内生"主动的，而更多是以"赛"吸"睛"，群众更多以小众、发烧友参与其中[②]。加之，受资源禀赋条件与我国地理维度的限制，我国冰雪运动的开展多在东北地区，导致外在条件的先天不足，同时由于冰雪文化的不足，学生和家长对冰雪运动的核心价值了解不够。本研究的实证调查数据显示，目前我国家庭内没有形成积极参加冰雪运动的氛围，只有很少的父母支持和带领子女参加冰雪运动。在 31 个省、市、4351 样本量分析中，约 20% 的家长曾带孩子参加过冰雪运动。其中，约 96% 参加过娱乐性运动，不到 4% 的参加过专业性运动训练。制度文化方面，校园冰雪组织的缺失，直接制约冰雪运动的深度参与。本研究的调查数据显示，参加过冰雪课程的学生占 6.7%，参加过课外训练或比赛的占 7.1%，参加过冬令营的占 7.4%，参加过运动知识讲座的占 19.9%。娱乐性参与模式的主要致因是家庭和学校社团的影响弱化所导致的。在精神文化方面，由于我国冰雪运动发展失衡，经历 80 年代的热潮后，发展持续低迷，导致传统的冰雪运动开展地区在行为层面的断层，从而导致冰雪运动精神层面的缺乏，制约我国校园冰雪文化的生成[③]。

四、政策有效实施的理论推演

（一）理顺校园冰雪运动顶层设计，细化政策标准

校园冰雪运动政策的实施和普及是一个长期、复杂的过程。在"三亿人上冰雪"的目标愿景推动下，冰雪运动进校园被推至前沿。自 2016 年以来，国家密集的校园冰雪运动发展政策反映出希冀通过政策加快校园冰雪运动发展，塑造校园冰雪运动发展最佳途径的政策初衷。冰雪运动进校园任务艰巨、责任重大，为此，我们首先要理顺校园冰雪运动顶层设计，细化政策标准。

① 阚军常,叶海波,吕婵.我国校园冰雪运动开展研究 [J].体育文化导刊,2020,（12）：7-13.
② 杨三军.北京冬奥会举办对中国经济发展的效应研究 [J].体育与科学,2022,43（1）：1-6.
③ 阚军常,叶海波,吕婵.我国校园冰雪运动开展研究 [J].体育文化导刊,2020,（12）：7-13.

第一,明确我国校园冰雪运动的政策目标,并精准定位。要明确冰雪运动在学校教育中"以促进学生身心健康发展、掌握运动技能、培养健全人格"目标定位,政策的制定、贯彻、实施始终围绕这一终极目标运行,只有如此校园冰雪运动政策才能充分体现学校体育及校园冰雪运动的教育价值,才能将学校体育及校园冰雪运动真正融入教育改革体系。

第二,妥善处理冰雪运动进校园长远目标、短期目标、具体目标在政策执行中的关系。冰雪运动发展规划(2016—2025年)虽然指出校园冰雪运动政策的具体目标(冰雪运动特色学校2020年达到2000所完成对5000名校园冰雪运动项目专职或兼职教师的培训),但冰雪运动进校园的政策远不止于此,形塑校园冬季冰雪运动的教育价值体系、提升学生的身体素质、促进学生的全面发展是校园冰雪政策的长远目标。在长期目标引领下,紧抓现阶段校园冰雪运动切实需要达成的短期目标和亟待解决的具体目标的落实工作,避免在校园冰雪政策执行过程中片面追求数字上的增长。

第三,顶层设计要真正做到"一分部署,九分落实"。从国家层面为全国校园冰雪运动部署一系列密集而有力的政策文件,为校园冰雪运动发展指明方向,但"有条件、较好"等模糊词的出现导致了政策内容虚化,降低了政策的操作性。从冰雪运动校园发展的视角看,在已有的顶层设计基础上进行全方位的校园冰雪政策规划,进一步理顺各项政策的关联性,全面布局冰雪运动进校园的整体状况,包括设计、试点、规则、支持、反馈、评价等都要做详细规定。要让校园冰雪运动的财政支持政策落地,要在冰雪场地用地的规划与使用、师资力量补充、校园冰雪赛事开展、课程规划、特长生升学、高水平运动员招生与文化教育安排等瓶颈问题上补齐短板。

第四,细化校园冰雪政策执行方案和执行标准,具体包括校园冰雪政策在执行过程中涉及校园冰雪体育课程教学改革、财政资金投入、场地设施建设、冰雪人才引进和师资培训等。同时,要加强政策对执行者的规制力度,尽量避免"有条件""支持"等模糊性表述,强化执行主体的责任制度。

(二)完善政策执行机制,提升校园冰雪政策执行效率

一是,多方联动,建立健全政策推进机制。校园冰雪运动的开展除国务院办公厅、教育部、体育总局牵头部署外,各级政府、学校、企业组织、社区家庭协助配合,建立健全政策推进机制。其一,各级政府要根据实际情

况,成立校园冰雪运动专项委员会、资金管理委员会、督导小组,协商解决校园冰雪运动推进问题、督查资金到位及使用情况,并将结果反馈给上级政府职能部门。其二,学校需要积极响应政府号召,因地制宜,统筹规划制定"一地一案""一校一案"的具体方针政策,因地制宜对校园冰雪运动发展提出明确规划与要求①。同时政府部门也需加强专项考核,将学校开展冰雪运动成果作为指标纳入学校体育及校长年终绩效考核中。其三,建立学校主导、家庭支持、社会服务的"家、校、社"联盟共育,完成"校园冰雪运动专项委员会、资金管理委员会、督导小组"政策的上传下达、校园冰雪政策的执行以及监管等事务的达成,建设学校主导落实校园冰雪政策、家庭支持、社会服务参与的执行机制。如此各级管理协作,层层监督,让政策"变活"、执行"更协同"。

二是,建立多角度校园冰雪政策执行政策监督与评价机制。我国校园冰雪政策的突出问题在于监督与评价机制的缺失,为此,在校园冰雪政策中需要明确考核方案以及详细的评价标准,比如制定不同区级的考核,校级考核、县级考核以及省市级考核等,在评价内容上既要考虑校园冰雪活动开展成果变量,如冰雪课时、冰雪场地、冰雪师资、冰雪赛事等细致化评估指标,也要对学生、教师、家长的满意度、认同度进行质量评价。在评价结果的获取上既要进校实地考察情况,又要收集不同目标群体提供的报告信息,由此遴选"冰雪课程特色校""冰雪场地先进校"等。

三是,强化责任追究机制与鼓励机制协调推进。在明确责权的基础上,将校园冰雪政策执行中的责任细化到机构或个人,对校园冰雪政策执行过程中表现优异、有突出贡献的机构或个人,采取一定的鼓励措施,如对校园冰雪运动开展较好的学校给予奖励、政策上的倾斜;对于表现优秀的体育教师给予年终评优方面的奖励。对于在政策执行过程中未落实相应责任的机构或个人,坚决追究其责任。在奖惩分明的制度保障下,既能压实校园冰雪政策执行主体责任,又能够有效激发校园冰雪政策基层执行者的积极性。

（三）拓展目标群体的利益交叉范围,提高目标群体政策认同感

学校、教师、家长和学生是我国校园冰雪政策的目标群体,其政策响应程度在很大程度上决定冰雪运动进校园的进程。就目前而言,不同主

---

① 孙雪.我国校园冰雪政策执行的阻滞与消解——基于萨巴蒂尔和马兹曼尼安的政策执行综合模型视角 [J]. 沈阳体育学院学报,2018,37（02）:8-15.

体之间在冰雪进校园的目标下存在追求目标函数的差异。对于学校而言，无论何时学校的升学率及声誉一直是各层级学校追求的目标靶心。对于家长和学生而言，是否能取得好成绩、上好学校则是关注的重点；对于教师而言，自身学科发展、职业规划进程以及自身价值的实现与否是侧重点。基于目标群体的利益诉求不同，我们认为实现目标群体交叉目标函数，应具体把握以下几个方面：

其一，可以借鉴高中学业水平考试中合格性考试和等级性考试经验，将校园冰雪活动纳入升学考核和体质测试的一部分，直接和学生的评价、升学挂钩。短时间无法改变应试教育体制下，冰雪运动纳入升学考核、升学项目，不仅会直接提高目标群体的重视程度，解决家长和学生的后顾之忧，而且会促进体教融合，打造一贯式升学体系。

其二，国家应通过设置的校园冰雪评价体系和监督机制，将校园冰雪运动开展状况纳入学校年终考核范围，这可以极大地调动学校的积极性，更加迎合学校追求的目标函数[①]。

其三，将校园冰雪活动纳入体质测试项目的一部分。调动学校教师的主体能动性，加之冰雪进校园的评价体系和监督机制赋能，与校园冰雪课程与教师的年终绩效、职称评定等相结合，系统性的举措将极大提升冰雪运动教学质量。其四，要抓住后奥运发展的契机，进一步优化冰雪运动校园政策实施环境。可通过冰雪运动知识讲座、冰雪冬令营、冰雪大讲堂、知识竞赛等多种教育形式，丰富学生的冰雪体育文化活动。通过家庭冰雪运动，如亲子嘉年华、家庭冰雪运动会等方式，加强冰雪运动的家庭参与以及家长的认知与价值观的提升。

（四）强化核心保障政策供给，夯实校园冰雪运动的基础

第一，在财政支撑方面，坚持"保基本、兜底线"原则，政府在政策、经费上加大倾斜和投入，包括加大中央财政转移支付、增加体育彩票公益金用于学校冰雪场地建设等资金短板问题，调整经费支出结构保障必要教学设施的配备，将冰雪运动器材纳入学校器材标准目录中。

第二，在场地设施补齐方面，从盘活存量，扩大增量的角度，推进"水冰"转换的一馆多用式功能场馆建设，并适度给予"土地政策"，利用现有土地、场地资源，改良运动场地，增建临时可移动、拆装的冰雪场地设施。

---

① 舒瑶,张英波.基于史密斯模型的我国校园冰雪政策执行分析 [J].体育文化导刊,2020（10）：14-20+32.

积极引导学校联合、校企联合、社会组织多方力量参与发展校园冰雪运动场地设施。如学校间合作浇建的方式共享冰雪场地资源；学校与就近的冰场和雪场进行合作，引进可拆装可移动的真冰场；为学生上冰雪提供免费、优惠或限时开放的助力服务等。

第三，在冰雪运动专业师资建设方面，要坚持长期人才培养规划常态化扶持与短期人才培养规划相结合。在长期人才规划方面，要把冰雪人才、师资的职业发展和队伍建设纳入顶层设计，依托北京体育大学、哈尔滨体育学院、吉林体育学院等资源优势和专业优势，围绕校园冰雪的发展实际需求、重点领域，明确定位不同类型、不同层次冰雪人力资源的培养目标及核心素养，规范专业的人才培养体系和方案。要积极抓住中央当前大力发展职业教育的机遇，发挥各层次教育力量的优势，强化冰雪艺术人才、冰雪师资人才、制冰、电气、焊接等冰雪机械设备类人才的输出。短期人才培养规划方面，高度重视退役运动员职业发展，推进体育系统内优秀运动员校园化转型，建立校际冰雪运动专项教师共享机制，最大化共享冰雪运动专项教师资源。还要发挥冰雪协会、企业等力量积极作用，开展社会化培训，培养冰雪运动师资人才。

第四，在课程建设方面，以基础教育、高等教育阶段为着力点，把校本课程与课程标准纳入学校体育的课程顶层设计。考虑区域差异、气候差异、地形差异等环境因素，以及不同层级学校差异，应因地制宜、突出办学特色进行教材设计，要把握冰雪基础知识及技能，具备自主参与冰雪运动的能力，合理地设计课程、教材。对于南方和条件受限的地区，可开展与冰雪运动关联度较大的课程，如模拟冰壶、轮滑冰球等"仿冰仿雪"项目。

（五）完善校园冰雪运动教育体系，改善校园冰雪政策执行环境

学校开展冰雪运动是学校体育教育的组成部分，但"应试教育"环境使学生的体育教育受到不同程度冲击。冰雪运动项目的特性需要系统化内容提供保障，因此，需要从完善校园冰雪运动教育体系着手，改善校园冰雪政策执行环境。一是将冰雪项目列入中考体育考试。值得注意的是，中、高考的指挥棒加强了学校、家长和学生对于冰雪运动的重视，但需要警惕学生平时参与冰雪活动而在考前临阵磨枪的异化现象，在全面推进实施"素质教育"下极易演化为新的"应试教育"形式。二是丰富校园冰雪运动的教育形式。冰雪体育赛事作为校园冰雪运动开展中学生关注的重要内容，在培养学生冰雪运动兴趣，丰富冰雪运动教学形式，提升学生

的参与兴趣方面都至关重要。研究表明,要构建"校园冰雪必修课+校园冰雪普修课+校园冰雪选修课"的课程体系[1],冰雪课程直接与学分和成绩挂钩。在此基础上,依托我国学校体育"班级授课制"的高度组织化优势对学生进行规范化的冰雪运动教育,提升运动参与质量,着重在学生中培养活跃的、持续性的运动参与群体。同时,校园冰雪体育赛事可实现锻炼意志、健全人格目标的全方位提升。在校园冰雪运动的体系化建设方面,打造"校园冰雪专业队+校园冰雪业余队+校园冰雪社团"的校园冰雪人才培养体系、联赛制度,规划并贯通从小、中、高、大一条龙冰雪竞赛体制,是一条系统化的人才培养路径。在冰雪运动竞赛体系建构方面,设立"冬季运动会"竞赛体系,促进校内外赛事对接,以高水平比赛推动娱乐性运动向专业性转化,给同学提供参赛、观赛的机会,提升冰雪运动影响力,能有效促进学生喜爱冰雪运动,愿意从事冰雪运动[2]。

第三节 冰雪运动进校园的动力机制与优化路径

本研究的实证调查在完成2018—2020年连续三年全国冰雪运动参与实证调查的基础上,课题组为了更深入地了解冰雪运动进校园开展现状、存在问题,厘清制约校园冰雪运动开展的限制因素和影响机制,以京津冀中北京、张家口、延庆三个冬奥举办地及天津的校园冰雪运动为个案,对学校的相关负责人、学生和教师以访谈和问卷调查的方式进行实地调研。

关于京津冀的实证调查,课题组按照典型性、代表性原则选取了京津冀中北京、张家口、延庆三个冬奥举办地。选择三地的原因,一是上述城市主要是2022年冬奥会的举办城市,二是三地青少年冰雪运动进校园推进比较迅速,取得了较好的成效,为此具有较强的典型性。选择天津的原因则是,一是出于京津冀协同发展战略与冬奥会战略的双重战略背景,二是天津市在全国青少年冰雪运动进校园开展中起步较早,且受京津冀一

① 舒瑶,张英波.基于史密斯模型的我国校园冰雪政策执行分析[J].体育文化导刊,2020(10):14-20+32.
② 李树旺.疫情后,青少年学生冰雪运动向何处去,青少年学生冰雪运动向何处去.光明网[EB/OL].[2020-8-8].http://epaper.gmw.cn

体化影响普及程度较高,具有一定的代表性。

此次问卷调查主要针对京津冀中小学的在校学生对冰雪课堂的满意度、冰雪喜好、影响因素、参与情况、参与动机、参与形式进行调查。问卷共发放 909 份,回收 909 份,回收率 100%。关于深度访谈,共访谈了 32 位校园冰雪运动开展的负责人和 36 位一线冰雪运动教师,分别发放 32 份专家问卷、36 份教师问卷,问卷全部回收。

一、校园冰雪运动开展的现实图景

（一）"进校园"推动下的青少年冰雪参与不断提升,但学生的运动参与质量不高

2018—2020 年度全国冰雪运动参与年度调查的数据显示,中小学生参与冰雪运动的程度不断增加,这是一个积极的发展态势。但同时也应看到,以 2018 年数据为例,仅有 3.9% 的中学生在学校接受冰雪运动教育课程,仅有 14.9% 的家长带孩子参加过冰雪运动,参加有组织的冰雪运动训练或比赛、冰雪运动夏令营、冰雪运动知识讲座、其他有关冰雪运动的比例不超过 5%[①]。

表 5-1　2018—2020 年全国青少年冰雪参与情况

类型	年份		
	2018	2019	2020
学校开设冰雪运动的体育课	3.9%	7.6%	6.7%
冰雪运动参加通过有组织学生参加冰雪运动训练或比赛、组织学生参加冰雪运动夏令营、讲授关于冰雪运动的知识、其他有关冰雪运动	4.3%	25.6%	44.3%
家长带孩子参加过冰雪运动	14.9%	20.9%	35.4%

基于京津冀校园冰雪运动参与的调查数据显示,"进校园"极大地提高了学生冰雪运动参与水平。一方面学生的运动喜好逐渐提升。29.5% 的学生"一直"很喜欢冰雪运动,32.5% 的学生"越来越"喜欢,喜爱的原因大多源自"运动自身"的魅力,78.2% 的学生愿意现场体验滑冰滑雪。

---

① 李树旺.疫情后,青少年学生冰雪运动向何处去,青少年学生冰雪运动向何处去.光明网 [EB/OL].[2020-8-8].http://epaper.gmw.cn.

另一方面,学生高度关注冬奥会和冬季冰雪运动。91.1% 的学生关注冬奥会信息,81.2% 的学生愿意主动把自己了解的冬奥知识分享给身边的人,81% 的学生届时愿意去现场观赛。

表 5-2　2020 年京津冀中小学生对冰雪运动运动喜好程度调查

对冰雪运动的喜欢程度	频率	百分比(%)
一直很喜欢	268	29.5
越来越喜欢	295	32.5
基本不变	335	36.9
越来越不喜欢	4	0.4
一直不喜欢	7	0.8
合计	909	100.0

表 5-3　2020 年京津冀中小学生是否关注冬奥会或冰雪运动信息调查(%)

是否关注冬奥会或冰雪运动信息	频率	百分比
非常关注	181	19.9
比较关注	365	40.2
一般	273	30
不太关注	73	8
完全不关注	17	1.9
合计	909	100

两次调查数据表明,学生的冰雪运动参与水平不断提升,但质量并不高。从参与的目的来看,全国数据显示,52.8% 的成年(18 岁)学生、96% 的未成年学生参加冰雪运动是为了娱乐,参加的运动项目是体验性、替代性的运动项目,运动方式不规范、少竞技(表 5-4)。京津冀的调查数据显示,从参与时长看,69.5% 的学生运动参与用时不到 2 小时。娱乐是入门阶段的运动目标,低层次的娱乐体验很难让学生体悟到冰雪运动所特有的"亲近自然""突破自我""挑战极限""追求时尚"等深层次的精神内涵和运动乐趣,也会降低运动参与动机,不利于学生养成持续性的、活跃的参与方式①。

---

① 李树旺.疫情后,青少年学生冰雪运动向何处去,青少年学生冰雪运动向何处去.光明网 [EB/OL].[2020-8-8].http://epaper.gmw.cn.

表 5-4　2018—2020 年全国青少年参加的冰雪运动的性质概况

类型	2018	2019	2020
娱乐性的冰雪活动	95.3%	96.9%	96.4%
专业规范性的冰雪运动	4.7%	3.1%	3.6%

（二）"进校园"推动下的青少年冰雪教育渐次向好，但不完善、不协调问题突出

按照《教育部国家体育总局北京冬奥组委关于印发＜北京 2022年冬奥会和冬残奥会中小学生奥林匹克教育计划＞的通知》（教体艺〔2018〕1 号）《关于加快推进全国青少年冰雪运动进校园的指导意见》《关于深化体教融合促进青少年健康发展的意见》《关于加强全民健身场地设施建设发展群众体育的意见》等政策文件要求，冰雪运动进"进校园"有 5 项重要举措：

一是明确的政策引领。国家、省市连续出台政策文件，从宗旨、原则、要求、目标、机制、协同等方面拓展进校园的政策空间。

二是完善的组织体系。在领导层面成立"北京 2022"奥林匹克教育专项工作组，在专业指导层面成立全国中小学奥林匹克教育专家委员会和全国校园冰雪运动专家委员会，在贯彻落实中依靠各省市及以下层级的教育和体育主管部门的相互配合，就此形成清晰的奥林匹克教育的组织架构。

三是包容开放的工作机制。奥林匹克教育建立了政府主导、社会参与、学校具体落实的既有组织力又灵活开放的体系。

四是因地制宜的创意与开发。以北京和张家口为例，北京的冰雪运动"示范校""特色校"的推广模式，河北省的"小手拉大手""轮滑鞋配备计划"等活动，都因地制宜地创新奥林匹克教育模式。另外，全国部分地区中考、高考多学科试卷中出现冬奥会运动项目内容，有助于学生深入学习奥林匹克知识，进一步加强综合素质，促进全面发展。

五是遴选特色校和示范校。将奥林匹克教育纳入日常教学。截至2020 年 10 月，全国奥林匹克教育示范学校累计达到 835 所，特色学校达到 2063 所，形成了以东北、华北、西北为重点地区，辐射西南和东南各省市的奥林匹克教育和校园冰雪运动的总体布局。从全国数据来看，冰雪课程的开课率从 2018 年 3.9% 升至 2019 年的 7.6%，2020 年虽受疫情影响略降为 6.7% 但仍处于总体增长的趋势。其他活动诸如课外训练和比

赛、冬令营、冰雪文化讲座的状况也逐年向好(表5-5)京津冀的调查数据(表5-6、5-7、表5-8)表明,学生对冰雪运动比较了解的占比接近半数,参与冰雪运动课题的意愿较为强烈。

表5-5 2018-2020年全国冰雪教育开课率及相关活动调查情况

类型	2018	2019	2020
学校开设冰雪运动的体育课	3.9%	7.6%	6.7%
组织学生参加冰雪运动训练或比赛	-	3.5%	7.1%
组织学生参加冰雪运动夏令营	-	5.9%	7.1%
讲授关于冰雪运动的知识	-	12.7%	19.9%
其他有关冰雪运动的内容	-	3.5%	9.9%

表5-6 2020年京津冀中小学生对冰雪运动的了解情况

类型	非常不了解	不太了解	一般	比较了解	非常了解
比例	4.2%	7.4%	30.3%	43.7%	4.2%

表5-7 2020年津冀中小学生冰雪课堂主题的感兴趣程度调查情况

感兴趣程度	讲座前(人)	讲座后(人)	变动(人)
非常大	218	340	122
比较大	311	373	62
一般	310	166	-144
比较小	50	20	-30
非常小	20	10	-10
总计	909	909	

表5-8 2020年京津冀中小学生通过冰雪课堂主题愿意去现场体验的调查人数

是否愿意现场体验	非常愿意	比较愿意	一般	不太愿意	非常不愿意
频数	407人	282人	182人	30人	8人
比重	44.8%	31.0%	20.0%	3.3%	0.9%

但值得注意的是,校园冰雪运动教育良好的发展态势难以掩盖体系内在的不完善、不协调的问题,致使冰雪运动进校园面临多向度的障碍。具体包括以下几个方面的内容。

1. 中小学学生对冰雪运动的认识不足，冰雪运动参与的内动力不足

喜欢并享受冰雪运动才能提供充沛的内在动力，培养运动喜好是普及冰雪运动的前提，更是冰雪进校园的内在要义。当前学生的冰雪运动知识和兴趣有所提升，但仍有差距。根据全国冰雪运动参与年度调查的数据显示，有43.3%的学生对冰雪运动"说不上喜欢或不喜欢"，明确表示冬奥会期间不会现场观赛的占55.7%。另外，深层次的冬奥文化认知不够，现场观赛意愿不强。调查发现，学生对冬奥会的举办周期、主办城市等信息的了解程度好于全国样本，但对运动特性、优势项目等更深一层次的认知同样不清晰。

京津冀的中小学调研发现，被调查学校学生虽然喜欢冰雪运动，但是，这些学生对开展冰雪运动课程的目的和意义并不了解。调查数据显示，中小学参与冰雪运动影响最大的是父母的群体占比为39.3%，相对来讲，老师影响的学生占比较少，仅为7.9%。这充分说明学校推进冰雪运动文化传播，普及冰雪运动知识的不完善。就学习效果的行为表现来看，目前的冰雪运动的开展更多是"重体验、轻技能"。冰雪运动课程对教学目标的落实多停留在运动参与和乐趣上，对学生健康行为的要求和体育品德的塑造培养不足。如何从教育的本源强化学生对冰雪运动的认知也成为当前学校首先要解决的重要问题。

2. 冰雪运动课程体系尚待完善

当前我国冰雪运动进校园的课堂教学面临的主要问题是某些教学环节的安排与实施的缺失。根据全国冰雪运动参与年度调查的数据显示，83.7%的学生参加滑冰滑雪是自发性的，冰雪协会组织的占5.0%，俱乐部占2.5%，学校组织的不足5%。究其原因在于，目前我国校园冰雪课次、课时安排多为浅尝辄止"一过性"的体验式教学，未能使学生掌握冰雪运动技能，且教材内容、课程体系及教学模式尚未达到规范化程度。

根据京津冀实地调查的学校来看，学校仅开设了冰雪课程的占50%以上，且开设的冰雪运动课程的内容主要集中在旱地滑雪、旱地冰球、旱地冰壶等运动项目。而从课程开展形式来看，因场地、器材等限制因素体现出较强的随机性特点，学生社团、兴趣小组成为冰雪运动教学的主要开展形式。此外，由于我国尚未形成完整的中小学冰雪技能评价标准以及冰雪运动课程目标、课程内容、课程评价，中小学关于冰雪运动的教学也

缺乏一定的运动技能教学目标与教学评价依据,这也使得校园冰雪体育课程更多流于形式。另外,冰雪体育赛事作为学生关注的重要内容,在丰富冰雪运动教学形式、着力提升学生的参与兴趣、深化奥林匹克教育等方面都至关重要。但是,在现有的校园冰雪活动中竞赛的地位被极大地弱化,无法形成以提升技能为目的,以参与和观赏为需求的文化氛围。调研数据显示,约53.0%的学生知道下一届冬奥会在我国举办,但能准确回答举办年份、主办城市的不到两成,被调查者对冬季运动的了解仍处在较浅层面,科学运动和安全知识的深层次的认知不足。

3.冰雪运动教材建设稍显滞后

按照《教育部国家体育总局北京冬奥组委关于印发＜北京2022年冬奥会和冬残奥会中小学生奥林匹克教育计划＞的通知》(教体艺〔2018〕1号)要求,教育部汇同国家体育总局、北京奥组委编写了《奥林匹克读本》系列丛书和《奥林匹克知识课堂》等关于冰雪运动理论与实践的教科书,首套《中小学校园冰雪运动》丛书进入中小学校园,内容涵盖小学、初中和高中各学段。该教材虽然还不属于国家统编教材,但一定程度上填补了冰雪运动无统一教材的问题。但是,目前的冰雪运动教材建设仍基本处在没有统一标准的状况,一方面小学阶段的《体育与健康课程标准》并没有将冰雪运动纳入教材中,另一方面各中小学没有统编的冰雪运动教材。教材规范不到位导致学校在冰雪课程开展时学校体育教师多是按照个人理解与喜好进行选择性讲解。基于京津冀实地调查结果显示,仅有一成左右的学校以《中小学校园冰雪运动丛书》为教材,其他学校均没有固定的冰雪运动教材,其课程的开展是由教师自编教案开展教学,教材建设有所滞后。

4.冰雪运动师资匮乏、场地设施供给不足是校园运动普及的难题

在师资方面,一方面专业院校的培养不足,另一方面用人单位又难以常设专门的冰雪教师岗位,双重挤压妨碍了冰雪课堂的设置;有些学校的课外冰雪活动针对运动体验的设置不够,参加专业训练的学生很少。在京津冀调查中,被调查的16所中小学中有5所学校有且仅有1名冰雪运动专项教师,有11所学校完全没有冰雪运动专项教师,冰雪专项教师一职往往由参与过短期的培训和集训的体育教师担任或兼任。

场地设施既是刚需,也是困境。场地匮乏、人造冰场费用昂贵、校外

专用场地租赁支出费用高、距离学校距离远等问题已经成为校园冰雪运动推广的"一道坎"。全国冰雪运动参与年度调查的数据显示,阻碍学生运动参与的首要因素是"附近缺乏冰雪运动设施"（30.7%）。另外,京津冀的实地调研显示,80%以上的学校冰雪场地建设、设备器材购买支出及日常养护费用都面临着靠天吃饭的窘境。

5. 运动损伤风险对冰雪运动进课堂产生较大的阻滞影响

安全保障和安全评估机制是校园冰雪教学有序开展的重要保障。在调研中,学校教师和家长对于冰雪项目的危险性都有着各自的担忧。京津冀调研的 16 所学校中,80% 的教师反映由于教学场所安全标准、安全风险预警机制及保障制度体系的建设滞后,使得课程指向性和目的性不明确,安全问题的顾虑一直阻碍着教师有序开展冰雪运动教学。此外,应试教育的压力和安全问题的顾虑致使许多学生家长对孩子参与冰雪运动仍存在极大的疑虑。

6. 区域间、区域内发展不协调

由于我国冰雪资源先天性差异,使得南北区域内,以及城乡、学段之间存在较大的不均衡现象。北部区域人口占比约38%,但雪场占比达到78%;从经济方面看,GDP 全国排名前十的省份有 8 个省份"缺冰少雪"。显然,经济发达且人口基数大的区域却缺少冰雪资源和运动场馆,供需之间出现了严重错位。虽然"北冰南展"使得南方地区也有了一些旱地冰雪项目,比如轮滑、旱地滑雪、滑草等项目,同时,部分南方发达城市建造了一些人造雪场和室内滑冰馆等场馆,但难以保障学校进行冰雪教学的需求,这大大削减了学生参与冰雪运动的热情,已然成为当前我国校园冰雪运动发展道路上的绊脚石。另外,经济发展的不平衡使得在经济较为落后的省份和地区的保障资金成为开展冰雪运动的难题,特别是我国广大农村地区,存在冰雪运动开展难、冰雪运动进校园难的两难境地。另外,虽然已经完成 2020 年在全国遴选 2000 所特色学校的任务,但从地区分布数量来看,东三省占据 1/3,京冀地区超过百所,而南方广东、湖北等地仅为个位数,且表现出"小学热闹、初中冷场、高中断档"的地区和学段分布不均现象[①]。

---

① 　王蓓. 体教融合视域下冰雪运动进校园的价值与路径 [J]. 体育文化导刊,2021 （04）：92-98.

（三）家庭是学生冰雪运动参与的重要社会支持，但"家校互动"机制还不完善

家庭是青少年成长三个主要场域（家庭、社会、学校）中的重要场所，也是校园冰雪运动开展的基础单位。家庭对学生冰雪运动项目的选择以及在校园外冰雪运动的开展发挥重要的机制性作用。全国冰雪运动参与的年度调查数据显示，对"曾经参与"的成年学生而言，对运动参与的影响程度依次来自"家人""朋友""同学"（表5-9）；运动同伴依次为"朋友""家人""同学"。显然，家庭和朋辈群体已经成为支持学生运动参与的重要力量。

表5-9　2018—2020年全国成年学生参加冰雪运动的影响最大人群（％）

曾经参与过冰雪运动影响最大的人群	2018	2019	2020
没有人	6.4	10.6	11.7
家人	43.9	38.9	38.1
朋友	26.8	28.7	26.7
老师	-	-	6.4
同学	16.2	17.0	8.6
同事	-	-	6.0
其他人	6.6	4.8	3.4

表5-10　2018—2020年全国成年学生经常参加冰雪运动的群体（％）

曾经参与过冰雪运动的人群	2018	2019	2020
没有人	6.4	2.6	7.7
家人	33.9	30.2	29.8
朋友	36.8	40.4	38.1
老师	-	-	6.4
同学	16.2	22	8.6
同事	-	-	6.0
其他人	6.6	4.8	3.4

从三年的"亲子参与率"看，家长"从不"带孩子参加冰雪运动的占比由85%降至79.9%再到64.6%，显示出家长对学生参与冰雪运动的支

持的积极态势。

表5-11　2018—2020年全国学生家长"从不"带孩子参加冰雪运动占比情况(%)

曾经参与过冰雪运动的亲子参与率	2018	2019	2020
从不比重	85	79.9	64.6

值得注意的是，"进校园"推动下，家庭提供了持续性的支持，但并没有与"校园冰雪"形成机制。学校和家庭是重要的社会化场所，但两者在冬奥教育方面并没有建立起良性的互动。

相关问题表现在以下四个方面。

一是，深层次的冬奥文化认知不够，专业性冰雪参与意愿不强。调研数据显示，虽然家长带孩子参加冰雪运动的支持程度不断增加，但大多（超过95%）选择娱乐性或民俗性项目，正规的运动参与很少，也给运动参与的持续性埋下隐忧。

表5-12　2018—2020年全国学生家长带孩子参加冰雪运动的性质情况(%)

家长带子女参与	2018	2019	2020
娱乐性的冰雪活动占比	95.3	96.9	96.4

二是，家庭内"大手拉小手"的亲子冰雪参与占比较低。数据显示，家长带孩子参加冰雪运动的比例不足36%（2018年为14.9%，2019年为20%，2020年35.4%）。

表5-13　2018—2020年全国学生家长经常带家里的孩子一起参加冰雪运动情况

参与类型	2018	2019	2020
经常	1.6%	1.4%	2.0%
有时	2.0%	1.9%	4.3%
偶尔	5.5%	6.9%	12.2%
很少	5.8%	9.7%	16.9%
从不	85.0%	79.9%	64.6%

三是，冰雪高消费属性使家庭支付能力略显不足。冰雪运动仍属于较高消费运动项目，包括装备、培训、门票、交通、时间等支出，即便是在居民消费升级的大背景下，部分家庭的收入依旧很难支撑学生的冰雪运动参与消费。冰雪运动的深度参与中，从入门到进阶，再到专业级别，装备的价格从数千元到数万元不等。如一般的头盔500元、雪鞋700元、雪板2500元，双板3000元，仅买齐一套普通装备，花费就超过4000元，长期

从事越野滑雪、滑冰、户外冰雪等冰雪运动的消费群体更需要较为丰厚的经济基础来支撑,冰雪运动高消费与支付能力不足是一个不得不正视的挑战。

四是,冰雪运动人才培养体系、输送体系不完善,家长支持存在忧虑。对京津冀冰雪特色学校的实证调查发现,起初为提升孩子身体素质、养成良好的意志、培养更多的兴趣爱好等原因,很多家长非常支持孩子参加冰雪运动。但是,面临升学,特别是高考压力,家长对孩子参加冰雪运动的支持程度锐减。而谈到支持减弱的原因时,很多家长认为冰雪运动人才的培养体系尚未畅通,花费大量的精力会影响升学;另外一个重要原因在于,我国冰雪职业联赛体系不健全、冰雪人才培养的就业渠道较窄,继续从事冰雪运动对未来职业没有太大帮助。如何更好地服务青年群体,进一步扩大我国参与冰雪运动人口的"基本面",吸引更多群体积极参与到冰雪运动中来,获取更大"增量",应该是相关单位、部门重点思考的问题。

二、校园冰雪运动发展的限制因素

评估冰雪运动进校园存在的"短板"因素具有实践价值和现实指导意义。本章节将以京津冀调研数据为依据,从供给主体、需求主体、供给内容、供给制度保障四个维度探讨冰雪运动进校园的限制因素。

(一)校园冰雪运动开展的限制因素

在学生认为阻碍参与冰雪运动的因素调查中(图5-6),可以直观地看出,阻碍学生参与冰雪运动的因素是多元复杂的。

学校层面以结构限制和人际限制为主,缺乏稳定的组织、缺少相关课程、没有相关场地、师资力量薄弱是阻碍学生参与冰雪运动的四大主要因素。社会层面同样以结构限制和人际限制为主,阻碍因素包括了没有稳定的组织、指导费用高、场地费用门票高、租用器材花费高、没有去过培训班等。家庭层面的限制以人际限制为主,"父母不经常带我参加""父母不关注"等是阻碍学生参与冰雪运动的两大因素,家庭并没有为学生参与冰雪运动或选择提供足够的社会支持。学生自身层面以个人内在限制和人际限制为主,包括了冰雪运动太刺激所产生的个人畏惧因素、同学很少聊起的冰雪文化气氛因素、校园文化宣传不够、学业压力大等成为主要障碍。此外,时间成本是学生必然考虑的因素,学生生活圈内是否有易于获得的运动设施成为学生是否参加运动的重要阻碍因素。

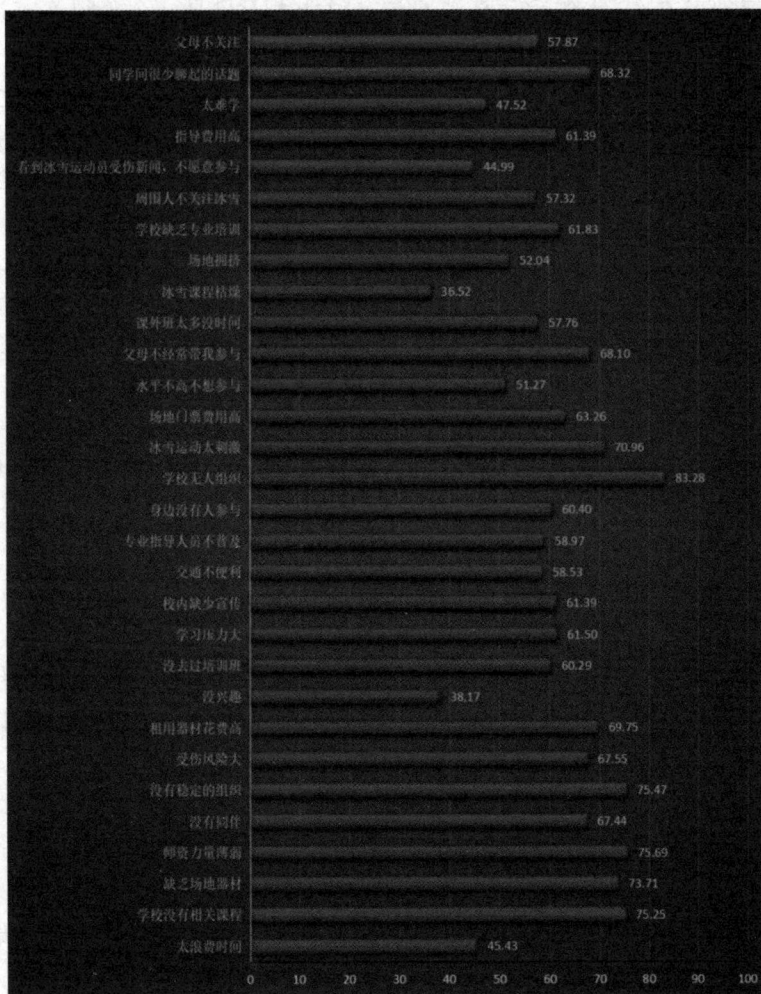

图 5-6　阻碍学生参加冰雪运动的因素

　　针对教师的访谈资料表明，教师认为阻碍学校开设冰雪运动课程的因素主要是学生安全的顾虑，由于冰雪运动安全风险相对较高，诸多学校惧怕冰雪运动伤害事故所引发纠纷问题，若处理不好，会造成不良的影响，因此导致学校不愿意进行冰雪运动课程的开设，教师也存在畏难情绪。另外，教师认为师资力量不足也是重要的原因。一方面，专业院校的培养不足、冰雪运动的专业教师严重不足；另一方面，用人单位也难以常设专门的冰雪教师岗位，使得大部分体育老师兼任冰雪运动专业。同时，由于关于冰雪运动的进修机会少，学习的普及性弱，造成很多教师理论水平不高、运动技能掌握不够娴熟,存在冰雪运动教学方法与教学手段等方面实效性不高的问题。访谈中,不少教师反映,冰雪场地设施、器材保障不足,课时安排和学校制度保障不足仍然是影响当前冰雪运动课程持续开展的主要障碍。

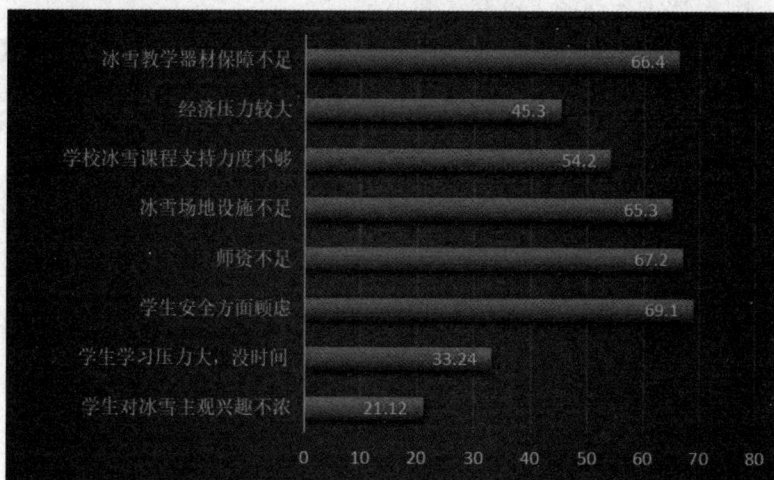

图 5-7　教师认为阻碍冰雪运动进校园的因素

　　管理者的访谈资料显示,在阻碍学生参与冰雪运动的因素调查中,绝大多数人认为经济支持不足(65%)、制度支持不足(60%)、安全问题(59.8%)是制约冰雪运动进校园的主要因素。访谈中,有人反映由于受到经济条件的制约,在资金筹集和投入方面极其有限,约有一半学校的资金投入处于不充足状态,冰雪教学场地设施的维持费用严重缺失,冰雪运动的装备配备不足。另外,管理者也重点关注冰雪运动的安全问题,以至于在冰雪课程内容安排、课时安排和学校制度保障上需要进一步改进。同时,学校管理方还担心冰雪运动相关培训学习费用高、冰雪运动危险系数较高,担心培训教师安全问题,因此导致校方很少定期公派教师参加培训,很大程度上阻碍了教师专业技能的进一步提升。

(二)限制因素分析

1. 需求主体:青少年冰雪运动参与的内生力不足

接近九成的学生参加冰雪运动是为了"娱乐"。家长在技能培训方面的花费很少,带孩子进行规范化学习的不足 5%。冰雪运动有一定的技术门槛,娱乐化的"冰雪一日游"难以让学生体验到极限运动挑战自我的乐趣,也很难达到培养学生意志品质的目的。而这背后的根源在于学生参与冰雪运动的内生动力不足。具体体现在以下三个方面。

（1）对冰雪运动的了解和认知不足

目前,超过九成的学生通过冰雪课程对冰雪运动表现出不同程度的兴趣,但是冰雪运动过于刺激所产生的畏难情绪仍是学生参与的主要障碍因素。青少年冰雪运动认知与价值判断与学校体育教育方式与机制密切相关。而我们在推进冰雪进校园的过程中,不应该停留在冰雪运动的宣传、冰雪运动初级训练方面。在运动参与的心理层面,有的教师简单地把学生"有兴趣,但畏惧"当作是主观上"不领会、不参与",但其真实内在的心理根源是"不知道、不理解"。

与发达国家青少年的冰雪运动比较,我国起步较晚,学生对冰雪运动知识和技能以及运动本身的价值判断相对欠缺,这也导致青少年冰雪运动进校园开展的困难度增加。青少年冰雪运动参与所体现出的冰雪运动的效应和价值是推进冰雪进校园的精神动力源泉,而这恰恰与学校体育教育方式与机制密切相关。因此,如何强化对学生的冰雪运动引导,推进学生了解和认识冰雪运动从娱乐体验到深度体验,并对冰雪运动产生正确的价值判断,最终转化为相应的、积极的心理模式,促使自身深度参与冰雪运动。这一完整的行为过程需要从细节方面循序渐进地培养学生的运动能力,从宣传、体验和培训中强化青少年的认知体系。

（2）传统应试教育模式与较大的压力

在传统的应试教育下,多数青少年把升学作为主要目标,加之学校和家庭忽视了冰雪运动在青少年成长的作用,以及相应的冰雪升学渠道不畅,导致学生参与的内生动力被明显地挤压。京津冀地区学生样本与全国总样本调查显示,"个体内在"因素的"太忙,没时间"等对学生的限制较大,足见应试教育模式的重要影响。

（3）溺爱生长环境对冰雪运动的抵触

当代青少年多为独生子女,家庭出于冰雪运动的高危性问题的考虑,加以独生子女的家庭溺爱环境,使学生缺乏对冰雪运动体验感知和深入理解。全国总样本调查中从参与目的来看,52.8% 的成年学生是为了娱乐,96% 的家长带未成年孩子运动也是为了娱乐。溺爱生长环境下加以学生体验式的、娱乐化的运动参与模式难以让人享受到冰雪运动独特的挑战自我、极限运动的乐趣,很难培养运动参与者的坚持和忠诚,造成了学生冰雪运动能力的缺失。

2. 供给主体：多元主体的供给动力不足

青少年冰雪运动进校园是一个系统工程，政府、学校及社会作为供给主体的支撑作用是非常重要的。经过前期努力，冰雪进校园初步形成了政府主导、学校实施、社会协同的推进机制，但同时面对的是越向纵深推进难度越大，多元主体供给不足的难题。

（1）教育主管部门的重视程度有待提高

申办冬奥会成功后，国家层面出台了一系列进一步推广冰雪运动的政策，对于冰雪运动的重视程度达到了空前的高度。但目前我国中小学开课率不到 10%，冰雪课程体系尚不完善，课程培养目标、评价以及教材建设等滞后于实践，反映出教育主管部门的主观能动性并没有发挥出来，政策层面的监管力度较弱，极大地制约了冰雪运动课程在校园内的开展。

（2）学校对冰雪运动进校园的价值认识不到位，整体推进缓慢

数据显示，阻碍学生运动参与的学校层面的限制因素较多，包括缺少相关课程、没有相关场地、师资力量薄弱等，集中反映出学校在推进校园冰雪运动开展的内动力不足的问题。加之有些学校的领导惧怕学生在冰雪运动中发生伤害事故，还有些学校是为了避免课程设置的诸多琐事，甚至有的认为青少年冰雪运动进校园是一项费力的"无用功"，使得冰雪运动进校园的动力在很大程度上被制约。

（3）社会力量参与供给的能力没有发挥出来

目前，家庭、朋辈群体的驱动是学生参与冰雪运动的主要动力，但专业体育社团的引领和服务存在弱化的现象。调研的数据显示，83.7% 的学生是自发性参与，冰雪协会组织的占 5.0%，俱乐部占 2.5%，显示出青少年冰雪运动的社会组织力量较弱。目前，社会力量参与冰雪运动进校园的主要方式有两种：一种是社会力量进入校园从事冰雪运动教学工作，另一种是为学生到校外滑雪场、滑冰场提供场地或提供培训。但由于尚未建立监督机制、缺少校园冰雪运动考核标准、存在运动安全风险等因素，学校中的教师对于学生参加冰雪运动怀有较大的顾虑，加之社会自身能力不足，公信力不高，社会力量参与校园冰雪运动的支持较为薄弱[①]。与此同时，承接冰雪运动进校园活动的培训机构等社会力量往往紧盯眼前利益，更多把这项工作当作赚钱的工具，辅以冰雪消费的门槛较高、学

---

① 晋腾，刘俊一. 体育社会组织参与校园冰雪运动的价值、困境与路径 [J]. 体育文化导刊，2021（5）：98—103.

校冰雪教育的经费支持有限等原因，极大地限制了社会力量参与冰雪运动进校园工作的力度。

3. 供给内容：冰雪运动课程资源配置不匹配

冰雪运动课堂教学、课余训练与业余竞赛以及冰雪文化理论的普及是青少年冰雪运动进校园供给内容的具体表现形式。如何合理配置冰雪运动课程资源，进一步提升青少年冰雪运动效果，是关系到冰雪运动进校园活动是否落到实处的重要问题。然而，如何开好系统化的课堂教学、课余训练与业余竞赛，这些问题成为困扰中小学管理者与任课教师的棘手问题，同时导致在冰雪运动课程和项目具体落实中存在着匹配程度不到位的现象。

一方面，冰雪课程的项目选择不匹配问题。当前冰雪项目小项有100余种，哪些项目在中小学校具有可行性，如何系统地开展课堂教学成为学校管理者和任课教师必须着手解决的难题。出于安全考虑以及财政成本约束，不少学校采用旱地滑雪、滑草、旱地冰雪等项目来制定冰雪课程。另一方面，很多学校的冰雪课程大多采用浅尝辄止"一过性"的体验式教学，且课程开设周期较短，部分学生为一次性参与人群和边缘活动者，这种"重体验，轻技能"的教学设计极大地制约学生掌握冰雪运动技能，不利于冰雪文化在校园的普及。另外，冰雪赛事在校园冰雪的地位被极大地弱化。冰雪体育赛事是锤炼学生意志品质、健全人格的重要手段，也是培育校园冰雪文化的重要载体。但是在现有的校园冰雪活动中竞赛的地位被极大地弱化，校园冰雪赛事开展主要以学生社团为主，对于全国性、省级乃至校园级别的赛事，少之又少。据统计，我国学生体育赛事超过了300项，但只有全国大学生越野滑雪锦标赛、全国中学生冰球锦标赛等六项冰雪赛事。同时，冰雪赛事所涉及的青少年体育训练体系以及人才培养体系的问题是学生升学渠道中家长最关注的问题。现有的赛事体系不健全、不与现行升学制度相融，面对应试压力，冰雪运动的学习和训练很难得到家长和教师的重视。

4. 供给保障：校园冰雪运动的支撑条件不足

推动冰雪运动进校园的保障力量不足是目前校园开展冰雪运动不争的事实。由于我国冰雪运动进校园实施的周期较短，真正落地的条件高，冰雪运动在校园落地生根需要较长的适应期。但从现有的保证措施来看，无论是教师存量规模还是场地硬件保障,亦或是资金保障都远远不能满足校园冰雪运动及文化普及需求。相关阻碍因素突出表现为:校园冰雪场地设施数量少、质量参差不齐,依旧是校园冰雪运动推广与普及工作的"牛鼻子";中小学冰雪运动教师不足,是阻滞"冰雪运动进校园"以及冰雪后备人才培养的主要羁绊。资金不足使得"跛脚"问题更加突出。

三、校园冰雪运动动力机制的优化

(一)政府主导的组织动员机制的优化

政府的组织动员能力是整合社会资源、集中力量办大事、充分发挥我国政治优势的重要保障,也是一项中国特色的组织机制。

我国冰雪运动进校园始终处于"边探索,边推进"的状态,其组织方式在于抓住北京冬奥会的契机,借助思想教育、舆论宣传、利益引导、评优评先等多种方式,利用"自上而下"的体制特点,采用部门协同、上下联动、组建专门机构等工作举措,努力激发和引导基层政府、学校、社会组织投身于冰雪运动进校园的活动体系当中。这种政府主导、自上而下、体系单一的"高度组织化"动员方式会产生立竿见影、呼谷传响的动员效果,但是也存在自身局限。一是自上而下的组织动员方式往往将参与主体带入被组织、被参与的方位,无法转化为主动的行动,在政府力量隐退或政策红利不足的情况下,往往失去参与积极性和热情。二是尽管短期内通过政府干预的指标考核能够实现指标量化的增长,但会出现冰雪运动进校园形式大于内容的问题。《"带动三亿人参与冰雪运动"统计调查报告》显示,18岁以下的青少年冰雪参与率仅为15.62%,参与人数0.46亿,而根据课题组的调研数据,学生冰雪开课率仅为6%(2020),接近九成的学生参加冰雪运动是为了"娱乐"。家长在技能培训方面的花费很少,带孩子进行规范化学习的不足5%,足可以反映冰雪校园推进的质量问题。与此同时,虽然校园冰雪运动是目前青少年的发展性需求,对学校而言也是基础教育事业发展到一定阶段的要求,但长期来看,学校教育历来以文化教育为主,学校体育以传统运动项目为基础,这种历史性生成育人文化很难对冰雪运动项目产生价值认同,这种理念和文化也成为推动冰雪运动进校园所要解决的一大羁绊。

推进冰雪运动进校园一方面要将单纯依靠国家的"独轮驱动"的模式转向"政府引领监督、学校做主、社会做大、市场做强、家庭参与"的"校社协同"的组织机制,激发各类主体积极性。另一方面,政府要切实统筹好冰雪运动进校园的长远目标和阶段目标,兼顾参与主体的利益:一是,将冰雪项目发展纳入地方民生工程,统筹协调好财政、发改、教育、体育、团组织等部门的关系,为冰雪运动进校园提供推广的前提条件。二是,政府统筹好"冰雪运动特色学校+冬季奥林匹克教育示范学校+高等学校高水平冰雪运动队"的机制,推介以点带面,示范辐射效应的近期与长远规划。三是,利用各地教育工作会议、政府绩效督导检查等工作机制,完善工作效益的评估与督导。

(二)供给主体的激励机制

为实现组织动员机制的优化战略与冰雪运动进校园的愿景,调动基层政府、学校、企业、家庭的多元主体的主动性,运用鼓励和引导相结合的手段激发多元主体潜能,设置有鲜明针对性的措施。

在制度奖励层面,考虑不同区域、不同层次校园冰雪运动发展的需要,从国家整体宏观制度、区域中观制度与基层微观制度三个层面,制定完备、具体配套、可操作性强的激励制度。

在物质激励方面,要秉承高效、公平的原则,完善冰雪运动进校园的专项资金分配、专项物资支持政策,补齐青少年冰雪运动进校园工作的需求以及弥补开展物质基础不足的短板。同时,为调动市场主体积极性,要充分发挥政策激励、物质激励的引导性,在税收优惠、金融融资、服务购买、创新资助、项目申报等方面给予激励。

在精神激励方面,完善冰雪运动价值体系建设。要充分挖掘学校体育的育人功能,将体育的人文精神植入学校冰雪运动教育价值观中,推进精神奖励制度;冰雪运动进校园要回归到对家庭的支持与关怀,推进家庭奖励制度;为更好地满足冰雪体育的需求,体育教学工作者和市场主体要秉承"工匠精神",切实提高工作能力和产品水平,推进先进个人荣誉的称号。弘扬冰雪文化能有效激励供给主体的工作积极性,要把冰雪运动进校园工作纳入政府部门的政绩考核、全民健身示范城市(区、县)评价等评价体系之中。

(三)以效果为主导的监督机制

推进冰雪运动进校园虽得到各方的重视,但存在体验性冰雪运动课程、一次性冰雪活动泛滥的问题,有甚者将校园冰雪运动纳入纯粹的群众冰雪活动以提升学生冰雪运动参与的数量,工作质量和效益难以保障。这种价值认知与推进方式虽在一定程度上扩大了冰雪人口的数量基数,但运动人口质量难以保证,难以形成最终的运动忠诚和深度参与,也在很大程度上忽视了校园冰雪运动的价值与功能。研究表明,将效果导向的监督机制引入校园冰雪运动推进工作之中是一种有益的创新性尝试。具体而言,在绩效考核方面,研制青少年冰雪运动进校园多元主体的综合考核指标体系,通过委托第三方机构全权负责指标体系的研制、信息收集、评价、鉴定,或是构建各方利益相关者组成的业绩考核委员会独立考核青少年冰雪运动进校园多元主体协同治理的工作成绩。其次,考虑到冰雪运动进校园的实际差异,可创建非封闭的考核制度,通过监督和考核,以引导不同区域、不同学校根据自身具体情况,自主、创新地推进校园冰雪教育工作的展开。最后,避免考核中数量指标的量化"形式化",应该增设质量性的考评指标,将学生参与冰雪运动的时间、频率、强度与技能掌握能力纳入学生冰雪参与考核与评价机制之中,推动校园冰雪运动持续化发展。

(四)资源整合的保障机制

冰雪运动进校园的资源包括政策、资金、师资、竞赛、文化、场地等要素资源,这些资源也分属在不同的部门,也只有各部门形成合力,才能实现冰雪运动进校园的既定目标。冰雪运动进校园的资源整合的保障机制要求每个资源供给主体根据需求进行有效供给。教育部门通过设立冰雪特色学校校园冰雪改革试验区,统筹冰雪运动课程标准、安全标准、教材标准,推进高校高水平运动队和冰雪项目运动训练专业改革,协调冰雪运动专项教师岗位设置,逐步构建起校园冰雪运动的普及发展体系。体育部门要建立完善的全国青少年冰雪运动培训、选拔、竞赛体系,协助教育部门推进教练员进入校园,通过宣传推广奥林匹克运动理念和冰雪运动知识及技术,推动青少年冰雪运动项目发展。财政部门要统筹好冰雪运动特色学校、校园冰雪运动改革试验区等专项资金的提供与保障,协调处理校园冰雪场地、器材等资金投入,做好冰雪运动进校园的物质、资金保障。各级发改、商务管理部门,积极制定吸引、支持社会和企业加大对冰雪场地设施与器材服装的投入政策,做好市场的引导者与监管者角色。各级宣传部门要借助各类媒体平台,大力宣传冬季奥林匹克文化,引导学生、家长及社会各界将参与冰雪运动作为时尚,以进一步培育"享冰雪、乐运动"的健康生活方式。

四、校园冰雪运动教育的路径拓展

（一）政府：对校园冰雪运动教育进行科学的顶层设计

冰雪运动进校园是学校体育全方位、多角度地融入教育改革大局和体育强国的建设大局的重要举措。政府作为冰雪运动进校园主导者，政府推动能够达到与组织动员机制相呼应的效果。政府应在以下 5 个方面加强顶层设计。

1. 切实落实学生减负工作，为学校体育开展提供切实保障

应试教育是导致冰雪运动进校园所要面对的不可回避的现实问题。学生在校内陷入升学的题海战术，离校后还有做不完的作业，家长和学校所面临的学生升学的巨大的压力是冰雪运动在校园发展的内动力缺失的首要因素。舒缓应试教育压力问题是搞好冰雪运动进校园的前提条件，近年来，尽管国家与政府也力图解决应试教育带给学校体育发展不足的顽疾，但实效并不显著。2021 年国务院办公厅发布了《关于规范校外培训机构发展的意见》，着力解决"应试"为导向的培训下造成中小学生课外负担过重的问题。同时，教育部发布通知，明确提出"一、二年级取消家庭作业""三、四、五、六年级有家庭作业，但每次作业完成时间不超过一小时""初中生的家庭作业也不能超过规定时间"等规定。但上述措施使得家长仍忧心忡忡，担心学生学习成绩下降，要么是学生大量余暇时间被家长安排的各学科辅导班侵占，① 要么是家长亲自监督与指导子女的家庭作业，这是传统"不能输在起跑线上"思想在作怪，是阻碍校园冰雪运动教育开展与发展的重要因素。根除这种观念，推进校园冰雪运动推广与普及，需要从国家顶层设计上明确青少年冰雪运动进校园的战略定位、指导思想，切实落实推动学生减负工作，适时将冰雪运动在内的体育课和体育成绩纳入高考考评框架之中，不失为一个创新性的尝试。

---

① 新华网．少儿患上"老年病"，当代少年如何强？[EB/OL].[2022-6-4].http：//www.xinhuanet.com/sports/2022-06/01/c_1128703488.htm.

2. 健全并完善校内外训练和竞赛体系

冰雪赛事、人才选拔渠道既是校园冰雪运动中学生和家长等需求主体最关注的内容,也是加强校园冰雪运动参与深度的主要内容。政府的顶层设计要强化冰雪运动训练竞赛体系建设,建立小、初、高、大四级联赛体系与县(区)级、地市级、省级和国家级的四级竞赛制度,探索建立冰雪运动项目特长生奖励制度。

3. 完善特色冰雪运动学校和高水平运动队建设

调研和访谈资料表明,冰雪运动"特色校""示范校"建设要摒弃千篇一律的"榜样"标准,尊重自主性和创造性,注重多元化"典型"的塑造。同时,家长和学校特别关注冰雪运动特长生学生的升学、深造、进入职业联赛体系等人才培养的路径建设问题,拓展高中到大学的人才培养渠道,学习国外经验强化冰雪运动高水平运动队的管理和招生工作是重中之重。

4. 建立并完善冰雪运动课程体系标准

教育部门同体育部门要紧紧围绕新时代立德树人的校园核心素养的标准要求,研制校园冰雪运动教学指南、课程体系、运动技能等级标准,同时建立涵盖体育意外伤害的学生综合保险机制,破解校园冰雪运动开展的安全疑虑,确保校园冰雪运动开展的安全性与规范性。

5. 强化冰雪运动进校园的支撑条件与保障

从基层可操作层面入手,将青少年冰雪运动进校园师资培养、课程设置、场地建设、财政保障、伤害保护政策精细化、精准化,制定具体的、有针对性的保障体系。其一,按照《学校体育美育兼职教师管理办法》等政策文件要求,通过编制"冰雪运动教师培训发展方案",加强高校冰雪运动师资培养,推进高素质人才专家和实用型师资队伍的师资共享,配齐、配实、配强冰雪师资队伍。其二,由地方政府牵头,教育、体育部门共同合作,设立专项资金或在公用经费中明确使用范围,不断加大冰雪体育项目方面的投入①。其三，破解当前冰雪运动场地"不够用、不能用、不会用"的困局，要加大社会和学校冰雪场地的规划和建设力度，陆续推进公共体育场馆向学生免费或低收费开放。

（二）学校：形塑冰雪运动教育价值体系，提升冰雪运动课程的质量和效率

作为冰雪运动进校园的实践者，学校是贯彻落实相关政策的主体，学校所提供的资源主要是冰雪课程。为保证供给充足、有效，首先应在学校层面形塑校园冬季冰雪运动的教育价值体系。冰雪运动进校园从时代蕴意来看，不仅仅是通过冰雪运动项目来实现优化学生体质健康水平的目标，更在于冰雪运动独特的教育价值。只有将冰雪运动的人文价值与现代教育的理念融合，才能进一步充实冰雪运动教育的精神实质，才能从体育育人的层面增强学生和家长对冰雪运动的价值认同，增强学校的责任感。而形塑校园冬季冰雪运动的教育价值体系，进一步提升冰雪运动课程的质量和效率，需要关注以下几个方面的路径塑造。

1. 塑造学校特色的体育精神，培育学校层面的体育价值观

作为学校体育开展的领航者，校长要革新体育固有观念，强化冰雪运动在学生素质教育、人格培养的价值认同；体育教师应改变"维稳、躺平"的观念，担负起体育精神传播者、体育事业工作者的角色责任，把"立德树人"作为内在的标尺与行动的指南，通过体育技能的学习，引导学生形成正确的是非观、善恶观、美丑观、价值观。教师教学的终极愿景是面向全体学生而不是少数学生运动员，淡化以金牌、奖牌为表征的锦标主义；班主任以及其他学科的教师更应树立正确的体育育人理念，全面、系统认识冰雪运动的真正意义和价值②。

2. 构建新型冰雪运动课程教学目标体系

冰雪运动课程在精神层面的教学目标是树立冰雪体育的人文精神、

---

① 　许弘．北京2022年冬奥会和冬残奥会背景下冰雪运动进校园的现状、思考与展望 [J]．体育科学，2021，41（04）：41-48．
② 　许弘，李先雄．体教融合背景下青少年体育活动开展的困境与思考 [J]．体育学刊，2021，28（02）：7-12．

教育理念和体育价值观,鼓励学生在价值观学习、运动知识掌握、体育技能习得等方面提升自己。为此,要深化学校体育教学改革,激励教师爱岗敬业,落实"教会、勤练、常赛"的新时代学校体育改革理念,将"教会、勤练、常赛"3个领域细化至具体的冰雪教学与课外活动之中。

3. 完善多元化、层次性的冰雪运动课程内容体系

按照《体育与健康课程标准》的相关要求,参照国内优秀冰雪运动教科书的内容框架和项目设置,并结合学校的实际情况和学生的现实需求,设计以冰雪通识课(讲座)、必修课、选修课、课外活动为主要内容的教学板块。如在通识课程中,利用精彩的冰雪运动赛事、优秀运动员成才经验分享等宣传教育形式,引导学生培育运动旨趣,激励学习动机。此外,通过技能学习的必修课程,传授学生高品质的运动技能和自主学习能力,以学生为主设计冰雪运动课程选修体系;另外,还应创设冰陀螺、冰爬犁、短橇滑雪、滑雪圈等趣味冰雪项目课外活动。最后,应在综合实践活动课程、德育活动、竞赛活动特点的基础上,开展爱国主义、集体主义教育,让思政教育内容和奥林匹克精神有机融入学校教育教学中,在夯实冬季运动青少年体育基础的同时,培养乐观向上、积极进取的现代人品质。

(三)家庭:形塑家校协同的冰雪教育互动机制,强化运动参与的引导和支持

家庭是冰雪运动进校园的重要支撑,是推动青少年冰雪运动普及、实现内生性自主参与不可或缺的力量。因此,要着力塑造家校协同的冰雪教育互动机制,强化家庭冰雪运动对学生参与冰雪运动的引导和支持。

1. 完善家庭与学校良性互动的机制

青少年冰雪运动锻炼习惯和体质健康观念很大程度受家长观念和家庭支持的影响。家长作为青少年的监护人,在冰雪运动进校园的育人体系中并不是"局外人",必须搭建家庭与学校对话平台,通过家校良性互动建立家校教育联动机制,在学生冰雪运动教育方面发挥各自优势。例如,学校、教师应借助班级QQ群、微信群等平台,加大对冰雪运动价值、功能、内容、方法、经验等相关资料的推送力度,定期与每位家长沟通了解

学生冰雪运动练习和锻炼情况及感悟,逐渐建立家长与学校之间长期而稳定的沟通关系。此外,可以利用儿童节、运动会、冰雪节等各种形式的活动平台推进亲子活动开展,增强家长对冰雪运动价值的认知,家长与孩子共享冰雪乐趣、增强体质所带来的观念提升①。通过这些家校联动机制形成家校冰雪教育合力。

2. 推行家庭冰雪作业制度,延伸冰雪运动的教育空间

近期教育部先后颁布的《关于深化体教融合促进青少年健康发展的意见》《关于在常态化疫情防控下做好学校体育工作的指导意见》等文件,明确将"布置家庭体育作业"作为重要内容。相关政策主旨在于建立家庭与学校之间合作的桥梁和纽带,充分发挥家庭体育作业的重要作用。作为体育课程的重要组成部分,冰雪课程与其他文化课程无异,都是基础教育课程体系支点,推行家庭冰雪作业制度,是学校体育教育和家庭体育的常规设置。所以,学校作为主要推动者,与家长共同努力,明确布置家庭冰雪作业,在提升青少年身体素养的重要价值的同时,也会突出学生课外自学自练的效益。在这项工作领域,借鉴武汉市体育考试改革方案中设立家庭体育作业评价机制②的经验,把家庭冰雪运动作业完成效果纳入体育考评,可有效营造学校、体育教师、家长、学生乃至全社会关心、重视和支持推行家庭冰雪运动的良好氛围。

3. 建立基于教育责任的利益共同体,实现冰雪家校共育

要改变青少年冰雪教育家校合作不利局面,需要政府、家庭、学校等主体的共同努力、共同行动、共担其责,主要有以下几个方面。一是,在政府层面,需要把家庭教育纳入现代教育制度体系,构建家庭教育指导服务体系;把家庭体育纳入全民健身计划,统筹建设覆盖家庭、学校、社区一体化的青少年基本公共体育服务体系。通过制定实施家庭体育健身发展规划,推动把家庭冰雪开展作为"全民健身示范城市(区、县)""运动健康城市""五好家庭""文明家庭""最美家庭"等评价指标,实现冰雪校园奖励机制的优化。二是,在社会层面,社区内要经常举办家庭体育节、

① 许弘. 北京 2022 年冬奥会和冬残奥会背景下冰雪运动进校园的现状、思考与展望 [J]. 体育科学,2021,41(4):41-48.

② 舒宗礼,夏贵霞. 疫情防控常态化背景下青少年家校合作体育共育模式研究 [J]. 体育文化导刊,2020(9):54-59.

家庭冰雪节等活动,丰富家庭体育的社区文化氛围。三是,在家庭层面,强化家长对"无体是无德智"的价值认同,积极参与以家庭为单位的体育健身组织、健身活动、健身赛事。四是,在学校层面,要拓展冰雪课程教师的有关家庭冰雪教育(体育)的知识、技能和方法,在学校开展亲子体育活动,不断提升有效动员和利用家庭体育的能力。此外,要鼓励推动体育教师承担家庭体育教育指导服务工作机制,并制定特定的、完整的政策指导与工作规范程序。

(四)社区:优化社区冰雪运动文化和功能,创设校园冰雪运动教育的有利环境

社区冰雪运动文化是学校冰雪运动的有效拓展,是冰雪运动进校园教育多层次、多主体、校内外一体化发展的重要组成部分。调研发现,在应试教育的压力下,学校体育在学校教育中被弱化,家庭体育教育出现缺位,因此也导致社区体育的名存实亡。

社区冰雪文化缺失的主要原因在于社区冰雪活动场地匮乏,冰雪运动社会体育指导员配备缺乏,社区冰雪运动与学校体育的合作空间有限等因素的限制。校园冰雪运动开展需要发挥社区冰雪教育的功能:一是,在《社区教育法》的基础上,制定社区参与青少年冰雪运动进校园的配套政策,以制度化的方式强化社会在青少年冰雪运动进校园的责任与义务。特别是在目标设定、行为联动、资源共享、意外规避、伤害补救等方面做到有章可循。二是,加强社区的冰雪运动文化建设。短期内,在全国范围内完全解决社区冰雪器材、场地以及社会体育指导员(冰雪)的问题不太现实。为此,建议社区通过市场机制引入,将营利性青少年冰雪运动教育培训引入社区服务。社区在土地使用、物业管理、房屋租借等方面给予机构优惠,企业通过有偿优惠等方式提供个性化冰雪运动服务。三是,社区要积极承办组织以家庭为单位的冰雪运动文化赛事活动,加大社区冰雪运动知识、冰雪运动技能的宣传与传播,如利用社区的橱窗、宣传栏、广播等宣传资源,宣传和传播冰雪运动文化,营造冰雪运动文化氛围。

(五)企业:强化高质量的物资和服务供给

冰雪运动属于高消费运动项目,且专业性较强,需要专业化的冰雪运动用品和服务,主要有以下几方面。

　　一是，在体育用品制造方面，推进物美价廉的冰雪装备生产与供给。调研发现，从冰雪市场消费实际状况来看，包括装备、培训、门票、交通等内容，冰雪运动参与的平均花费要接近 6000 元，并且超过 53.57% 的人属于中高消费能力人群①。调研发现，尽管我国冰雪装备制造业具备一定的基础，但大部分冰雪制造产品性能、质量、科技创新仍相对落后，对进口依赖度超过 80%，1000 元以上雪板、雪鞋、头盔、雪杖等冰雪器械装备中的高端市场几乎被国际品牌垄断[21]。因此，冰雪制造业企业应抢抓青少年冰雪运动进校园的机遇，利用我国冰雪装备产品种类多、价格低的优势，推进产品科技含量与产品功能的优化，提升体育用品市场占有率。

　　二是，在冰雪运动服务方面，高质量的冰雪服务产品（课程、场地服务等）与全方位的安全服务是推动青少年参与冰雪运动的重要基础。企业的经济主体属性经常导致在校企合作中存在"一厢情愿""形式化""浅表性"等问题，但在冰雪运动进校园的政策支持下，校企合作模式一方面对于学校而言可以节省场地设施建设所需的大量资金，而且可以获得企业市场化经营带来的较强专业技能的教学团队，而对于企业而言，可以吸纳和储备潜在的消费者群体，而且提高企业自身的经营管理效率②。企业既是校园冰雪教育的供给主体，也是展现冰雪运动事业和产业发展担当、承担社会责任的主体。因此，企业应当充分利用冰雪运动进校园的机遇，积极与当地的教育主管部门或者学校进行深度合作，针对性地提供有偿性冰雪运动的师资或者场地服务。

　　三是，出台激励政策，鼓励学校与社区场馆业主联合开设冰雪课堂或举行冰雪文化活动，以高度组织化的学校体育带动学生的运动参与。四是，以政府购买服务或发放优惠券的促销方式作为辅助，为冰雪市场注入活力。同时，建议体育主管部门联系市场主管单位，引领社区冰雪场馆与冰雪俱乐部、社团、中小微企业开展跨行业合作，联合开展冰雪运动培训，提供个性化特色服务，集聚多元化的功能促进跨界合作，并鼓励拓展经营模式，开发夜场冰雪消费，开拓新的市场空间。

---

① 消费日报社. 冰雪运动不再小众 冰雪消费人群平均支出近 6000 元 [EB/OL]. [2019-9-11].https://baijiahao.baidu.com/s？id=1651225801163468290&wfr=spider&for=pc.

② 全海英，郭子萌."校企合作"推进冰雪运动进校园的机理、困境与路径研究 [J]. 沈阳体育学院学报，2020，39（5）：24-31.

第四节　校园冰雪运动的体教融合模式

一、体教融合理念的脉络梳理

自 20 世纪 80 年代以来,体育学界出现"体教结合""教体结合""教体融合"等不同表述,各有侧重,但殊途同归的是要解决体育与教育"融合难"问题,纾解两个领域在某些方面的对立状况。

新中国成立初期,为展示新中国形象,提高我国当时国际地位,原国家体委做出了以快速提高竞技体育成绩来提高国家影响力的赶超发展战略。在此基调下,19 世纪 50 年代,国家、各省市采用"集中食宿、集中训练、集中管理"的方式相继成立"体训班",组建了优秀运动队,由此,迈出了竞技体育人才培养的第一步。经过 40 年的探索,这种竞技人才培养体系逐步形成了"普通业余体校——重点业余体校——国家和省市优秀运动队——国家队"这样一个纵向层层衔接的训练体系。在计划经济环境里,该训练模式培养出了一大批体育精英,这对我国体育冲出亚洲走向世界起了巨大作用[1]。但是,在此期间,竞技体育人才的培养被局限在相对封闭的体育系统中,学校体育因"三育"的理念一直处于体教之间相互配合阶段[2]。随着经济体制改革的进一步深化,旧有的竞技体育优秀后备人才发展模式逐渐展露其弊端,出现学训矛盾、运动员文化教育不足、人才断层青黄不接等问题[3]。

为解决我国竞技体育后备人才培养与文化教育体系脱节,以及退役后人才安置文化教育薄弱等问题,20 世纪 80 年代,我国开始进行"体教结合"的尝试。1981 年全国体委主任会议提出了"解决运动员出路的根本性措施,要从优秀运动队向学校化过渡,逐步纳入国家教育结构"的

---

① 栾开建.关于中外竞技体育后备人才培养模式比较分析 [J].南京体育学院学报(社会科学版),2003(06):13-15.
② 王登峰.体教融合的历史背景与现实意义 [J].体育科学,2020,40(10):3-7.
③ 布特,段红艳,诺日布斯仁.从体教结合到体教融合:从资源耦合向制度耦合创新发展 [J].北京体育大学学报,2021,44(09):33-44.

意见①。于是，普通高校招收高水平运动员成为体教结合发轫的标志性举措。国家教委和国家体育总局先后颁布了《关于学校开展业余训练培养高水平运动员的通知》《关于试点高校培养高水平运动员的管理办法》《关于深化体育改革的意见》等一系列文件，明确提出要将优秀运动队逐步纳入国家教育体系中，并将普通高等院校作为培养我国竞技体育人才的主要阵地之一。自此，高校开始招收退役或优秀的高水平运动员，建立高水平运动队，由此，也涌现出"清华模式""南体模式""省队校办模式"等高校特色培养竞技体育人才模式。与此同时，国家体育发展的方针伴随着社会主义市场经济的建立而有所转换，支持社会力量办体育也成为了体育体制机制调整的重要措施。在此背景下，体育俱乐部、足球俱乐部、篮球俱乐部等社会化人才培养机构如雨后春笋般发展，这也使得竞技体育后备人才培养封闭体系被打破，逐步向体育部门与教育部门、体育与社会、体育与市场结合的多元化发展。但在实践过程中，"体教结合"并没有破圈，本门主义、部门利益至上的现象突出，具体表现包括：体育部门占主导，把所有精力都放在了提高竞技水平上；教育部门被边缘化，学校体育锦标主义倾向明显，把"争赛""创优""夺牌"放在首位等。如此造成"体教结合"声音高但效果不显著的局面。一方面体育部门将"体教结合"作为培养高水平竞技体育人才，从而获得优异的竞赛成绩的一种手段，但入学跟读制使得运动员不仅没有真正学习到文化知识，反而加重了运动员训练与学习矛盾。教育部门将"体教结合"作为宣传学校、提高学校知名度的一种手段，但体育回归教育的分离问题一直未能有效破题，青少年体质健康水平一直下滑，小学生超重和肥胖率高涨，学生视力不良，大学生的耐力、速度、爆发力和力量素质下降等问题凸显。同时，很多运动员在成长的过程中几乎将全部精力用于体育训练，所以学训矛盾突出，退役以后的就业困境重重。因此，体教结合还将学校体育体系与竞赛体系和训练体系融合成完整制度机制。

进入新时代，青少年体质健康水平下降、竞技体育后备人才培养渠道不畅、生源短缺等问题制约着建设健康中国、体育强国的进程。因此，在全面建设社会主义现代化国家的新征程中，国家更加重视全民健康问题、体育人才培养的可持续性问题，更加追求体育事业的全面协调发展。由此，"体教融合"成为新时期教育改革、体育改革中的主旋律。2020年4月27日，习近平总书记主持召开中央全面深化改革委员会第十三次会

---

① 杨桦, 刘志国. 体教融合：中国特色竞技体育后备人才培养模式转化与创新 [J]. 成都体育学院学报, 2021, 47（03）: 1-8.

议,审议通过了《关于深化体教融合促进青少年健康发展的意见》。2020年9月,国家体育总局和教育部发布文件,明确了新时代体教融合的学校体育工作、青少年体育赛事体系、体育传统特色学校与高校高水平运动队建设、体校改革、规范社会体育组织、培养体育教师和教练员队伍、强化政策保障、加强组织实施等8个着力点,这也成为我国未来体教融合的新的指引。从《关于深化体教融合促进青少年健康发展的意见》来看,新时代党和国家把教育系统和体育系统的青少年发展价值目标进行融合,来回应体育强国建设对青少年体育发展的诉求,解决青少年体育发展所面临的困境,形成学校体育发展理念和竞技体育后备人才培养模式[1],共同推动培养优秀竞技体育后备人才和促进青少年健康全面发展双重目标的达成,这也是体教融合演进中的最大突破[2]。从实践重心来看,体教融合是从举国体制下的训练网体系延伸到了与青少年健康发展密切相关的学校体育培养机制[3],诸如构建体育课程、大课间和课外活动一体推进体系,建立教会、勤练、常赛相互衔接的知识生态融合机制,有结构优化的体育教师、数量充足的教练员队伍的保障融合机制,建立多元主体协同合作的联动机制,涉及了体育中高考改革、青少年体育赛事体系建设、高校高水平运动队建设和体育传统特色学校等多个方面,共同推动培养优秀竞技体育后备人才和促进青少年健康全面发展双重目标的达成。

二、体教融合视域下的校园冰雪运动统合逻辑

“冰雪运动进校园”是“体教融合”规划背景的具体实践,主要体现在目标、内容、动力等多方面对体教融合的创新改革。

（一）“冰雪运动进校园”与“体教融合”的目标统合

“体教融合”的提出是在我国进入实现第2个百年奋斗目标的征程上,服务我国教、体事业良性运转的重要举措。“体教融合”的发展目标在《关于深化体教融合促进青少年健康发展的意见》中表述得非常明确,

① 王登峰.新时代体教融合的目标与学校体育的改革方向[J].上海体育学院学报,2020,44（10）:1-4.
② 郭振,王松,钟玉姣,刘波.新时代体育强国的诉求:体教融合的概念、价值与思考[J].体育科学,2022,42（2）:21-29
③ 崔佳琦,王文龙,邢金明.我国竞技体育后备人才“体教融合”培养模式研究述评[J].吉林体育学院学报,2022,38（2）:64-72.

就是贯彻落实习近平总书记关于体育强国建设的重要指示以及全国教育大会提出的"享受乐趣、增强体质、健全人格、锻炼意志"四位一体的学校体育目标。在此基础上，我国体教融合不再停留在提高运动员文化素质水平这单一目标上，而是将竞技人才的培养（体）融合到国民教育体系（教）之中，发挥学校体育在提高体育竞技水平中的基础性作用，从而着力提升全体青少年的健康成长[①]，实现"中国特色竞技体育后备人才培养"的可持续发展目标[②]。"冰雪运动进校园"目标是贯彻落实习近平总书记提出的"3 亿人参与冰雪运动"的发展战略，旨在以学校为载体，扩大以学生为主的参与人群，激发青少年学生参与冰雪运动的热情，提升冰雪运动技能，以补齐竞技水平不高、群众参与面不广、后备竞技人才储备不足的短板问题，从而推动冰雪运动可持续发展[③]。就目标指向而言，"体教融合"是冰雪运动进校园的最终目标，而冰雪运动进校园又是"体教融合"目标在冰雪运动领域的实践和具体化，也可以称为"试验田"，即推动青少年参与冰雪运动，以冰雪运动为载体实现学校"健全人格、增强体质、享受乐趣、锤炼品质"的四位一体的价值目标，从而全面提升学生身体素质和综合素质，助力我国冰雪运动的可持续发展与体育强国的建设。

（二）"冰雪运动进校园"与"体教融合"的规划内容统合

"体教融合"是对学校体育发展困惑与历史经验的总结，集中体现了时代发展对青少年体质健康的要求和竞技体育后备人才培养的高度统一。"冰雪运动进校园"提出时间较"体教融合"更早，其在客观上成了"体教融合"政策的"试验田"，二者在规划的内容上具有高度的融合性。

① 刘波，王松，陈颇，尹志华，黄璐. 当前体教融合的研究动态与未来展望 [J]. 北京体育大学学报，2021，44（01）：10-17.
② 布特，段红艳，诺日布斯仁. 从体教结合到体教融合：从资源耦合向制度耦合创新发展 [J]. 北京体育大学学报，2021，44（9）：33-44
③ 杨三军，刘波. 冰雪运动进校园与体教融合的内在关联和经验借鉴研究 [J]. 北京体育大学学报，2021，44（3）：105-113.

表5-14 "冰雪运动进校园"与"体教融合"规划内容相衔接一览表

内容	《关于深化体教融合 促进青少年健康发展的意见》	《加快推进全国青少年冰雪运动进校园的指导意见》
学校体育工作	开展丰富多彩的课余训练、竞赛活动;大中小学校在广泛开展校内竞赛活动基础上建设学校代表队;支持大中小学校成立青少年体育俱乐部;将体育科目纳入初、高中学业水平考试范围	把冰雪项目列入课外体育活动范畴,开展丰富多彩的冰雪活动;鼓励有条件的地方把冰雪运动项目纳入学生综合素质评价及相关考核指标体系
完善青少年体育赛事体系	教育、体育部门整合学校比赛、U系列比赛等各级各类青少年体育赛事,建立分学段(小学、初中、高中、大学)、跨区域(县、市、省、国家)的四级青少年体育赛事体系	建立完整的"校内竞赛—校级联赛—选拔性竞赛"的校园冰雪课余训练和小学、初中、高中、大学四级联赛体系
加强体育传统特色学校和高校高水平运动队建设	由教育、体育部门联合评定体育传统特色学校	鼓励各地教育行政部门逐级创建冰雪运动特色学校,鼓励高校增设冰雪项目高水平运动队
深化体校改革	推进各级各类体校改革,在突出体校专业特色和体育后备人才培养任务的同时,推动建立青少年体育训练中心;将体校义务教育适龄学生的文化教育全部纳入国民教育体系;确保体校教师在职称评定、继续教育等方面相应享受与当地普通中小学校或中等职业学校教师同等待遇,合理保障工资薪酬;鼓励体校教练员参与体育课教学和课外体育活动,为学生提供专项运动技能培训服务,并按规定领取报酬。	有条件的中小学要建立冰雪运动的校队,鼓励建设校园冰雪运动俱乐部,覆盖区域内中小学校,帮助确有冰雪运动兴趣和特长的学生发展运动特长;扶持有条件的高等学校和职业学院设置和发展冰雪运动相关专业,支持冰雪退役运动员从事冰雪运动教育培训工作;畅通冰雪项目专业运动员退役后进入中小学校担任体育教师的渠道,快速提高中小学校冰雪体育运动的专业水平
规范社会体育组织	鼓励青少年体育俱乐部发展,建立衔接有序的社会体育俱乐部竞赛、训练和培训体系;支持社会体育组织为学校体育活动提供指导,普及体育运动技能	鼓励社会资源建造各类冰雪运动场地和举办各形式的冰雪赛事;构建社会冰雪资源与学校联合推进课外训练和竞赛的协同机制
大力培养体育教师和教练员队伍	制定优秀退役运动员进校园担任体育教师和教练员制度;选派优秀体育教师参加各种体育运动项目技能培训;制定在大中小学校设立专兼职教练员岗位制度	支持冰雪退役运动员从事冰雪运动教育培训工作。全面加强冰雪运动的国际合作力度,积极引进符合资质的欧美高水平教师、教练员来华任教。实施"体育类人才公派出国留学项目",鼓励国内有关人才赴国外攻读冬季项目相关专业的博士、硕士学位

2019 年教育部等部门联合颁布的《关于加快推进全国青少年冰雪运动进校园的指导意见》的一个重要目的，就是充分利用举办 2022 年北京冬奥会这一重大机遇，调动各方面资源，大力发展冰雪运动，提高校园冰雪运动普及水平，丰富体育教学活动内容，培养积极健康的生活方式，切实让广大青少年在体育锻炼中"享受乐趣、增强体质、健全人格、锤炼意志"。该文件从扶持特色校园冰雪运动普及发展、积极开展冰雪项目教学活动、加强冰雪运动教学指导、丰富课外冰雪项目体育活动等 10 个方面进行了内容规划。推进冰雪运动进校园是我们深化学校体育改革的重要内容，是推进"体教融合"的重要举措。过去的四年，我们一直把校园足球作为学校体育改革发展的探路工程、示范工程和核心工程来抓，通过校园足球的实践，探索出了学校体育要做的三件事——教会、勤练、常赛，这也是推进冰雪运动进校园的核心工作①。同时要着力构建"冰雪运动特色学校 + 冬季奥林匹克教育示范学校 + 高校高水平冰雪运动队 + 冰雪运动试点县（区）+ 冰雪运动改革试验区"协同推进的校园冰雪运动发展的格局，实现"全学段、全过程、全方位"的冰雪运动教育模式。

2020 年，国家体育总局和教育部颁布的《关于深化体教融合促进青少年健康发展的意见》，按照"一体化设计、一体化推进"的总体原则，从"加强学校体育工作""完善青少年体育赛事体系""加强体育传统特色学校和高校高水平运动队建设""深化体校改革""规范社会体育组织""大力培养体育教师和教练员队伍" 6 个方面描绘了体教融合明确的路线图。通过体教融合，把教育和体育相关的资源有机整合起来，最大限度实现学校体育全面育人的功能。深入研究发现，国家对体教融合的长远规划主要是发展校园体育，关注青少年健康发展，通过国民教育体系，培养优秀竞技运动员。就"体教融合"改革 6 项举措而言，不单纯是工作措施，还是一种理念变革和战略趋势趋同耦合，其中冰雪进校园政策尤为明显。从表 5-14 可以看出，冰雪运动进校园是从个体项目青少年实际需求出发，从实施的突出问题入手，从畅通体育人才成长通道、破除赛事壁垒到化解社会组织"进校难"，从提高学校体育教学质量到强化体校文化教育，都是逐条对应、逐一破解的。

---

① 中华人民共和国教育部政府门户网站. 教育部就《教育部等四部门关于加快推进全国青少年冰雪运动进校园的指导意见》答问 [EB/OL]. [2019-6-26]. http://www.moe.edu.cn.

（三）"冰雪运动进校园"与"体教融合"的运行方式与动力的统合

从运作方式而言,无论是体教融合还是"冰雪运动进校园"都是要突破体育系统与教育系统的隔离状态,都强调两大系统的协同融合。冰雪运动进校园自 2015 年北京冬奥申奥成功被提出来,到 2019 年顶层设计出台《关于加快推进全国青少年冰雪运动进校园的指导意见》,其快速的发展实际上都离不开教育系统和体育系统的支持与协同,同时极大地体现了"体教融合"中体育部门和教育部门的融合与发展实践。

从动力方式而言,无论是"体教融合"发展,还是"冰雪运动进校园"纵深推进,都是来自家庭、社会、国家这三个向度的动力统合,广大学生的自身健康成长需求是其内在驱动力。"体教融合"和"冰雪运动进校园"都是建立完善社会、学校、家庭、政府共同关心支持学生全面健康成长的动力机制。其中家庭是基础,青少年积极参与体育活动、从事冰雪运动从某种意义上取决于家庭体育的观念和态度、对参加冰雪运动的支持氛围;社会组织是我国体育事业发展过程中不可或缺的重要力量。从全生命周期角度而言,无论是"体教融合"还是"冰雪运动进校园"都需要回归主体、依托主体与服务主体。只有满足学生的基本生理需求、兴趣爱好,才能激发其积极投身到体育活动中来[1]。因此,学校作为引发学生参与体育活动的主体,无论是体教融合也好,还是冰雪运动进校园也罢,都是搭建有助于青少年磨砺意志、享受乐趣、健全人格的实践平台。

三、校园冰雪运动的"体教融合"模式

校园冰雪运动的体教融合模式应综合考虑专业体育资源与价值的匹配、组织管理协同条件以及体育事业与教育发展的融合等因素,既要回应体育强国建设对青少年体育发展的诉求,解决青少年体育发展所面临的困境,也要整合体育系统与教育系统的资源,实现学校体育与竞技体育融合,解决我国竞技体育后备人才问题。由于冰雪运动进校园是新时代体教融合的具体实践,由于其对体教融合的回应与诉求不同,最终呈现的面貌和类型也各具特色,从而形成不同的发展模式。本研究将冰雪运动进校园分为冰雪竞技体育后备人才培养和全面提升学生身体素质和综合素

---

① 布特,段红艳,诺日布斯仁.从体教结合到体教融合:从资源耦合向制度耦合创新发展 [J]. 北京体育大学学报,2021,44（09）:33-44.

质两大模式进行分析。按照主导功能特征、实现的方式不同，又分为若干亚类，详见表 5-15。

5-15 冰雪运动进校园的"体教融合"模式分析

模式	亚类		模式特征	案例
冰雪竞技体育后备人才培养模式	院校化模式	"队校型"	体育院校与专业队融合的"队校型"模式。该模式是在国家体育总局直属体育学院中，按照"亦读亦训，科学训练"的教育训练方针，以"教学、训练、科研"三结为落脚点的冰雪竞技人才培养模式	北京体育大学
		"双高型"模式	"名校办名队"，即一些能够依靠自身学校"品牌效应"，吸引优秀的运动员生源，打通了体育训练与教育培养体制机制的隔墙，为体育竞技人才的文化学习与运动训练提供了制度和机制保障	清华大学
		"校地"模式	地方院校承担起地方竞技体育人才培养建设地方竞技体育运动队的模式，是地方院校主动回应区域竞技体育发展需要，通过地方政府整合社会资本、人力资源、场馆设施等资源，与地方院校合作培养竞技人才的方式	南京体育学院、南京工业大学
	市场化模式	"校企"模式	由高校与相关企业协作，整合市场资源、教育资源，通过多方位的合作共同推进教育链、人才链、产业链紧密衔接，实现竞技体育人才培养目标	北京理工大学足球俱乐部
		"校场"模式	学校利用体育场馆进行竞技体育高水平后备人才培养，它既是创新体育场馆运营机制的实践，也是学校整合冰雪运动优势资源的一种探索	沈阳体育学院、广东广雅中学
	社会化模式	"校协"模式	脱钩后的单项体育协会根据自身需求，将不同层级的运动队转移至符合要求的学校，由各类学校承担运动队日常训练、竞赛、后勤保障、文化学习等任务，实现协会与学校共融发展	湘潭大学、西北工业大学、北京石景山教委
		"校家"模式	以家庭自主培养方式为主体的竞技体育人才培养模式	谷爱凌、丁俊晖

续表

模式	亚类	模式特征	案例
全面提升学生身体素质和综合素质模式	校园冰雪竞赛改革导向型	校园冰雪竞赛改革导向型模式是指以"常赛"为抓手,以学生参与冰雪赛事的导向驱动课堂教学,通过构建纵向"小、初、大"赛事体系、横向"校内—校外—选拔性"竞赛体系,实现校内、校际冰雪赛事覆盖面和参与度,以达到冰雪育人的功能	河北省冰雪赛事、广东省冰雪赛事
	校园冰雪考核评价改革导向型	以"勤练"为抓手,以学生综合评价驱动校园冰雪开展、提升学生体质健康的一种模式	北京市将冰雪纳入特长生考试
	冰雪教学改革导向型模式	以"教会"为抓手,以核心素养为核心,进一步将冰雪运动理念与学校育人理念、课程设计、教学设计、主题活动等深度融合,通过在校内外开展一系列综合实践活动课程、体育课程、德育活动等方式,开展冰雪主题教育,促进青少年享受乐趣、增强体质、健全人格、锤炼意志	张家口宣化第二中学、北京市科普教育、奥林匹克教育模式
	冰雪师资聘用优化导向型模式	进一步优化学校体育师资结构,完善了教练员队伍,打通体育教师、教练员的流动渠道,形成体育教师与教练员师资互补优势,为冰雪运动教会、常练、常赛提供师资保障	张家口市崇礼区西湾子小学

（一）竞技体育后备人才培养模式

20 世纪 80 年代,"体教结合"的"学训结合、亦训亦读"培养理念与方式探索在实践中形成 5 种具有代表性的路径:一是,以北京体育大学为代表的国家体委直属体育院校的"教科训三结合"路径①;二是,以南京体育学院为代表的地方体育院校的"运动队办校"路径②。三是,以清华大学为代表的综合性大学推动体育社会化发展试办高水平运动队的"学校办队"路径③;四是,以南京工业大学为代表的"省队校办"路径;五是,

① 杨桦. 教育、训练、科研"三结合"的探索与实践 [J]. 北京体育大学学报,2005（1）:1–4.
② 杨国庆. 论新时代"南体模式"新发展－关于高等体育院校体教融合实践的探索与思考 [J]. 体育学研究,2020,34（4）:1.
③ 翟丰,张艳平."混合型"体教结合模式向"体教融合"模式的发展 [J]. 体育学刊,2013,20（4）:90–92.

以北京理工大学为代表的校园体育俱乐部路径①。上述5种路径在我国竞技人才选拔与培养、退出与安置两大方面为我国体育与教育两大系统携手合作、共同培养竞技体育后备人才做出了积极探索，可以说是我国具有较大影响力的体教结合的"范式"。

新时代体教融合中培养竞技体育后备人才是在体教结合模式的基础上，按照"一体化设计、一体化推进"原则，推动体教互为一体融合发展，共同培养新时代竞技体育高水平后备人才的新模式。基于上述5种路径，本研究认为，冰雪运动进校园"体教融合"可参考的竞技体育后备人才培养模式分为院校化、市场化、社会化3大类（表5-16）。

表5-16 "体教结合"下竞技体育后备人才培养模式

序列	路径	代表学校
1	国家体委直属体育院校以"教学（教育）、科研、训练"为主要的"教科训三结合"路径	北京体育大学
2	地方体育院校以"运动队办学校、学校办运动基地"为特征"运动队办校"的路径	南京体育学院
3	综合性大学推动体育社会化发展试办高水平运动队，追求体脑均衡发展，培养竞技体育人才的"学校办队"路径	清华大学
4	地方院校学校以服务地方竞技体育发展，提升地方竞技体育实力的"省队校办"路径	南京工业大学
5	高校竞技人才培养体制与市场机制结合，借助社会资本打造校园体育俱乐部路径	北京理工大学

1. 院校化模式

根据实践探索以及各院校专业性质和办学目标，院校化模式可分为体育院校的"校队"和综合院校"双高型"以及地方院校的"校地"型。

（1）专业体育院校"队校型"

专业体育院校"队校型"模式主要是指体育院校与专业队融合的模式。该模式是在专业体育学院中，按照"亦读亦训，科学训练"的教育训练方针，以"教学、训练、科研"三结合为落脚点的冰雪竞技人才培养模式。以北京体育大学为代表的直属体育学院，经过多年探索，竞技体育"亦读亦训，科学训练"的后备人才训练体系和体育院校"教学、科研、训练"三

① 喻和文,刘东锋,谢松林.职业足球俱乐部青训与校园足球合作探析[J].体育文化导刊,2019,(2):22-27+14.

结合的办学模式获得了较大成功。一大批青少年优秀后备人才和大学生运动员脱颖而出,在多个运动项目培养出了一大批世界冠军、奥运冠军[①]。2022年北京冬奥会短道速滑项目产生首枚金牌,五名运动员全部来自北京体育大学冠军研究生班。专业体育院校在竞技体育后备人才培养的成功实践充分证明,我国专业体育院校能肩负起培养优秀冰雪后备人才和高水平运动员的教育训练重任。但是这种模式在实践探索中存在不少问题。

①该模式仍是建立在"三级训练网"之上的,凭借运动成绩获取入学资格,重竞技体育的金牌导向,忽略了对运动员的文化教育,特别是教育文化的断层,导致竞技体育后备人才培养文化低标准、培养低要求、出口低质量的结果。当然,为缓解学训矛盾,通常的做法是"内部消化",即给予退役的优秀运动员提供工作岗位或免试进入高校继续深造。这种做法在计划经济时代颇为有效,随着我国经济社会发展,体育部门以内部消化的方式来缓解运动员就业问题愈发乏力。前不久,世界冠军街头卖艺、卖金牌维持生计,缺乏足够的生存技能等报道频繁见诸报端。

②过度强调为国家争光的锦标观念,强化运动员的"工具"价值,忽视了"人本"价值等,这些都对竞技体育后备人才的健康成长造成负面影响,偏离了体教融合的初衷。

③资源供给错位并存,表现在专业体育高校在运动训练方面的体育场馆设施、高水平教练员、科研保障能力、经费投入等能够保障高水平竞技体育人才训练需求,但在文化学习方面,课程设置、教学内容、教学进度、教学方式等被弱化。这种资源供给配置错位的结果导致竞技体育人才在运动技术水平上能够满足高水平竞技体育后备人才要求,但拥有的文凭和学历只是达到学校对学生要求的最基本标准,能在退役后为国家持续效力并培育体育人才的却寥寥无几。

北京冬奥会的成功申办、《关于深化体教融合促进青少年健康发展的意见》的颁发、以及"体教融合"战略的提出,为重新发挥专业体育院校培养冰雪运动竞技体育高水平后备人才的优势提供了契机。2016北京体育大学冰雪运动学院成立,使得"队校型"模式将在优秀竞技冰雪体育人才和大众冰雪体育人才培养中重启,其优势和特点在于:一是,专业体育院校拥有中学到大学相衔接的教育训练完整体系,可在对竞技体育人才实行运动技术专门化的"科学训练"中将文化课学习贯穿始终,在"亦读

① 杨桦,刘志国.体教融合:中国特色竞技体育后备人才培养模式转化与创新[J].成都体育学院学报,2021,47(03):1-8.

亦训"中实现育人育才的目标。二是，以体育为专业特色的体育院校，具备了围绕冰雪运动竞技体育人才培养的高水平教练团队、优质科研团队、一流运动场馆设施、综合性体育学科群，为冰雪竞技人才成长提供良好的支撑条件与必需的专业条件。三是，亦读亦训、育人育才的培养方式与实施路径，疏通了竞技体育人才早期选拔的堵点，大量人才的涌入扩大了选拔优秀冰雪人才的范围和机会，为提高竞技体育高水平后备人才的成才率夯实了基础。四是，从体育特长人才到竞技体育后备人才，再到高水平竞技人才的晋级，可由冰雪体校进入大学专业队，再通往国家队，也可以在初中、高中、大学各阶段实现竞技体育专业人才向体育专业学生身份转换。这种转换是基于"亦读亦训"文体并进的培养方式，符合新时代体教融合的要求。

"队校型"路径作为冰雪运动进校园中的体教融合模式，其实质仍未脱离专业体育院校办专业队的框架。此条路径产出重要效益的关键在于，需要将队校型模式的特色，即"亦读亦训"中的"读"落到实处，使竞技体育后备人才培养真正融入教育体系，让冰雪竞技体育人才真正接受到系统而又完整的教育，提高人才培养的成材率。

（2）高校自办"双高型"模式

普通高校自办高水平运动队是竞技体育后备人才培养突破封闭单一体系的一个有益补充，对实现竞技体育人才文化素养提升与运动技能提升的协调发展具有重大意义。

目前我国高水平体育竞赛中有许多高校队伍。比如参加男子排球联赛的北京航空航天大学队，清华大学的田径、射击、篮球等多支高水平运动队。清华大学利用自身的体育传统、师资力量和科研队伍率先建立清华跳水、射击高水平运动队，并扩展至田径、赛艇等运动项目。这些高水平运动队在世界大学生运动会表现亮眼，而且在亚运会、奥运会都展现了优异的成绩，成为高校兴办高水平运动队、培养高水平竞技体育后备人才的典范。

"双高型"模式的实质是"名校办名队"，即一些学校能够依靠自身"品牌效应"吸引优秀的运动员生源，打通体育训练与教育培养体制机制的隔墙，为体育竞技人才的文化学习与运动训练提供制度和机制保障。"双高型"竞技后备人才模式以"学分制、延长学制、个性化授课、补课"等方式推行弹性学习，化解学训矛盾，实现运动员文化素养"高"、运动技能"高"。这种模式是将竞技体育人才文化教育纳入教育的教学体系，在高等教育的平台完成竞技体育人才的教育经历。体育部门为竞技人才提供专业训练、专业参赛、专业保障、专业出口的平台，托举竞技体育人才向高水平后备人才迈进。但是这种模式在实践探索中存在不少问题。

①竞技资源配置匮乏。虽然我国一些知名大学能够依靠自身校园名气吸纳优秀的运动员生源,但诸多高校竞技体育人才培养的经费投入、训练条件设施、教练员水平、团队配置、后勤保障、队伍管理等方面软硬件资源的配置匮乏且滞后。如教练员队伍僵化的晋升标准极大地阻碍了大量优秀教练员人才的流通。

②接纳优秀运动员的限制较大。虽然高校对高水平运动队拥有办队自主权的政策,但有关试点高校严格控制招生规模,不得超过试点高校上一年度本科招生计划的1%。招生规模限制虽说从教育公平的角度无可厚非,但是不利于体教融合深入实施,与教育部门在竞技体育后备人才方面的制度设计有所背离。以足球为例,目前教育部认定全国青少年校园足球特色学校达2.7所,足球后备人才储备量巨大,但是大学招生规模限制使得足球人才的大、中、小的贯通培养通道阻塞极其严重。截至2021年能够招收足球项目高校高水平运动队不足190所,按每年11人的招生数量计算,总计每年进入大学系统的校园足球运动员不足2000人[①]。

③体育部门和教育部门对人才培养的价值取向不一,此为"双高型"模式难有成功典范的根源所在。一方面,体育部门在竞技体育人才培养方面较为封闭,运动员注册制度、全运会体系、专业队学院化使得体育部门与教育部门很难达到统一。以清华跳水队为例,自1997年建队以来培养了王鑫、何姿等多位世界冠军,但由于体制和政策的冲突,原有的政策支持逐渐减少,清华跳水队从2007年起基本处于名存实亡的状况。另一方面,教育部门与体育部门之间各自为营,教育部门将"体教结合"作为宣传学校、提高学校知名度的一种手段,而体育部门将"体教结合"作为培养高水平竞技体育人才,获得优异的竞赛成绩的一种手段。二者在实施过程中并没有形成合力,各自为政的运作模式既没有实现运动员技能、文化水平双提升的目标,也没有做到以运动员为本,使得竞技体育人才培养始终偏离教育轨道之外[②]。

④培养机制短板突出。该模式在招生、人才培养、毕业等方面存在严重的缺陷,模式运作存在缺乏长远规划的问题,导致竞技体育后备人才培养出现运动员文化标准低、培养效率不高的结果。另外,学生进入学校后因比赛而实行跟读制,教练员在训练方面占据着主导地位,反而加重了运

① 刘波,郭振,王松,陈怡莹,张贝尔.体教融合:新时代中国特色竞技体育后备人才培养的诉求、困境与探索[J].体育学刊,2020,27(06):12-19.
② 布特,段红艳,诺日布斯仁.从体教结合到体教融合:从资源耦合向制度耦合创新发展[J].北京体育大学学报,2021,44(09):33-44.

动员训练与学习矛盾。

当前,高校自办"双高型"模式在冰雪运动体教融合方面也正在逐步展开。据统计,2021年高水平运动员冰雪项目招生的学校一共有9所,占比为3.4%。其中985大学1所、211大学3所、双一流大学3所、普通院校5所。"双高型"模式如何真正实现体教融合的应有之意,如何推动冰雪运动体教融合的竞技体育人才培养进一步深化,需要进行以下几个方面的机制调整:一是,增强高校在招生、培养、运动项目选择和招生人数等方面的自主性;二是,完成多头管理的统筹和多渠道参赛的一体化设计,诸如运动员资格认定的统一、运动员水平认定的统一和运动员参赛认定的统一等;三是,打通高校运动员横向流动的堵点,以公平公正公开原则选拔高校运动员进入国家队,并以"合法身份"参加国际比赛;四是,提高高校竞技人才培养的硬件条件和运动训练水平。在选出好苗子的基础上,通过高水平的教练团队、科研团队、高质量的训练场馆的支撑保障下,才能提高竞技水平,提高育才率。

（3）地方院校与地方政府融合的"校地"模式

所谓"校地"模式是地方院校承担起地方竞技体育人才培养、建设地方竞技体育运动队的模式,是地方院校主动回应区域竞技体育发展需要,通过地方政府整合社会资本、人力资源、场馆设施等资源,政府与学校合作培养竞技人才的方式。在实践中,南京体育学院模式与南京工业大学就是典型代表。由于冰雪运动对冰雪资源依赖性较强,因而,具备冰雪运动开展条件的区域主要集中在东北、内蒙古。随着"三亿人上冰雪"的推进,现在西北的新疆、青海省、华北东部城市的冰雪运动普及程度更高。据不完全统计,上述地方高校接近900余所,在校生规模接近100万,具备冰雪运动竞技体育后备人才培养的巨大潜力。如黑龙江的哈尔滨体院、哈尔滨师范大学、黑龙江冰雪体育职业学院、吉林的吉林省体育学院、河北的河北体育学院、天津的天津体育学院、内蒙古的呼伦贝尔学院等先后设置冰雪运动专业、冰雪运动学院,探索地方政府与地方高校联办运动队。这对我国冰雪竞技体育后备人才培养的可持续发展具有积极的现实意义和深远的历史意义。

"校地"模式的优势主要体现在以下两个方面:①地方院校可以充分借助区域政府的财政支持、场地支持、软件完善（体育师资和体育资源投入水平）来提升地方竞技人才的建设水平,能够保障高水平竞技体育人才训练需求。②地方可根据竞技体育实际发展的需要以及后备人才培养的周期,灵活、合理地动态调整联合办队,亦可以购买公共服务的方式开展项目训练、运动队梯队建设。同时,借助高校特有的科研、学科、教育、教学等资源着力提升体育人才教育水平,提升退役运动员再就业竞争力,解决出路狭窄问题。

"校地"模式的劣势主要体现在:①体育与教育的融合难度大,"育人"初衷难以真正达成。虽然"地校"模式可通过教学"一条龙"和训练"一条龙"来应对运动员"学训矛盾",但由于现行教育运行机制和竞技体育机制的差异性,特别是运动员训练竞赛时间长、强度高、比赛频繁等竞技体育机制要素的影响,使得运动员的文化学习根本得不到保障、学习效果得不到保证,甚至在一定程度上形成了教育负担和训练负担,与预期差距较大[①]。②由于地方院校规模较小、师资力量薄弱、经费投入少,使得学科建设水平、科研实力与教学、训练相比存在一定差距,这也导致"训练、教学、科研"三位一体的办学、办队无法协调发展。③教练员队伍晋升标准僵化的,特别是教练员岗位纳入学校专业技术岗位序列等政策改革还没有破题,阻碍了大量优秀教练员人才的流通,影响我国竞技体育人才培养的可持续发展。④校地模式虽然可以整合当地的资源来推进体教融合,但是校方办学、办队承担的属性不同,特别是考核的压力不同。一般而言,学校既面临着政府主管教育部门对学校的办学考核,也面临着政府主管的办队考核。两方面追求的目标指向不同,考核也互不认同,也使得"校地"面临着多方面的压力。

"校地"模式实现真正意义上的体教融合的关键是要处理好以下几个方面的问题:第一,建立分级、分档的融合体制。地方政府在高校所具备的学习、训练、科研一体化的条件下,推动省级冰雪运动队与高校融合,由学校依据自身优势承办地方项目运动队。第二,校地双方资源优势的融合。一方面,政府在资金、场地、人员调配及考核监督、相关人才引进等方面给予支持;另一方面,学校承担日常管理、训练、竞赛、教育等责任,双方优势互补,责任分担。以政府的主动性激发学校的积极性,才能推动"校地"模式在冰雪运动体教融合中的发展。

2. 市场化模式

市场化模式是在市场经济条件下,按照"有偿训练、有偿培养,谁投资谁培养谁受益"原则,调动市场调节效能、促进竞技体育人才流动、提高人才培养的一种模式。从可参考的实践来看,主要有"校企联办"和"校

---

① 杨国庆.论新时代"南体模式"新发展——关于高等体育院校体教融合实践的探索与思考[J].体育学研究,2020,34(04):1-10.

场联合"两种。

（1）学校与企业融合的"校企联办"模式

校企联合指的是由高校与相关企业协作，整合市场资源和教育资源，通过多方位的合作共同推进教育链、人才链、产业链紧密衔接，实现竞技体育人才培养目标。"校企"模式可追溯到19世纪末德国的"双元制"教育体制，即德国的职业教育体制，随着制度的不断完善与探索，这一体制催化了德国奥委会携手大学生体育协会的融合，重点关注精英运动员学业、竞技和就业。在我国，随着"教体结合"培养运动员的模式的产生，"校企联办"模式成为有益尝试。北京理工大学足球俱乐模式作为"校企联办"的典范，一度成为高校开展"教体结合"的典范。在冰雪运动领域，不乏"校企联办"模式的出现，哈尔滨体育学院与融创文旅集团创建融创冰雪学院，以职业教育新模式，推动更多人投身冰雪产业，为行业可持续发展储备充足人才力量。安徽合肥市六安路小学、蜀山区奥体小学等6所冰雪运动特色示范学校与天柱山滑雪胜地签订意向合作框架协议，共同打造冰雪运动队和"三点半"课后冰雪活动课程等。

"校企联办"模式的主要优势在于以下三个方面：①最大限度优化资源配置。校企双方合作建立冰雪竞技体育俱乐部或运动队，可以有效衔接冰雪竞技人才培养的训练、竞赛、培训体系，特别是企业在市场机制下的增量投入可以有效弥补学校在训练师资、高端设备、科学化训练和竞赛组织上的不足。②实现人才"入口"和"出口"双畅通。"校企"模式在完善训练渠道、竞赛奖助体系的同时，也有利于冰雪人才的"入口"和"出口"双畅通。企业不仅可以完善企业生产资源向教育资源、人才资源转化的良性闭环模式，培育更多高素质复合型的冰雪从业者，而且对于优秀运动员可以进行妥善安置，最大程度地实现了资源优化配置，避免了资源浪费。③有利于社会效益的最大化。企业在与学校合作不仅利用学生运动员来扩大影响，提升企业盈利能力与盈利模式的多元化，而且通过资本的运营来塑造冰雪运动形象，培育冰雪文化与明星，实现为国培养人才的社会效益与企业自身经济效益的统一。

但校企联办模式并非一帆风顺，其问题突出表现为：企业市场逻辑对高校"体教融合"的冲击较大。"体教融合"的本质是一种育人理念，但是企业的目标要求投资与收益转换的利益最大化，这目标理念使得企业希望在一定程度上左右运动队的运作，造成运动队"育人"的最初设想遭遇阻碍。市场化的俱乐部体制与高校的绝对控制之间无法调和的矛盾的根源就在于此。

有鉴于此，推动冰雪运动人才培养的校企联办型的成功与否主要取决于以下几个方面：①理顺冰雪事业与冰雪产业关系，建立起企业、市场和学校相衔接的制度规范，以实现学校管理与市场逻辑的兼容有序；②构建起教育、冰雪、市场、文化的大生态，应建立以学生冰雪联赛为龙头的赛事制度，通过冰雪赛事这一媒介将各主体凝聚成合力；③为避免学校体系管理刚性与市场主体之间目标的冲突，可借鉴校园足球发展基金模式，由体育系统和教育系统在公共财政支出上建立起一个更加灵活的冰雪教育投入体系。同时，鼓励民间资本参与或者独立建立类似基金，这样会避免学生运动队市场化逻辑造成体教融合的异化问题[①]。一旦出资方源于单一企业，成为企业办高水平运动队，其最根本的性质也将发生改变。

（2）学校与场地融合的"校场联合"模式

所谓校场联合模式是学校利用体育场馆进行竞技体育高水平后备人才培养。它既是创新体育场馆运营机制的实践，也是学校整合冰雪运动优势资源的一种探索。与足球、篮球、田径、射击相比，冰雪运动对于场地要求较高，只有场地具备竞技体育训练、竞赛所需的设备设施和环境，才能对冰雪竞技人才培养具有独特的促进作用。为加快推进冰雪运动进校园，提升冰雪竞技人才培养质量，"校场联合"模式成为我国冰雪竞技人才培养的重要模式被广为推广。如吉林市体育运动学校和吉林市五家山滑雪场签订战略合作协议；沈阳体育学院与云南体育局海埂训练基地签订冰雪竞技人才高原训练基地服务协议；广东广雅中学与"雅冰雪"场馆合作建立了首支校园滑雪队，等等。

"校场联合"模式可极大地解决冰雪竞技人才培养优质硬件资源短缺的问题，是具有推广价值的模式，其优势主要在于：①提高冰雪场馆利用率，可最大限度实现其社会价值、经济效益和社会服务价值。尽管冬奥会背景下冰雪运动风靡，但国内滑雪场盈利水平却回温乏力，国内头部雪场，例如河北崇礼万龙和万科滑雪场等依然面临设施成本与获客成本的双重压力以及四季运营难题。随着冬奥会热度逐渐消散，与之相关的所有行业可能在投资与收益上均有所落差，特别是当前我国冰雪消费的体验性消费群体占比较高，以及新冠疫情反复带来的消费不稳定性，冰雪行业将普遍面临成本与获客成本的双重压力，会导致投资增长挤出效应的产生。通过"校场联合"模式可以解决企业成本与获客成本的双重压力，也可以缓解一些综合性大型雪场饱受赛后闲置、利用率低的困境。②推

---

① 刘伟,潘昆峰. 市场逻辑与高校"教体结合".发展——北京理工大学足球俱乐部模式的探讨与反思[J]. 内蒙古财经大学学报,2017,15（5）：90-95.

进体育场馆运行机制的创新。2021年《国务院办公厅关于加强全民健身场地设施建设发展群众体育的意见》明确提出，"补齐场地设施，推广委托运营，提升建设运营水平"。"校场联合"模式不仅可以补齐冰雪竞技人才培养场地短板问题，而且为运营模式推广迈出一大步。③提升冰雪竞技人才培养的条件支撑。竞技体育人才培养质量取决于诸多条件，但对于学校而言，场馆设施是最基本和最重要的条件。"校场"模式使学校竞技人才具备训练、竞赛所需设施和环境，对冰雪校园的体教融合具有巨大的推进作用。

"校场联合"模式作为冰雪运动体教融合新的路径，其良性运行的要点包括以下几个方面：①以"场地设施共享利用"的方式推进才能真正减少学校运行的阻力。同时，政府要以补贴、购买服务、租赁等形式与学校建立竞技体育人才培养合作关系。②与其他合作方式不同的是，在"校场联合"模式中，体育场馆方的服务功能较突显。这就要求在满足竞技体育人才培养的条件下开展长期的、全方位的和精细化的服务领域的合作。③体育场馆不仅是体育活动展开的物理空间，还是展示体育文化的育人场所。可通过回顾场馆曾经举办的经典赛事，整理著名运动员在场馆训练或比赛留下的历史瞬间，展示从场馆里走出去的运动员等方式强化场馆的文化建设，丰富场馆的历史积淀，营造激发竞技体育人才训练、竞赛的环境和氛围，也可有效实践"空间育人、场所育人"的价值。

3. 社会化模式

社会力量开始兴办运动队，始于20世纪80年代。经过近40年的探索，体教融合培养竞技体育人才在社会办体育方面也取得了骄人的成绩，逐步成为竞技体育人才培养的重要力量。《体育强国建设纲要》明确提出："创新优秀运动员培养和优秀运动队组建模式，充分调动高校、地方以及社会力量参与竞技体育的积极性"。2020年体育总局、教育部《深化体教融合促进青少年健康发展意见的通知》明确提出："支持社会体育组织为学校体育活动提供指导，普及体育运动技能"。这也意味着社会力量在"体教融合"培养冰雪运动竞技体育人才中将发挥重要作用。社会化人才培养模式主要通过引导和支持社会力量参与竞技体育后备人才培养工作。从可参考的实践来看，主要有"校协联办"和"校家融合"两种。

（1）学校与协会融合的"校协联办"模式

"校协联办"是指脱钩后的单项体育协会根据自身需求，将不同层级的运动队转移至符合要求的学校，由各类学校承担运动队日常训练、竞赛、后勤保障、文化学习等任务,实现协会与学校共融发展。"校协联办"模式在体教结合的探索中曾出现非常成功的运作案例,如中国田径协会与清华大学等高校建立了国青队或国家队,培养出了一大批体育精英,为我国体育大国地位打下了坚实的基础。随着社会组织治理的推进与单项协会脱钩改革的实践进程,学校和"协会"合作培养竞技体育人才进一步加快。如2017年,中国田径协会、中国铁人三项运动协会与上海体育学院合作,分别建立了马拉松学院、铁人三项学院、篮球学院来推进高校高水平运动队建设;湘潭大学与羽毛球协会合作共建高水平羽毛球运动队。在冰雪运动进校园的实施中,不少高等院校、中小学也采用此模式来推进冰雪运动竞技人才培养,如西北大学与省冬季运动中心签署合作协议推动校园冬季项目高水平运动队建设;石景山区教委与中国滑冰协会签署合作协议,推进实现每名学生掌握一项冰雪运动技能,每所中小学建立校园冰雪运动队、特色社团或俱乐部的青少年冰雪运动先行区和示范区建设。

"校协"模式在冰雪运动后备人才培育中的优势在于以下几个方面:①弥补学校校办高水平运动队的短板。学校要办好冰雪运动高水平运动队需要优质的教练以及吸引优秀运动员的配套条件等资源。其中,优质的教练员资源是核心要素。因此,大、中、小学校在与单项运动协会的合作中都能在一定程度上舒缓教练员资源匮乏的难题。②解决优秀运动员选拔问题。原有的三级训练模式的体育后备人才培养体系中,体校是一个重要环节,但体校学训矛盾的问题突出,使得现在家长越来越不愿意将孩子送到体校[①]。所以,协会和学校,特别是与优质学校之间的合作将很大程度上弥补传统体校后备人才培养规模萎缩的问题。单项体育协会可借助学校青少年人才聚集的优势选拔优秀的运动人才,而学校可借助单项协会在体育专业人才资源和运动队管理方面的强项,提升冰雪运动的教学科研实力、训练和竞赛水平。③单项体育协会在推动冰雪运动项目发展过程中形成的专业性、权威性,对于推进校园运动员资格认定、运动水平认定、选拔标准的统一上具有巨大的作用,同时单项协会在赛事规划、组织和渠道等方面的资源比较丰富,可提升青少年体育训练竞赛专业化、职业化水平。

"校协联合"模式关键要处理好以下几个方面的问题:①冰雪单项体育协会虽在专业领域具有权威性、影响力和号召力,但要以"亲民"姿态

---

① 人民日报.大体协副主席薛彦青:体教融合需深化合作、破除壁垒[EB/OL].[2020-9-7].http://ah.people.com.cn/n2/2020/0907/c358323-34277005.html.

依托学校、服务学校，融入学校培养竞技体育人才体系中，特别是实现与学生、教师、学生家长等群体的融合才能真正提高单项协会在青少年体育服务中的地位。②学校要"引得来，用得好"。学校要积极为协会提供相应的制度支持、人员配备、资源供给、服务保障，同时，各层级体育部门和教育部门要为单项协会参与校园冰雪运动搭建相关平台。③要让冰雪竞技人才"育得出，流得动"。要突破学校与协会之间的围墙与阻隔，促使学生和运动员合理流动。学校要做好教育优势、人才优势、保障优势，强化竞技体育人才升学的上升渠道。协会要发挥专业优势、训练优势、竞赛优势，特别是打通竞赛体系，为促进冰雪运动竞技体育人才成长形成合力。事实上，青少年赛事（U系列）在体育系统与学校系统的（中学生、大学生）赛事体系是分开的，这使得很多教育系统的运动员很少参与体育系统的U系列赛事，由此造成优秀的人才无法得到选拔，甚至出现无法进入国家队代表国家出战的状况。因此，在体教融合背景下塑造"校协联合"模式就必须打通学校运动员进入体育系统赛事体系的障碍，实现赛事的对接与通畅。

（2）学校与家庭融合的"校家融合"模式

"校家融合"模式是以家庭自主培养方式为主的竞技体育人才培养模式。该模式一定程度上成为以国家为主向多方主体（社会、个人）过渡的一种竞技体育人才培养模式的创新性尝试。诸如丁俊晖、冯姗姗等职业运动员就是通过个人努力及家庭自主培养的成功案例。在冰雪运动领域，"滑雪天才"——谷爱凌在北京冬奥会的优异表现开辟了冰雪竞技体育人才培养"校家融合"模式新路。

家庭自主培养优秀竞技体育人才在实践中面临的难题很多：①竞技性训练与学校教育融合的难题。很多家庭培养的优秀竞技人才最为突出的问题是文体失衡，学生因过早开始专业化训练未能接受完整的教育而留下遗憾。②应试教育大背景下，"家校融合"模式普遍存在内生动力的缺失。中国特色的"应试教育"对教育功利性目标的追求在一定程度上难以忍受体育教育所必须要付出的时间、精力、财力的巨大代价，面对文化课成绩考取高分、进入好大学、实现阶层跃迁的教育愿景，真正采取"校家融合"模式来培养高素质冰雪运动竞技人才的家长将面临巨大的多元化压力，有些不得不半途而废。③"家校融合"模式的冰雪竞技人才培养需要家庭巨大的经济支撑。调研发现，中国精英家庭投入大量资金提升子女的体育参与和竞技水平的意愿并不强烈，相关成功个案不具有普遍性推广的文化基础。④"家校融合"模式强调个人在项目选择上充分满足个性化兴趣需求，且项目转换灵活，在此期间存在一定的不确定性预期。

推进"校家融合"模式需着重解决以下问题：①从关注成绩到关注学生主体个性需求转变。社会、家庭对学生学习成绩的过度关注，甚至将考试取得好成绩作为孩子获得社会褒扬的唯一途径，这就极易忽视学生个体的个性表达。体育作为五育并举的重要内容，其核心宗旨是为了人更好的发展、满足人更多发展需求的重要组成部分，但当"人"这一主体被成绩所遮蔽时，其最终的价值又在何处？如何将社会对文化成绩视为唯一途径的关注，转向主体存在、个体表达、兴趣培育等多元化的关注，将是"校家融合"模式运行必须突破的首要问题。②平衡文体间的资源分配。体育的动与学习的静并行不悖，相互促进，如何在训练与学习间找到平衡是体教融合得以实现的关键问题。在我国的学校教育及家庭教育中，往往将大部分时间分配于学习，整体意义的体教融合仍较为滞后。问题出现的原因既包括对体育与文化课教育相辅相成关系认知不深入、不全面，也有微观层面个体时间分配不合理所导致的结果。有鉴于此，在冰雪竞技人才培养过程中推广"校家融合"模式需要在宏观层面强化对体育以及教育的积极认知，同时要确保相关资源的科学设计在教育中得到落实；同时，在微观层面，提高学生合理分配资源的意识和能力，激发自主学习的内在兴趣，将在模式运作过程中起到事半功倍的作用。③打通学校与家庭共同培养运动员的教育渠道以及人才晋升通道，实现竞技体育后备人才培养的"家庭作坊"与国民教育的结合，化解家庭对学生参与冰雪运动竞技体育未来出路的疑虑，提升竞技人才培养的内生动力。

（二）人人参与冰雪运动的模式建构与分析

冰雪运动进校园既是体教融合背景下提高学生体育参与，实现学生综合素质全面发展的手段，更是一套推动深化学校改革的实施方案。

纵观《加快推进全国青少年冰雪运动进校园的指导意见》文件的要点，要通过校园冰雪课余训练和竞赛体系建设、切实加强冰雪师资队伍建设、推进人才培养体系改革、积极开展冰雪项目教学活动、丰富课外冰雪项目体育活动等 10 项措施来全面提升学生身体素质和综合素质。可以看出，冰雪运动进校园与体教融合理念的目标体系是一脉相承的，是在遵循"一体化设计、一体化推进"原则上，两者相互影响相互促进进而达到效率最优化，使得体教融合的制度耦合目标具有层次性、衔接性、明晰性、

方向性 [①]。有基于此,本研究结合校园冰雪运动开展依托的资源差异,以及不同的冰雪运动进校园的实践,提出冰雪竞赛导向模式、考核评价导向型模式、师资聘用导向模式以及教学导向型模式,这样四种以"人人参与"为宗旨的校园冰雪运动的运行模式。

1. 校园冰雪竞赛导向模式

校园冰雪竞赛导向模式是指以"常赛"为抓手,以学生参与冰雪赛事的导向驱动课堂教学,通过构建纵向"小、初、大"赛事体系、横向"校内—校外—选拔性"竞赛体系,实现校内、校际冰雪赛事覆盖面和参与度,以达到冰雪运动育人功能的模式。长期以来,我国学校体育竞赛得不到重视,未能形成学校体育竞赛体系分级制度,很多学生只有体育课程教学,但未参与过班级或校际体育比赛,因此无法真正实现冰雪运动的高质量育人功能。顾拜旦在《奥林匹克宣言》中指出,竞技运动可以造就一批身心协调发展的青少年。从竞赛本身而言,它在规定的时间、地点、规则规范下,通过竞争获得优胜,虽然结果有胜负,但每个人都在规则的基础上把自己的最大潜力发挥出来。因此,通过冰雪赛事可以培育青少年的规则意识、团队合作精神、不服输的精神。尤其重要的是,学生在代表班级、学校、甚至国家参赛时,其爱班、爱校、爱国主义思想便自然形塑,为新时代学校"立德树人"教育宗旨的实施提供了场域。

冰雪竞赛导向模式优势在于:①助推校园冰雪运动开展的文化生成。冰雪运动不仅是身体的活动,其在社会生活方式、意识和规范习得等方面有着巨大育人价值,还可以借助冰雪运动强烈的教育属性激发学生的体育游戏潜能,培养学生健康的体魄和健全的人格,促进冰雪文化和校园文化的结合。②冰雪体育赛事作为备受学生关注的重要内容,能够培养学生冰雪运动兴趣,拓展冰雪运动教学形式,全方位地提高学生的冰雪运动参与意识。

[①] 孙科,刘铁军,马艳红,等. 中国特色体教融合发展思考——对《关于深化体教融合促进青少年健康发展意见》的诠释 [J]. 成都体育学院学报,2021,47（1）:13-20.

案例专栏

2019 年,教育部、2022 北京冬奥组委、吉林省人民政府主办开展系列"筑梦冰雪·相约冬奥"全国学校冰雪运动竞赛暨冰雪嘉年华和吉林省"百万学子上冰雪"主题日活动。

2021 年 12 月,教育部、国家体育总局、北京冬奥组委、吉林省人民政府共同主办"筑梦冰雪相约冬奥"第三届全国学校冰雪运动竞赛,来自全国 20 个省(市、自治区)的 79 支运动代表队的千余名运动员、教练员参加本次冰雪竞赛,赛事活动以"教会、勤练、常赛"为指引,培养了学生冰雪运动爱好,提高了学生冰雪运动技能,帮助学生在冰雪运动中享受乐趣、增强体质。

各省份不断拓展校园冰雪赛事,如河北省初步构建起以冰雪运动会为塔尖、冰雪运动联赛为塔身、冰雪运动进校园为塔基的"金字塔"赛事体系,实现了省内全覆盖,参与者年龄段全覆盖。

广东省初步形成了"以校园冰雪嘉年华为顶端,以冰球锦标赛、轮滑锦标赛、旱地冰球锦标赛、轮滑锦标赛为支撑,以校园内冰雪以冰雪为主题的夏令营和冬令营"的赛事格局。其中,2021 年广东省举办首届校园冰雪嘉年华来自广州、深圳、佛山、东莞、中山、肇庆的 30 所学校代表以及参加广东省中小学生旱地冰球锦标赛的 200 余名运动员参加活动。

　　校园冰雪竞赛导向模式需要在以下几方面着手进行改革:①建立多层次的校园冰雪运动竞赛体系。从目前国内的冰雪赛事体系建设来看,校园赛事体制建设呈现"碎片化"现象,甚至很多校园赛事从属于全民冰雪赛事,这很难发挥冰雪赛事在校园冰雪运动普及方面的作用。因此,需要以常态化、系列化赛事建设小、中、大学相互衔接的各类冰雪项目社团、校队、联赛制度和体系,搭建起校内竞赛、校际竞赛和选拔性比赛的竞赛体系框架。②疏通校园冰雪人才横向进入专业运动队、职业体育俱乐部的通道和纵向升学的通道。③建立专兼职教练员岗位制度,打通体育教师、教练员的流动渠道,尤其是对教练员队伍晋升设立单独考核评价机制,吸引退役运动员加入学校教练员队伍,为"教会、常练、常赛"提供师资保障。④支持多元化社会资源参与校园冰雪赛事的建设。目前冰雪校园赛事更多地依赖政府资助的"输血"行为,自我造血能力受限。特别是 2018 年冰雪特色学校获得政府的资助后,不允许赛事主办方收取报名费,这导致了原有业余赛事的数量不断减少,许多赛事接受政府资助的限制而无法有效展开。

2.考核评价导向模式

　　考核评价是决定教育实践效益及其方向的"指挥棒"。冰雪运动考核评价导向模式指以"勤练"为抓手,以学生综合评价驱动校园冰雪开展、提升学生体质健康的一种模式。"五育"是贯穿于学校人才培养主线的主旨，然而在"五育"中，体育一直被视为短板，是个"软任务"。冰雪运动考核评价导向模式是将学生冰雪技能评价纳入学生综合素质评价当中，以评价为手段驱动冰雪运动在校园的开展，提升学生体质健康水平。冰雪运动考核评价导向模式可分为几种方式：一是升学考评方式，即将冰雪运动作为考核项目纳入学生升学考核中，如体育中考、高考；二是技能达标方式，即将学生的冰雪运动素质测试或运动技能等级标准纳入体质健康测试成绩。

冰雪运动考核评价导向模式的优势主要集中在以下几个方面：①以评促教。"以评促教"是全面落实习近平总书记关于教育的重要论述，落实《深化新时代教育评价改革总体方案》内在需求的价值所在①。冰雪运动考核评价导向型模式旨在将立德树人、问题导向有机地结合起来，在推进冰雪校园发展进程中，充分发挥教育评价的指挥棒作用，以科学化、硬指标的评价方式进一步促进教学的实效，进而不断提升教学质量。②多方认同，义利并举。完善校园冰雪运动的中、高考体育改革不仅体现教育领域对学生体质健康的关注，也体现了体育在教育中的重要地位。抓住这一体育改革的龙头能带动学生、家长、校长重视体育，加速学校、家庭、社会三位一体的体育育人体系的形成与发展，为塑造全社会关注冰雪运动育人的良好氛围提供条件，而且对做大、做优冰雪竞技体育人才的基数有着重要意义。③冰雪运动考核评价导向模式回应了培养德智体美劳全面发展人才的现实需求，也为体育与教育领域的综合评价提供了新的指标框架，体现冰雪运动进校园在体教融合中人才观、体育观与教育观转型。④冰雪运动考核评价导向模式是方法和手段，旨在于吸引更多学生参与冰雪运动，强化对冰雪运动的关注与文化普及，有助于形成正向的情感认识，使得冰雪体育文化在学生中产生更为深远的影响。

冰雪运动考核评价导向模式在校园冰雪运动的开展中得到推广，冰雪运动项目不断被纳入升学测试当中，这一模式不仅进一步加大中小学校全面开展冰雪体育活动工作的力度，而且能够有效检验学生滑雪课效果，促使学生们在体验冰雪魅力的同时掌握冰雪运动技能、锤炼顽强意志品质。但在模式运行过程中也存在一些问题：①"应试"思维模式会导致冰雪运动考核评价模式偏离目标。受限于考试大纲内容，很多教师会依据考试的重点安排教学，学生也依据考试内容学习冰雪内容。这极易

① 聂真新,刘坚,高飞.中考体育改革：源流、价值与路径[J].北京体育大学学报,2021,44（9）：76-85.

因设置的考核项目不到位而忽视教育的全面性与个性化发展。如近期新闻所披露的学校体育"应试教育"、考试的"短期突击",使得学校体育失去了内生发展动力①。②易于出现锦标化取向。部分学校为完成体育中考任务、促进升学率提高,会逐渐以应试训练代替了正常教学内容,这不仅造成学生对于冰雪的抵触心理,而且会使"校园冰雪评价导向模式"发展偏离正轨。③相对落后地区处于竞争弱势。冰雪运动对资源要求较高,经济落后地区会因在场地、场馆、师资等方面处于弱势而出现教育公平恶化问题。④考核选取项目存在随意性问题。冰雪运动升学考评、技能达标考试在项目的选取中各有侧重,但难以确定核心指标和测评标准,有些地区冰雪技能的评判标准各异,或存在评判要求单一现象。

案例专栏
2021年,阿勒泰市出台《体育艺术"2+1"活动实施方案》,将滑冰滑雪纳入中小学学校体育测评,按照《中小学滑雪评分标准》,对中小学滑冰滑雪进行抽测,最后评定将分为初级、中级、高级三个等级,学生可结合自身实际情况选择测评等级进行考核。滑雪技能纳入体育、艺术"2+1"测评,每名学生每年抽测2项体育、艺术项目,具体抽测项目学生可自由在体育、艺术"2+1"活动项目中选择确定。市第一中学、市第二中学、市第三中学、中心小学、实验小学学生2项体育项目抽测中必须包含滑雪测试,另一项自选。
2014年,大庆市中考体育考试项目包含100米速度滑冰、滑冰道、100米滑冰三项冰雪运动。
2014年,哈尔滨市将100米速滑、100米越野滑雪、100米高山速降滑雪、抽冰尜、滑冰道、雪地冰球六种冰雪项目列为测试项目。原有的体育考试30分构成不变,冰雪项目测试分值满分为10分。
2018年,冰球、花样滑冰、速度滑冰、滑雪、冰壶五种冰雪项目被纳入北京中考体育特长生测试项目。
2022年,牡丹江市启动体育中考冰上项目考试,内容包括抽冰尜、冰壶以及100米速滑。

完善评价导向模式的对策:①克服应试教育思维束缚,设置冰雪运动自选考试科目,让学生在完成基础的运动能力或身体能力考评后,能够根据自己的兴趣爱好、特长来选择考试科目,避免产生由于考试考什么,学生就重点学什么所造成的"应试"问题②。②纠正冰雪运动"锦标化"倾向。将冰雪运动技能作为考核核心指标标准,探讨身体素质考评与技能测评相融合的平衡点。③要因地制宜、依据地区实际情况将冰雪运动项目纳入升学、体质健康达标的选项,不宜简单划一。

---

① 新华网.体育课变形:初中搞"应试",高中走"形式"[EB/OL].[2020-8-27] http://education.news.cn/2020-08/27/c_1126419928.
② 于文谦,季城.体教融合背景下体育中考的热效应与冷思考[J].西安体育学院学报,2021,38(03):360-365.

3. 冰雪运动教学导向模式

冰雪运动体育教学导向模式指以"教会"为抓手，以核心素养为核心，将冰雪运动理念与学校育人理念、课程设计、教学设计、主题活动等深度融合，通过在校内外开展一系列综合实践活动课程、体育课程等方式，开展冰雪运动教育，促进青少年享受乐趣、增强体质、健全人格、锤炼意志。该模式是以一定学段的教学使学生熟练掌握冰雪运动项目技能、助力校园冰雪运动开展的教学模式。

学校冰雪运动教学内容主要涵盖以下三个部分：①冰雪运动的科普教育。具体内容包括学习奥林匹克竞赛知识、体验多样冰雪运动技巧、畅读冰雪科普趣味读本、探索科技馆里的冰雪运动科技产品，促进学生了解冬奥会历史、文化、比赛项目内容、规则等基本知识，达成冰雪运动科教、宣传、健身、娱乐等多重目标。②冰雪运动基本运动技能教育。具体内容包括：学校构建冰雪校本课程，通过必修课、选修课、课外活动为主要内容的教学板块与课时方案，通过冰雪运动项目学习与实践训练，掌握基本技能、方法、规则。③冰雪运动的奥林匹克教育。具体内容包括：在《北京 2022 冬奥会中小学奥林匹克教育计划》的指引下，将奥林匹克教育纳入学校教学内容，通过以"冬奥""冰雪"为主题的文化活动增加学生对冬奥会和奥林匹克文化的理解。

冰雪运动进校园主题活动以冰雪运动为载体开展冰雪教育活动。通过开展丰富多彩、形式多样的奥林匹克主题活动，科普宣传以及冰雪课程的研制，帮助青少年获取新知识、培养新技能，促进青少年提升运动技能，从而形成"一校一品""一校多品"的学校冰雪推广普及的新局面。

完善冰雪运动教学改革导向模式需着重把握以下几点：一是，将冰雪教育纳入各级各类学校教育的教学内容，促进青少年享受乐趣、增强体质、健全人格、锤炼意志。冰雪运动的课程体系要把冰雪运动在内的教学课程与学校德育课程相融合，实现多学科课程体系并行设计、互融互通。二是，建立课程标准与评价体系。因地制宜、因时制宜、因材施教，对教学目标、学习主体、教学内容、教学环境、教学策略等进行比较分析；强调多元评价主体、形成性评价、面向学习过程的评价，创建教师考核测评体系、青少年综合素质测评体系、课程标准评估体系；通过专家评估、网络评估和第三方独立评估等多种方式相结合的评价机制，对从事冰雪运动项目的教师进行科学评价，确保教师素质和培训质量；通过建立青少年综合素质评价标准，突出体育、美育的评价指标；应用人工智能、图像识别等新技术,科学合理地对青少年进行客观公正的测评;通过课程标准建设,推动奥林匹克教育在学校教育的应用,打造更有深度、更有效度、更有宽度、更有温度的课程。三是,建立一套可供实施的符合冰雪技术标准的体育教学场地、设施及检测的标准化体系,有效分担教育部门和学校所承受的安全压力。四是,借助现代科学技术和专业化科普推广体系实现奥林匹克教育、冰雪科普教育与科学技术的有机结合,形成具有中国特色的奥林匹克运动科普教育体系。

冰雪优质课程体系建设案例

河北省张家口市宣化第二中学"三段制"冰雪课程体系与"双套并行"的课时方案。

所谓三段制课程体系是遵从由浅到深的逻辑,按照普及化—拓展化—专业化构建的课程体系。第一阶段是普及化阶段,是以冰雪教材为依托,以冰雪读物主体形式,进一步普及冰雪运动常识、奥林匹克知识;第二阶段为拓展阶段,此阶段的以家校为纽带,通过冰雪课程及活动带动学生及其家长走上冰场。另外,学校以本校的语文、英语、地理等学科课为依托,将冰雪文化、符号与奥运元素融入教学之中,实现体育课程与其他课程全域、持续地学习冰雪文化;第三阶段是专业化阶段,主要是培养冰雪技能特长生,并能够达到参赛水平。

所谓"双套并行"的冰雪运动课时方案,主要面对普通学生和特长生两个群体。其中普通学生群体更加强调普及性,学校的课时规划采用"2(每周两次体育课)+1(专项冰雪体育课)+1(每月组织一次冰雪大课堂)"的体育课时规划。而面对特长生,对报考冬奥学校的学生进行专项测试,并早在教学中打破传统的课时设定,为他们制定了详尽周密的训练方案。

冰雪科普教育案例

2021年北京昌平区启动中小学冰雪知识进校园活动,以普及、发展校园冰雪运动为抓手,以实施奥林匹克教育、落实立德树人根本任务为载体,为青少年学生身心全面健康发展创造积极条件,标志着学校冰雪项目迈上新的台阶。学生们依次参加了冰雪知识文化讲座及历届奥运收藏品展、手偶剧演出、陆地冰球体验、陆地冰壶体验、陆地单板滑雪体验等多项冰雪相关活动。

1. 冰雪知识讲座。讲座包含奥林匹克运动精神及意义、冬奥会发展历程、部分冰雪运动冠军简介等内容介绍。以文字+图片相结合的形式制成展板,图文并茂地向参与活动的学生展示中国冰雪运动的底蕴与魅力。

2. 奥林匹克手偶剧演出。以手偶表演形式,讲述奥林匹克起源、冬季运动、比赛等故事。

3. 陆地冰球体验。教练员对规则、技术进行讲解,讲解安全规则,学生通过趣味游戏以及友谊赛的形式体验握杆、拨球和射门等基本技巧。

4. 陆地冰壶体验。教练员对规则、技术进行讲解,讲解安全规则,学生体验握壶、推壶和撞击。

5. 陆地单板滑雪体验。教练员对规则、技术进行讲解,讲解安全规则,学生们通过进行拉绳板和勺子板的趣味游戏,体验单板滑雪的平衡感和控制力。

奥林匹克教育北京模式案例

共青团中央社会联络部、共青团北京市委员会、北京冬奥组委新闻宣传部、中国宋庆龄基金会、中国科技馆等单位开展的冬奥竞赛及作品征集类活动涉及知识竞赛、文艺作品征集、主题征文、文化大使等活动，形成了以北京为中心扩展至全国的奥林匹克教育模式。

1. 奥林匹克营地活动

2020年1月，北京市举办中小学生奥林匹克冬令营活动。此次冬令营分为体验项目和参观项目两部分，其中，体验部分是组织学生走进鸟巢，参与雪地拔河、冰上竞技等趣味冰雪项目体验，而参观项目则是参观北京奥运场馆。

2. 冬奥知识竞赛及作品征集活动

自2019年起，北京冬奥组委组织开展北京市中小学生冬奥知识竞赛。此次赛事共分为校级赛、区级选拔赛和市级总决赛三个阶段进行。

2020年11—12月，北京市开展中小学生奥林匹克艺术品征集活动及展览活动。历时1个多月，共征集到北京市18个地区的小学、初中、高中艺术作品1231件，涵盖了宣传海报、书法作品、冬奥手工艺/纪念品、冬奥文化服装设计（制作）、冬奥文化主题摄影5大类。

2021年10月—2022年1月，北京奥运城市发展促进中心、北京市朝阳区教育学会中小学体育分会联合举办《我说你听"奥运小故事"征集评选活动》，活动开展百天，共收到来自全国各地的学生、教师作品上千份。

2021年6月，中国宋庆龄基金会联合各海外中国文化中心共同组织开展的"文化小大使"活动启动，活动期间共收到海内外近40个国家青少年的视频投稿，网络投票数2800多万张，评选出30位"文化小大使"称号获得者、30位"优秀奖"获得者、20位"人气奖"获得者。活动形式新颖，中外青少年克服疫情影响相聚云端，体验中华传统文化，讲述各自精彩故事，共同祝福北京冬奥会，用行动生动诠释了"筑梦冬奥相约北京"的活动主题。

3. 冬奥会模拟体验活动

冬奥记者站活动通过让学生亲身参与冬奥报道，提升对冬奥的积极性的同时，也构建北京市中小学校园冬奥宣传报道网络体系。

---

4. 冰雪运动师资聘用导向模式

高素质的冰雪体育师资是实现体教融合目标的必要条件。冰雪师资导向模式能够进一步优化学校体育师资结构，完善了教练员队伍，打通体育教师、教练员的流通渠道，形成体育教师与教练员师资互补优势，为冰雪运动教会、常练、常赛提供师资保障。

冰雪师资聘用导向模式是在充实现有冰雪师资队伍的基础上，对现有的师资聘用模式的优化。就扩大增量而言，要强化冰雪教师岗位的设置，实现冰雪师资队伍的持续扩大。就师资质量提升而言，要着力提升教师冰雪技能与授课能力，如岗前培训、教学训练等；同时，要采用授课资质认定方式或定期考核方式提升教师冰雪专项能力与授课能力，保障师资能力的优化。此外,要实现体育系统与教育系统教练员、裁判员等优质资源的共享与合理流动。学校或是教育部门通过购买体育系统公共服务的方式,寻求体育系统向教育系统输送优质教练员、裁判员,在协助学校开展好冰雪课程与课外冰雪活动同时,进一步强化学校冰雪体育师资水平。

完善冰雪师资聘用导向模式要处理好以下几个问题:从长期发展的角度而言,要强化体育专业高等院校人才的输出,通过系统化的专门培养,为学校输送一批能够胜任冰雪教学工作的师资力量。从解决短期困境的角度而言,要实现体育系统与教育系统之间优质的教练员、裁判员等人力资源的共享与合理流动,需要教育系统在工资待遇、职称评定、继续教育等方面统筹规划,同时注重短期人才培养规划监管力度,提升体育骨干教师的专业业务水平。

校园冰雪运动师资队伍建设案例参考

1. 内培外引,打造冰雪运动专业师资。如张家口市宣化第二中学拥有全市规模最大、数量最多的教师团队。通过持续开展研修培训来提升教师专业化水平,广纳社会贤达人士提升教学国际化水准,目前已经拥有国家级滑雪裁判 7 人、滑雪社会指导员 19 人的冰雪教师、教练队伍。与此同时,学校要求任课教师学习冰雪知识,做到"无论哪一学科的任课教师都能讲授冬奥冰雪文化课"。

2014 年底,学校与吉林体育学院达成合作协议,聘请多名冠军级专业运动员、优秀教练执教学校滑雪队。2016 年聘任冬奥会冠军任名誉校长,2019 年聘请国外权威教练加盟,大大提升学校乃至地区教练员专业教学水平。

2. 请进来走出去,提升教师专业化水平。如张家口市崇礼区西湾子小学加强对师资的培训,组织学校体育教师分批次参加更高级别的冰雪运动培训,选拔优秀教练员或退役运动员,集中到高校进行中短期学习培训,目前学校已初步建立起一支具有一定教学水准的冰雪运动教师队伍。通过请进来和走出去的办法,打造一支学校自己的专业化教练队伍。学校邀请滑雪、滑冰专业教练对体育教师进行培训,学校体育教师利用节假日时间,到各大雪场、冰场接受实地技术指导训练。学校多次派出体育教师参加全国、省、市、区各级各类滑雪、滑冰专业裁判培训。通过多种渠道的努力,打造了一支稳定和较为专业的滑雪、滑冰教练队伍。

合作办学,与体育院校建立合作关系。如张家口市第十中学有大批"冰雪运动"爱好者,他们在校内、校外经常参加冰雪运动,体育教师有 13 人,全部为本科学历,有专业冰雪教练 2 人,有着优质的人才队伍和环境条件。张家口市第十中学利用与张家口市体校长期合作办学的优势,聘请体校滑冰队教练作为指导教师开设滑冰课,每个冬季组织体育班学生进行为期一到两周的训练。

四、校园冰雪运动发展的矛盾点分析

（一）冰雪竞技人才培养的问题呈现

由于竞技体育与教育体系长期分割、相对独立，致使冰雪运动"体教融合"人才培养模式很难跨越竞技体育与学校体育分离的弊端。

在运行机制方面，从教体结合到体教结合再到"体教融合"的社会期待已经由来已久，但教育与体育系统的二元分割使得两大系统在责、权、利方面形成既交叉又矛盾的局面。目前，在冰雪运动开展方面学校经费缺口较大，相关的管理制度尚未同步跟进，冰雪项目运动员、教练员、竞赛、训练等面临的结构性限制加以学生的升学压力等因素，使得相对封闭的学校系统难以承受冰雪运动发展之重。而体育系统内，教练员、资金投入、场地器材等资源共享、流动性较差，在学校内培养运动员的优势难以充分体现[1]。以体育赛事为例，尽管"体教融合"政策中教育、体育部门共同组织体育赛事，但是冰雪运动的专业性很强，特别是裁判和运动员等级认定等关键资源掌握在体育部门，教育部门在冰雪运动的主导权方面仍处于被动局面，体育系统和教育系统在冰雪赛事的关键资源领域的隔离导致学校在培养优秀运动员方面存在机制性障碍。

在资源投入方面，长期以来体教融合培养模式多由政府资助，且受政府干预较多，社会力量因政策限制无法参与到体教融合培养模式中来，造成学校自我造血能力差。最为典型的是"校际联赛"产业化水平低，赛事的举办依赖于政府的资助，造成学校赛事少、层级低等问题[2]。

在管理机制方面，体教融合培养模式中运动员"学与训"矛盾短期很难解决，体育系统、教育系统以及相关主体存在人才培养的目标不同、培养环节的内容脱节等问题。在管理方面，存在多头管理所导致的杂乱现象。

① 崔佳琦，王文龙，邢金明.我国竞技体育后备人才"体教融合"培养模式研究述评[J].吉林体育学院学报，2022，38（2）：64-72.
② 杨三军，刘波.冰雪运动进校园与体教融合的内在关联和经验借鉴研究[J].北京体育大学学报，2021，44（03）：105-113.

（二）校园大众参与的问题呈现

冰雪运动教育资源短缺与失衡。与夏季运动项目相比，我国校园冰雪运动基础薄弱，起步较晚，且仍属于典型的"小众项目"阶段。尽管借助冬奥会的东风，我国校园冰雪运动火热开展，但学生"去哪滑，谁来教，去哪比赛"等资源条件的存量不足，且质量较差，同时面临与竞技体育人才培养方面的资源竞争问题。此外，安全问题使得校园冰雪运动的开展面临巨大阻力，教育资源的短缺与失衡突出。

教学安排的脱节与缺失。冰雪课程是冰雪运动进校园的基础，但目前我国冰雪课程开课率极低（2020年我国冰雪开课率仅为6.7%），大中小学不同层级的学校在开展冰雪运动课程多为"一过性"的体验式教学，且教材内容、课程体系及教学模式缺少相关规范，存在不同学龄段间课程和教学内容或重复或脱节现象，使得冰雪运动在干预学生体质健康方面流于形式。

教学目标的偏向与偏离。冰雪运动教学效果评价应以"立德树人"为根本，以"教会 + 勤练 + 常赛"的体育要求为基点。但从校园冰雪的实践来看，教学目标更加"重体验"，而评价方式多以"百县、万校、千万人"等数量类指标为重，致使年人均上冰雪次数较多，但运动参与层次多处于运动体验状态，未能真正学会和掌握冰雪运动技能。就教育目标的达成效果来看，冰雪运动课程尚停留在培养乐趣上，技能、体能、自我学习和锻炼能力的提升不足。考核评价标准是教学发展的"指挥棒"，但目前应试教育压力、安全顾虑以及考评标准的科学性缺失成为重要的校园冰雪运动推行的制约因素 [1]。

五、校园冰雪运动体教融合模式创新路径

（一）冰雪进校园对体教融合理念的创造性转化

冰雪运动进校园是体教融合理念的具体实践，其核心是立足于学校，以青少年健康促进、青少年运动训练、青少年运动竞赛三大体系为着力点

---

[1]　王蓓. 体教融合视域下冰雪运动进校园的价值与路径 [J]. 体育文化导刊，2021（4）：92-98.

带动冰雪竞技体育后备人才培养,并最终推动全体青少年的运动参与和健康发展。冰雪运动进校园的体教融合模式需要在历史经验的选择性继承基础上,立足体育和教育的基本定位,通过构建竞技人才培养新格局、青少年体育参与与健康促进新局面完成创新性转化。

1. 冰雪竞技体育人才培养模式创新转化

主办冬奥会背景推动了冰雪运动进校园活动的开展,但模式推行过程同样遭受冰雪运动的"小众"项目属性、冰雪资源匮乏、师资力量不足等困境,因此,校园内的冰雪运动竞技人才培养需要把握好普及与提高两个领域的协同与发展问题,要在培养一批全面发展、心理健康、有较好的运动潜力的学生运动员的基础上,培育高质量冰雪运动竞技体育人才。基于如此目标定位,校园冰雪运动竞技人才培养在体教融合的框架内应实现以下模式创新:一是,在具体的办队形式上,要调动社会、市场、家庭、学校等多元主体的积极性,开辟多层次竞技人才培养主体结构,形成政府主导、院校为主、社会与市场支撑、家庭创新形式补充的"五位一体"冰雪运动竞技体育人才培养体系,以建构有中国特色的冰雪运动竞技体育人才培养路径。二是,要逐步建立以高等学校为龙头,中小学为基地的训练网络。三是,要合理布局,重点扶持个别院校,选择重点区域办队,特别是东北、新疆、华北、内蒙古地区。四是,为提升高水平训练的优势与特点,高校应将高水平队、体育教学、群体活动适当分开,实行分层管理,避免因训练场地设施、经费不足而出现挤压的状况。五是,要充分发挥竞赛育人、选人等多功能效应,推进竞赛制度改革,强化与国际接轨,推进高校冰雪联赛与单项赛事体系的建设。六是,建立和完善社会力量、企事业单位支持高校冰雪人才培养的优惠政策,鼓励企业投资支持高校冰雪运动开展,帮助企业获得长期收益。

2. 冰雪运动大众参与模式的创新转化

冰雪运动竞技人才培养与大众性运动参与是校园冰雪运动发展的"鸟之两翼"和"车之两轮",校园冰雪运动的大众参与以及在此基础上实现学生的健康促进,需要在体教融合的框架内实现以下模式创新:一是,在模式构建中,要建立和完善以冰雪运动考核评价改革为引领,学校冰雪体育教学导向、竞赛导向为核心,以冰雪师资聘用优化导向为支撑的四位一体的体教融合模式,实现学校体育由增强体质的目标为导向向教会、勤练、常赛目标转变。二是,要建立和完善学校体育教学、训练、竞赛三大体系,实现冰雪教学、训练、竞赛体系的完整闭环。体育系统应服务于这三大体系建设,服务于体育师资队伍培养和体育产业设施建设,实现共建、共享、共管。三是,本着"一体化设计""一体化推进"原则,推进冰雪体育课程、大课间和课外活动一体化的结构融合,即开齐开足上好冰雪课程;推进冰雪科普教育、奥林匹克教育的常态化课程体系建设,并保障学生每天校外、校内各一小时的体育冰雪活动时间;同时,推进建立学校体育教育与社会体育组织培训相互链接的体系融合,即教育系统以优质教育资源吸引青少年参与冰雪运动,企业和社团提供丰富多彩的专业培训与竞赛组织服务,以全社会协作共同构建青少年冰雪教育生态体系;此外,推进教会、勤练、常赛相互衔接的知识生态融合,借鉴河北省张家口市宣化第二中学的经验构建由浅及深的"三段制"冰雪课程体系,推进实施"双套并行"的冰雪运动课时方案;最后,推进建立拥有结构优化的体育教师、数量充足的教练员队伍的师资保障融合机制,将冰雪师资队伍建设和场地设施建设纳入教育发展规划及体育发展规划。四是,扩大交叉范围,提高学校、家长、学生群体冰雪运动参与的认同感,将冰雪运动项目纳入中高考改革之中,充分发挥体育中考促进学生持续参与冰雪的功能。同时,对于冰雪项目考核的筛选,鼓励选择运动技能评价标准相对成熟的项目进行考核,由学生根据现有项目进行自由选择。待时机成熟时,适时将冰雪运动技能考核纳入学生升学评价当中。

（二）校园冰雪运动体教融合模式的创新性发展

冰雪运动进校园是在"体教融合"理念指引下,通过冰雪项目媒介实现体育与教育融合的体育实践,要通过培养理念、培养模式、培养体制和运行机制创新实现体教融合模式的创新性发展。

1. 以"健康第一,品格完善"理念夯实校园冰雪运动的文化基础

"健康第一,品格完善"是基于时代发展要求、国家发展需求和学生个人发展的高度所确立的教育理念,该理念是在遵从青少年身心发育、教育、体育和社会规律的基础上,通过提高体育参与、促进健康发展的科学论断,以此培养青少年主动健康的意识和行为,实现青少年在体育锻炼中

享受乐趣、增强体质、健全人格、锤炼意志的健康发展目标 ①。《关于深化体教融合促进青少年健康发展的意见》从八个领域的改革建构了加强学校体育工作的基础框架。该框架涉及全教育学段的课内外体育活动，凸显了在学校领域发展青少年体育，提升学生体质健康水平与品格培养的内容体系与创新工作思路，最终实现体育与教育的深度融合。作为学校体育的重要组成部分，校园冰雪运动应从立体式、全学段、深入式的三维立体视角，全方位构建冰雪运动健康促进体系，以突破教育与体育融合的壁垒，拓展学校体育工作范畴(图 5-8)。

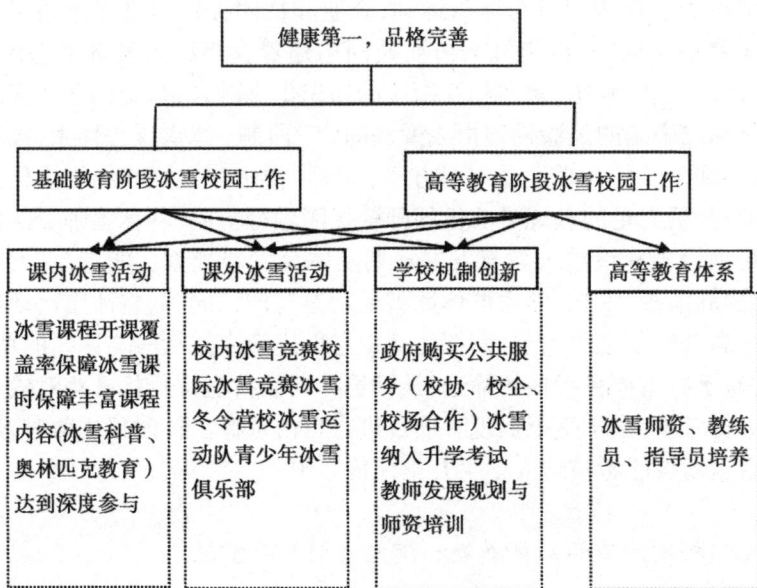

图 5-8 "校园冰雪运动工作"路径

（1）课内冰雪活动。保障从基础教育阶段到高等教育阶段的冰雪开课率的前提下，强化场地器材、体育师资等基本体育课程要素的保障，丰富冰雪运动科普与奥林匹克教育等内容，以达到促进青少年身体机能提升和心理品质优化的目标。

（2）课外冰雪活动。课外冰雪活动包括了校内冰雪竞赛及冬令营等系列活动、学校运动队训练、青少年体育俱乐部组织的活动等，以高度组织化的形式积极推动学生主动学习、主动锻炼。

（3）学校机制创新。其一，全面构建社会协作共同培育青少年冰雪

---

① 柳鸣毅,丁煌.我国体教融合的顶层设计、政策指引与推进路径[J].上海体育学院学报,2020,44（10）：13-27.

运动人才和促进体育参与的体育生态体系,以购买公共服务的方式支持社会力量进校园。充分利用教育系统的优质教育资源,吸纳社会力量,为冰雪校园注入活力,重点解决场地器材、体育师资、资金短板问题,实现冰雪教学与训练常态化、常年化、持续化。机制创新为青少年自发、主动、有组织地开展体育课以外的冰雪活动提供平台。同时,发挥"考试"杠杆效应,将冰雪运动项目纳入初高中学业考试、中考计分科目考评之中。

（4）高等教育体系。高等体育院校(系)是校园冰雪运动发展的主要阵地之一。在冰雪进校园体教融合进程中,高等体育院校(系)教育主要承担起人才培养体系重任,包括冰雪运动师资、教练及社会指导员的培养,也包括了后备冰雪竞技人才的培养,着力在解决学训矛盾的基础上,开辟多元化地冰雪运动人才培育的路径。

2.以系统化思维构筑青少年冰雪赛事体系

系统化的冰雪运动赛事既是检验冰雪运动进校园效果的标尺,也是实现青少年冰雪运动竞技后备人才培养的重要平台。

为贯彻落实体教融合发展的理念,冰雪运动进校园应着力于整合体育和教育资源,构建引领型综合赛事、精英性单项赛事、大众性业余赛事的"金字塔"赛事体系。一是,以全国青少年冰雪运动会为引领,实现以竞赛检验广大青少年冰雪运动技能水平和发现、培养更多优秀体育后备人才的双重目标[①]。二是,以全国性冰雪协会和全国学生体育协会冰雪赛事为支撑,一方面,通过体育系统的经典赛事提升青少年冰雪赛事规模、层级、关注度,进行运动员选拔与输送;另一方面,通过学生体育协会校内、校际、区域和全国性赛事的体系,为体育特色学校及学校高水平运动队搭建高水平竞技平台,发现并培育冰雪竞技人才。三是,以业余性赛事为基础,推动多元社会主体举办赛事,弥补青少年体育赛事资源的不平衡、不充足的现实短板,进一步满足青少年多元化的、差异化需求(图5-9)。

---

① 柳鸣毅,丁煌.我国体教融合的顶层设计、政策指引与推进路径 [J].上海体育学院学报,2020,44（10）: 13-27.

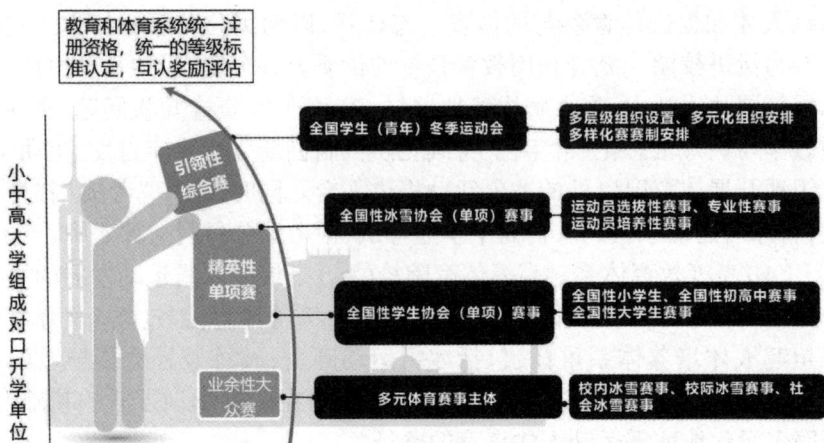

图 5-9 "青少年冰雪赛事体系"的创新路径

总体而言,要真正构建体教融合理念下的青少年冰雪赛事体系,需推进教育和体育系统认定的统一,包括注册资格、赛事评估、运动水平等级认定等,从根本上解决体育与教育系统争夺赛事资源的问题。

3. 以后备人才培养为目标建设高水平冰雪运动队

从基础教育阶段到高等教育阶段,学校运动队的建设不仅提升了学校体育的综合实力,而且拓展了青少年体育后备人才培养渠道,对传统竞技体育人才训练网络提供了有益支撑。截至 2021 年,全国共有 279 所高校具备招收冰雪运动项目高水平运动队的资格,涵盖了 14 个体育竞技项目,全国高水平运动员报名人数已达到 1.5 万人,实招人数达 4000 余人,初步形成了"小学—中学—大学"高水平竞技人才培养的纵向体系。在冰雪运动进校园活动和体育强国战略"补齐冬季项目短板"的合力推进下,建设校园内的高水平冰雪运动队不仅是应然举措,也是落实体教融合理念推动校园冰雪竞技体育后备人才培养的基点。根据《关于深化体教融合促进青少年健康发展的意见》对体育传统特色学校和高等教育阶段的高水平运动队改革举措,校园冰雪运动高水平运动队建设应围绕冰雪特色学校和高校高水平运动队两个载体展开(图 5-10)[①]。

---

① 柳鸣毅,丁煌.我国体教融合的顶层设计、政策指引与推进路径 [J].上海体育学院学报,2020,44 (10): 13-27.

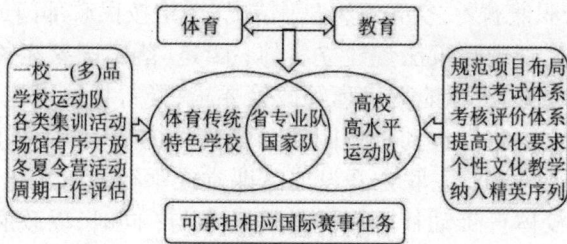

图5-10 冰雪校园高水平运动队建设路径

在基础教育阶段以冰雪运动特色学校、奥林匹克教育示范学校为载体,借助两年以上评估方式,打造"一校一品"或"一校多品"的学校冰雪教育模式。学校要承担起各类冰雪课程、冰雪活动、赛事活动等主要任务,并通过整合学校体育场地设施、体育师资、体育特长生等资源,推动高水平运动队建设。在高等教育阶段,要畅通学生向专业运动员转化的渠道,将优秀学生运动员纳入竞技体育后备人才序列,打通体育特长学生专业化转型的阻碍。另外,要建立公开公平公正的竞技人才升降流动制度体系,通过国家、单项选拔性竞赛,检验人才培养质量,实现"以赛代练""以赛育人""以赛选人"的目标。与之相对应,要打通竞技运动员进入学校的渠道,在学校人事招聘方面给予针对性的制度安排和弹性设置,推进退役运动员进入体育院校、普通高校等教育系统再就业。另外,冰雪运动项目属于相对"小众化"的运动项目,在高水平运动队招生时应在名额分配方面给予更大的支持。

4. 以多元化资源整合优化校园冰雪运动教育的支撑体系

校园冰雪运动是一项复杂性、长期性、跨域性的系统工程,体育、教育等各横向层面的体教融合以及纵向层面的上下衔接是体系良性运作的关键。

具体举措包括,一是打破体育和教育系统的阻隔,推动竞技人才有序流动,着力解决裁判员和运动员等级的认定标准统一问题;二是,强化社会力量与企业以购买公共服务等方式扶持校园承担冬令营、竞赛、培训等工作。三是,以青少年体育俱乐部体系建设为抓手,构建青少年体育培训与赛事产业的两翼支撑,吸纳企业和社团进入校园冰雪运动建设序列,推动学校与俱乐部联合,利用节假日举办诸如"家庭冰雪体验日"等主题活动。同时,要打通体育俱乐部"进学校"政策堵点,避免出现"隐形俱乐部""违规兼职兼薪""空壳组织"等情况,严格按民政部门或工商部门注册登记的相关管理政策法规建立实体;四是,落实国家相关政策关于文体企业税收减免、水电能耗优惠等政策要求,推行场地设施共享政策,在一定程度上解决冰雪运动进校园活动最棘手的场馆保障问题;五是,鼓励学校与社区场馆业主联合开设冰雪课堂或举行冰雪文化活动,以高度组织化的学校体育带动社区居民的运动参与;同时,以政府购买服务或发放优惠券的促销方式作为辅助,为校园冰雪运动开展注入活力。六是,对于提升冰雪运动参与质量、保障运动参与的可持续性而言,学校和冰雪协会、社团在课程设置和工作安排中要早做规划,满足学生对更高层次的技能学习的需求,让学生通过不断升级的学习成果和成功体验享受到冰雪运动独特的运动乐趣,有效推动后冬奥时代校园冰雪运动的持续发展。七是,对于冰雪运动的师资保障而言,要根据冰雪运动教学或训练的基本规律,在《学校体育美育兼职教师管理办法》基础上细化退役运动员进入校园担任冰雪课程体育教师或教练员的制度,为优秀退役运动员转型提供政策依循。

第五节　北京"双奥"教育模式与教育遗产

一、"双奥之城"的奥林匹克教育"北京模式"

"奥运即教育"是奥林匹克主义的首要内涵,在奥林匹克运动发展历程中,主办城市都创造出与本民族文化紧密融合的独具特色的奥林匹克教育遗产。北京已经成为首座"双奥之城",这就意味着自申办夏奥会至冬奥会结束的这段奥运时光是北京的"双奥时代",这种特殊的背景赋予北京奥林匹克教育(也称"双奥教育")特殊的历史价值。实证调查和"全国冰雪运动参与状况年度调查"数据表明,北京市教委、北京冬奥组委、北京奥运城市发展促进会等单位一直在积极探索"双奥"教育的"北京模式"。

（一）"双奥"教育的治理体系和组织特色

北京"双奥"教育遗产的治理具有鲜明的北京特色。一是完善的遗产治理组织保障。教育和体育主管部门始终是"双奥"教育的治理主体，依据政策、规划等治理工具有效协调奥林匹克教育利益相关方的关切。例如，在北京奥运会期间，教育部、北京市政府、北京奥组委联合出台了《北京 2008 奥林匹克教育行动计划》，相应地，北京市委教育工作委员会和北京市教委也制定了《北京市学校奥林匹克教育行动计划》；在北京冬奥会期间，出台了《国务院办公厅关于强化学校体育促进学生身心健康全面发展的意见》《冰雪运动发展规划（2016—2025 年）》《北京 2022 冬奥会和冬残奥会中小学生奥林匹克教育计划》等政策文件。这些政策文件的出台及其贯彻执行有力地推动了校园奥林匹克教育的开展。二是遗产治理体系具有开放性。奥林匹克教育并非完全是政府关起门来做教育，而是形成了政府、社会、学校多层次、多元主体的结构。在这个奥林匹克教育体系中，政府教育部门和北京奥组委发挥主导性作用，各个层级的学校和教育机构具体落实教育方案，社会力量广泛参与其中，由此形成了既有组织力又灵活开放的组织保障体系，这也是我国奥林匹克教育比较有特色的教育遗产治理模式。三是我国的奥林匹克教育具有可持续性。北京的夏奥和冬奥的筹备阶段，乃至"双奥"之间的"空窗时期"，我国都连续性地保证了奥林匹克教育的可持续性，整个奥运教育的组织体系始终没有间断。在北京夏奥会之后，2009 年 8 月正式成立了北京奥运城市发展促进会，为后奥运北京乃至全国中小学奥林匹克教育的开展提供了组织保障，直至北京成功申办冬奥会，成功完成了夏奥教育与冬奥教育的对接与融合。

（二）学校教育是"双奥教育"的"亮点遗产"

欧美国家的奥林匹克教育多在家庭或同辈群体内进行，教育内容以"国际理解"和"环境教育"为主，偏爱自然的、全方位的、内化式的传承模式。中国的奥运教育遗产跟欧美有很大的差异。北京的双奥教育主要选在正规化、高度组织化的学校体育系统内进行，教育主旨更侧重普及和参与，教育内容以"奥林匹克知识"和"奥林匹克文化"为主。经历双奥时代的淬炼，北京形成了稳定的校园奥林匹克教育遗产。例如，"奥林匹克教育示范学校""奥林匹克教育特色学校"所形成的特色鲜明的校园引领机制；在"同心结"国际交流项目推动下所形成的"认知型"与"体验式"相融合的奥林匹克教育模式，等等。这些工作机制是北京双奥教育的"亮点遗产"。

（三）社会普及是北京独特的社会化教育遗产

北京双奥教育并非仅仅局限于校园,社会普及和文化宣传同样发挥重要的教育功能。主办夏奥会为北京留下了诸如体育电影周、全民健身夏日广场等奥林匹克教育品牌。在北京申办冬奥会的特殊时刻,在上述夏奥教育平台上推出了冬季运动器材展示、北京冬奥会赛场介绍等活动,诠释了北京申办冬奥会的主题,实现了双奥社会教育平台的对接和融合。社会宣传和普及活动是北京双奥教育的重要组成部分。

"人文奥运"是北京夏奥会的核心办赛理念,它所包含的人文关怀、文化底蕴、大众广泛参与等价值观也成为北京冬奥会的美好愿景。在"人文奥运"理念引领下,北京双奥教育改善了社会软环境,对人们的生活方式、价值观念以及社会风气都产生积极影响,市民对奥运会及奥林匹克相关活动的关注度、支持度和参与度都有所提高。"人文奥运"是北京奥林匹克社会教育的精神遗产。

（四）"冰雪运动参与"是双奥教育的体育遗产

奥运遗产是实现奥运会愿景的结果,是通过举办奥运会为公众、城市和区域发展以及奥林匹克运动所创造的或加速带来的有形和无形长期收益。经历了北京 2008 奥运会的洗礼,国人对奥林匹克的认知更加成熟,学生的冰雪运动参与被认为是进校园活动产生的弥足珍贵的体育遗产。分析三次全国调查数据和北京问卷调查数据,奥林匹克教育对运动参与的影响具体如下。

对全国的影响:一是,冰雪教育破冰提速,持续向好。从开课率来看,冰雪课程的开课率从 2018 年的 3.9% 升至 2019 年的 7.6%,2020 年虽受疫情影响略降为 6.7%,但仍处于总体增长的趋势。同时,学生冰雪参与形式多元化。调查数据显示,2020 年学生参加过冰雪课程的比重占 6.7%,参加过课外训练或比赛的占 7.1%,参加过冬令营的占 7.4%,参加过运动知识讲座的占 19.9%。二是,"家、校、社"三位一体的大教育格局逐步显现。调查数据显示,家庭支持在增强,青少年学生在积极塑造冰雪运动的群体亚文化。父母是学生运动参与的最佳(63%)伙伴,朋友、同学对参与冰雪运动影响较大。从三年的"亲子参与率"看,家长"从不"带孩子参加冰雪运动的占比由 85% 降至 79.9% 再到 64.6%。选择与家人一起滑冰滑雪的占比最高(37.3%),其次是朋友(34.8%)。

（五）城际互动和区域协同赋能双奥教育

借主办奥运会契机促进城际协同发展符合国际奥林匹克大家庭的共同愿景。北京夏奥会的教育经验为正在筹备青奥会的南京市制定《南京2014年青少年奥林匹克教育示范校创建方案》提供了借鉴，推动了城际多层面的互动。

在北京冬奥会，京津冀协同发展为双奥教育拓展了场域空间。《北京2022年冬奥会和冬残奥会遗产战略计划》的内容框架包括"区域发展"指标，国务院、教育部、北京市教育局等部门下发的校园冰雪运动的文件中，都将"京津冀协同发展"纳入总体规划。显然，城际互动和区域协同是北京双奥教育始终遵循的理念。

二、北京双奥教育遗产治理中存在的问题

（一）遗产规划不到位

调查发现，在遗产治理过程中，缺乏将"冬奥遗产"与"夏奥遗产"统筹考虑的遗产规划，在遗产塑造过程中存在将两者割裂对待的心态。北京的双奥教育是一个前后衔接、夏冬相融的有机整体，教育遗产规划和治理应放在"双奥视域"中才能体现其文化软实力，才能有助于遗产的可持续性开发。

北京"双奥教育遗产"的概念还没有清晰的界定，遗产的品牌效益没有得到充分开发。北京"双奥教育遗产"是在北京奥林匹克教育实践中逐步形成的、具有普遍价值的物质财富和精神财富的总和。双奥教育遗产概念需要从内涵、形态、关系、机制等方面加以清晰的界定。在理论层面建构丰富的理论内涵能有效提升双奥教育遗产的解释力和文化影响力。

（二）北京双奥教育遗产的塑造多局限于北京

研究发现，奥林匹克教育实践具有全国性，但双奥教育遗产的塑造大多定位在北京，这就导致了教育实践的广泛性与遗产塑造的局限性之间

的错位。从"立足北京""区域协同""放眼全国"的逻辑塑造双奥教育遗产是既符合北京实际，又顺应国际潮流的重要原则。

教育遗产基本属于无形遗产，档案保存和管理至关重要。调研发现，关于奥运教育档案遗产的保护意识仍比较淡薄，有些教育资料只能作为一般资料使用，还达不到"可信档案"的标准。同时，奥运教育的系统平台和数据库电子档案的完整性不够，可用性和安全性不足；有些"归档"的电子文件因失去相应的运行环境几乎不能打开。另外，北京双奥教育资料缺乏在共享、开放理念指导下的档案价值的可持续开发。

三、继承和可持续发展北京双奥教育模式的思路与对策

北京冬奥会教育遗产并不会因为冬奥会的闭幕而戛然而止，遗产的可持续性开发和后冬奥会时期的发展是一个重要的、备受国际社会关注的话题，需要在以下几个方面开拓思路，尽早谋划发展对策。

（一）尽早确定遗产治理主体，科学规划双奥教育遗产

北京教育遗产的新模式、新理念、新机制既具有特色，又广受国际社会关注。一是尽快确定双奥教育遗产治理主体。双奥教育在北京已经显现良好的遗产效益，但尚需进行理论凝练并塑造成型。因此，建议在教育管理部门尽快成立双奥教育遗产治理机构，预先介入并进行教育遗产的理论研究，筹划后冬奥时期的持续性开发，避免可能出现的治理缺位和遗产断层。二是建议科学规划双奥教育遗产。遵循开放性原则，吸纳利益相关方更广泛地参与；同时建议进行系统的顶层设计，推动双奥教育遗产与北京城市发展的愿景相契合。

（二）深入开发双奥教育跨文化交流价值，助力北京城市建设

双奥教育为北京留下了诸如"同心结国际交流项目"之类的具有跨文化交流价值的国际交流遗产。以体育为桥梁进行文化交流可以规避复杂的国际政治浊流的冲击，开创国与国之间去政治化的体育交流空间，为北京建设"国际交往中心"做出贡献。建议总结双奥教育中的国际交流遗产，形成有政治高度和理论深度的学术成果，塑造独特的北京"国际理解"新模式，扩大双奥教育的国际影响力。同时，建议将国际性教育遗产融入我国的大国外交战略，建立诸如"一带一路"国际冰雪体育节、上海

合作组织成员国奥林匹克教育论坛等国际交流机制,从奥林匹克的视角提升城市国际影响。

（三）以整体性为主线,保护珍贵教育遗产

双奥教育遗产保护涉及教育部门、体育部门、奥运城市发展促进会等多个主体,而被保护的教育遗产是非常广泛和多元化的,治理主体与保护客体间的相互匹配是非常必要的。建议突出"整体保护"的理念,尊重北京双奥教育遗产的真实性、完整性与多样性,注重校园教育遗产和社会教育遗产的统筹治理,避免分割式、切片式地保护所导致的遗产失漏;同时,建议加强档案管理,在北京教育管理部门建立独立的双奥教育遗产数据库,尽早规划双奥教育遗产重要文献资料的保存和开发。

本章小结

本章聚焦于校园冰雪运动的模式建构和可持续发展,所要解决的主要问题是:研究校园冰雪运动的现状、困境、经验,制定冰雪运动"体教融合"的模式和方案,探讨推动校园冰雪运动开展的对策。

通过系统审视冰雪运动进校园的时代价值,梳理了我国冰雪运动进校园的政策、亮点和特色,探讨政策贯彻实施过程中的差距和问题,着重探讨了校园冰雪运动开展所面临的场地设施、经济支持、师资力量等领域的限制因素及其影响机制。（1）系统审视了冰雪进校园的时代价值,认为其在冰雪运动开展与普及中的巨大作用。（2）冰雪运动进校园的政策环境与问题。从政策环境形塑校园冰雪运动的文化生态、政策机制为冰雪运动进校园赋能两个方面,梳理了我国冰雪运动进校园的政策、亮点和特色,把握政策落实与执行的差距所在,从校园冰雪顶层设计、政策执行机制、提高目标群体政策认同感、核心保障政策供给、校园冰雪运动教育体系四个方面给出助推冰雪进校园政策有效实施的理论路径。（3）冰雪运动进校园的动力机制与优化路径。从校园冰雪运动开展的现实图景,探讨校园冰雪运动开展所面临的场地设施、经济支持、师资力量等方面所面临的问题,提出解决思路。（4）校园冰雪运动的体教融合模式。立足新时代体教融合的"竞技后备人才培养"与"全面提升学生身体素质和综合素质"两大目标,系统梳理了冰雪运动"体教融合"的模式方案,包括冰雪竞技人才培养的三大模式（院校化、市场化、社会化）和校园冰雪运动提升学生身体素质和综合素质四大导向(课程优化导向、冰雪运动评价导向、师资队伍优化导向、校园冰雪赛事导向)，提出了冰雪校园体教融合的创新转化与创新发展的措施方案。(5)北京双奥教育模式与遗产。总结双奥教育的综合影响和经验，分析遗产治理中存在的问题，从"双奥"视角塑造北京双奥教育遗产，提出了增强北京奥林匹克教育软实力的路径建议。

第六章 后冬奥会时期冰雪产业可持续发展

　　冰雪产业是冰雪运动普及与发展的物质基础,是连接大众冰雪运动、学校冰雪运动、竞技性冰雪运动以及冰雪运动赛事的桥梁。2022年1月25日,习近平总书记会见国际奥委会主席巴赫时提出:"我讲绿水青山就是金山银山,现在冰天雪地也是金山银山,它带动了冰雪经济的发展。我并不在意这一次中国运动员拿几块金牌奖牌,我更在意它给我们今后注入的动力和活力。"[①] 从产业发展的层面,持续释放"冬奥会红利"将有助于公众参与水平的提升,也有助于将体育精神和中华优秀传统文化有机结合,使冰雪产业成为新时代丰富人民群众精神文化生活、提高人民群众幸福感和满意度的载体,真正贯彻落实习近平总书记"冰天雪地也是金山银山"的指示精神。有基于此,本章通过探讨后奥运会时期冰雪产业发展的路向以及亟待解决的问题等内容,为促进"冷资源变热经济"铺设应然路径。

第一节 "催化":从冰雪冷资源到冰雪热经济

一、冰雪产业发展的多向度红利

　　主办冬奥会助推冰雪产业的内容框架、发展目标等规划内容更为清晰,主办冬奥会加上体育强国战略、释放消费潜力等的正向影响推动冰雪产业发展逐步走上"快车道",为冰雪产业发展提供了不竭的助力。

[①] 新华社. 习近平:与金牌奖牌相比 我更在意冬奥会为中国注入的动力和活力 [OB/OL]. [2022-1-25] http://cn.chinadaily.com.cn/gtx/5d47c3fba31099ab995d74b7/cctv/page_42.html.

（一）主办冬奥会的提振效应全方位推动冰雪产业发展

奥运经济的提振效应是指奥运会筹备、举办和结束之后的整个奥运周期内，主办奥运会对经济、社会促进和提升的作用及其现象[①]。主办北京冬奥会在社会、经济、文化、旅游、基础设施等方面所产生的提振效应全方位推动我国冰雪产业发展。

1. 普及冰雪运动引发意识和行为方式的重大转变

带动三亿人参与冰雪运动是北京冬奥会向国际社会的庄严承诺，这一目标已经高质量完成。数据显示，全国居民参与过冰雪运动的人数为3.46亿人，冰雪运动参与率24.56%。这一数据对于冰雪产业而言不仅是一个冰雪运动普及的数据，更是冰雪产业发展的市场沃土与人口基础，是具有里程碑意义的重要标志。在冬奥会周期的仪式展演、文化宣传等活动推动下，辅以社群互动、消费符号再赋予等作用，被调查者对冰雪运动从"不知道""没参与过"转向"知道""体验过"，从需求的"外引"转向"内生"，行为的转变将最终转换为冰雪消费[②]的价值认同。此外，冰场、雪场逐渐成为春节的打卡圣地，"萌娃滑雪""御雪飞行""冰墩墩吉祥物一墩难求"等内容在社交平台刷屏，谷爱凌、苏翊鸣、武大靖、任子威等中国健儿的优异表现在各类媒体持续霸屏，这些客观上为大众参与冰雪运动创造了良好的舆论环境和社会文化基础。

2. 科技冬奥极大地推动了冰雪产业技术效益升级

零排供能、绿色出行、5G 共享、智慧观赛、运动科技等 112 项新技术成果在冬奥周期和冬奥会赛场落地应用。这些成果通过北京冬奥会场景发挥了重要的示范效应，形成丰富科技冬奥遗产的同时，也极大地促进了科学技术在冰雪产业的扩展与应用。例如，VR 技术、智能化人机交互功能使冰雪运动突破气候和地域的限制，降低了冰雪运动的体验门槛；再例如，人工造雪技术、存储雪技术的成功突破克服了高温天气造雪难题，

---

① 王美. 奥运提振效应与低谷效应辨析与思考——兼议北京－张家口冬奥会办赛理念 [J]. 南京体育学院学报（社会科学版），2017,31（4）：93-98.
② 杨三军. 北京冬奥会举办对中国经济发展的效应研究 [J]. 体育与科学，2022，43（1）：1-6.

极大提高造雪质量和效率;最后,冰雪表面摩擦减阻、减阻面料及装备研发、夏训装备材料研制等新材料的应用使冰雪装备国产化率不断提高,在供给侧为冰雪产业发展注入科技动力。

3. 冬奥赛事效应激活了冰雪运动市场的活力

受到全球新冠肺炎疫情蔓延和经济下行的叠加影响,国际优质体育资源存在价格下滑趋势[①]。主办冬奥会展示了中国举办国际大赛的能力,满足了国际体育组织的运营需求。同时,我国也引进、吸纳、培养了一批与冰雪运动和冬奥会相关的赛事运作、赛事管理、市场开发、体育传媒、体育中介服务等方面的人才,促进了项目、赛事的落地。例如,北京世界女子冰壶锦标赛、单板滑雪大跳台世界杯、世界花样滑冰大奖赛等国际赛事纷纷相继落户中国;"中俄"制冰领域专业技术项目、"中加"体育文化领域合作协议、中国与意大利、德国、荷兰等在冰雪产业前沿项目以及可产业化冰雪项目合作,这些资源为冰雪体育产业的深度开发奠定强有力基础的同时,推进了我国冰雪体育资本的国内和国际布局,有利于更大平台和市场的冰雪产业的可持续发展。

4. 主办冬奥会推动冰雪产业链深度整合

一方面,在北京 2022 年冬奥会的带动下,专业性冰雪赛事、专业性和大众性相结合的冰雪赛事不断涌现,突显我国冰雪产业链主导产业——冰雪赛事的附加价值。另一方面,作为全球体育盛会,北京冬奥会加速冰雪场地服务业、冰雪旅游、冰雪培训等多行业的整合与发展。

5. 主办冬奥运会加速行业标准的建立与完善

借主办冬奥会契机,全国体育标准化技术委员会先后草拟冰雪运动赛事组织、场所运营管理、大众冰雪等级评价的行业标准,并获得国家市场监管总局(标准委)批准立项。标准体系的完善对于规范冰雪市场标准化运营、促进中国冰雪文化交流、冰雪人才储备形成良好的发展生态,为冰雪产业健康有序发展奠定了基础。

[①] 黄海燕. 新阶段,新形势:我国体育产业发展战略前瞻 [J]. 上海体育学院学报, 2022, 46(1):13.

表 6-1　11 项冰雪运动行业标准内容及影响

标准	对冰雪产业的影响
《滑雪运动项目基础术语》 《速度滑冰运动项目基础术语》	对滑冰、滑雪项目,建立覆盖场地器材、人员、比赛规则等在内的统一的概念体系,为后续开展冰雪运动国际交流合作搭建平台,促进中国冰雪文化广泛传播
《滑雪场所星级划分与评定》	从自然环境、基础设施、器材装备、活动项目、服务管理等角度,提出滑雪场所星级划分与评定要求,着力营造良好的滑雪环境,改善消费体验,吸引更多群众参与到滑雪运动中
《大众冰壶运动培训规范》 《大众高山滑雪运动培训规范》	从场地设施要求、课程要求、从业人员要求、内部管理要求、安全要求为深化体教融合,进一步完善课外体育培训治理,促进冰雪培训机构的标准化运营、冰雪培训市场形成良好生态、健康有序发展
《大众冰壶运动水平等级评价规范》 《大众冰球运动水平等级评价规范》 《大众高山滑雪运动水平等级评价规范》 《大众速度滑冰运动水平等级评价规范》	运动水平等级评价规范为科学评价群众体育运动水平提供技术依据,为完善冰雪人才培养体系,夯实竞技体育人才储备提供保障
《大众高山滑雪赛事活动组织规范》 《大众滑雪赛事活动等级划分与评定》	明确赛事组织、人员培训、安全应急、医疗保障等方面的要求,为赛事活动举办者、承办者提供指引,保障赛事活动安全

（二）消费升级释放冰雪运动消费需求

居民消费在我国经济发展中的地位日益提高,消费升级为冰雪产业发展夯实了根基。

首先,在宏观环境层面,消费升级为冰雪产业消费创造了良好的收入预期与厚望。2021 年我国人均 GDP 达到 1.25 万美元,基本上接近发达国家人均 GDP 的低线水平,这为具有高收入弹性的冰雪体育消费创造了良好的收入预期。但是,如果我国经济发展出现滞后或波动,便可能掉入1.25 万美元以下水平,形成经济学备受瞩目的"中等收入陷阱",这对国

家和国民而言均是百害而无一利①的。所以,2018 年国务院办公厅颁布
《完善促进消费体制机制实施方案》(2018—2020 年),2019 年又出台《国
务院办公厅关于促进全民健身和体育消费推动体育产业高质量发展的
意见》《以北京冬奥会为契机大力发展冰雪运动的意见》,2021 年,文化
和旅游部、发改委和国家体育总局出台《冰雪旅游发展行动计划(2021—
2023 年)》。相关系统政策的出台预示着国家对冰雪产业的重视,冰雪产
业发展获得难得的历史契机。

其次,在消费观念层面,受到 2020 年新冠疫情的影响,体育运动在预
防医学、健康促进上的作用被广泛重视,体育消费观念得以最大程度的认
同和推崇,体育需求不断增强。冰雪运动是维护身体健康的重要手段,在
宏观政策引领、媒体宣传报道、冰雪场馆建设、微社群信息交互的多重推
动下,人们逐渐培育了对于参与冰雪运动、关注自身健康与精神体验的强
烈诉求。

再次,在消费人群层面,一方面作为冰雪消费主体的中青年群体更加
追求良好的精神体验,"买满足、买快乐"的冰雪消费意愿更强。数据显示,
全国冰雪运动参与的 3.46 亿人中,39 岁以下的滑雪人群占到 80%②;另
一方面,女性群体成为冰雪消费的新增量。研究数据显示,在 2019 年以
前,男性滑雪者占据了总人群的 70% 以上,到 2020 年以后男性滑雪者的
比例下降到 6 成,部分滑雪场的女性消费者数量已经超越男性③,体现出
"她经济"背景下女性冰雪消费爆发式增长的潜力。

此外,随着体教融合的逐步深化、"双减"政策的逐步落实,青少年冰
雪运动需求大幅提高。最后,在冰雪消费内容层面,"需求引致创新"推
动冰雪产业发展呈现良好态势和格局。从全球范围来看,北美、欧洲、日
本等国家受疫情影响冰雪产业均处于相对下滑阶段,而中国冰雪产业呈
现出昂扬上升的样貌。一方面,人员流动受限为冰雪产业"内循环"制造
机会,避免了消费外流。另一方面,在快速增长的新型消费中,冰雪市场
借奥运之势不断推出升级版、创新性的冰雪产品,不仅包括欧美地区流行
的冰雪度假旅游业态,还涌现出一大批融合运动、休闲、亲子、生态、民俗
等多种元素城市冰雪旅游综合体、冰雪休闲度假区等;此外,涵盖不同水

---

① 　崔旭艳,殷怀刚.中国梦与奥林匹克风——《体育与科学》"冰天雪地也是金
山银山:北京冬奥会后期效应"学术工作坊综述 [J].体育与科学,2022,43 (2):
8-16.
② 　新华体育."带动三亿人参与冰雪运动"的目标实现了! [OB/OL].[2022-1-
12] http://www.xinhuanet.com/sports/2022-01/12/c_1128256812.htm.
③ 　伍斌.《2020 中国滑雪产业白皮书》[Z].8.

平和层次的各类冰雪赛事纷纷举办，冰雪装备国产化、高端化、品牌化趋势显现，都为提升冰雪产业质量贡献了力量。

（三）体育强国战略拓展了冰雪体育产业的"场域"空间

2019年，国务院办公厅印发的《体育强国建设纲要》指出，要将推进冰雪运动发展作为"落实全民健身国家战略，助力健康中国建设"的重要内容。可见，做大做强冰雪事业是国家体育战略的重要组成部分，发展冰雪产业是提升整个冰雪事业的物质基础，是推动冰雪事业发展的一条基本路径。

1. 冰雪产业政策优化了冰雪事业发展环境

在建设体育强国和主办冬奥会的双重背景下，国务院及相关部委密集出台了系列文件，支持冰雪事业发展，为冰雪产业发展赋能。为贯彻落实国家发展冰雪产业政策精神，地方政府积极部署冰雪产业配套政策，黑龙江、内蒙古、天津、宁夏十余个省市将冰雪产业写入"十四五"发展规划纲要，北京、河北、吉林、黑龙江等省市出台促进冰雪产业发展的意见，哈尔滨、长春、张家口、牡丹江、承德、呼伦贝尔、乌鲁木齐等城市出台了冰雪产业专项规划。政策频出吸引多元化资源的参与，为冰雪产业发展营造良好环境。

2. 竞技性冰雪运动引领大众参与和休闲消费

冰雪运动推广和普及是形成产业发展关键性需求的前提。为实现"三亿人参与冰雪运动"的目标，"冰雪体育长廊计划""冰雪阳光计划"快速开展，"北冰南展西扩东进"战略持续推进，我国冰雪运动实现了从小众向大众、从区域向全国、从冬季向全季的转变。以"全国大众冰雪季"为引领，各地因地制宜开展丰富多样、特色鲜明的群众性冰雪赛事活动，形成了"北京市民快乐冰雪季""河北冰雪运动会""黑龙江'赏冰乐雪'""辽宁全民冰雪运动会""南国冰雪城·贵州六盘水"等地方性的冰雪运动活动品牌。多层次、多元化、丰富多彩的冰雪主题活动和冰雪运动将惠及更多低收入阶层的大众参与，适销对路的冰雪运动向青少年、中老年群体普及发展将极大地释放冰雪运动消费需求，参与人口的增长为冰雪产业发展奠定坚实的市场基础。

3. 产业链不断延伸催生多元化业态融合

近年来,我国加快体育强国建设,随着体教融合、体医融合、体科融合、体旅融合等不断推进,冰雪产品从初期的单一性冰雪场地服务、赛事服务,通过多元业态的融入与融合,逐渐拓展到能满足人们休闲、培训、观赏、旅游及度假等不同需求的综合性服务产品。"冰雪＋电竞""冰雪＋养生""冰雪＋文创""冰雪＋休闲农业""冰雪＋会展""冰雪＋节庆""冰雪＋教育""冰雪＋科技"等"冰雪＋"新模式逐步拓展了冰雪产业链的韧性,产业链变得更为稳固并不断延伸。

4. 体育强国战略推动的基础设施建设进一步夯实冰雪产业基础

加强体育场地设施建设是体育强国战略的重要抓手和实施手段,多功能、季节性、可移动的滑雪场、滑冰馆等冰雪场地设施建设能满足冰雪运动发展的刚性需求。除物化的基础设施外,冰雪运动的学科建设是冰雪事业发展的另一个层面的"基础设施"。冰雪运动学科和专业人才培育在教育系统得到极高的重视,如近几年部分高校设立冰雪学院,建设冰雪专业,培养高质量的冰雪产业人才,等等。此外,冰雪专业的发展也带动了特色化的冰雪人才培养模式的春笋效应,截至 2021 年,全国共有 835 所奥林匹克教育示范校挂牌,校园冰雪体育传统特色学校已经达到 2000 多所[①],极大推动了青少年冰雪运动普及和发展。最后,文化建设是体育强国战略的必要条件,冰雪文化的自醒与自觉才能生产出适口对路的冰雪文化产品,冰雪文化自强才能提升文化感召力,才能让冰雪运动更贴近大众生活。

二、冰雪产业发展的阶段性成效

(一)冰雪产业规模化发展

数据显示,我国冰雪产业的规模从 2013 年的 1177 亿元增长到 2020

---

① 人民日报网.新学期,上好冰雪这一课(走向冬奥) [OB/OL].[2019-3-7]http：//m.people.cn/n4/2021/0301/c35-14863687.html.

年的 6000 亿元，年均复合增长率为 26.19%，增长率更是达到了 409.7%，而 2013—2020 年，全国体育产业总规模年均增长 14.58%，我国 GDP 的年均增长速度 6.38%。可见，冰雪产业规模增速远远高于体育产业整体增速和 GDP 的增长速度，突显出冰雪产业作为国民经济新兴产业的巨大潜力，也说明随着冰雪产业相关红利逐步兑现，我国冰雪产业的规模化效应逐步体现。

图 6-1 2013—2020 年冰雪产业规模趋势变化图

（二）冰雪产业贡献日趋突出

冰雪产业在区域经济的影响力和辐射力正在形成。除了从冰雪资源自身挖潜力之外，冰雪产业的发展更加注重向外，从周边资源角度要效益，带动交通、餐饮、酒店等服务业发展，并在推动乡村振兴、地方经济转型中发挥着越来越重要的作用。例如，曾是国家级贫困县的张家口市崇礼区，财政收入以每年近 2 亿元的速度增长，成功摘下了"贫困"帽子。作为老工业基地的黑龙江、吉林、辽宁三省，冰雪经济已成为拉动三省经济的增长点和创新发展的重要引擎。同时，冰雪产业链的日益丰富且不断延展衍生出一系列的就业岗位，带动就业热度提升。BOSS 直聘发布《冰雪产业人才发展观察》显示，2021 年，冰雪产业人才需求规模同比增长 57%，从一个视角反映出冰雪产业发展所带动的就业新需求。

（三）冰雪产业的广域化推进

全国冰雪资源丰富的区域主要集中在东北三省以及内蒙古、新疆、青海等省市,这些冰雪产业较为集中的区域也是冰雪产业集聚的地区。随着冰雪运动"南展西扩东进"战略的推进,冰雪产业逐渐由点、片向全域发展,特别是冰雪旅游,在全国初步呈现出"三足(东北三省、京津冀和新疆)鼎立、两带(青藏高原冰雪观光旅游带和以川黔鄂冰雪休闲旅游带)开花"的格局。

图6-2 我国冰雪产业发展的空间布局

(四)冰雪消费的稳步提升

截至2021年10月,全国居民参与过冰雪运动的人数为3.46亿人,冰雪运动参与率为24.56%,参与率仅次于瑞士、奥地利国内居民参与率30.59%,但远高于韩国(6%)、俄罗斯(2.5%)等冰雪强国。① 冰雪运动参与者数量的增多引领潜在的消费群体越来越大,消费拉动效应不断放大。根据文化和旅游部相关调查数据显示,2020—2021年,我国冰雪旅游人数达2.3亿人次,带动冰雪休闲消费超3900亿元②。商务部数据显示③,"全

---

① 田栋.奥运经济效应及我国发展冰雪经济的国际经验比较与借鉴[J].全球化,2018(9):100-111.

② 中国青年网.冰雪运动大众化,2020至2021雪季冰雪休闲旅游超2亿人次[OB/OL].[2022-2-9].http://news.youth.cn/qdc/pic_list/202202/t20220222_13469644.htm.

③ 中国商务部.商务部就今年春节假期消费领域有关情况等答问[OB/OL].[2022-2-10]http://www.gov.cn/xinwen/2022-02/10/content_5672952.htm.

国网上年活节"消费盘数据中,冰雪装备、服饰销售同比增长超 61.2%,冬奥特许纪念品销售额增长了 21.2 倍,滑雪门票销售同比增长 102.1%,相关电商平台冰雪旅游服务商品订单同比增长超 30%。总之,深度体验冰雪、高频次冰雪消费正在催生新的市场消费热点。

（五）冰雪公共服务基础设施大幅改善

截止到 2021 年初,全国已有 654 块标准冰场、803 个室内外各类滑雪场,较 2015 年增幅分别达 317%、41%,已接近《冰雪运动发展规划（2016—2025 年）》提出的目标。除了滑冰场、滑雪场等冰雪运动场馆设施进一步提升外,城市基础设施与冰雪运动配套设施也得到极大的改善,高速公路、高铁、特色小镇、商务配套都明显得到强化和增加,这为塑造核心城市圈和生活社区、推动冰雪产业内涵式转型提供了条件。

（六）冰雪产业正在成为产业投资新宠

一是,新兴冰雪旅游目的地成为资本投资的重要领域,覆盖大型冰雪综合体、特色小镇与大众冰雪乐园、冰雪旅游基础设施等领域。据不完全统计,2018—2020 年我国冰雪旅游投资额约为 6100 亿元。二是,腾讯、阿里、IDG、新浪布局冰雪赛事版权,如腾讯取得速度滑冰世界杯的新媒体独家版权;新浪在获得亚洲青少年冰球联赛版权后,推进中国花样滑冰项目、高山滑雪公开赛的开展。三是,奥瑞金、莱茵体育、华录百纳、探路者等企业打造冰雪赛事及各种冰雪活动。例如,国资背景的影视制作公司华录百纳投入 10 亿元,在河北张家口市打造多项极限冰雪赛事。四是,以约顿气膜、泰山体育、星奥股份、卡宾滑雪等为代表的新三板公司布局冰雪装备制造。五是,以奥地利 AST（中国）、华润（深圳）北京世纪星滑冰俱乐等为代表的创业公司布局"冰""雪"场地。六是,一批新兴的体育产业基金也陆续成立,投资范围覆盖冰雪产业链环节和全周期的企业。例如,首钢集团与国际数据集团共同发起冰雪产业基金;再例如,由新动金鼎、天成美盛、安踏体育、王微微、光环新网、国安创新等各投资方发起设立的体育基金,投资范围覆盖体育全产业链环节。

（七）冰雪运动产品在融合基础上不断创新

在国家政策引领、技术迭代创新与和消费需求升级的共同作用下,冰雪产业融合的接口日益多元化,跨界要素组合的创新产品层出不穷。主要体现为"四新": 一是"消费新场景"。冰雪消费场景除了室内滑雪场、旱雪场、滑雪模拟器和气膜冰场等场地供给之外,越来越注重向外从多场景叠加、跨界延伸要效益,冰雪场地设施跟城市特点、文化标识、农商文旅的融合发展,催生了滑雪度假村、商业街、冰雪综合体、冰雪公园等新场景。二是"新趋势"。冰雪产品逐渐从产品视角的发展延展到空间视角的目的地发展,冰雪旅游度假作为新的典型业态日益成为冰雪产品创新发展的新趋势。三是"新高度"。随着高新技术在体育产业领域的应用,促使冰雪装备国产化率不断提高。如 SG400 压雪车填补了我国压雪车领域的空白;绿色环保的高效储雪技术助力北京冬奥会实现了"用雪自由"。四是"新模式"。新冠疫情防控的常态下非接触式消费需求逐渐增加,使得冰雪产业与互联网大数据、人工智能等技术结合更为紧密,"智慧冰雪服务""智能冰雪产品""冰雪场馆数字化运营"等成为冰雪产品发展的新模式。

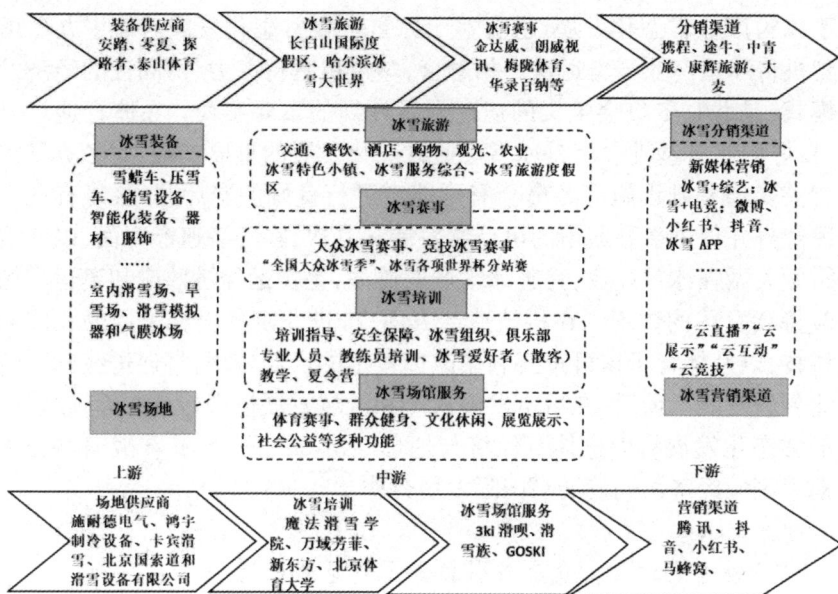

图 6-3　我国冰雪产业链全景

（八）冰雪产业链、价值链不断完善

从产业分工的视角，我国冰雪产业形成了较为清晰的上游（研发与设计）、中游（生产与制造）、下游（营销与服务产业链），初步形成了以冰雪场地设施建设、冰雪装备制造为基础，以冰雪体育旅游为带动，冰雪竞赛表演、场馆服务、运动培训为内核的产业格局。

第二节　目标与研判：冰雪产业"常态化"发展

一、冰雪产业常态化发展目标

（一）持续性开发"三亿人参与冰雪运动"遗产

"三亿人参与冰雪运动"是中国在冰雪运动普及和冰雪产业发展的伟大成就，是北京冬奥会宝贵的体育遗产，大众参与遗产能否巩固和拓展有赖于冰雪产业常态化发展，也有益于冰雪产业常态化发展。借主办冬奥会契机将冰雪产业与奥运遗产相融合，塑造更具持久力、协同性的经济发展模式，是北京冬奥会宝贵的遗产开发计划的重要实践。在体育遗产方面，良好的冰雪基础设施是冰雪产业常态化发展的重要基础，对冬奥场馆和相关交通基础设施等冬奥会有形遗产进行良好的赛后利用，将有利于全民健身并促进举办城市的可持续发展。其次，在经济遗产方面，以冰雪为媒做大做强冰雪产业，完善冰雪产业体系，是奥运经济效应和奥运市场效应持续发热的体现。在科技遗产方面，推进北京冬奥会采用的我国创新科技，以及体育场馆可重复利用改造技术的广泛应用，将促进我国冰雪产业创新发展。最后，在城市发展遗产和区域发展遗产传承方面，冰雪产业的常态化发展将促进体育经济与地理经济等的融合，并在战略耦合下推动了区域经济协同发展与国际发展合作。

（二）以冰雪运动大众参与引领全民健身新风尚

随着全面建设社会主义现代化国家新征程的开启，人民群众对美好生活的需要日益增长，国家"将体育强国与体育惠民结合起来"，通过冰雪运动促进更多群众参与体育健身，让人民群众共享美好生活[①]。冰雪运动是现代体育运动的"半壁江山"，在冬奥会的成功申办以及冰雪运动"南展西扩东进"国家战略的推进下，冰雪运动成为引领全民健身运动的新风尚。诚然，我国冰雪运动起步晚、底子薄，与其他冰雪强国相比，同我国夏季项目相比，仍然存在竞技水平不高、群众参与面不广、产业基础薄弱等问题。但中国作为一个体育大国，正阔步走在建设体育强国的征程，就需要把冰雪产业常态化发展摆在更加突出的位置，补齐冰雪运动发展的短板，配足配齐冰雪运动设施，促进冰雪经济和体育产业发展，让更多群众参与进来，进一步丰富人民群众精神文化生活，提高人民群众幸福感和满意度，为中国全民健身运动发展注入新的内容，为建设体育强国注入强劲动力。

（三）贯彻落实绿色发展理念是冰雪产业可持续发展的关键

在生态环境保护的前提下推动冰雪产业常态化发展，将"冷资源"变为"热经济"，是践行绿色低碳发展的本质要求。

冰雪产业是低碳环保、产业关联度高的朝阳产业，符合绿色发展理念。冰雪产业常态化发展正是要充分利用冰雪媒介，把发展体育事业同促进生态文明建设结合起来，提升冰雪资源的经济利用效率，让"冰天雪地"成为"金山银山"。在"二氧化碳排放力争于2030年前达到峰值，努力争取2060年前实现碳中和"目标引领下，我国经济社会将产生广泛而深刻的系统性变革。在"双碳"目标引领下推动冰雪产业常态化发展，把冰雪资源作为一种宝贵的生态环境资源加以开发、利用和保护，才能真正实现经济社会发展与生态环境保护的有机统一和良性互动。例如，冰雪产业的常态化发展需要让体育设施同自然景观和谐相融，通过科技赋能提供绿色低碳的观赏、参与、培训新场景，确保人们既能尽享冰雪运动的无穷魅力，又能尽览大自然的生态之美。此外，冰雪产业的常态化发展，需要冰雪装备制造业把资源利用效率、碳排放强度作为重点考虑范围，不断升级制造技术、优化体育生产加工系统，在体育产品设计、生产、管理、运输等全过程降低碳排放，实现节能增效下的智能制造。

---

① 　杨国庆. 习近平关于办好北京2022冬奥会重要论述研究 [J]. 成都体育学院学报，2022,48（1）: 1-7.

三、冰雪产业常态化发展研判

未来的冰雪产业常态化发展势必要处理好、协调好影响冰雪产业的各类经济、社会因素。在助力冰雪体育产业快速成长的同时，要做到自身发展与时代诉求的有机统一，要将冰雪产业自身支撑要素实现从不稳定到稳定的过渡，还要根据社会经济发展现实需求解决影响冰雪产业发展的问题。北京冬奥会、居民消费升级以及体育强国建设三个领域的相关因素的良性互动（图6-4）能够为冰雪产业发展提供先行引领，催发冰雪体育产业的快速、协调发展；巩固并可持续性开发"三亿人参与冰雪运动"成果，释放并培育冰雪消费新需求，助力体育强国建设，这是冰雪产业价值整合下的价值诉求；产业发展基础端（场地设施、人才、投资）、消费端（消费水平）、区域布局以及产品端（文化品牌提升、产业价值链）是产业要素由不稳定到稳定的主要特征指向，这四个要素组成内容交互作用重塑冰雪产业体系良性动态演进。

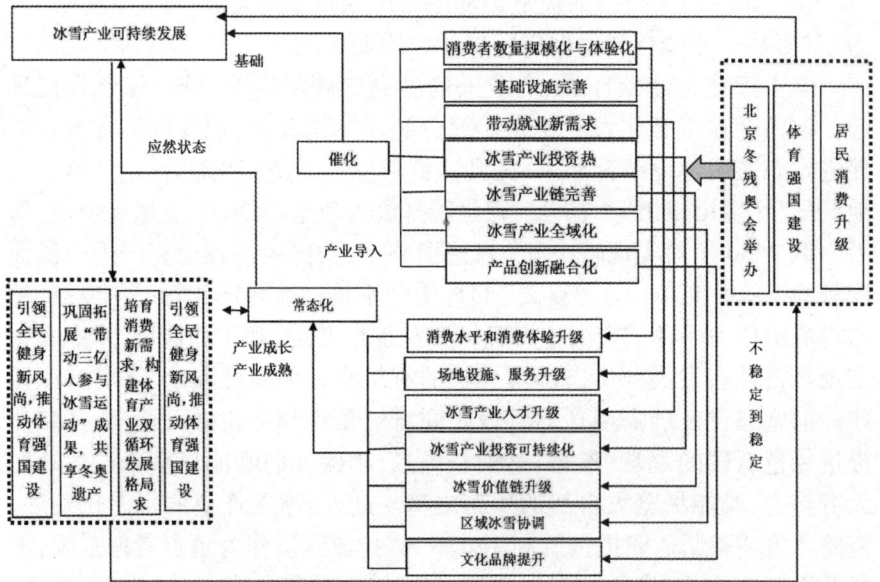

图6-4　我国冰雪产业发展的"常态化"判断

冰雪产业从催化到常态化发展，需要经历以下四个阶段：首先，塑造冰雪产业发展的基础需要，从加强冰雪场地基础设施建设、完善场地服务、标准化升级入手；需要从带动冰雪就业和冰雪人才的数与质的提升中探寻新的增长点;同时需要冰雪资本从一拥而入的"挖金"到回归理性的"价值发现、价值创造",推进冰雪资本投资的持续、稳定与健康发展。其次,培育消费动力,需要冰雪体育消费从增加潜在消费者数量到提升消费水平和消费体验(习惯性参与者的转化率)。再次,冰雪产业区域布局需要从遍地开花到因地制宜,最终实现协同梯度的协调发展。最后,冰雪产品端,需要从创新融合到文化品牌的提升,需要从产业链完善到产业价值链积极向好发展,这是一个能够保障冰雪产业良性发展的梯次过程。总体而言,随着冰雪产业构成要素的相互影响、相互渗透、相互交叉日益深入,冰雪产业所具有的综合性和关联性特征将更加明显。

第三节 问题与困境:冰雪产业"常态化"发展

一、冰雪消费动力的持续性之困

消费是冰雪产业发展的基石,消费动力的持续性是有效推动冰雪产业发展的核心推动力。现阶段,我国冰雪产业在运行与发展过程中存在消费的短暂性和不稳定性问题,降低了冰雪消费的动力输出。

一是,消费的阶层差异较大。冰雪运动属于较高消费层次的运动项目,数据显示,对于冰雪体育体验者而言,包括装备、培训、门票、交通等平均花费要接近 6000 元,并且超过 53.57% 的人属于中高消费能力人群[1]。从装备开始,如果仅是冰雪体验,可以租借滑雪场设备。但如果深度参与,仅买齐一套普通装备的花费就超过 4000 元。从冰雪市场消费实际来看,中产阶层是冰雪旅游的主体,也是冰雪文化体验、消费市场培育的主力军,是带动更多社会群体的参与并激发后奥运时期冰雪产业市场稳定性的关键。然而,按照清华大学李强教授对中国社会分层划分,我国尚在"土字型"社会结构之中,中下层群体所占比例仍较大,中产阶层(包括其家庭成员)占全国总人口的 26% ~ 28%[2]。所以,尽管我国人均 GDP 已近迈入了发达国家行列,冰雪文化消费无差别的面向全国民众,但冰雪文

① 消费日报社.冰雪运动不再小众 冰雪消费人群平均支出近 6000 元 [OB/OL].[2019-11-25]https://m.thepaper.cn/baijiahao_5059206
② 李强.21 世纪以来中国社会分层结构变迁的特征与趋势 [J]. 河北学刊,2021,41(5):190-199.

化消费定位与消费群体的差距问题、收入不平衡问题、消费阶层"两极化"问题等，使得能够长期从事越野滑雪、滑冰、户外冰雪旅游等消费的群体规模仍然较小。此外，虽然高收入阶层拉高了居民的整体消费水平，但是，支撑冰雪体育有效性消费、冰雪体育消费需求扩大的群体却是中低收入阶层。如何在延续现有消费群体基础上进一步扩大冰雪消费人群的"基本面"，是着重关注的一个环节。

二是，消费结构和冰雪人口结构不足以支撑冰雪产业的高质量发展。冰雪消费是一种专业消费，需要消费者具有一定的技术基础，拥有体能、冰雪运动知识、运动技能以及正确的体育消费价值观，这样的运动人群是冰雪消费的人口基础。然而，冰雪人口培养是相对的慢变量，需要漫长的时间积累。尽管我国三亿人参与冰雪运动的目标已经实现，冰雪运动参与率仅次于瑞士、奥地利[①]；但是，我国冰雪人口拓展程度并不高，参与模式和消费结构并不合理，大多数人只是偶然尝试体验型消费，近九成是以娱乐为目的（表6-2），这意味着冰雪消费主体是在"跟风心理"和"从众心理"的影响下参与冰雪运动的体验型消费者。体验性滑雪者是潜在消费者，但如果对冰雪运动参与的理念培育、冰雪运动知识传播、参与冰雪运动培训内容不到位，就很难将其变成持续的消费者，也很难与装备市场等其他产业链条产生良性发展。

表6-2　全国居民参与冰雪运动的频率与动机

参与频数	占比（%）	参与目的	占比（%）
一年5次以上	3.86	竞技比赛	73.35
一年3~5次	7.16	强身健体	15.75
一年1~2次	38.4	兴趣爱好	11.49
两年1次	13.63	追求时尚	0.19
三年或更久一次	36.92	娱乐休闲	70.35

注：由"带动三亿人参与冰雪运动"统计调查报告整理得出

三是，冰雪产业消费群体培育机制有待进一步开发。从冰雪参与的人群来看，冰雪参与的主要人群集中在18~30岁的青年和18岁以下的青少年。受多种因素影响，这两个群体的消费者潜力以及扩容空间狭小。18~30岁的青年人群体大多是事业初创群体，收入尚不稳定，面临着房贷或租房的压力，尤其是在现今工作压力大、生活节奏加快的社会环

---

① 田栋. 奥运经济效应及我国发展冰雪经济的国际经验比较与借鉴 [J]. 全球化, 2018（9）: 100-111.

境下,青年人消费欲望被压制。国际比较发现,国外成熟的带薪休假制度有助于全家灵活安排假期,冰雪运动消费的时间限制因素较小;而在国内,很多单位、公司、企业的职工每周的双休都难以保障,小长假到处人满为患,冰雪消费的时间成本较高,对冰雪消费产生了明显的挤出效应。学校体育教育是冰雪消费的基础条件,但现有的冰雪运动教育培养体系、大中小特长生的人才输送渠道与制度尚未建立,很大程度上弱化了冰雪消费潜力。《"带动三亿人参与冰雪运动"统计调查报告》显示,有 18 岁以下的孩子的家庭中,65.74%的受访群众表示孩子的就读学校"没有"冰雪运动类的体育课或者开展过冰雪知识文化的宣传普及。本研究对冰雪特色学校调查发现,初期很多家长支持孩子参加冰雪运动,但孩子面临升学压力时,支持力度大幅度减少,家长认为花大量时间精力从事冰雪运动会影响学业。持续的冰雪体育消费不仅需要有"量"的支撑,也需要"质"提升,如何提升冰雪体育人口质量成为有效推动冰雪经济发展必须解决的问题。

二、资本潮汐隐患带来的冲击之困

所谓资本潮汐是指围绕某一经济热点而发生的资本聚集与退去的资本运作现象。资本在奥运效应下不断涌入并形成规模,从华录百纳等多家上市公司涉足冰雪产业可窥得一斑。但在奥运会结束后,赛事热度的减弱引发资本退潮,形成资本潮汐。事实上,从奥运举办城市进入后奥运时期的经验来看,大都曾陷入"资本潮汐",即便是北京奥运会后,北京奥运前的投入规模和投入结构客观上加大了奥运后低谷效应的压力[①]。如果不能够合理引导投资,有可能使得冰雪经济增长放慢,对冰雪产业平稳发展带来风险。一方面,资本的退却抑制了冰雪"资源"转化为"产品"的能力,不利于产业体系全面升级、服务品质全面提升。另一方面,资本的退却会弱化全产业链运营模式发展,不利于整合优势资源、完善产业链条。

当前,冬奥会奥运低谷效应下存在资本退潮的隐患,造成这种压力的根源在于 3 个方面的因素:

一是,举办冬奥会的行业投资效益、效应反差。冰雪产业属于线下重资产行业,冰雪行业对配套行业要求较高,如交通、酒店服务、餐饮等,需

---

① 杨越.奥运后首都经济可持续发展的地方税收研究 [J].体育科学,2009,29(8):12-19.

要长期投资且投资回报的周期较长。奥运会的举办强烈刺激了居民对冰雪运动的消费，许多冰雪场地消费人次突破盈亏平衡点之后，成本的增长压力才会大幅放缓并出现盈利。尽管奥运背景下冰雪运动风靡，但国内冰雪滑雪场盈利水平却回温乏力，国内头部雪场的河北崇礼万龙和万科滑雪场依然面临设施成本与获客成本的双重压力以及四季运营难题。随着冬奥会热度逐渐消散，与之相关的所有行业可能在投资与收益上均有所落差，特别是当前我国冰雪消费的体验性消费群体众多以及新冠疫情反复带来的消费不稳定性，冰雪行业将普遍面临成本与获客的双重压力，会导致投资增长挤出效应的产生。

二是，投资人和体育人的理念不同。冰雪产业的自身属性决定了市场机制要以供需关系为基础，形成合理配置资源的主机制，同时市场化机制也是加速体育产业新旧动能转换、促进推动冰雪产业链现代化的驱动因素。然而，冰雪行业中"强政府"的体制惯性和固化的思维方式一定程度上制约了市场机制作用的充分发挥。特别是在"三亿人参与冰雪运动"目标和一系列冬奥会政策驱动下，产业行政管理体制与群众冰雪运动、冰雪经济管理交织在一起，使得冰雪产业带有体育事业的公共产品属性。在"争光情结"与"事业定位"的影响下，极易出现政府干预市场供需关系的问题，不同所有制、不同规模的企业很难平等地参与市场竞争，出现资本市场退却。投资方与管理方不断爆发的对抗性事件暴露出冰雪产业链上的政府部门与民营企业的不协调问题。

三是，冰雪产业政策的集成创新不足，"内生"增长的市场机制不健全。目前国家和地方有关冰雪产业的政策多为纲领性政策文件，偏重于战略规划，缺乏市场激励性政策支持。体育税收、能源费用及税费的补贴支持是体育企业普遍关注的问题，虽然国家出台了相关产业政策进行推进，但实施的落地性并不理想，许多企业依然面临征税率及能源费用执行标准依然居高不下的问题。如何降低企业成本，让百姓玩得起，让企业有热情去做，是当务之急①。

三、冰雪场地资源供给的孱弱之困

冰雪场地设施是冰雪运动产业发展的基石，其供给能力是否充沛决定冰雪产业的发展潜力。现阶段，我国冰雪场地设施数量少、质量参差不

---

① 北京青年报.代表委员给冰雪运动出主意[OB/OL].[2019-3-7]http：//epaper.ynet.com/html/2019-03/07/content_321461.htm？div=-1.

齐等问题制约了冰雪人口质量的提升，不足以支撑冰雪产业链的形成，这是我国冰雪产业常态化发展的一大痛点。

在供给数量方面，尽管我国冰雪场地数量逐年增加，但从 3.46 亿冰雪人口与 1000 个冰雪场馆数量人均保有量来看，仍然太少了。根据《"带动三亿人参与冰雪运动"统计调查报告》显示，超过 50% 受访群众对阻碍参与冰雪运动的因素首选"附近缺乏冰雪运动场所"[1]。如何延续现有消费群体，使之能够产生推动冰雪消费的常态化力量，还需要解决许多滑冰场、滑雪场"滑雪 1 分钟（雪道少、面积小），排队 2 小时（缆车数量少、运力不足）"的初次体验不佳，进而影响冰雪消费忠诚度等问题。

在供给质量方面，目前我国室外滑雪场地和室内滑冰场地的总体质量堪忧。按照国际标准，规范的冰场面积需达到 1800 m^2，但目前我国室内冰场中近 60% 达不到此标准，大部分雪场都是旅游体验型雪场，只有初级雪道，且服务、管理、规范、秩序等方面的稳定性不足[2]。而作为滑雪新手的游客在这样的滑雪场难以真正体验到滑雪的乐趣，进而影响其对滑雪运动的认知，令其难以真正爱上这项运动，不利于参与者对体验质量形成稳定的预期。

在供给结构方面，我国冰雪体育场地多元化供给机制缺失，市场主体活力不足。一些优质冰雪源被行业协会垄断，一些系统内经营性场馆资源并没有完全推向市场，政府部门在选择冰雪公共服务的供给方时往往倾向于原有的下属协会和企业。而冰雪企业之间市场定位趋同，不能实现资源共享。冰雪场地同质化建设严重，竞争异常激烈，甚至一些地方政府和企业不顾冰雪运动项目开展的自然资源条件，人为强行上马冰雪项目。同质性的场馆设施重复建设导致其辨识度不高，为争夺客户大打价格战，无序竞争加剧。

在场地服务配套方面，存在"重硬件建设，轻软件完善"的问题。一些小型的冰雪滑雪场地小而弱、乱而散，只注重旅游开发，配套设施、从业人员资质、滑雪安全保障措施不足，场地存在安全隐患，初次滑雪者常会由于滑雪事故受伤而不再上冰雪。大型冰雪场过度关注标志性的核心冰雪景区，而忽视了住宿、餐饮、旅行社等相关服务业态的培育，忽视了城市商业环境和友好人文氛围的营造，导致虽有良好的资源却难以形成强大

---

[1]　国家体育总局.《"带动三亿人参与冰雪运动"统计调查报告》[OB/OL].[2022-1-03]https://www.sport.gov.cn/n20001280/n20001265/n20067533/c23921797/content.html.

[2]　阚军常,翟哲,张宏宇.我国冰雪运动发展的战略规划与推进路径[J].上海体育学院学报,2022,46（01）:52-59.

的冰雪运动吸引力[①]。

四、冰雪人才匮乏之困

冰雪产业发展带动了就业，并衍生了一系列专业性强的就业岗位，但人才匮乏的问题也随之暴露。

虽然缺乏最新的统计数据，但根据专家估算，我国重要滑雪场管理人员 2016 年仅 320 人，压雪、索道、造雪、教练等技术骨干现在仅 1492 人，冰雪专业竞赛组织运行人才更是近乎空白[②]。我国冰雪专业人才培养起步较晚，目前全国仅有十所大学开设冰雪运动专业（本科）。但是，由于冰雪产业人才培养周期长、培养条件高，跨行业人才需要较长的适应期，这就导致无论从人才规模还是专业结构上，冰雪运动的人才储备远远不能满足冰雪运动及冰雪产业发展的需求。

冰雪运动专业人才匮乏的突出表现：一是，冰雪项目运动员、教练员、裁判员等直接参与冰雪运动的人才尚不能满足冰雪运动竞赛需要，影响冰雪文化的开展，而且影响冰雪运动产业链整合；二是，冰雪经济人、体育营销、冰雪防护师、导滑员、冰雪赛事组织管理等体育产业相关专业人才缺口巨大，制约冰雪产业偏向于高技能劳动力要素的技术进步方向升级；三是，中小学冰雪运动教师不足，阻滞"冰雪运动进校园"以及冰雪后备人才培养；四是，健身指导员、救护人员等冰雪运动社会体育指导员队伍的人才供给明显不足，制约冰雪人口、冰雪消费的提质扩容。五是，冰雪运动相关产业链所需各类专业人才不足，诸如雪地救援人员、冰雪装备生产、冰雪场馆建造与维护人员、造雪机与压雪车操作维修技术人员等专业人才极为稀缺，不利于冰雪产业（场地、设备、运动装备）质量的提升以及标准化发展。

五、区域冰雪产业发展的异质性之困

冰雪产业发展具有区域异质性特征，实质上并非在所有地区都值得或者都适合开展，特别是冰雪自然资源强依赖性，需要细分冰雪经济链

---

① 韩元军. 以大众冰雪旅游助力北京冬奥会战略 [J]. 旅游刊, 2020, 35（4）: 9-11.
② 冯烽. 北京冬奥会背景下中国冰雪经济高质量发展的推进策略 [J]. 当代经济管理, 2022, 44（3）: 41-47.

条,从全国层面布局和推动区域冰雪经济协调发展 [①]。

目前,在区域冰雪产业发展过程中,区域冰雪产业的异质性特征不明显,主要有以下几个问题。

一是,冰雪旅游格局已经清晰,但区域无序开发和同质化问题严重。虽然冰雪旅游在"南展西扩东进"的冰雪产业图景中形成了"全面开花"的格局,但大多是以观赏冰雕、冰灯和嬉雪为主,冰雪民俗体验类和冰雪目的地度假区旅游类产品较少,产品较为单一、缺乏自身特色、同质化现象较为严重,进而陷入大打价格战的尴尬境地。

二是,地方性政策多偏好于对国家政策的贯彻与实施,不同程度地存在盲目跟进、一哄而上的情况,给全国冰雪产业带来"产能过剩"的隐患。例如,无论是职业赛事还是群众赛事,虽得到各方的重视,但赛事品牌识别要素缺失、城市文化内涵的挖掘和特色活动的筹划不足、赛事精神文化建设滞后。此外,政府政绩诉求在主办冰雪运动赛事的过程中仍是主流,致使冰雪赛事市场化、社会化需求存在较大差距。

三是,区域冰雪产业布局协同能力不强,主要表现在体育资源在分配与配置上具有鲜明的"条块分割"现象,产业链对接不足,造成资源的相对浪费,协同效应难以释放。例如,近些年东北三省也做了在冰雪旅游、冰雪运动项目等方面的相关合作,以实现东北冰雪产业差异化、梯度化发展。但是,其区域间的协同发展尚停留在倡议和联合政策发布层面,如吉林提出"世界级冰雪运动胜地",辽宁要"以冰雪体育文化度假旅游产业为关键的冰雪全产业传动链条",黑龙江省则要打造为国际冰雪旅游度假胜地,三地虽均表现出较强的区域优势突出、区域协同发展的诉求,但具体如何操作的问题亟须明确。

四是,区域冰雪资源与需求不匹配问题突出。当前我国冰雪产业发展面临"冰雪资源北多南少""消费需求南强北弱"的突出矛盾。虽然区域中心城市间交通网建设为冰雪供需市场注入新动力,解决了冰雪资源"吸引人"的问题,但是没有解决"留住人"的问题,很多目的地公共服务配套落后于产业实践。

六、冰雪产业链、价值链"跛脚"之困

冰雪产业要真正转化为冰雪经济,需要完整的产业链的支撑,产业链

---

① 李凌.体育消费链破解冰雪经济体多元困局的策略研究 [J].北京体育大学学报,2021,44（11）:51-60.DOI:10.19582/j.cnki.11-3785/g8.2021.11.006.

之间的联动整合才能形成强大的冰雪经济。"冷资源"要转化为"热经济"的前提是，冰雪产业与地方文化以建筑设施、餐饮住宿、商业娱乐、影视创意、运营分销等为核心实现深度融合与深入融合，把冰雪之外的更多地方文化与产业资源带入消费循环和产业链条，冰雪经济才能整体提升，避免冰雪产业"跛脚"发展。当前我国冰雪产业"跛脚"问题突出表现在以下几点。

其一，我国冰雪产业的开发重点是体验式冰雪旅游，高端冰雪赛事、冰雪装备制造、冰雪培训等产业链的环节缺位造成产业链非均衡问题突出。尽管我国具有雄厚的装备制造基础，模具、铸造、锻造等基础配套能力可满足发展冰雪装备制造业的基本需求，但大部分冰雪制造设备产品性能、质量、科技创新相对落后，对于精密度要求高的造雪机、压雪车、索道和安全标准高的滑雪板等冰雪设施装备进口依赖度超过80%，1000元以上雪板、雪鞋、头盔、雪杖等冰雪器械装备中的高端市场几乎被国际品牌垄断[25]。高端产业链条缺失的问题还主要表现在以下几个方面：一方面，冰雪赛事是整个冰雪产业发展的核心，也是冰雪文化的有力抓手。但当前无论是职业赛事还是群众赛事发展都尚处在发展的初级阶段。在冰雪竞技职业比赛方面表现为冰雪赛事版权与赞助过少，投入与产出的波及效果的感应度和影响力低，相关行业标准与管理规范不到位、市场主体缺位、冰雪运动人才缺失与产业链对接不足，等等问题。另一方面，受"双减"政策、中考体育分值增加影响，冰雪培育市场有所发展，但是培训主体的良莠不齐，标准化的冰雪培训教学体系、教练员认证体系和滑雪学校管理体系尚未建立，大中小学冰雪特长生升学与职业输送渠道尚不完善，在培训业发展方面也需要更多的社会认同。最后，冰雪休闲健身服务的有形性服务被感知的感知度不高（设施）、可靠性服务的承诺呈现度不强（声誉）、响应性服务的反应能力迟缓、安全性服务的胜任能力不足、移情性服务的客服人员投入精神欠佳等问题，还不能完全满足冰雪消费的回流和消费升级等高品质的消费需求。

其二，冰雪产业融合发展的路径不够清晰、成效尚未充分显现。一方面，冰雪自身市场主体不成熟，本体产业规模不大，融合的过程中容易失去主导地位；深层次体育文化的挖掘不够，资源的分配、整合与利用效率低。近年来，在政策红利下形成了一些精品冰雪旅游路线和体育旅游示范区，吸引了许多社会资本投入，但融合过程中企业重视冰雪关联产业而忽视主体产业的核心地位导致冰雪文化滞后发展。另一方面，冰雪产业融合面临着产业壁垒、行业壁垒问题，行业间共管、共建、共享的局面不健全，许多跨界资源配置还没有共用，造成资金流通不畅、企业市场准入标准不一、技术等要素融合程度低等问题,"冰雪+"新经济、新业态、新模式还有待加速形成。最后,智慧冰雪服务已经提上日程,但推进仍不充分,信息平台存在规模小、用户少、用户体验差、商业变现难等问题,导致其对冰雪产业链上游和中游的需求反馈作用有限。

七、冰雪产业文化品牌建设之困

冰雪产业的发展离不开文化的熏陶与渗透,否则将失去"需求引致供给创新"机制,进而难以诱导和激励市场的产品供给与创新活动。如果一个产品失去了文化的支撑,产品与大众需求也就失去了习惯的培育与消费的纽带。在主办冬奥会的特殊历史背景下,冰雪文化已经破题,但冰雪文化品牌建设还没有形成核心竞争力。

文化淡化问题体现在以下几个方面:一是,在品牌竞争方面,冰雪运动定位不准确、价值主张不明确导致行业间恶性竞争凸显;此外,还存在冰雪旅游冷热不均,核心品牌同质化,产品缺乏辨识度,无序竞争化发展趋势明显[26]等问题。二是,品牌建设的支撑层面,场地"硬件"快步向前,但冰雪场地运营、冰雪人才培养、冰雪赛事打造等软实力方面迟迟跟不上,出现"瘸腿现象"。三是,品牌价值链方面,冰雪产业各个业态取得多项创新突破,但缺乏叫得响的品牌,且产品服务标准化,产品质量认证与检测尚处于缺失或断裂状态。产品营销端的投资不足,品牌化运作能力不强,品牌的靶向性不清晰(中老年、儿童少年、专业高水平等特殊人群没有进行个性化设计和差异化),讲故事营销方式缺乏商业品牌建设经验,冰雪的场景形式、内容饱满度不足等,暴露出冰雪品牌建设推进不足的问题。四是,品牌建设的市场化问题。冰雪产业的市场主体缺位,地方政府成为冰雪产业链的主角,政府干预市场供需关系对品牌市场化形成了干扰,导致冰雪产品品牌整合不足①。五是,在区域品牌差异化方面,冰雪资源富集程度不均衡,凝聚地理空间优势重点不突出,梯次错位不明显。

---

① 　李安娜.北京2022年冬奥会背景下我国冰雪产业链现代化:机遇、挑战与路径[J].沈阳体育学院学报,2022,41(01):25-32.

第四节　走向"常态化"：冰雪产业可持续发展路径

一、稳基础、拓市场，激活冰雪产业发展底层动力

冰雪消费市场特点突出，一是消费弹性大，一旦消费实现，将释放巨大的消费潜力；二是消费动力强，作为一种时髦消费，示范效应突出，对城市居民特别是对青少年影响很大，在特定场景下能直接带动冰雪装备产业、住宿、饮食、交通、汽车等产业的快速发展。因此，从消费驱动的视角去推动冰雪产业发展，将直接制约着我国冰雪产业能否实现可持续发展的大计。有鉴于此，要在国家扩大体育内需基础上，纵向挖掘现有冰雪市场潜力，通过以下举措激活冰雪产业发展的底层动力：

①将冰雪消费纳入全社会的消费之中，纵深推进"城乡居民收入倍增"计划（十八大提出），"扩大中等收入群体"。一方面，提升居民收入的绝对量。2019年，中央经济工作会议提出经济发展"六稳"工作中，"稳就业"是第一"稳"。居民可支配收入的稳定增长，就业正是确保居民拥有工资性收入、拥有足够购买力的前提。因此，稳就业既是一个社会问题、稳定问题，又是一个有效释放需求，增加进而推动扩大再生产重要举措。另一方面，提升居民收入的相对量，不断减小居民的经济压力。政府部门要通过储蓄、社会保障、财政金融政策控制社会总需求，缓解产业发展面临的需求瓶颈。例如，政府要有效控制物价及房价的增长，进一步完善社会保障制度，强调教育的公平性，降低医药医疗成本，才能弱化必要支出对冰雪消费的挤出效应。同时，加大冰雪装备器材的国产化率，利用我国体育装备产品种类多、价格低、质量优的优势，避免国外高额的装备用品对冰雪消费的制约。

②各级政府要从宏观政策兜底基本要求出发，针对不同的冰雪运动产品"嵌入式"发放惠民券，切实降低群众参与冰雪运动的消费成本，让冰雪运动实实在在走入寻常百姓家。

③积极推动设立"中国冰雪日"，倡导提高工作效率，鼓励机关、企事业单位将冰雪消费作为职工奖励和福利措施，合理安排假期长度和休假频率，探索带薪休假制度，着力解决冰雪消费的时间成本。

④巩固三亿人上冰雪的成果,激活冰雪潜在市场,提高冰雪运动初级体验者到习惯性参与者的转化率。在提升冰雪中高级配套设施和服务品质同时,从提升消费者黏性与促进消费的角度,探索菜单式服务模式,建立起面向特定组织和人群的教练输出与实地培训结合的商业模式。例如,初次学习者的含教练费在内的雪票策略、面向特定年龄人群的免票策略,等等,着力推动青少年更多上冰上雪。

⑤加快推进冰雪项目进校园,将冰球、冰壶、短道速滑等冰雪课程融入国家体育课程体系,建立起大、中、小升学制度与人才输送渠道,激发青少年学生参加冰雪运动的热情,进而提升冰雪运动的内涵和大众普及率。

二、纾梗阻、促有效,充分发挥资本助力作用

冰雪产业可持续发展的前置环节是要有投资形成有效的产能。当前,冰雪产业处于大步前进阶段,政府有要求、政策有红利、民众有需求、市场有期待、资本有热情,这是最好的发展时代,但是如何吸引投资并提高投资效能仍然是现阶段亟待解决的问题。

一是,在保护资源、规范市场的前提下减轻冰雪企业的运营压力。产业政策要从选择特定产业或企业的特惠模式转向为普惠性、功能性政策,提升企业财政、税收优惠政策适用范围与标准落地。

二是,落实金融供给侧结构性改革,拓展银行业等支持体育产业发展的融资渠道,探索设立贷款担保风险补偿基金,加大对中小、小微冰雪企业的支持。

三是,深化体育要素市场化配置改革,打破体育赛事、赛事转播、冰雪场馆等体育资源行政、行业协会、地区垄断,完善体育产权市场化配置体制机制,畅通要素资源流动渠道,消除社会力量办冰雪的权益壁垒及隐性壁垒。鉴于目前冰雪赛事、冰雪场馆等的知名度和商业化程度不高,政府可考虑与企业签订长期的合作方案,给予企业举办冰雪赛事、场馆运营的政府补贴,并逐年递减,最终实现冰雪赛事、冰雪旅游与场馆的完全商业化运营。

四是,打造"全时全域"的冰雪体验产业系统。释放冰雪经济活力需要打破季节性限制,要打造"全时全域"的冰雪体验产业系统。鼓励冰雪企业利用 4 个月的冰雪季做好冰雪体验度假、冰雪竞技赛会和冰雪节事活动等,利用 8 个月的空窗期延伸冰雪装备展销、夏季清凉会议、民宿体验度假、冰雪运动培训等活动,打造"春踏青,夏避暑,秋游景,冬滑雪"的全时段冰雪休闲发展格局,以四季经营破解"一季养三季"难题,提升旅游经济韧性。

五是，优化冰雪行业投资环境，倡导冰雪产业投资理性，强化腾讯、阿里、IDG、新浪等战略性投资者社会担当，通过平台的搭建、产业链的完善，把千千万万财务性投资人吸引到各企业的产业链条上，如此才能构建良好的冰雪产业资本生态圈，发挥资本对冰雪产业发展的助力作用。

三、夯基础、促升级，增强场地基础支撑能力

从基础完善到标准化运作，冰雪场地设施的服务升级是实现冰雪产业价值提升与体验升级的重要保障。要坚持突出重点、需求导向、分类施策原则，加大冰雪基础设施的投入，升级冰雪基础设施建设，提高交通基础设施保障能力和接待能力。

一是，研究制定冰雪场地设施布局规划。充分利用远郊区山地资源、城市公园、郊野公园及城市空置场所等建设冰雪场地设施，探索符合运动习惯、消费便利的体育设施，形成"标准冰雪场地、室内滑冰场、可拆装滑冰场、户外冰雪场、冰雪综合体、冰雪场地设施服务网点"的多层次、多样化发展格局和等级次序的场地布局。对于冰雪资源稀缺的南方地区，可以建立室内雪场、冰场、开设旱冰场等来间接提升群众参与度。在我国人口稠密、经济发达的大中城市，克服用地紧张，完成冰雪运动对一种高品质生活的文化表达，打造冰雪体育服务综合体，推动冰雪与文化、旅游、商业、地产等产业的融合发展，满足多元消费需求。

二是，国家标准委制定冰雪产业资源开发利用及冰雪行业设施标准，并按照标准完善滑雪场地的设施建设。同时，对存在安全隐患的滑雪场、虚假宣传、坐地起价的冰雪场地管理加以停顿整治，在改进滑雪场硬件的同时提高服务质量。

三是，要加快全国高铁、公路旅游交通一张网的构建，尤其是冰雪运动、冰雪旅游目的地交通建设。鼓励机场、高铁站开通重点景区旅游专线和其他公共交通设施，加强场地服务全覆盖和公共设施改造。

四是，借助新基建的发展势头，以数字化基础设施为核心，构筑智能化冰雪场地设施，推动各类沉浸式体验的同时，创新冰雪产业的发展。

四、育人才、建体系，填补冰雪产业发展人才短板

人才驱动是进一步实现冰雪产业创新、可持续发展的实质性助力。更好地发挥冰雪产业带动就业、稳定就业局势的作用，破解高层次人才短

缺问题：

一是，要把冰雪产业人才的职业发展和队伍建设纳入顶层设计，进一步扩大冰雪专业的招生，完善冰雪产业人才的培养和引进政策。

二是，依托体育专业院校、综合性院校、财经类院校自身资源优势和专业优势培育冰雪运动专业的融合性人才、跨专业人才，围绕冰雪产业发展实际需求、重点领域，明确定位不同类型、不同层次冰雪产业人力资源的培养目标及核心素养，规范体育产业专业人才培养体系和方案。

三是，推进"政产学研"一体化冰雪人才培育体系建设，引导、支撑体育企业与国内外高校联合开展"订单式"人才培养。

四是，要积极抓住中央当前大力发展职业教育的机遇，发挥各层次教育力量的优势，强化冰雪艺术人才、冰雪旅游人才、制冰、电气、焊接等冰雪机械设备类人才的输出。

五是，要健全冰雪人才职业标准和冰雪运动社会体育指导员培训体系，尤其是冰雪人才培养标准、冰雪人才职业资格认定标准等。

六是，实施"双创人才"工程，吸引和汇聚多学科跨界人才、高学历人才、科技领军人才进入冰雪产业领域，完善人才的生活津贴、参保就医、子女入学等方面的服务配套。

七是，高度重视退役运动员职业发展，积极鼓励和支持退役优秀运动员发挥自身优势，发挥行业协会、企业等力量积极作用，利用多元教育资源，开展社会化培训，培养冰雪运动研究、咨询、策划、营销、赛事组织、场馆运营等方面的应用型人才。

五、跨时空、促协调，推动冰雪产业区域协同发展

冰雪产业发展要打破区域区隔，要有大区域的协同发展理念，特别是在统筹后冬奥会时期的冰雪产业可持续发展过程中，区域协同理念和机制就显得尤为关键。

一是，摆脱冰雪产业遍地开花、同质化产品扎堆等问题，尽快推进全国冰雪资源普查工作，摸清各地区冰雪资源状况，建立中国冰雪资源数据库，科学制定中国冰雪产业中长期发展规划。

二是，基于冰雪区域、冰雪资源特色及人口潜力等差异性，采用非均衡机制，从"冰"和"雪"双线发力，加快构建"T+N+X"式冰雪体育产业布局。"T"为领头性冰雪产业，如东北地区地冰雪度假旅游，南方地区室内滑冰，西北地区冰雪休闲健身运动、京津冀重点承办的综合性国际冰雪赛事等。"N"为主导性、潜导性产业和地方特色产业。"X"为冰雪相关

及融合产业,例如文商旅、康复医疗、体育教育培训、装备制造等。这种"雁阵"区域产业布局既强化了各地区特色冰雪产业、找准比较优势、打造竞争优势,实现空间范围内产业的层次分工和优势互补的协调发展,也极大地避免了区域冰雪产业资源排他性产生的虹吸效应问题,以及由此造成的区域体育产业发展、供需不协调问题。

三是,完善明确空间功能的分区、分级和分类,推动区域以特色化、差异化、梯度化的模式发展。对接京津冀协同发展、长江一体化、粤港澳大湾区建设,抓住城市群、发展轴、都市圈、跨界地区等关键空间载体,充分考虑地域内资源环境承载力,纵深推进冰雪赛事城市群(长江三角、京津冀、哈长、成渝等城市群)——冰雪休闲产业发展轴(陇海兰等冰雪经济带)——冰雪旅游、冰雪装备功能区(东北、西北)的冰雪产业空间布局体系。

四是,关注地方政府非理性竞争。地方冰雪产业存在"大而全"、"小而全"、缺乏地区特色和民族特色等发展问题,这些问题很大程度上源于地方政府对宏观体育产业政策的非理性认知,以及政府追求短期政绩和短期收益。所以,体育行政管理部门要进一步摆脱分物资、分指标、批项目、抓配置的工作方式,尝试将冰雪产业的社会效益纳入考核与评价,把目标放在冰雪体育消费、冰雪文化普及与冰雪运动意识、青少年体育参与等基础环节,而非大而宏观的项目载体。

六、协同带动、要素集聚,构建有竞争力的产业链和产业生态

冰雪产业要发展壮大,必然也要构建以冰雪产业为核心、相关配套产业为支撑、一二三产业融合发展的产业链与产业生态圈。

一是,充分发掘冰雪产业链条上各细分领域,形成以冰雪赛事、冰雪旅游、冰雪装备制造、冰雪培训、冰雪文化等为核心,包括会展、金融、商贸、研发设计、物流、公共服务等完整产业链或产业生态圈的现代产业体系,塑造新优势、培育新动能、形成新经济增长点。

二是,做强核心企业。现代产业链、产业生态圈的竞争重点是核心企业的竞争。建立"冰雪领军企业"制度,借助国家"一带一路"倡议,吸引国内外知名的头部企业,培育壮大本地企业,聚集形成一批具有国际竞争力的冰雪企业,带动配套企业、支撑企业创新发展。

三是,推动冰雪与教育、设计、文化、餐饮、影视、娱乐、会展、健康等产业的融合,通过"冰雪+"电竞、养生、文创、研学、会展、节庆等发展模式延伸冰雪产业链,扩大冰雪"乘数效应"。

四是,以需求为导向,创新冰雪产业链的融合方式与模式。将冰雪装

备制造业与我国装备制造、钢铁、汽车、特色农业等传统优势产业相结合,研发、设计、生产雪上项目、冰上项目和冰雪周边配套产品,包括滑雪靴、滑雪板及固定器、滑雪杖、滑雪场防护网、滑雪护具、造雪机、雪车、冰刀鞋、滑冰护具、冰场围挡、冰壶、冰球等产品,提升产业链上游端的研发、创新实力,实现器材的国产化生产。在中游环节,利用虚拟现实(VR)、增强现实(AR)、全息技术等现代数字技术,推动其与冰雪文化相结合,创造出全新的数字冰雪体验产品,优化冰雪运动体验、旅游线路设计、装备数字化改造等服务,提升服务产品生产效率和价值。在下游环节,深耕垂直细分市场,充分利用"粉丝""迷群体"引导性消费,建立平台经济、流量经济、粉丝经济以及柔性化网络营销体系,构建赛事运营、商业开发、票务等模块,实现价值链生态模式创新。

七、耕文化、促推广,驱动冰雪产业品牌化发展

深耕冰雪文化链条,提升冰雪文化的社会影响力。创造更多文化交流平台,鼓励知名冰雪运动员、冬奥形象大使等具有号召力的意见领袖走向大众,讲解冬奥知识,分享自身运动情怀,普及冰雪运动文化,增强互动性的文化交流。此外,要进一步开发冰雪项目文化、赛事文化等文化形态,开拓体育专题片、体育电影等文化产品,丰富冰雪运动文化内涵,创新体育产品形式;另外,要充分发挥微信、微博、小红书等社交平台优势,运用图文、短视频、动画等全媒体手段加强冰雪文化宣传,让冰雪文化活动成为既"接地气"又"有人气"的生活亮点,进而促进冰雪产业文化发展,拓展冰雪品牌的价值空间。

冰雪产业的文化生产可以从以下四个方面入手:

第一,从奥运文化地标入手,将北京、延庆和张家口三个赛区打造成为世界一流的冰雪运动圣地、冰雪赛事基地、冰雪休闲文化基地。

第二,借助鉴于冰雪文化的多样性与接口的多元性,根据自身特色加入都市元素打造"城市冰雪文化"地标、城市名片,如北京"双奥之城"、吉林雾凇之都·滑雪天堂等。

第三,依托区域传统文化艺术、风俗和遗产,巧妙融入时尚风潮、未来科技和国际化元素,转化成各式产品,创造冰雪文化的新空间。例如,南方虽不能展示北方在冰天雪地里的生活场景,但可以再现"孤舟蓑笠翁,独钓寒江雪"的古典诗词意境美。

第四,持续推进高水平对外开放,巧借外力提升我国冰雪产业的品牌竞争力。一方面,承接全球成熟冰雪产业体系的中高端生产环节与要素,

形成错位发展。新冠疫情影响下的全球冰雪产业整体不景气,借优质资产价格下滑的机遇,放开国内企业并购国外职业俱乐部、品牌赛事 IP 的投资限制,支持国内体育企业开展国际并购,鼓励聘用国际高水平球员、教练,以及冰雪用品制造业研发、体育营销和运营管理人才。另一方面,主办冬奥会展示了中国举办国际大赛的超强能力,要充分利用国际体育组织的运营需求的契机,吸引、集聚一批企业、国际体育行业组织,设立分支机构和研发中心,构建全球营销及服务体系,更好融入全球冰雪产业创新和产业分工体系,借助"一带一路"等国际合作平台,利用我国冰雪装备产品种类多、价格低的优势,推进体育企业向沿线国家拓展市场,提升体育用品国际占有率。同时,通过体育产业的国际互动建立经济互惠关系,重点支持蕴含中国文化"基因"的冰雪服务产品走出去,打开国际市场,提高我国冰雪产业的品牌地位和影响力。

本章小结

冰雪产业是冰雪运动普及与发展的物质基础,是连接群众冰雪运动、"学校冰雪"体育科教和体育文化的载体。本章研究所要解决的主要问题是:研探后奥运时期冰雪产业发展的走向、亟待解决的问题,探讨冰雪产业可持续可持续发展的对策。

本章的重要观点:

(1)从冰雪冷资源到冰雪热经济。研究认为,冬奥会红利、消费升级红利、体育强国战略红利催化了冰雪产业的规模化、广域化、产业链完善、消费的稳步提升、基础设施改善以及市场主体壮大等向好态势。

(2)冰雪产业"常态化"发展的诉求与判断。研究认为,巩固拓展"带动三亿人参与冰雪运动"成果、引领全民健身新风尚、助力绿色与碳中和发展是冰雪产业常态化的内在诉求;需要冰雪产业链发生一些重要的转型,包括从增加潜在消费者数量到提升消费水平和消费体验升级、从冰雪场地基础设施完善到场地服务标准化升级、从带动冰雪就业到冰雪人才数与质的提升、从区域布局遍地开花到因地制宜与协同梯度的发展、从创新融合到文化品牌的提升、从产业链完善到产业价值链实现积极向好发展等,这些应成为冰雪产业可持续发展的判断标准和着力点。

(3)冰雪产业"常态化"发展面临的问题:冰雪消费动力持续化、资本潮汐隐患冲击、冰雪场地设施供给羸弱、区域发展异质性、产业链与价值链跛脚、文化品牌缺失所形成的多元困局。

(4)走向"常态化"——冰雪产业可持续发展路径。包括:稳基础、拓市场,激活冰雪产业发展的底层动力;纾梗阻、促有效,充分发挥资本对冰雪产业发展的血脉助力作用;夯基础、促升级,增强冰雪产业场地基础的支撑能力;夯基础、促升级,增强冰雪产业场地基础的支撑能力;育人才、建体系,填补冰雪产业发展的人才基础;跨时空、促协调,推动区域冰雪产业协调发展;协同带动、要素集聚,构建有竞争力的产业链和产业生态圈;耕文化、促推广,驱动冰雪产业品牌化发展。7条应然路径旨在为实现后奥运冰雪产业可持续性发展提供重要的理论与实践参考。

第七章　冰雪运动普及与发展对策

冰雪运动发展涉及面广,问题复杂而多元,协调成本较高,推动冰雪运动普及和发展的对策是一个多元化、多层面的机制体系。基于前文影响冰雪运动参与的各个层次的环境识别与评估、学校冰雪运动组织管理与体教融合纵深推进的研探,以及冰雪产业发展与支撑等规范体系研究的基础,本章从文化自觉、政策引领、社会传播、市场优化、动力激励等方面提出冰雪运动普及与发展的对策。

第一节　唤醒中国特色冰雪运动文化自觉

不同于欧美,我国冰雪运动文化和参与模式均具有较强的民族特色。厚植于民族特色基础的冰雪文化自省、自觉、自构是实现文化自信的前提,本土化冰雪文化建构是推动冰雪运动普及和发展的基础。

一、冰雪运动核心价值建构

"人文"是中华民族传统文化的重要基因,其核心是"人",在价值观层面追求以人为本,关心人,爱护人,尊重人。基于此,"人文奥运"成为北京夏奥会的核心办赛理念,"人文奥运"的核心价值也与北京冬奥会愿景在精神层面能够实现内在融通。

习近平总书记在出席索契冬奥会时曾对国际奥委会主席巴赫说,"在中国,冰雪运动不进山海关。如果冰雪项目能在关内推广,预计可以在两三亿人中带动更多人参与,由此点燃中国冰雪运动的火炬。"北京在申办报告中也向国际社会做出了"三亿人参与冰雪运动"的庄严承诺。可见,借主办北京冬奥会契机普及冰雪运动是中国政府和人民向世界传递一种价值观,那就是中国的体育正在由原来的工具理性逐渐向关爱个体健康和大众参与的人文精神转化。北京联合张家口主办冬奥会的核心愿景是,让更多国人通过练习冰雪运动项目受益,尤其是让青少年群体通过参与冰雪运动而得到身心的全面发展。所以,人文奥运不仅在北京夏奥会,也在北京冬奥会,在双奥的文化遗产的传承与对接中是一项不可或缺的精神和文化支柱。

奥林匹克运动的包容性文化属性与中华古老文明的"人文"思想相融合为"人文奥运"理念奠定了坚实的文化基础,并外在呈现为色彩鲜明的文化符号,那就是通过促进奥林匹克文化与中国传统文化的交融互鉴,推动更大范围的社会参与,通过共享奥运而共同创造有助于人类终极发展的未来。"人文奥运"所内含的人文精神既具有深厚的民族文化底蕴,也与冰雪运动普及所体现的人文精神相契合,同时也符合奥林匹克运动的美好愿景。此外,新冠疫情引起国人对身体知识、健康意识和生命价值的深层次思考,这种关爱人之终极发展的、"以人为本"的体育人文精神的回归与奥林匹克文化的核心价值同向,是中华文明与多元文化交流的文化结点。因此,将"人文奥运"精神塑造为中国特色冰雪运动文化的核心价值能够形塑我国民族特色的冰雪运动的文化基础。

二、冰雪运动文化自觉与自省

社会动员和文化宣传是普及冰雪运动的必要前提,在文化自觉和自省的基础上建构适口对路的冰雪文化话语体系才能达到预期宣传效果。

首先,推动冰雪运动文化自觉,以文化自觉培育大众冰雪运动参与的情趣,以中国特色冰雪运动文化培育国人的运动情感。调查表明,当下我国群众性冰雪运动参与有两个鲜明的特征,一是以娱乐为主要目的,二是大多选择传统的、民俗的、休闲性的运动项目。这是冰雪运动参与的中国特色,是当下我国国情的真实反映。然而,当代国际体育平台的主角仍是以欧美为代表的西方体育文化,其追求竞争、对抗、刺激的文化诉求与我国重在休闲性和观赏性的价值观存在显著的差异。显然,我国鲜明的运动文化特色和运动情趣是外来冰雪文化无法解释的,只有本土化的冰雪运动文化才能与我国大众的冰雪运动参与特点和独特的运动情趣实现共情,激发大众运动参与情趣。因此,建构中国特色冰雪运动文化是满足新时代群众性冰雪运动发展需要的必然举措。

其次,以文化自省深挖冰雪运动文化的"中国厚味"。要始终秉持"有民族才会有世界"原则,坚守鲜明的文化主体意识,在文化自省的基础上突出民族、民间、区域性冰雪文化的个性和特色,深挖内含其中的、丰富的"中国厚味",生产入脑入心的冰雪文化产品,催发国人运动参与中的文化自省,在国际体育交往的文化碰撞中收放自如。

最后,以系统的理论建构增强冰雪运动的文化自信。建议鼓励文化研究机构从理论上构建清晰的中国冰雪文化主体框架,完善中国特色的冰雪文化的理论体系,既要在国际体育的文化碰撞与交流中收放自如,也要唤起民众的文化认同,增强对本土冰雪文化的自信。

三、在新信息平台创新线上体育文化产品

新一代信息基础设施建设(简称"新基建",下同)在新冠疫情期间展现出了在知识、文化、信息等领域的高品质流通性,开发与"新基建"相匹配的线上冬奥文化产品能够为后冬奥时期持续性的冰雪运动文化发展提供广阔的空间。

一是,建议开发普及性产品,帮助初学者揭开冰雪运动的神秘面纱。二是,建议开发时尚性的精神消费产品。青少年、高学历、高收入这三类人是目前冰雪运动参与的主要群体,也是"新基建"的坚定追随者,线上的时尚性精神文化产品符合三个群体的亚文化。三是,依托云计算、AI技术,针对公众的个性化需求开发个性化的文化产品,促进文化服务升级,实现冰雪消费由必需品消费向文化消费转化。四是,开设线上文化宣讲、专题讲座,以远程互动的方式弥补目前冰雪文化传播力不足的缺憾。五是设置明确的文化指标,推动赛场文化优化。

四、地域性冰雪运动文化产品再造

冰雪运动文化不仅应体现民族文化特性,也应与地域文化相融合才能适口对味,易于被大众接受。

以北京为例,北京是首都,是世界上唯一一座"双奥城市",大众冰雪运动文化发展状况必然是国际社会评估北京冬奥会遗产的重要指标。对于北京的冰雪运动文化而言,应重点打造京味儿冰雪运动文化品牌,提高社会关注和运动参与的内动力。北京具有悠久的冰雪运动历史,宫廷仪式、胡同游戏、河湖自娱等运动方式都涵括了这座城市的文化底蕴。因此,打造京味的冰雪文化名片既有助于在冬奥会的文化平台进行国际交流,

也有助于搭建心灵桥梁,唤起市民美好的运动回忆,培育浓厚运动情趣,提高市民关注冬奥会和参与冰雪运动的内在驱动力。

第二节 建构冰雪运动持续发展的多元机制

一、政府规划与政策指向引领冰雪运动可持续发展

北京冬奥会的成功举办以及我国波澜壮阔的抗疫实践表明,中国各级政府的担当有为是圆满完成上述艰巨的历史使命的关键,是社会主义制度优越性的具体体现。在疫情防控政策转向的背景下,政府仍应在冰雪运动普及和冰雪产业复工复产的过程中以政策为杠杆担当规划者和引路人的角色。

一是,建议创新工作机制,建立由体育、财政、医疗卫生部门等相关机构参与的专班会议或联席会议制度,出台权威性的疫情防控技术指导方案,为冰雪产业复工复产提供行政和政策保障。

二是,建议政府体育管理部门进行深入调研,完善数据收集和统计工作,摸清冰雪运动参与、冰雪消费、冰雪市场的现状,以翔实的数据为依据,科学指导疫情防控和冰雪运动发展两方面工作。

三是,建议科学规划区域性运动项目,按照项目布局满足场地设施的刚需;建议根据全国各地区自然条件的差异以及发展不同类型冰雪运动项目的适应性,对冰雪运动项目进行全国性整体布局。在此基础上,由体育、财政、税收、土地等部门联合出台政策,鼓励社会资本根据项目布局投资冰雪运动场馆,避免盲目建设。

四是,建议在顶层设计时考虑在"缺雪少冰"省市推广冰雪"替代项目",并逐步将替代项目向真正的冰雪运动转化。

五是,建议对运动参与核心群体精准施策,以三年系列调查所锁定的深度参与群体、四季参与群体、经济发达地区的高端参与群体为突破口,释放这些忠诚运动参与者的运动需求,引领普通大众的运动参与。

二、模式创新与业态融合推动冰雪产业高质量发展

一是,疏解疫情所导致的心理障碍,释放受疫情压抑的运动需求和消

费需求。疫情所导致的安全顾虑和人流限制引发了大众在心理层面的危机感，降低了居民的运动参与意愿和消费动机。疫情在现实层面和心理层面的负面影响是冰雪产业复工复产需要解决的关键问题。究根溯源，参与意愿被弱化的原因既有价值观层面的内驱动力不足，也包括民众对安全和健康的担忧以及收入缩水后个人财务紧缩等多重影响，应根据不同的情况进行针对性应对。

二是，解忧纾困，重点关注和支持冰雪产业的市场主体。疫情直接影响冰雪产业市场主体，且影响巨大，特别是那些体量小、"吃水浅"的中小微企业。中小微企业是冰雪产业体系中最具活力的市场主体，是冰雪运动发展不可或缺的组成部分，业主非常渴望尽快出台减免水、电、场地租金等运营成本，以及降低税率和缓缴费用的政策以渡过难关。

三是，模式创新，支持商业性机构以商业模式推动冰雪运动消费。通过对"融创雪世界"的个案研究发现，商业性组织在选址、运营、推广等方面都更有战略性，在推动冰雪运动的普及与消费时更能适应我国冰雪产业的初级发展阶段的特征。

四是，建议体育主管部门和市场主管单位联合搭台，引领冰雪场馆与俱乐部、社团、中小微企业开展跨行业合作，加强冰雪运动资源共享平台的建设，促进冰雪资源在更广阔的平台开放与共享，并联合开展冰雪运动培训，提供个性化特色服务，集聚多元化的动能促进跨界合作。

五是，建议鼓励拓展经营模式，以开发夜场冰雪消费等创新性模式开拓新的市场空间。

三、多元化共享冰雪资源，着力解决场地设施刚需

提供方便获得的运动场馆，降低冰雪运动参与的时间成本，是激发体育需求的前提。

一是，分层次布局场馆设施，以业态融合催生新产业链。提供方便获得的运动场馆，降低冰雪运动参与的时间成本，是激发体育需求的前提。建议分层次推进冰雪运动场馆建设：在社区内，在健身区域增设简易的冰雪运动仿真类器械，方便居民在"30分钟居住圈"内获得冰雪运动初级体验；在城市休闲核心区和商贸核心区建设四季运营的培训基地，就像北京奥林匹克森林公园"17滑四季滑雪场"那样，满足"1小时城区圈"内居民提升运动技能的需求；在诸如京津冀、长三角等战略框架内布局冰雪与旅游、与会展深度融合的综合体，保持相互间的业态差异，依托人流、物流、信息流联动的优势，以冰雪运动刺激"3小时区域圈"内的综合

性消费。

二是,缺冰少雪地区也蕴藏着巨大的冰雪消费潜能,建议对华南、华东、华中地区的冰雪产业进行重点规划。首先建设"旱雪""仿冰"等场地设施,通过培训增强大众在仿真场地上的运动技能;其次推动旅游业与冰雪产业的业态融合,通过冰雪旅游实现仿真场地的初始体验向自然冰雪的正规化运动转化,将冰雪普及"南展"和冰雪旅游"北归"联结成一个新产业链;最后建立国家补贴制度,以电子摇号的方式定向发放"冰雪旅游代金券",激活该区域潜在的冰雪消费,为受疫情影响损失惨重的冰雪产业注入活力和流动性。

三是,以"四季模式"着力解决场馆设施等难题。在北京和广东的调查发现,"四季冰雪运动"运作模式有仿真性高和运作周期长等优点,能够有效地缓解我国场馆设施不足和供需错位的难题。建议组织业界专家对"四季冰雪运动"进行模式重构。首先,明确该类项目战略目标,引导社会资本的短期投机向长期的战略性投资转化,避免冬奥会后出现大滑坡;其次,完善项目文化,仔细研磨此类运动的技术规范、等级标准、教学模式,使之成为有市场竞争力的体育产品;最后,以"四季冰雪运动"模式为政策工具,在缺冰少雪和经济欠佳的地区进行推广,满足这些困难区域的零起点居民的初级运动体验需求,为培育更深层次的体育消费做好铺垫。

四是,盘活社区内的冰雪运动设施,多业并举促进跨界合作。调查表明,已经有越来越多的居民能够在社区或城区从事冰雪运动,运动参与更为便捷。因此,在冰雪产业逐渐复工复产时,应该优先盘活"生活圈"和"城区圈"内的运动设施,以政府购买服务或发放优惠券的促销方式为受疫情压抑的冰雪市场注入活力,释放社区居民压抑已久的运动需求和冰雪消费。

五是,建议出台政策对"生活圈"内的便民场馆设施给予财政、税收方面的支持,满足大众花较少的钱就能很方便地体验冰雪运动的需求。除新增场馆外,为节约土地资源和成本,应特别鼓励在原有体育场馆基础上以"冰雪+"的模式进行场馆改造以及对废旧厂房的"冰雪再造"。

四、体育社团与运动精英引领运动参与提质换挡

调查数据显示,我国冰雪运动参与者的参与层级仍然较低,大多处于入门阶段,参与层次的提速换挡是提高参与质量,激发深层次冰雪消费的必经途径。

一是，精准把握我国当下大众冰雪运动参与水平较低的状况和其他问题与隐忧，系统规划冰雪运动可持续发展的对策。调查数据显示，我国青少年群体的冰雪运动参与大多参加过娱乐性的冰雪运动，隐忧之处在于随着年龄的增长，低层次的娱乐将难以满足成熟后的学生对运动参与的精神需求，需要更高层次的技能提升才能享受到该类运动独特的运动乐趣。因此，学校和冰雪协会、社团在课程设置和工作安排中要早做规划，通过运动技能的升级提升运动参与的可持续性，运动参与具有持续性才能激发深度冰雪消费，有效推动后冬奥时代冰雪产业的持续发展。

二是，体育管理部门加强与民政部门的互动与沟通，支持社会性组织在引领公众冰雪运动参与和冰雪消费方面发挥承上启下的重要作用。具体包括：支持冰雪运动单项协会为运动参与提供技术和安全方面的培训；支持社区、单位内的冰雪社团举办多样化的冰雪文化宣传、冰雪运动体验和冰雪运动比赛等丰富多彩的活动，加强"草根组织"的基层组织力；支持学生社团有效引领冰雪体育课堂之外的运动参与。通过打造多层次的冰雪运动社会组织平台，鼓励冰雪运动社团的实体化，实现以组织化参与模式推动运动技能提升、提高运动参与质量的目标。

三是，鼓励冰雪运动社团加强互动性文化传播平台建设，创新宣传形式与内容，将冰雪运动文化和价值内化于心才能增强运动参与的内动力。调查数据显示，互联网和电视是当下大众的主要信息来源，它们在传播冰雪文化中的优势无需赘述，但缺憾也比较明显，即受众在一定程度上处于被动接受状态，情感难以激活。因此，依靠面对面的直接互动的传播方式才能加强冰雪文化的传播效能。

四是，鼓励运动明星和体育精英开设明星课堂、技能展示平台、名师宣讲平台等文化媒介，培育大众冰雪运动情，提升运动参与动力。

五是，充分利用和开发冬奥会场馆遗产，打造冰雪运动高水平赛事平台，以专业化的精彩竞技活动或赛事引领参与模式的升级。

五、国家战略赋能冰雪运动区域协同发展

2021年1月，习近平总书记在视察北京冬奥会筹办情况时强调"要加快建设京张体育文化旅游带"。这个重要的战略规划既肯定了主办冬奥会对于促进区域协同发展的重要作用，也为后冬奥时期京张、京津冀指明了道路，还为更广范围内的京津冀与长三角、珠三角、东北工业区等区域发展带的协同互促指明了方向。

一是，从战略高度认识区域协同对冰雪运动发展的重要价值和促进

作用。冰雪产业特别是滑雪产业属于高投入产业,其运营需要广阔的区域和充足的参与人口的支撑。所以,只有从战略的高度,从区域内协同和区域间联合的视角规划产业发展和业态融合才能拓展产业发展所需的广阔沃土,才能实现优质资源与冰雪市场的深度融合与良性循环。

二是,建立全国范围内的规范的冰雪运动大数据智能化平台,"新基建"赋能冰雪事业跨区域发展。我国关于冬奥会、冰雪运动、冰雪产业的社会调查和数据平台建设相对落后,概念解读、指标框架、技术路线、统计口径等都未形成权威性规范,数据壁垒严重阻碍冰雪运动的跨区域合作。建议借"新基建"浪潮建立现代化的冰雪运动统计体系和大数据平台,建立符合中国特色的指标、标准和规范体系,将空间化、社会化、经营化的数据相关联,为区域内和区域间的冰雪旅游合作提供精准施策的数据支撑。

三是,优化运营环境,搭建国内冰雪资源与冰雪市场的对接桥梁。成功抗疫舒缓了国内人员流动的诸多限制,为北方地区的冰雪资源对接南方经济发达城市的旅游资源奠定了基础。建议以北方优质自然资源对接南方优质旅游资源,鼓励以有组织的包机服务的方式促进体旅融合,并将受疫情影响难以出境滑雪的高消费群体融入其中,实现资源和市场两个领域的国内良性循环。

四是,着力打造北京和张家口两个冬奥会主办城市的奥运城市品牌,为京张体育文化旅游带发展赋能。主办北京冬奥会使北京成为世界上唯一一座"双奥之城",这张独特的城市名片对于提升北京的国际品牌效益,实现"国际交流中心"的城市发展目标起到重要的推动作用。而对于张家口而言,北京冬奥会的国际影响力必然拓展这座河北省北部小城的国际交流空间,助推张家口独具特色的民族文化与国际文化的对接。主办奥运会对于经济的刺激作用是很显著的,以河北省崇礼为例,主办冬奥会使崇礼成为国内最大的高端滑雪场集聚区,冰雪"冷资源"转化为旅游"热资源",冰雪产业发展的外延效应带动旅游业的发展,体育扶贫帮助崇礼区成功"摘帽"。可见,主办冬奥会这样的大型体育赛事为北京和张家口留下了宝贵的体育遗产,为京张体育旅游带建设奠定了雄厚的基础。

五是,充分开发北京冬奥会留下的京张冰雪旅游遗产,持续推动京津冀协同发展战略的贯彻落实。主办冬奥会为京张一线协同发展注入了充沛的活力:首先在交通方面,京张高铁将张家口纳入北京"一小时交通圈",京礼高速的开通大大提高了京张沿线的通勤效率;其次在文化交流方面,北京的智力资源、教育资源、科技资源借主办冬奥会契机向冰雪产业加速渗透,张家口高新区冰雪运动装备产业园和宣化冰雪产业园等京张沿线的冰雪产业的创新能力得到大幅度的提升。最后在体育遗产方面,根据《北京市贯彻落实〈体育强国建设纲要〉实施方案》,北京市 2022 年参与冰雪运动人数将达到 1000 万。在 2020—2021 年雪季,张家口实现了 2022 年全市参与冰雪运动人数达 500 万的目标。根据中国人民大学的一项调查,受主办冬奥会的影响,河北省 2021 年全省冰雪运动参与人数超过了 3000 万,北京冬奥会的体育遗产将成为持续推动我国体育强国战略的助推器。四是,冬奥品牌价值的提升促进了京张、京津冀的人流、物流、信息流、资金流的顺畅流通,有效促进了冰雪资源、旅游资源、文化资源的区域内的合理配置。

第三节　推动校园冰雪运动教育可持续发展的路径

从教育的角度看,奥林匹克教育的核心意旨是共享奥林匹克文化。在北京市和河北省的带动下,我国各省市区都借主办冬奥会契机推动了校园奥林匹克教育的快速发展,诸如北京的"冰雪运动示范校""冰雪运动模范校"的教育模式,河北省冰雪运动进校园的"大手拉小手"、校园"轮滑鞋配备计划"等活动,都将奥林匹克教育与学校教育紧密结合,因地制宜地创造出独具特色的奥林匹克教育遗产。继承北京冬奥会教育遗产,并在后冬奥会阶段可持续性开发和充分利用冬奥会教育遗产,将为中国冰雪运动的长远发展注入不竭动力和能量。

一、形塑校园冬季冰雪运动教育的价值体系

从教育的角度看,校园冰雪运动是一种借助冬季冰雪运动这一特殊载体对青少年的价值观教育,教育本质的回归才能摒弃短视思维,确立校园冰雪运动可持续发展的价值取向。应首先完整塑造冬季冰雪运动的价值体系,并将其整合进学校教育体系的文化语境,让冬季冰雪运动教育的价值观与校园的教育理念相融合。从体育育人的层面充实校园冰雪运动教育的精神实质,才能增强学生和家长对冰雪运动的价值认同,增强学校的责任感,促进校园冰雪运动教育在冬奥会周期和后奥运期间都能行稳致远。

二、紧抓运动普及关键节点，建设多元化冰雪教育体系

冰雪运动教育是一个系统工程，青少年学生是学习冰雪运动技能的敏感期，也是培养运动喜好的黄金年龄，在此年龄段普及冰雪运动对学生的终身运动参与具有关键作用。相关建议包括：一是在纵向上从政策层面打通"小学—中学—大学"的人才输送渠道，缓解人才培养链条中的阻隔和各自为政的困境；二是在横向上鼓励跨区域"寒假校际冰雪游学"活动，促进冰雪运动教育的南展西扩；三是冰雪运动既要控制冰雪的"滑动性"以保持稳定，又要利用"滑动性"维持速度。所以，技术门槛高和运动损伤隐患就需要在高度组织化环境中完成运动学习。应该继续推动冰雪运动进课堂，依托我国学校体育"班级授课制"的高度组织化优势对学生进行规范化的冰雪运动教育，提升运动参与质量，着重在学生中培养活跃的、持续性的运动参与群体。四是推动校园冰雪运动标准化，建立校园冰雪运动的师资、教材等规范体系。

三、丰富课外冰雪运动文化，提高冰雪运动参与质量

学校课外体育的高度组织化有利于学生进行规范化学习和提高运动技能。建议以提高运动参与质量为抓手，推动校园冰雪运动的持续发展。一是建议组织高水平冰雪运动比赛，以精彩的竞技引领普通学生参与模式升级，并将校园内的"冬季运动会"对接校外赛事，以系列化的赛事推动娱乐性运动向专业性转化；二是建议建立冰雪运动教育的"家校联合机制"，由基层主管部门牵头，推动学校与俱乐部联合，利用节假日举办诸如"家庭冰雪体验日"之类的主题活动，以政府购买服务的方式实现运动场馆向家庭免费或降价开放，带动家庭积极参与冰雪运动，形成多方参与、共同培养冬奥会运动新人的局面；三是多部门联动，统筹解决学生意外伤害保险问题，降低运动安全风险；四是建议成立"冬季运动教育基金"，汇聚社会资源支持校园冰雪运动教育的发展。

四、打造适合青少年学生群体的冰雪运动文化

成年学生获取冬奥会知识和信息的媒介首选"上网"（38.9%）；同时，有78.5%的学生愿意通过互联网观看北京冬奥会比赛。可见，学生是"新基建"的坚定追随者。因此，建议开发与"新基建"相匹配的线上冬奥文

化产品,例如,帮助初学者揭开冰雪运动的神秘面纱的普及性产品、适合青少年时尚性需求的精神消费产品、满足学生个性化需求的个性化文化产品等。"新基建"文化平台不仅能够更好地普及冬奥文化,也能促进线下的运动参与,还可以通过促进文化服务升级实现学生的冰雪消费由必需品消费向文化消费转化。

五、多措并举纾解冰雪运动场地设施困境和师资难题

场地设施和师资力量是校园冰雪运动教育的刚需,也是当下的瓶颈。但是,场地设施和师资储备的瓶颈难题依靠学校单方面的资源很难解决,建立校内外资源互通的机制势在必行。在大多数学校出于安全和秩序的考虑处于相对封闭的状态下,一是建议出台相关政策文件,优化学校走出校门合理利用社区冰雪运动场馆设施的政策环境,鼓励学校开展跨行业合作,与社区冰雪场馆、冰雪俱乐部、中小微企业联合开展冰雪运动教育和培训,因地制宜地培育冰雪运动教育的新业态。二是建议充分激发体育专业院校的育人功能,以学科发展的理念加强专业人才培养,着重解决冰雪运动师资人事岗位设置的难题,促进冰雪教育提质换挡。三是由于冰雪运动技术门槛比较高,建议推动校园内的学生体育协会与社会上的冰雪运动俱乐部或体育社团对接,提升校园体育社团的组织力和专业化程度,促进学生社团在引领学生冰雪运动参与方面发挥承上启下的重要作用,以专业化参与带动学生中活跃的、持续性的运动参与群体。

第四节　加强北京冬奥会体育遗产治理

体育遗产被国际奥委会列为五项遗产之首,主办城市在申办报告和总结报告中都将其列为主要议题。河北省崇礼县由国家级贫困县成功"摘帽"完美诠释了"冰天雪地也是金山银山"的体育扶贫价值;缺冰少雪地区端起"雪饭碗"创造出冰雪运动的新模式和新业态;三年系统调查的数据显示出冰雪参与人口逐步增加和冬奥认知、社会认同渐次提升的现实状况。上述鲜活的事实都是以"三亿人参与冰雪运动"为核心的北京冬奥会体育遗产的具体体现。在筹备冬奥会的关键时刻,习总书记首次

提出"加快建设京张体育文化旅游带"的战略构想,这既是对发展冰雪运动成绩的肯定,也是对后冬奥时期体育遗产可持续开发的方向引领。

一、科学规划北京冬奥会宝贵的体育遗产

一是尽早研究以群众性冰雪运动参与为核心的北京冬奥会体育遗产,建构以翔实的数据为支撑的中国特色的知识体系,以跨文化的话语框架回应国际社会的关切。

二是组织专家梳理冬奥战略与京津冀协同发展战略相衔接、冬奥会体育遗产与全民健康和全面建成小康社会发展目标相融合的层次结构和逻辑脉络,为建设京张体育文化旅游带奠定理论基础。

三是借主办冬奥会契机,研究京张沿线跨区域物流、人流、信息流、资金流、技术流交融互通的体制和机制。

二、践行可持续发展理念,加强体育遗产治理

第一,奥林匹克遗产是一个连续的过程,它初创于奥运会的申报阶段,形成于奥运会的筹备进程,形塑在奥运会主办期间,在后奥运周期仍将发挥持续性影响。因此,对于后北京冬奥时期的体育遗产持续性治理而言,秉持可持续性的遗产治理理念是非常重要的。"可持续性"是《奥林匹克 2020 议程》的重要内容,因此,奥运会的结束并不意味着奥运遗产的终结,而是进入一个新的遗产治理阶段。北京冬奥会体育遗产治理应摒弃临时性应景的短视思维,要秉持"可持续治理"原则。

第二,"体育育人"的价值观为体育遗产治理提供可持续发展的精神支撑。奥林匹克价值的核心在于促进大众体育参与,助推人的全面发展,帮助民众能从"国际理解"看世界。奥林匹克运动的人文诉求鼓励从育人的高度界定体育遗产的属性和价值,这是后奥运阶段遗产开发的动力源泉。

第三,尽早确定遗产治理主体,科学规划冬奥会体育遗产。体育遗产是奥运遗产的直接遗产和核心遗产,作为世界独有的"双奥之城",体育遗产的新模式、新理念、新机制既具有特色,又广受国际社会关注。首先建议尽快确定体育遗产治理主体。体育遗产在北京冬奥会期间已经显现良好的遗产效益,但尚需进行理论凝练并塑造成型。因此,建议尽快成立体育遗产治理机构,预先介入并进行体育遗产的理论研究,筹划后冬奥时期的持续性开发,避免可能出现的治理缺位和遗产断层。其次建议科学

规划体育遗产。建议遵循开放性原则,吸纳利益相关方更广泛地参与,使冬奥会体育遗产更加亲民,增强遗产的文化影响力。同时建议进行系统的顶层设计,推动体育遗产与城市发展、区域发展的愿景相契合。

三、加强体育遗产的可持续开发和保护

一是,深入开发我国冰雪运动的跨文化交流价值,助力大国外交国家战略。奥林匹克运动是一项国际性极强的体育文化,以"三亿人参与冰雪运动"为目标的北京冬奥会体育参与遗产也是具有跨文化交流价值的国际交流遗产。以体育为桥梁进行文化交流可以规避复杂的国际政治浊流的冲击,开创国与国之间、民与民之间去政治化的体育交流空间。建议总结冰雪运动参与中的国际交流遗产,形成有政治高度和理论深度的学术成果,塑造独特的北京"国际理解"新模式,扩大中国特色冰雪运动文化的国际影响力。同时,建议将冰雪运动参与遗产融入我国的大国外交战略,建立诸如"一带一路"国际冰雪体育节、上海合作组织成员国奥林匹克论坛等国际交流机制,从奥林匹克的视角提升城市国际影响。

二是,加强法规建设,整体性保护珍贵冬奥会体育遗产。体育遗产保护涉及教育部门、体育部门、奥运城市发展促进会等多个主体,而且需要保护的体育遗产是非常广泛和多元化的,治理主体与保护客体间的相互匹配是非常必要的。因此,建议秉持"整体保护"的理念,尊重我国体育遗产的真实性、完整性与多样性,注重校园体育遗产和社会体育遗产的统筹治理,避免分割式、切片式地保护所导致的遗产失漏;同时,建议加强体育遗产法规建设,保护体育遗产的知识产权、数据产权。最后,建议加强档案管理,在相关管理部门建立独立的体育遗产数据库,尽早规划体育遗产重要文献资料的保存和开发。

第五节　讲好中国冰雪故事的方式与路径

党的十八大以来,习近平总书记反复强调要"讲好中国故事"。讲故事是国际传播的最佳方式。讲好中国冰雪故事关系国家冰雪运动的形象,关系我国在国际体育平台的话语权,关系提升国家体育文化软实力。

在北京冬奥会,每天都在上演精彩动人的中国故事,世界为之惊叹喝彩。然而,国外对北京冬奥会的讲述出现了两个不同的语境。一方面是梦幻完美又独具创意的开幕式、被志愿者的热情感动落泪的运动员、因迷恋冰墩墩被戏称为"义墩墩"的日本记者;而另一面是西方政客对开幕式的抹黑、西方媒体对点火运动员维族身份的恶意解读以及个别政客出于政治私利搅动的民族情绪。显然,要在复杂的政治环境中把中国体育故事生动鲜活地翻译给全世界是一项系统工程,需要在中国的"冰雪之美"总体定位、"冰雪之治"内容建构和"冰雪之声"传播渠道三个方面进行顶层设计。

一、精准发掘中国"冰雪之美",确立冰雪故事的总体定位

准确定位我国"冰雪故事"的总体样貌是推进国际传播实践的前提,对讲好"冰雪故事"具有重要的现实意义。

一是,突出"中国特色"讲好冰雪故事。中国故事是中国特色的故事。借主办奥运会契机对中国冰雪运动的历史、文化、国情的再认识是文化自觉,在文化自觉基础上讲中国冰雪故事才能实现文化自信。

二是,满怀"文化自信"讲好冰雪故事。中国的冰雪故事是中国文化、民族传统冰雪文化与奥林匹克文化融合而成的故事。文化交流易于拉近民族情感,奥林匹克文化与中国文化、民族冰雪文化的情感相通有助于在国际传播中引发共鸣点。

三是,运用"立体思维"讲好中国故事。中国冰雪故事是全面、生动、立体的故事。竞技体育与大众体育、夺金项目与参与项目、中国运动员与国外运动员,内容结构的均衡立体才能扩展故事影响的覆盖面。

二、全面展现中国"冰雪之治",建立特色化冰雪故事的内容架构

中国冰雪故事需要进行故事内容的结构化梳理,从"价值理念""双奥特色""人民体育"三个方面,讲好"愿意听""听得进""听得懂"的中国冰雪故事。

（一）立足"价值理念",讲"愿意听"的冰雪故事

通过主办冬奥会"推动建立人类命运共同体"是我国新时代全球价值观的集中体现。

一是建议提炼"人类命运共同体"视域下的北京冬奥会价值观的标识性概念，鲜明的价值观概念能有效避免西方话语体系对中国体育和中国冰雪故事的任意剪裁。二是在理论层面构建北京冬奥会所体现出来的"人类命运共同体"的思想体系。例如，"坚持合作共赢、共同发展""坚持不同文明兼容并蓄、交流互鉴""民胞物与、协和万邦、天下大同"等重要理念。这些理念所阐释的价值观与"更团结"新格言在精神层面是相通互融的，"一起向未来"正是两者相融互映所喊出的北京冬奥会口号，也是未来中国冰雪运动走向世界所秉持的价值观。"人类命运共同体"思想是中国体育故事和中国冰雪故事的理论基础，能增强冰雪故事的解释力。

（二）聚焦"双奥特色"，讲"听得进"的冰雪故事

"双奥之城"是北京的名片，"双奥特色"的中国冰雪故事具有世界感召力。

一是，中国在双奥周期恰遇人类正面对多重严峻挑战，中国通过主办奥运会呼吁国际社会"同一个世界，同一个梦想"，号召世界通过体育"一起向未来"，这是对"更团结"格言进行鲜活解读的故事。

二是，中国在双奥周期始终坚持的全球治理理念，例如，夏奥会的"绿色奥运"、北京模式的奥林匹克教育；冬奥会的开幕式"微火炬"、低碳场馆、"冰雪运动进校园"等。这是中国对奥林匹克文化的遵循，是中国冰雪运动与世界同步的写照。

三是，中国创新性的奥运遗产。建议重点包装冬奥会的"体育扶贫"、新冠疫情下的冬奥会治理模式等。这些以冰雪运动为载体的双奥故事是中国向世界提供的"公共产品"，是中国冰雪运动的国家形象塑造不可或缺的故事亮点。

（三）围绕"人民体育"，讲"听得懂"的冰雪故事

以"三亿人参与冰雪运动"的愿景目标（简称"目标"，下同）为代表，中国体育和中国冰雪运动遵循"以人民为中心"的国家体育价值观。

一是，建议深挖"目标"所包含的"人民体育"内涵。"三亿人参与冰雪运动"旨在满足新时代中国"人民日益增长的美好生活需要"，是"以人民为中心"的"人民体育"价值观的具体体现。"以人民为中心"的体育故事符合国际体育发展潮流，与世界体育价值同向。

二是，建议挖掘"目标"实现后的多重影响与意涵。对国际而言，"目标"的实现能够给世界冰雪运动的发展提供更多的机会，引发世界冰雪运动的格局的"东移"；对青少年而言，本课题三年问卷调查的调查数据（2018—2020年）显示，我国学校冰雪运动开课率、冬令营、冰雪文化讲座逐年渐次向好，家长和孩子的"亲子参与率"逐年提升；对中国社会而言，主办冬奥会唤醒了中国传统冰雪运动和冰雪民俗文化的发展，这是有浓厚中国底色和乡土气息的中国故事。

三、着力创新"冰雪之声"，拓展多元化冰雪故事的传播渠道

多元化体育故事和冰雪故事的融媒体传播能有效提升内宣的宣传效益，也能在一定程度上化解敌对势力"话语霸权"的干扰。在"叙事主体""叙事场域""叙事话语"和"叙事平台"四个角度提出建议有助于拓展冰雪故事的多元化传播渠道。

（一）优化"叙事主体"，增强冰雪故事影响力

目前，我国冰雪文化的传播主体以政府的官方媒介为主，社会和个体的参与度相对较低，建立深层次融合的多元化讲述主体是非常必要的。一是，在外宣方面，建议重点培育三类故事传播主体：体育明星、专家学者、海外华人和友人。体育明星讲故事的传播力较强，专家学者能引发受众深层次的思考和系统理解，海外华人和国际友人海外发声的逻辑与受众的思维方式较易相融。二是，在国内传播方面，建议重点培育年轻的"网红"群体。网红群体具有数字化媒介的传播素养，其活泼、接地气、有创造力的传播技巧会增强冰雪故事的亲和力。

（二）丰富"叙事场域"，增强冰雪故事吸引力

西方讲中国体育故事存在两个不同的舆论场。其一是服务于意识形态的"黑色宣传"，其二是总体基于事实的民间舆论场。两者对中国冰雪文化形象的塑造截然不同。

一是，建议培育中国冰雪文化的国外运动员和境外普通网民的讲述群体，加强对国外民间的、非主流的舆论场的影响。二是，整合国内、国外媒介资源，推动国内外宣传渠道有效对接，借力对华友好的意见领袖、职业媒体人的影响，及时澄清个别媒体向民众灌输的虚假信息。三是，创新中国

冰雪故事的融媒体产品，以短视频为主要载体，扩大优质的、多语种的短视频内容的对外传播，以新颖的讲述手段扩大我国冰雪故事的受众范围。

（三）创新"叙事话语"，增强冰雪故事表现力

习近平总书记指出，对外传播话语体系要"让更多国外受众听得懂、听得进、听得明白"。这个指示精神同样适用于国内冰雪故事的讲述。

一是，建议深入研究不同地区和社会背景的外国听众的语言特色和思维方式，找准我国冰雪文化与他国民族文化的文化交流中的情感共鸣点，精准设计中国冰雪故事的话语语境。二是，充分发挥体育作为"世界语言"和"去政治化"的文化桥梁的作用，寻找中国传统冰雪运动与奥林匹克体育在文化价值层面的结合点。三是，建议冰雪故事讲述风格多采用贴近生活的、入脑入心的传播方式。

（四）打造"叙事平台"，增强冰雪故事传播力

在新冠疫情影响下，互联网在国际和国内文化传播中发挥着越来越重要的作用。一是，建议加强冰雪运动文化的国际新媒体平台建设，以互联网高品质的流动性减少意识形态和极化政治的阻碍。二是，建立"互联网＋冰雪运动"的我国冰雪文化的融媒体信息传播模式，开发适宜互联网平台的、特别是适宜青少年学生的冰雪故事的文化产品。三是，建议充分利用大数据手段，探讨互联网受众的群体文化特征，保障冰雪故事文化产品的精准供给。

本章小结

在前述研究的基础上，拟解决的主要问题：探讨提升大众冰雪运动参与、促进冰雪运动普及的对策体系。本部分内容是在前几章研究成果的基础上，经过对三年全国调查数据的梳理以及其他调研资料的研究，探讨建立中国特色的冰雪运动文化体系，在北京冬奥会周期以及后冬奥会时期推动我国冰雪运动普及和发展的对策，希冀对我国冰雪运动的持续性发展提供智力和数据支持。

冰雪运动具有速度与激情、对抗与超越、自然与时尚、力量与对抗等运动特性，对大众特别是青少年具有其他运动项目不可替代的正向价值和积极影响。因此，探讨普及冰雪运动的对策具有现实价值和实践指导

意义,是对课题研究成果的路径梳理和理论凝练。

（1）唤醒中国特色冰雪运动文化自觉,冰雪运动普及和发展首先应关注中国特色冰雪运动的文化建设问题。我国冰雪运动不同于欧美,运动文化和参与模式均具有较强的民族特性,厚植于民族特色基础的冰雪文化自省、自觉、自构是实现文化自信的前提,本土化冰雪文化建构是推动冰雪运动普及和发展的基础。从冰雪运动核心价值建构、冰雪运动文化自觉与自省、在新信息平台创新线上体育文化产品、地域性冰雪运动文化产品再造四个方面给出对策建议。

（2）在文化建设的基础上,建构冰雪运动持续发展的多元机制。政策引领机制,政府规划与政策指向引领冰雪运动可持续发展;业态融合机制,模式创新与业态融合推动冰雪产业高质量发展;资源共享机制,多元化共享冰雪资源,着力解决场地设施刚需;社团治理机制,体育社团与运动精英引领运动参与提质换挡;国家战略赋能机制,国家战略赋能冰雪运动区域协同发展。

（3）推动校园冰雪运动教育可持续发展。从教育的角度看,奥林匹克教育的核心意旨是共享奥林匹克文化继承北京冬奥会教育遗产,并在后冬奥会阶段可持续性开发和充分利用冬奥会教育遗产,将对中国冰雪运动的长远发展注入不竭动力和能量。这需要形塑校园冬季冰雪运动教育的价值体系;紧抓运动普及关键节点,建设多元化冰雪教育体系;丰富课外冰雪运动文化,提高冰雪运动参与质量;打造适合青少年学生群体的冰雪运动文化;多措并举纾解冰雪运动场地设施困境和师资难题。

（4）加强北京冬奥会体育遗产治理。体育遗产被国际奥委会列为五项遗产之首,主办城市在申办报告和总结报告中都将其列为主要议题。本课题的调查数据显示出冰雪参与人口逐步增加和冬奥认知、社会认同渐次提升的现实状况。上述鲜活的事实都是以"三亿人参与冰雪运动"为核心的北京冬奥会体育遗产的具体体现。在筹备冬奥会的关键时刻,习总书记首次提出"加快建设京张体育文化旅游带"的战略构想,这既是对发展冰雪运动成绩的肯定,也是对后冬奥时期体育遗产可持续开发的方向引领。北京冬奥会体育遗产治理的路径包括:科学规划北京冬奥会宝贵的体育遗产、践行可持续发展理念、加强体育遗产治理、体育遗产的可持续开发和保护。

（5）讲好中国冰雪故事的方式与路径。党的十八大以来,习近平总书记反复强调要"讲好中国故事"。讲好中国冰雪故事的方式和路径需要在中国"冰雪之美"总体定位、"冰雪之治"内容建构、"冰雪之声"传播渠道三个方面进行顶层设计。

附　录

附录1　2018年冰雪运动大众参与状况调查问卷

　　您好,这里是中国人民大学中国调查与数据中心,我们目前正在做一项冰雪运动大众参与状况调查。很高兴您能参与此次调查。本次调查共34题,大概需要半个小时。每个问题的回答没有对错之分,您只要根据自己的想法和实际情况回答即可。这些问题只用于科学研究和政策分析,不会泄露您的个人信息,请您放心。(重新写一遍,要简明扼要)

　　A1. 在一般情况下,您在每天的休闲娱乐时间里有没有从事以下活动?(多选,访问员逐个读出,选项设成随机顺序显示)

阅读 ················· 1
运动、健身 ················ 2
在家看电视、听音乐 ·············· 3
逛街购物 ················ 4
出门看电影、比赛、音乐会等 ········· 5
下棋、打牌、打麻将 ············· 6
上网、打游戏 ··············· 7
与亲戚朋友聚会聚餐 ············· 8
做手工、画画、书法等个人爱好 ········· 9

　　A2. 除了吃饭、睡觉、上班、上学、做家务以外,您一般情况下每天花在娱乐休闲上的时间大概有多久

[___|___] 小时 [___|___] 分钟

A3. 您有没有参加过以下这些冰雪运动？（如老是没有, 跳至 A17）

	有	没有
滑雪	1	2
滑冰	1	2
竞技性雪车 / 雪橇	1	2
冰壶	1	2
冰球	1	2
在公园或景区开展的冰雪嘉年华、冰雪大世界等观光体验性活动	1	2
在自然环境中开发的狗拉爬犁、狗拉雪橇等地方性民俗冰雪运动	1	2

A4. 您喜不喜欢上述这类冰雪运动？

非常不喜欢 ………………………… 1

不喜欢 ………………………… 2

说不上喜欢或不喜欢 ………………………… 3

喜欢 ………………………… 4

非常喜欢 ………………………… 5

A5.2017-2018 年的这个冬季, 您有没有参加过上述这类冰雪运动？

参加了 ………………………… 1

没有参加 ………………………… 2 …… → 跳问 A17

A6. 2017-2018 年的这个冬季, 您参加过多少次冰上运动？

冰上运动 [___|___] 次

A7. 2017-2018 年的这个冬季, 您参加过多少次冰雪运动？

雪上运动 [___|___] 次。

A8. 一般而言, 您每次参加上述冰雪运动的时间大约有多长？

[___|___] 小时 [___|___] 分钟

A9. 一般而言, 您每次参加上述冰雪运动大概消费多少钱？

[___|___|___|___] 元

A10. 一般而言, 您每次投入到冰雪运动上的消费在装备、门票、交通、住宿、或其他哪个方面花费第一多？

记录: [___]

第二多的是什么？ [___]

第三多的是什么？ [___]

装备 ………………………… 1

门票 ………………………… 2

交通 ································· 3

住宿 ································· 4

其他(请注明：＿＿＿＿＿＿＿＿)··········· 5

A11. 一般而言,您到常去的冰雪运动场所单程要花多少时间?

[＿＿|＿＿]小时 [＿＿|＿＿]分钟

A12. 您参加的冰雪运动主要是由谁组织的(多选,随机顺序显示选项):

个人自发组织的 ··················· 1

公司单位组织的 ··················· 2

社区居委会组织的 ················· 3

由政府部门组织的 ················· 4

参加商业性质的健身俱乐部 ········· 5

社会团体组织的 ··················· 6

其他(请注明：＿＿＿＿＿＿＿＿)··········· 7

A13. 您第一次参加冰雪运动时大概是多少岁?（高位补零）

[＿＿|＿＿]岁

A14. 下列人员中谁对您参加冰雪运动的影响最大?

没有人 ··························· 1

家人 ····························· 2

亲戚 ····························· 3

朋友 ····························· 4

同事 ····························· 5

其他人(请注明：＿＿＿＿＿＿＿＿)········ 6

A15. 下列人员中谁经常和您一起参加冰雪运动?

没有人 ··························· 1

家人 ····························· 2

亲戚 ····························· 3

朋友 ····························· 4

同事 ····························· 5

其他人(请注明：＿＿＿＿＿＿＿＿)········ 6

A16. 您参加冰雪运动的主要目的都是些什么?（多选,随机顺序显示选项）

健康 ····························· 1

娱乐 ····························· 2

社交 ····························· 3

缓解压力 ···································· 4

追求时尚 ···································· 5

出于其他目的(请注明：_____) 6

A17. 您认为阻碍您参加冰雪运动的因素有哪些？（多选，随机顺序显示选项）

不感兴趣 ···································· 1

经济条件不允许 ····························· 2

太忙,没时间 ································ 3

身体健康状况不允许 ························· 4

附近缺乏冰雪运动设施 ······················ 5

怕受伤 ····································· 6

其他(请注明：_____) 7

A18. 您是否经常通过电视、互联网等媒体观看冰雪运动比赛？

经常 ······································· 1

有时 ······································· 2

偶尔 ······································· 3

很少 ······································· 4

从不 ······································· 5

A19. 那么,您有没有亲自到现场观看过冰雪运动比赛呢？

有 ··· 1

没有 ······································· 2

A20. 您主要是通过哪些方式获取冰雪运动知识的？（多选,随机顺序显示选项）

报纸 / 杂志 / 书籍 ························· 1

广播 ······································· 2

上网(包括手机上网、Pad 上网、电脑上网等)3

电视 ······································· 4

健身场所的健身指南 ························· 5

咨询专业体育健身人员 ······················ 6

以上都没有 ································· 7

其他(请注明：_____)··········· 8

A21. 不包括您自己要内,在您的家人和亲戚中,喜欢冰雪运动的有多少人？

[___|___] 人(高位补零)

A22. 您家里有没有正在上学的孩子？

有 ·· 1

没有 ······························ 2 →跳问 A26

A23. 您的孩子所在学校有没有上述冰雪项目类的体育课？

有 ·· 1

没有 ·· 2

不知道 ·· 3

A24. 您是否经常带孩子参加冰雪运动？

经常 ·· 1

有时 ·· 2

偶尔 ·· 3

很少 ·· 4

从不 ····························· 5 → 跳问 A21

A25. 您带孩子参加的是什么性质的冰雪运动？

娱乐性的冰雪活动 ························· 1

专业规范性的冰雪运动 ················· 2

A26. 您知不知道我国要举办下一届冬奥会？

知道 ·· 1

不知道 ·· 2

A27. 请问下一届冬奥会将在哪一年举办？（如答错,告知正确答案）

对（被访者回答 2022 年）·············· 1

错 ·· 2

A28. 请问冬奥会每几年举办一次？（如答错,告知正确答案）

对（被访者回答 4 年）···················· 1

错 ·· 2

A29. 请问下一届冬奥会具体在哪举办？（如答错,告知正确答案）

北京 ·· 1

张家口 ·· 2

北京和张家口 ······························· 3

不知道 ·· 4

A30. 请问短道速滑是我国的优势项目吗？（如答错,告知正确答案）

是 ·· 1

不是 ·· 2

不知道 ·· 3

A31. 2022 年的冬奥会,您想通过什么方式观看比赛?

现场观看 ················· 1

通过电视或者互联网观看 ········· 2

不看比赛 ················· 3

没想过 ················· 4

B1. 被访者的性别(访问员记录):

男 ··················· 1

女 ··················· 2

B2. 请问您是哪年出生的?

[___|___|___|___] 年

B3. 您目前的最高教育程度是什么?

小学及以下 ··············· 1

初中 ··················· 2

普通高中 / 职业高中 / 中专 / 技校 ······ 3

大学专科(包括正规高等教育和成人高等教育)4

大学本科(包括正规高等教育和成人高等教育)5

研究生及以上 ··············· 6

其他(请注明: _____)········· 7

B4. 您个人 2017 年全年的总收入大概多少元?

[___|___|___|___|___|___|___] 元

B5. 您觉得您目前的身体健康状况是:

很不健康 ················· 1

比较不健康 ··············· 2

一般 ··················· 3

比较健康 ················· 4

很健康 ·················· 5

B6. 您目前的居住地是城市还是农村:

城市 ··················· 1

农村 ··················· 2

B7. 您目前居住在哪个省 / 自治区 / 直辖市:

_____ 省 / 自治区 / 直辖

B8. 请问您目前的工作状态是什么?

有工作(包括务农)············· 1

退休 ··················· 2

上学 …………………………………………… 3
无工作 ………………………………………… 4
其他（请注明：_____ ）………… 5

附录 2   2019 年冰雪运动大众参与状况调查问卷

操作代码：

受访者手机号：

X1. 第一次联系记录

XA1. 访员姓名：

[　　　　　　　　　]

XA2. 访员编号：

[　　　　　　　　　]

XA3. 记录当前时间：

[　|　|　|　]年 [　|　]月 [　|　]日 [　|　]时 [　|　]分

XA4. 样本联系情况：

接通 ···················· 1 →跳问 XA5

接通但杂音, 无法听清 ·········· 2 →问卷结束

占线 ···················· 3 →问卷结束

无人接听 ················· 4 →问卷结束

拒接 ···················· 5 →问卷结束

关机 ···················· 6 →问卷结束

不在服务区 ··············· 7 →问卷结束

停机、暂停服务 ············· 8 →问卷结束

空号、号码不存在、号码错误、无效号码 9 →问卷结束

公司或组织单位电话号码 ········· 10 →问卷结束

其他 ···················· 11 →跳问 XA4a

XA4a. 其他, 请注明：_____ →问卷结束

XA5. 您好, 我是中国人民大学的学生访问员。受国家体育总局委托, 目前我们正在做一项群众参与冰雪运动状况的调研, 为科学研究和政策分析提供依据。需要占用您一点时间, 了解一些情况, 好吗？

好 ···················· 1 →跳问 S1 →跳问 XA5a

　　暂时没有时间,约访 ……………………………… 2

　　中途拒访 ………………………………………… 95 →问卷结束

XA5a. 记录约访时间：→跳问 XB1

[　|　|　|　]年 [　|　]月 [　|　]日 [　|　]时 [　|　]分

操作代码：

受访者手机号：

X2. <u>第二次联系记录</u>

XB1. 访员姓名：

[＿＿＿＿＿＿＿＿＿＿＿]

XB2. 访员编号：

[＿＿＿＿＿＿＿＿＿＿＿]

XB3. 记录当前时间：

[　|　|　|　]年 [　|　]月 [　|　]日 [　|　]时 [　|　]分

XB4. 样本联系情况：

　　接通 ……………………………… 1 →跳问 XB5 →问卷结束

　　接通但杂音,无法听清 ……… 2 →问卷结束

　　占线 ……………………………… 3 →问卷结束

　　无人接听 ………………………… 4 →问卷结束

　　拒接 ……………………………… 5 →问卷结束

　　关机 ……………………………… 6 →问卷结束

　　不在服务区 ……………………… 7 →问卷结束

　　停机、暂停服务 ………………… 8 →问卷结束

　　空号、号码不存在、号码错误、无效号码 …… 9 →问卷结束

　　公司或组织单位电话号码 ……………………… 10 →跳问 XB4a

　　其他 ……………………………… 11

　　XB4a. 其他,请注明：＿＿＿＿＿ →问卷结束

　　XB5. 您好,我是中国人民大学的学生访问员。之前与您约在今天完成一项群众参与冰雪运动状况的调研,为科学研究和政策分析提供依据。

　　好 ……………………………… 1 →跳问 S1

　　中途拒访 ……………………… 95 →问卷结束

S. <u>受访者筛选</u>

　　S1. 我们本次的调研对象是<u>年满 18 周岁的中国大陆公民</u>,所以和您确认下您是否已年满 18 周岁？（2001 年及 2001 年以前出生）

　　是 ………………………………………… 1 →问卷结束

　　否 ……………………………… 2

【访员注意：选"否"，则告之受访者："我们的调研对象是年满18周岁的受访者，您暂且不符合我们的要求，不好意思打扰您，祝您生活愉快。"→问卷结束】

A. 主问卷

A32. 请问您喜不喜欢冰雪运动？

非常不喜欢 …………………………… 1

不喜欢 …………………………… 2

说不上喜欢或不喜欢 …………………… 3

喜欢 …………………………… 4

非常喜欢 …………………………… 5

中途拒访 …………………………… 95 →问卷结束

拒绝回答 …………………………… 99

A33. 到目前为止，您有没有参加过以下这些冰雪运动？

	有	没有	中途拒访	拒绝回答
滑雪	1	2	95	99
滑冰	1	2	95	99
竞技性雪车/雪橇	1	2	95	99
冰壶	1	2	95	99
冰球	1	2	95	99
在公园或景区开展的冰雪嘉年华、冰雪大世界等观光体验性活动	1	2	95	99
在自然环境中开发的狗拉爬犁、狗拉雪橇等地方性民俗冰雪运动	1	2	95	99

【访员注意：全部选项为"没有"→跳问 A14。任一选项为"中途拒访"→问卷结束。】

A34. 2018-2019 年的这个冬季，您分别参加过几次以下这些冰雪运动？

	次数
滑雪	[＿｜＿]
滑冰	[＿｜＿]
竞技性雪车/雪橇	[＿｜＿]
冰壶	[＿｜＿]

	次数
冰球	[_|_]
在公园或景区开展的冰雪嘉年华、冰雪大世界等观光体验性活动	[_|_]
在自然环境中开发的狗拉爬犁、狗拉雪橇等地方性民俗冰雪运动	[_|_]

【访员注意：没有填 0；95：中途拒访→问卷结束；99：拒绝回答】

A35. 您最近一次参加的冰雪运动具体是哪一种?

滑雪 ······························ 1

滑冰 ······························ 2

竞技性雪车/雪橇 ··············· 3

冰壶 ······························ 4

冰球 ······························ 5

在公园或景区开展的冰雪嘉年华、

冰雪大世界等观光体验性活动 ·········· 6

在自然环境中开发的狗拉爬犁、

狗拉雪橇等地方性民俗冰雪运动 ········ 7

中途拒访 ··············· 95 →问卷结束

拒绝回答 ··············· 99

A36. 包括往返交通在内,您最近一次参加冰雪运动总共花了多长时间?

[_\|_] 天 [_\|_] 小时 [_\|_] 分钟

【访员注意：95：中途拒访→问卷结束；99：拒绝回答】

A37. 您最近一次参加冰雪运动的往返交通总共花了多长时间?

[_\|_] 天 [_\|_] 小时 [_\|_] 分钟

【访员注意：95：中途拒访→问卷结束；99：拒绝回答】

A38. 包括各项费用在内,您最近一次参加冰雪运动大概消费多少钱?

[_\|_\|_\|_\|_] 元

【访员注意：999995：中途拒访→问卷结束；999999：拒绝回答】

A39. 在过去的一年里,您参与各项冰雪运动在以下各方面大约各消费了多少钱?

1. 购买参与冰雪运动的服装：[_\|_\|_\|_\|_] 元

2. 购买参与冰雪运动的装备：[_\|_\|_\|_\|_] 元

3. 参与冰雪运动的门票支出：[_\|_\|_\|_\|_] 元

4. 观看冰雪运动比赛的门票支出：[_\|_\|_\|_\|_] 元

5. 参与冰雪运动交通、餐饮与住宿支出：[_\|_\|_\|_\|_] 元

6. 参与冰雪运动的教育与培训支出: [__|__|__|__|__] 元

7. 其他: [__|__|__|__|__] 元→跳问 A8a

【访员注意: 没有填 0; 999995: 中途拒访→问卷结束; 999999: 拒绝回答】

A8a. 其他, 请注明: _____

A40. 您参加的冰雪运动主要是由谁组织的(多选题,选项随机顺序显示):

　　　个人自发组织的 ……………………… 1

　　　公司单位组织的 ……………………… 2

　　　社区居委会组织的 …………………… 3

　　　由政府部门组织的 …………………… 4

　　　参加商业性质的健身俱乐部 ………… 5

　　　社会团体组织的 ……………………… 6 →跳问 A9a

　　　其他 …………………………………… 7

　　　中途拒访 ……………………………… 95 →问卷结束

　　　拒绝回答 ……………………………… 99

A9a. 其他, 请注明: _____

A41. 您第一次参加冰雪运动时大概是多少岁?

[__|__] 岁

【访员注意: 995: 中途拒访→问卷结束; 999: 拒绝回答】

A42. 下列人员中谁对您参加冰雪运动的影响最大?

　　　没有人 ………………………………… 1

　　　家人 …………………………………… 2

　　　亲戚 …………………………………… 3

　　　朋友 …………………………………… 4

　　　老师 …………………………………… 5

　　　同学 …………………………………… 6

　　　同事 …………………………………… 7 →跳问 A11a

　　　其他人 ………………………………… 8

　　　中途拒访 ……………………………… 95 →问卷结束

　　　拒绝回答 ……………………………… 99

A11a. 其他人, 请注明: _____

A43. 下列人员中谁经常和您一起参加冰雪运动?

　　　没有人 ………………………………… 1

　　　家人 …………………………………… 2

亲戚 ································ 3

朋友 ································ 4

同学 ································ 5

同事 ································ 6

其他人 ······························ 7 →跳问 A12a

中途拒访 ······················ 95 →问卷结束

拒绝回答 ······················ 99

A12a. 其他人，请注明：＿＿＿＿＿＿＿

A44. 您参加冰雪运动的主要目的都是些什么？（多选题，选项随机顺序显示）

健康 ································ 1

娱乐 ································ 2

社交 ································ 3

缓解压力 ·························· 4

追求时尚 ······················ 5 →跳问 A13a

出于其他目的 ················· 6

中途拒访 ······················ 95 →问卷结束

拒绝回答 ······················ 99

A13a. 出于其他目的，请注明：＿＿＿＿＿＿＿

A45. 您认为阻碍您参加冰雪运动的因素有哪些？（多选题，选项随机顺序显示）

不感兴趣 ·························· 1

经济条件不允许 ··············· 2

太忙，没时间 ················· 3

身体健康状况不允许 ·········· 4

附近缺乏冰雪运动设施 ········ 5

怕受伤 ···························· 6

没有人进行冰雪运动的培训，不会 ····· 7 →跳问 A14a

其他 ································ 8

中途拒访 ······················ 95 →问卷结束

拒绝回答 ······················ 99

A14a. 其他，请注明：＿＿＿＿＿＿＿

A46. 您是否经常通过电视、互联网等媒体观看冰雪运动比赛？

经常 ································ 1

有时 ································ 2

偶尔 ·· 3

很少 ·· 4

从不 ·· 5

中途拒访 ·································· 95 →问卷结束

拒绝回答 ·································· 99

A47. 那么,您有没有亲自到现场观看过冰雪运动比赛呢?

有 ·· 1

没有 ·· 2

中途拒访 ·································· 95 →问卷结束

拒绝回答 ·································· 99

A48. 您主要是通过哪些方式获取冰雪运动知识的? （多选题,选项随机顺序显示）

报纸 / 杂志 / 书籍 ······················· 1

广播 ·· 2

上网(包括手机上网、Pad 上网、电脑上网等)3

电视 ·· 4

运动场所的健身指南 ······················· 5

咨询冰雪运动专业人员 ··················· 6

以上都没有 ·································· 7

其他 ·································· 8 →跳问 A17a

中途拒访 ·································· 95 →问卷结束

拒绝回答 ·································· 99

A17a. 其他,请注明:＿＿＿＿＿＿＿＿＿

A49. 不包括您自己在内,在您的家人和亲戚中,喜欢冰雪运动的有多少人?

[＿＿|＿＿] 人

【访员注意:995:中途拒访→问卷结束;999:拒绝回答】

A50. 您家里有没有正在上学的中小学的孩子?

有 ·· 1

没有 ·································· 2 →跳问 A23

中途拒访 ·································· 95 →问卷结束

拒绝回答 ·································· 99

A51. 您家正在读中小学的孩子所在学校有没有以下有关冰雪运动的内容？

	有	没有	中途拒访	拒绝回答
组织学生参加冰雪运动训练或比赛	1	2	95	99
组织学生参加冰雪运动夏令营或冬令营	1	2	95	99
讲授关于冰雪运动的知识	1	2	95	99
以体育课或其他形式进行冰雪运动教学	1	2	95	99
其他有关冰雪运动的内容	1	2	95	99

A52. 您或其他家人是否经常带家里的孩子一起参加冰雪运动？

经常 …………………………………… 1

有时 …………………………………… 2

偶尔 …………………………………… 3

很少 …………………………………… 4

从不 …………………………………… 5 →跳问 A23

中途拒访 …………………………… 95 →问卷结束

拒绝回答 …………………………… 99

A53. 您或其他家人经常带家里的孩子参加的是什么性质的冰雪运动？

娱乐性的冰雪活动 ………………… 1

专业规范性的冰雪运动 …………… 2

中途拒访 …………………………… 95 →问卷结束

拒绝回答 …………………………… 99

A54. 您知不知道我国要举办下一届冬奥会？

知道 …………………………………… 1

不知道 ………………………………… 2

中途拒访 …………………………… 95 →问卷结束

拒绝回答 …………………………… 99

A55. 请问下一届冬奥会将在哪一年举办？（如答错,告知正确答案）

对 ……………………………………… 1

错 ……………………………………… 2

不知道 ………………………………… 3

中途拒访 …………………………… 95 →问卷结束

拒绝回答 ………………………………… 99

【访员注意：正确答案：2022 年】

A56. 请问冬奥会每几年举办一次？（如答错，告知正确答案）

对 ………………………………………… 1

错 ………………………………………… 2

不知道 …………………………………… 3

中途拒访 ………………………… 95 →问卷结束

拒绝回答 ………………………………… 99

【访员注意：正确答案：4 年】

A57. 请问下一届冬奥会具体在哪举办？（如答错，告知正确答案）

北京 ……………………………………… 1

张家口 …………………………………… 2

北京和张家口 …………………………… 3

不知道 …………………………………… 4

中途拒访 ………………………… 95 →问卷结束

拒绝回答 ………………………………… 99

【访员注意：正确答案：北京和张家口】

A58. 请问短道速滑是我国的优势项目吗？（如答错，告知正确答案）

是 ………………………………………… 1

不是 ……………………………………… 2

不知道 …………………………………… 3

中途拒访 ………………………… 95 →问卷结束

拒绝回答 ………………………………… 99

【访员注意：正确答案：是】

A59. 2022 年的冬奥会，您是否计划到现场去观看比赛？

是 ………………………………………… 1

否 ………………………………………… 2

不一定 …………………………………… 3

中途拒访 ………………………… 95 →问卷结束

拒绝回答 ………………………………… 99

A60. 2022 年的冬奥会，您是否会通过电视或者互联网观看比赛？

会 ………………………………………… 1

不会 ……………………………………… 2

不一定 …………………………………… 3

中途拒访 ………………………… 95 →问卷结束

拒绝回答 ⋯⋯⋯⋯⋯⋯⋯⋯⋯⋯ 99

B. 基本情况

B9. 被访者的性别（听声音判断）：

男 ⋯⋯⋯⋯⋯⋯⋯⋯⋯⋯⋯⋯⋯ 1

女 ⋯⋯⋯⋯⋯⋯⋯⋯⋯⋯⋯⋯⋯ 2

【访员注意：请根据受访者声音特性选择相应选项，无须念读题目】

B10. 请问您是公历哪一年出生的？

[___|___|___|___] 年

【访员注意：9995：中途拒访→问卷结束；9999：拒绝回答】

B11. 您目前的最高教育程度是什么？

小学及以下 ⋯⋯⋯⋯⋯⋯⋯⋯⋯ 1

初中 ⋯⋯⋯⋯⋯⋯⋯⋯⋯⋯⋯⋯ 2

普通高中/职业高中/中专/技校 ⋯⋯ 3

大学专科（包括正规高等教育和成人高等教育）⋯⋯⋯⋯⋯⋯4

大学本科（包括正规高等教育和成人高等教育）⋯⋯⋯⋯⋯⋯5

研究生及以上 ⋯⋯⋯⋯⋯⋯ 6→跳问 B3a

其他 ⋯⋯⋯⋯⋯⋯⋯⋯⋯⋯⋯ 7

中途拒访 ⋯⋯⋯⋯⋯⋯⋯ 95 →问卷结束

拒绝回答 ⋯⋯⋯⋯⋯⋯⋯⋯⋯ 99

B3a. 其他，请注明：_____

B12. 您个人 2018 年全年的税前总收入大概多少元？

记录：[_____]

【访员注意：99999995：中途拒访→问卷结束；99999999：拒绝回答】

B13. 您觉得您目前的身体健康状况是：

很不健康 ⋯⋯⋯⋯⋯⋯⋯⋯⋯⋯ 1

比较不健康 ⋯⋯⋯⋯⋯⋯⋯⋯⋯ 2

一般 ⋯⋯⋯⋯⋯⋯⋯⋯⋯⋯⋯⋯ 3

比较健康 ⋯⋯⋯⋯⋯⋯⋯⋯⋯⋯ 4

很健康 ⋯⋯⋯⋯⋯⋯⋯⋯⋯⋯⋯ 5

中途拒访 ⋯⋯⋯⋯⋯⋯⋯ 95 →问卷结束

拒绝回答 ⋯⋯⋯⋯⋯⋯⋯⋯⋯ 99

B14. 您目前的居住地是城市还是农村：

城市 ⋯⋯⋯⋯⋯⋯⋯⋯⋯⋯⋯⋯ 1

农村 ⋯⋯⋯⋯⋯⋯⋯⋯⋯⋯⋯⋯ 2

中途拒访 ⋯⋯⋯⋯⋯⋯⋯ 95 →问卷结束

拒绝回答 ……………………………… 99

B15. 您目前居住在哪个省/自治区/直辖市?

北京市 ………………………………… 1

天津市 ………………………………… 2

河北省 ………………………………… 3

山西省 ………………………………… 4

内蒙古自治区 ………………………… 5

辽宁省 ………………………………… 6

吉林省 ………………………………… 7

黑龙江省 ……………………………… 8

上海市 ………………………………… 9

江苏省 ………………………………… 10

浙江省 ………………………………… 11

安徽省 ………………………………… 12

福建省 ………………………………… 13

江西省 ………………………………… 14

山东省 ………………………………… 15

河南省 ………………………………… 16

湖北省 ………………………………… 17

湖南省 ………………………………… 18

广东省 ………………………………… 19

广西壮族自治区 ……………………… 20

海南省 ………………………………… 21

重庆市 ………………………………… 22

四川省 ………………………………… 23

贵州省 ………………………………… 24

云南省 ………………………………… 25

西藏自治区 …………………………… 26

陕西省 ………………………………… 27

甘肃省 ………………………………… 28

青海省 ………………………………… 29

宁夏回族自治区 ……………………… 30

新疆维吾尔自治区 …………………… 31

中途拒访 ……………………………… 95 →问卷结束

拒绝回答 ……………………………… 99

B16. 请问您目前的工作状态是什么？

有工作（包括务农）……………………… 1

退休 ………………………………… 2

上学 ………………………………… 3

无工作 ……………………………… 4

其他 ………………………… 5 →跳问 B8a

中途拒访 ……………………… 95 →问卷结束

拒绝回答 ……………………………… 99

B8a. 其他,请注明：_____

访员读出："我们的访问到此结束,感谢您的配合,祝您工作顺利,生活愉快！"

附录3 2020年冰雪运动大众参与状况调查问卷

分机号：

操作代码：

<u>第一次联系记录</u>

XA1. 访员编号：

[_____]

XA2. 访员姓名：

[_____]

XA3. 记录当前时间：

[___|___]年 [___|___]月 [___|___]日 [___|___]时 [___|___]分

XA4. 样本联系情况：

接通 ······································· 1

接通但杂音,无法听清 ··············· 2 →问卷结束

占线 ····························· 3 →问卷结束

无人接听 ······················ 4 →问卷结束

拒接 ····························· 5 →问卷结束

关机 ····························· 6 →问卷结束

不在服务区 ···················· 7 →问卷结束

停机、暂停服务 ················ 8 →问卷结束

空号、号码不存在、号码错误、无效号码 9 →问卷结束

公司或组织单位电话号码············ 10 →跳问 XA4a

其他 ····························· 11

XA4a. 其他,请注明：_____

XA5. 您好,我是中国人民大学的学生访问员。目前正在做一项群众参与冰雪运动状况的调研,为科学研究和政策分析提供依据。需要占用您一点时间,了解一些情况,好吗?

好 ································· 1

暂时没有时间,约访 ·············· 2 →问卷结束

中途拒访 ·············· 95

XA5a. 记录约访时间：

[__|__|__|__]年 [__|__]月 [__|__]日 [__|__]时 [__|__]分

条件设置：仅当 XA5 题选择 2（暂时没有时间，约访）时，访员填写此题。

约访联系记录

条件设置：仅当 XA5 题选择 2（暂时没有时间，约访）时访员填答本题组。

XB1. 访员编码：

[_____]

XB2. 访员姓名：

[_____]

XB3. 记录当前时间：

[__|__|__|__]年 [__|__]月 [__|__]日 [__|__]时 [__|__]分

XB4. 样本联系情况：

接通 ······················· 1

接通但杂音，无法听清 ··········· 2 →问卷结束

占线 ······················· 3 →问卷结束

无人接听 ··················· 4 →问卷结束

拒接 ······················· 5 →问卷结束

关机 ······················· 6 →问卷结束

不在服务区 ················· 7 →问卷结束

停机、暂停服务 ··············· 8 →问卷结束

空号、号码不存在、号码错误、无效号码 9 →问卷结束

公司或组织单位电话号码 ········· 10 →跳问 XB4a

其他 ······················· 11

XB4a. 其他，请注明：_____

XB5. 您好，我是中国人民大学的学生访问员。之前与您约在现在完成群众参与冰雪运动状况的调研，为科学研究和政策分析提供依据，我们现在开始，好吗？

好 ······················· 1

中途拒访 ··············· 95 →问卷结束

S1. 请问您是否已年满 18 周岁？

是 ······················· 1

否 ······················· 2

中途拒访 ·············· 95 →问卷结束

拒绝回答 ·············· 99

A. 主问卷

A61. 请问您喜不喜欢冰雪运动?

非常不喜欢 ················ 1

不喜欢 ················ 2

说不上喜欢或不喜欢 ········ 3

喜欢 ················ 4

非常喜欢 ················ 5 →问卷结束

中途拒访 ················ 95

拒绝回答 ················ 99

A62. 到目前为止,您有没有参加过以下这些冰雪运动?

	有	没有	中途拒访	拒绝回答
滑雪	1	2	95	99
滑冰	1	2	95	99
竞技性雪车/雪橇	1	2	95	99
冰壶	1	2	95	99
冰球	1	2	95	99
在公园或景区开展的冰雪嘉年华、冰雪大世界等观光体验性活动	1	2	95	99
在自然环境中开发的狗拉爬犁、狗拉雪橇等地方性民俗冰雪运动	1	2	95	99

条件设置:选择 95 中途拒访,问卷结束。

A63. 2019-2020 年的这个冬季,您分别参加过几次以下这些冰雪运动?

	次数
滑雪	[_|_]
滑冰	[_|_]
竞技性雪车/雪橇	[_|_]
冰壶	[_|_]
冰球	[_|_]
在公园或景区开展的冰雪嘉年华、冰雪大世界等观光体验性活动	[_|_]
在自然环境中开发的狗拉爬犁、狗拉雪橇等地方性民俗冰雪运动	[_|_]

访问员注意：如没有，请填写 0；如中途拒访，请填写 995；如拒绝回答，请填写 999。

输入设置：仅整数；除了 995 和 999 外，输入值大于等于 0 且小于等于 100。

条件设置：A2 题任意子问题选择 1（有）的受访者回答本题。A2 题选择 1（有）的子问题在该题目中出现。填写 995，问卷结束。

A64. 2019-2020 年除冬季外的其他季节，您有没有在国内或国外参加过以下这些冰雪运动？

	有	没有	中途拒访	拒绝回答
1. 滑雪	1	2	95	99
2. 滑冰	1	2	95	99
3. 竞技性雪车 / 雪橇	1	2	95	99
4. 冰壶	1	2	95	99
5. 冰球	1	2	95	99
6. 在公园或景区开展的冰雪嘉年华、冰雪大世界等观光体验性活动	1	2	95	99
7. 在自然环境中开发的狗拉爬犁、狗拉雪橇等地方性民俗冰雪运动	1	2	95	99

条件设置：A2 题任意子问题选择 1（有）的受访者回答本题。A2 题选择 1（有）的子问题在该题目中出现。选择 95 中途拒访，问卷结束。

A65. 包括往返交通在内，您最近一次参加冰雪运动总共花了多长时间？

[__|__] 天 [__|__] 小时 [__|__] 分钟

访问员注意：如没有，请填写 0；如中途拒访，请填写 95；如拒绝回答，请填写 99。

输入设置：仅整数；除了 95 和 99 外，输入值大于等于 0 且小于等于 60。

条件设置：A2 题任意子问题选择 1（有）的受访者回答本题。填写 95，问卷结束。

A66. 您最近一次参加冰雪运动的往返交通总共花了多长时间？

[__|__] 天 [__|__] 小时 [__|__] 分钟

访问员注意：如没有，请填写 0；如中途拒访，请填写 95；如拒绝回答，请填写 99。

输入设置：仅整数；除了 95 和 99 外,输入值大于等于 0 且小于等于 60。

条件设置：A2 题任意子问题选择 1（有）的受访者回答本题。填写 95,问卷结束。

A67. 包括各项费用在内,您最近一次参加冰雪运动大概消费多少钱?

[＿|＿|＿|＿|＿|＿] 元

访问员注意：如没有,请填写 0;如中途拒访,请填写 999995;如拒绝回答,请填写 999999。

输入设置：仅整数;除了 999995 和 999999 外,输入值大于等于 0 且小于等于 100000。

条件设置：A2 题任意子问题选择 1（有）的受访者回答本题。填写 999995,问卷结束。

A68. 在过去的一年里,您参与各项冰雪运动在以下各方面大约各消费了多少钱?

购买或租赁参与冰雪运动的服装：[＿|＿|＿|＿|＿|＿] 元
购买或租赁参与冰雪运动的装备：[＿|＿|＿|＿|＿|＿] 元
参与冰雪运动的门票支出：[＿|＿|＿|＿|＿] 元
观看冰雪运动比赛的门票支出：[＿|＿|＿|＿|＿] 元
参与冰雪运动交通、餐饮与住宿支出：[＿|＿|＿|＿|＿] 元
参与冰雪运动的教育与培训支出：[＿|＿|＿|＿|＿] 元
其他：[＿|＿|＿|＿|＿] 元

访问员注意：如没有,请填写 0;如中途拒访,请填写 999995;如拒绝回答,请填写 999999。

输入设置：仅整数;除了 999995 和 999999 外,输入值大于等于 0 且小于等于 100000。

条件设置：A2 题任意子问题选择 1（有）的受访者回答本题。填写 999995,问卷结束。

A8a. 其他,请注明： ＿＿＿＿＿＿＿＿

条件设置：A8 题子问题 7 其他不为空时,受访者回答此题。

A69. 您参加的冰雪运动主要是由谁组织的（多选题,选项随机顺序显示）：

个人自发组织的 ………………………… 1
公司单位组织的 ………………………… 2
社区居委会组织的 ……………………… 3
由政府部门组织的 ……………………… 4

参加商业性质的健身俱乐部⋯⋯⋯⋯⋯ 5

社会团体组织的⋯⋯⋯⋯⋯⋯⋯⋯⋯ 6 →跳问 A9a

其他⋯⋯⋯⋯⋯⋯⋯⋯⋯⋯⋯⋯⋯ 7 →问卷结束

中途拒访⋯⋯⋯⋯⋯⋯⋯⋯⋯⋯⋯ 95

拒绝回答⋯⋯⋯⋯⋯⋯⋯⋯⋯⋯⋯ 99

A9a. 其他，请注明：＿＿＿＿＿＿＿

A70. 在过去的 2019-2020 这个冬季，新冠疫情的爆发对于您参加冰雪运动有什么影响？

完全取消了原计划参加的冰雪运动⋯⋯ 1

大大减少了原计划参加的冰雪运动⋯⋯ 2

部分减少了原计划参加的冰雪运动⋯⋯ 3

对于参加冰雪运动基本上没有影响⋯⋯ 4

中途拒访⋯⋯⋯⋯⋯⋯⋯⋯ 95 →问卷结束

拒绝回答⋯⋯⋯⋯⋯⋯⋯⋯⋯ 99

A10a. 您认为，在 2020 年的冬季，我国再次爆发新冠疫情的可能性有多大？

非常大⋯⋯⋯⋯⋯⋯⋯⋯⋯⋯⋯ 1

比较大⋯⋯⋯⋯⋯⋯⋯⋯⋯⋯⋯ 2

有一半可能⋯⋯⋯⋯⋯⋯⋯⋯⋯ 3

比较小⋯⋯⋯⋯⋯⋯⋯⋯⋯⋯⋯ 4

非常小⋯⋯⋯⋯⋯⋯⋯⋯⋯ 5 →问卷结束

中途拒访⋯⋯⋯⋯⋯⋯⋯⋯⋯⋯⋯ 95

拒绝回答⋯⋯⋯⋯⋯⋯⋯⋯⋯⋯⋯ 99

A71. 在将来的 2020-2021 这个冬季，您参加冰雪运动的可能性如何？

绝对会参加⋯⋯⋯⋯⋯⋯⋯⋯⋯ 1

较大可能会参加⋯⋯⋯⋯⋯⋯⋯ 2

有一半可能会参加⋯⋯⋯⋯⋯⋯ 3

有较少可能会参加⋯⋯⋯⋯⋯⋯ 4

绝对不会参加⋯⋯⋯⋯⋯⋯ 5 →问卷结束

中途拒访⋯⋯⋯⋯⋯⋯⋯⋯⋯⋯ 95

拒绝回答⋯⋯⋯⋯⋯⋯⋯⋯⋯⋯ 99

A72. 您第一次参加冰雪运动时大概是多少岁？

[＿｜＿] 岁

访问员注意：如中途拒访，请填写 995；如拒绝回答，请填写 999。

输入设置：仅整数；除了 995 和 999 外，输入值大于 0 且小于等于 100。

条件设置：A2 题任意子问题选择 1（有）的受访者回答本题。填写
995,问卷结束。

A73. 下列人员中谁对您参加冰雪运动的影响最大？

没有人 …………………………………… 1

家人 ……………………………………… 2

亲戚 ……………………………………… 3

朋友 ……………………………………… 4

老师 ……………………………………… 5

同学 ……………………………………… 6

同事 ………………………………… 7 →跳问 A13a

其他人 ……………………………… 8 →问卷结束

中途拒访 ………………………………… 95

拒绝回答 ………………………………… 99

A13a. 其他人,请注明：_____

A74. 下列人员中谁经常和您一起参加冰雪运动？

没有人 …………………………………… 1

家人 ……………………………………… 2

亲戚 ……………………………………… 3

朋友 ……………………………………… 4

同学 ……………………………………… 5

同事 ………………………………… 6 →跳问 A14a

其他人 ……………………………… 7 →问卷结束

中途拒访 ………………………………… 95

拒绝回答 ………………………………… 99

A14a. 其他人,请注明：_____

A75. 您参加冰雪运动的主要目的都是些什么？（多选题,选项随机顺序显示）

健康 ……………………………………… 1

娱乐 ……………………………………… 2

社交 ……………………………………… 3

缓解压力 ………………………………… 4

追求时尚 …………………………… 5 →跳问 A15a

出于其他目的 …………………………… 6

中途拒访 …………………………… 95 →问卷结束

拒绝回答 ………………………………… 99

A15a. 出于其他目的，请注明：_____

A76. 您认为阻碍您参加冰雪运动的因素有哪些？（多选题，选项随机顺序显示）

不感兴趣 ·················· 1

经济条件不允许 ·············· 2

太忙，没时间 ··············· 3

身体健康状况不允许 ············ 4

附近缺乏冰雪运动设施 ·········· 5

怕受伤 ··················· 6

没有人进行冰雪运动的培训，不会 ····· 7 →跳问 A16a

其他 ·················· 8 →问卷结束

中途拒访 ·················· 95

拒绝回答 ·················· 9

A16a. 其他，请注明：_____

A77. 您是否经常通过电视、互联网等媒体观看冰雪运动比赛？

经常 ··················· 1

有时 ··················· 2

偶尔 ··················· 3

很少 ··················· 4

从不 ·················· 5 →问卷结束

中途拒访 ·················· 95

拒绝回答 ·················· 99

A78. 那么，您有没有亲自到现场观看过冰雪运动比赛呢？

有 ···················· 1

没有 ················· 2 →问卷结束

中途拒访 ·················· 95

拒绝回答 ·················· 99

A79. 您主要是通过哪些方式获取冰雪运动知识的？（多选题，选项随机顺序显示）

报纸／杂志／书籍 ············· 1

广播 ··················· 2

上网(包括手机上网、Pad 上网、电脑上网等)3

电视 ··················· 4

运动场所的健身指南 ··········· 5

咨询冰雪运动专业人员 ·········· 6

以上都没有 ……………………………… 7 →跳问 A19a

其他 …………………………………… 8

中途拒访 ……………………………… 95 →问卷结束

拒绝回答 ……………………………… 99

A19a. 其他,请注明:＿＿＿＿＿＿＿

A80. 不包括您自己在内,在您的家人和亲戚中,喜欢冰雪运动的有多少人?

[＿＿|＿＿] 人

访问员注意:如没有,请填写 0;如中途拒访,请填写 995;如拒绝回答,请填写 999。

输入设置:仅整数;除了 995 和 999 外,输入值大于等于 0 且小于 100。

条件设置:填写 995,问卷结束。

A81. 您家里有没有正在上学的中小学的孩子?

有 ……………………………………… 1

没有 …………………………………… 2

中途拒访 ……………………………… 95 →问卷结束

拒绝回答 ……………………………… 99

A82. 您家正在读中小学的孩子所在学校有没有以下有关冰雪运动的内容?

	有	没有	中途拒访	拒绝回答
学校开设冰雪运动的体育课	1	2	95	99
组织学生参加冰雪运动训练或比赛	1	2	95	99
组织学生参加冰雪运动夏令营或冬令营	1	2	95	99
讲授关于冰雪运动的知识	1	2	95	99
其他有关冰雪运动的内容	1	2	95	99

题目设置:如 S1 题选择 2 否,题目表述更改为" 您所在学校有没有以下有关冰雪运动的内容?"

条件设置:若 S1 题选择 2 否或 A22 题选择 1 有时,则该题出现。选择 95 中途拒访,问卷结束。

A83. 您或其他家人是否经常带家里的孩子一起参加冰雪运动?

经常 …………………………………… 1

有时 ·· 2

偶尔 ·· 3

很少 ·· 4

从不 ·· 5

中途拒访 ·· 95

拒绝回答 ·· 99

题目设置：若 S1 题选择 2 否，题目表述更改为"家人是否经常带您一起参加冰雪运动？"

条件设置：若 S1 题选择 2 否或 A22 题选择 1 有时，则该题出现。选择 95 中途拒访，问卷结束。

A84. 您或其他家人经常带家里的孩子参加的是什么性质的冰雪运动？

娱乐性的冰雪活动 1

专业规范性的冰雪运动 ······················ 2

中途拒访 ·· 95

拒绝回答 ·· 99

题目设置：若 S1 题选择 2 否，题目表述更改为"家人经常带您参加的是什么性质的冰雪运动？"

条件设置：若 S1 题选择 2 否或 A22 题选择 1 有时，则该题出现。选择 95 中途拒访，问卷结束。

A85. 您知不知道我国要举办下一届冬奥会？

知道 ·· 1

不知道 ·· 2 →问卷结束

中途拒访 ·· 95

拒绝回答 ·· 99

A86. 请问下一届冬奥会将在哪一年举办？（如答错，告知正确答案）

对 ·· 1

错 ·· 2

不知道 ·· 3 →问卷结束

中途拒访 ·· 95

拒绝回答 ·· 99

访问员注意：如受访者回答错误，请告知正确答案，正确答案为 2022 年。

A87. 请问冬奥会每几年举办一次？（如答错，告知正确答案）

对 ·· 1

错 ·· 2

不知道 ·· 3 →问卷结束

　　中途拒访 ···························· 95

　　拒绝回答 ···························· 99

访问员注意：如受访者回答错误,请告知正确答案,正确答案为每四年。

A88. 请问下一届冬奥会具体在哪举办?（如答错,告知正确答案）

　　北京 ····························· 1

　　张家口 ···························· 2

　　北京和张家口 ························ 3

　　不知道 ···························· 4 →问卷结束

　　中途拒访 ··························· 95

　　拒绝回答 ··························· 99

访问员注意：如受访者回答错误,请告知正确答案,正确答案为北京和张家口。

A89. 请问短道速滑是我国的优势项目吗?（如答错,告知正确答案）

　　是 ······························ 1

　　不是 ···························· 2

　　不知道 ··························· 3 →问卷结束

　　中途拒访 ························· 95

　　拒绝回答 ························· 99

访问员注意：如受访者回答错误,请告知正确答案,正确答案为是。

A90. 2022 年的冬奥会,您是否计划到现场去观看比赛?

　　是 ······························ 1

　　否 ····························· 2

　　不一定 ··························· 3 →问卷结束

　　中途拒访 ························· 95

　　拒绝回答 ························· 99

A91. 2022 年的冬奥会,您是否会通过电视或者互联网观看比赛?

　　会 ····························· 1

　　不会 ···························· 2

　　不一定 ··························· 3 →问卷结束

　　中途拒访 ························· 95

　　拒绝回答 ························· 99

B. 基本情况

B17. 被访者的性别（听声音判断）：

男 ……………………………………… 1

女 ……………………………………… 2

B18. 请问您是公历哪一年出生的？

[___|___|___|___] 年

访问员注意：如中途拒访，请填写 9995；如拒绝回答，请填写 9999。

输入设置：仅整数。

条件设置：填写 9995，问卷结束。

B19. 您目前的最高教育程度是什么，正在读的也算？

小学及以下 …………………… 1

初中 …………………………… 2

普通高中/职业高中/中专/技校 …… 3

大学专科（包括正规高等教育和成人高等教育）4

大学本科（包括正规高等教育和成人高等教育）5

研究生及以上 ………………… 6 →跳问 B3a

其他 …………………………… 7 →问卷结束

中途拒访 ……………………… 95

拒绝回答 ……………………… 99

B3a. 其他，请注明：_____

B3b. 您的最高教育程度是否正在读？

是 ……………………………… 1

否，已经毕业或肄业了 ………… 2 →跳问 B3a

中途拒访 ……………………… 95

拒绝回答 ……………………… 99

B20. 您觉得您目前的身体健康状况是：

很不健康 ……………………… 1

比较不健康 …………………… 2

一般 …………………………… 3

比较健康 ……………………… 4

很健康 ………………………… 5 →跳问 B3a

中途拒访 ……………………… 95

拒绝回答 ……………………… 99

B21. 您目前的居住地是城市还是农村：

城市 …………………………………… 1

农村 …………………………………… 2

中途拒访 ……………………………… 95 →跳问 B3a

拒绝回答 ……………………………… 99

B22. 您目前居住在哪个省 / 自治区 / 直辖市?

北京市 …………………………………… 1

天津市 …………………………………… 2

河北省 …………………………………… 3

山西省 …………………………………… 4

内蒙古自治区 …………………………… 5

辽宁省 …………………………………… 6

吉林省 …………………………………… 7

黑龙江省 ………………………………… 8

上海市 …………………………………… 9

江苏省 …………………………………… 10

浙江省 …………………………………… 11

安徽省 …………………………………… 12

福建省 …………………………………… 13

江西省 …………………………………… 14

山东省 …………………………………… 15

河南省 …………………………………… 16

湖北省 …………………………………… 17

湖南省 …………………………………… 18

广东省 …………………………………… 19

广西壮族自治区 ………………………… 20

海南省 …………………………………… 21

重庆市 …………………………………… 22

四川省 …………………………………… 23

贵州省 …………………………………… 24

云南省 …………………………………… 25

西藏自治区 ……………………………… 26

陕西省 …………………………………… 27

甘肃省 …………………………………… 28

青海省 …………………………………… 29

  宁夏回族自治区 ……………………… 30
  新疆维吾尔自治区 ……………………… 31 →跳问 B3a
  中途拒访 ……………………………… 95
  拒绝回答 ……………………………… 99

B23.请问您现在的具体职业是什么？

记录：[＿＿＿＿]

访问员注意：如中途拒访，请填写 95；如拒绝回答，请填写 99。

条件设置：填写 95，问卷结束。

B24.您个人过去一年里全年的税前总收入大概多少元？

记录：[＿＿＿＿]

访问员注意：如中途拒访，请填写 99999995；如拒绝回答，请填写
99999999。

输入设置：仅整数；除了 999999959995 和 99999999 外，输入值应
大于 0 小于等于 10000000。

　　访员读出："我们的访问到此结束，感谢您的配合，祝您工作顺利，生活愉快！"

参考文献

[1] David Gilbert, Simon Hudson. Tourism demand constraints : A skiing participation[J]. annals of tourism research, 2000, 27（4）: 906-925.

[2]Cora Lynn Craig 1, Catrine Tudor-Locke, Sue Cragg, Christine Cameron. Process and treatment of pedometer data collection for youth: the Canadian Physical Activity Levels among Youth study.Med Sci Sports Exerc. 2010 Mar; 42（3）: 430-435.

[3] Malebo A , Eeden C V , Wissing M P . Sport Participation, Psychological Well-Being, and Psychosocial Development in a Group of Young Black Adults[J]. South African Journal of Psychology, 2007, 37（1）: 188-206.

[4] Thibaut E , Eakins J , Vos S , et al. Time and money expenditure in sports participation: The role of income in consuming the most practiced sports activities in Flanders[J]. Sport Management Review, 2017, 20.

[5] Cozijnsen R , Stevens N L , Tilburg T V . The trend in sport participation among Dutch retirees, 1983-2007[J]. Ageing & Society, 2012.

[6]Luschen, G. Towards a New Structural Analysis — the Present State and the Prospects of the International Sociology of Sport[J]. International Review for the Sociology of Sport, 1988, 23（4）: 269-285.

[7] Andrew Yiannakis. . . Sport sociology : contemporary themes /-2nd ed. Kendall/Hunt Pub. Co, 1976.

[8] Saunders.Sociology, Sport and Physical Education. Review of Sport and Leisure.1.1976: 122-138

[9] Loy, J.W..The Emergence and Development of the Sociology of

Sports as an Academic Specialty. Research Quarterly for Exercise and Sports.1980,51：91-109

[10] Erik Thibaut.Sport participation styles revisited：A time-trend study in Belgium from the 1970s to the 2000sInternational Review for the Sociology of Sport, 2016,50（1）, 45 - 63

[11]WANN D L, BRANSCOMBE N R. Sports fans：Measuring degree of identification with their team [J].International Journal of Sport Psychology,1993,24：1-17.

[12] Williams P , Fidgeon P R . Addressing participation constraint：a case study of potential skiers[J]. Tourism Management, 2000, 21（4）：379-393.

[13] Ruston/Tomany and Associates（1990）. The 1990 Ontario ski study-household survey, Toronto, Ontario Ski Resorts Association.

[14] Williams, P. W., Dossa, K.（1994）. Where do the trails lead？Perspectives on the Canadian Ski Industry 1994, Tourism Canada, The Canadian Ski Council, The Centre for Tourism Policy and Research Simon Fraser University.

[15] Stynes D J , Mahoney E M . Michigan downhill ski marketing study：segmenting active skiers[J]. Research Report Agricultural Experiment Station Michigan State University, 1980, 59（391）：2-20.

[16] Ruston/Tomany and Associates（1990）. The 1990 Ontario ski study-household survey, Toronto, Ontario Ski Resorts Association.

[17] Williams, P. W., & Basford, R. Segmenting downhill skiing's latest demand markets. [J]. American Behavioural Scientist,1992, 36(2), 222-235.

[18] Zeithaml, V.A., & Bitner, M.J. Services marketing：Integrating customer focus across the firm.[M]. New York：McGraw-Hill.2006

[19] Oliver, R. Whence consumer loyalty？[J]. Journal of Marketing, 1999,63, 33-44.

[20] Kim, S., & Scott, D. An exploration of the relationship among social psychological involvement, behavioural involvement, commitment, and future intentions in the context of birdwatchinhg. [J]. Journal of Leisure Research,1997, 29（3）, 320-342.

[21] Iwasaki, Y., & Havitz, M.E. Examining relationships between leisure involvement, psychological commitment and loyalty to a recreation

agency. [J]. Journal of Leisure Research, 2004, 36, 45-72.

[22] Alexandris, K., Kouthouris, C., & Girgolas, G. Investigating the relationships among motivation, negotiation and intention to continuing participation: a study in recreational alpine skiing. [J]. Journal of Leisure Research, 2007, 39 (4), 648-668.

[23] Gilbert, D., & Hudson, S. Tourism demand constraints: a skiing participation.[J]. Annals of Tourism Research, 2000, 27 (4): 906-925.

[24] Williams, P, Fidgeon, P. R. Addressing participation constraint: A case study of potential skiers. [J]. Tourism Management, 2000, 21, 379-393.

[25] Kim, S., & Scott, D. An exploration of the relationship among social psychological involvement, behavioural involvement, commitment, and future intentions in the context of birdwatchinhg.[J]. Journal of Leisure Research, 1997, 29 (3), 320-342.

[26] Havitz, M., & Dimanche, F. Propositions for guiding the empirical testing of the involvement construct in recreational and tourist contexts. [J]. Leisure Sciences, 1990, 12, 179-196.

[27] Alexandris K, Du J, Funk D, Nicholas D, Theodorakis. Leisure constraints and the psychological continuum model: a study among recreational mountain skiers [J]. Leisure Studies, 2017, 36: 5, 670-683.

[28] Beaton, A. A., Funk, D. C., & Alexandris, K. Operationalizing a theory of participation in physically active leisure. [J]. Journal of Leisure Research, 2009, 41, 177-203.

[29] Funk, D. C., & James, J. The psychological continuum model: A conceptual framework for understanding an individual's psychological connection to sport. [J]. Sport Management Review, 2001, 4, 119-150.

[30] Shores, K. A., Scott, D., & Floyd, M. F. Constraints to outdoor recreation: A multiple hierarchy stratification perspective. [J]. Leisure Sciences, 2007, 29, 227-246.

[31] Son, J. S., Mowen, A. J., & Kerstetter, D. L. . Testing alternative leisure constraint negotiation models: An extension of Hubbard and Mannell's study. [J]. Leisure Sciences, 2008, 30, 198-216.

[32] Heino, R. New sports: What is so punk about snowboarding ? [J]. Journal of Sport and Social Issues, 2000, 24, 176-191.

[33] Balaska, P., Alexandris, K., Kouthouris, C., & Polatidou, P. An examination of how constraints and processes of change affect stages of behavioural change for recreational sport participation. [J]. International Journal of Sport Management and Marketing, 2012, 12, 275–293.

[34] Son, J. S., Mowen, A. J., & Kerstetter, D. L. Testing alternative leisure constraint negotiation models: An extension of Hubbard and Mannell's study.[J]. Leisure Sciences, 2008, 30, 198–216.

[35] Gilbert, D., & Hudson, S. Tourism demand constraints. [J]. Annals of Tourism Research, 2000, 27, 906–925.

[36] Williams, P, Fidgeon, P. R. Addressing participation constraint: A case study of potential skiers. [J]. Tourism Management, 2000, 21, 379–393.

[37] Vassiliadis C A , Bellou V , Priporas C V , et al. Exploring the negotiation thesis application among ski resort tourists: a segmentation approach. [J].Journal of Hospitality & Tourism Research, 2018, 42 (5): 716-739.

[38] Svensson M , Brundin L , Erhardt S , et al. Long distance ski racing is associated with lower long-term incidence of depression in a population based, large-scale study[J]. Psychiatry research, 2019,(281): 1-7.

[39] Mirehie M , Gibson H J .The relationship between female snow-sport tourists' travel behaviors and well-being[J]. Tourism Management Perspectives, 2020, 33: 100613.

[40] TANGELAND T, AAS Q, ODDEN A. The Socio-Demographic Influence on Participation in Outdoor Recreation Activities – Implications for the Norwegian Domestic Market for Nature-Based Tourism[J]. Scandinavian Journal of Hospitality & Tourism, 2013, 13 (3): 190-207.

[41] MALASEVSKA I. Explaining variation in alpine skiing frequency[J].Scandinavian Journal of Hospitality and Tourism, 2018, 18 (2): 214-224.

[42] DELFIEN V D, GREET C, ILSE D B, et al. Who Participates in Running Events ? Socio-Demographic Characteristics, Psychosocial Factors and Barriers as Correlates of Non-Participation—A Pilot Study in Belgium[J].International Journal of Environmental Research & Public Health, 2017, 14 (11): 1-14.

[43] ALEXANDRIS K, Du J, Funk D, THEODORAKIS N D. Leisure constraints and the psychological continuum model: A study among recreational mountain skiers [J].Leisure Studies,2017,36（5）: 670–668.

[44] BARNETT L A. What People Want From Their Leisure The Contributions of Personality Facets in differentially Predicting desired Leisure outcomes [J].Journal of Lsure Research,2013, 45（2）: 150-191.

[45] FUNK D C, JAME J D. Consumer Loyalty: The Meaning of Attachment in the Development of Sport Team Allegiance[J].Journal of Applied Physiology,2006,105（2）: 621-628.

[46] BEATON A A, FUNK D C, RIDINGER L, JORDAN J, Sport involvement: A conceptual and empirical analysis [J].Sport Management Review,2011,14（2）: 126-140.

[47] LERA-LOPEZ, FERNANDO, RAPUN-GARATE, MANUEL. Determinants of sports participation and attendance: differences and similarities[J].International Journal of Sports Marketing and Sponsorship, 2011, 12（2）: 167-190.

[48] MURRAR S, ISENBERG N, NIEDENTHAL P, et al. Shame and guilt among ice hockey players in the penalty box[J].Motivation and Emotion,2019,43（6）: 940-947.

[49] KOKOLAKAKIS T, LERA-LOPEZ F, PANAGOULEAS T. Analysis of the determinants of sports participation in Spain and England[J].Applied Economics,2012,44（21）: 2785-2798.

[50] MELO R, GOMES R M. Nature sports participation: Understanding demand, practice profile, motivations and constraints[J]. European Journal of Tourism Research,2017,16: 108-135.

[51] WILLIAMS P, FIDGEON P R. Addressing participation constraint: a case study of potential skiers[J].Tourism Management, 2000,21（4）: 379-393.

[52] MALASEVSKA I. Explaining variation in alpine skiing frequency[J].Scandinavian Journal of Hospitality and Tourism,2018,18（2）: 214-224.

[53] FARRELL, SHIELDS. Investigating the Economic and Demographic Determinants of Sporting Participation in England[J].Journal of the Royal Statistical Society.Series A（ Statistics in Society),2002,165

（2）：335-348.

[54] CLARK K, FERKINS L, SMYTHE L, et al. Valuing the lived experience: a phenomenological study of skiing[J].Sport in Society, 2018,21（2）: 283-301.

[55] ALEXANDRIS K, KOUTHOURIS C, FUNK D, CHATZIGIANNI E. Examining the relationships between leisure constraints, involvement and attitudinal loyalty among Greek recreational skiers. [J]. European Sport Management Quarterly,2008,8（3）, 247–264.

[56] DENG Y, HOU J H, MA X, CAI S Q. A dual model of entertainment-based and community-based mechanisms to explore continued participation in online entertainment communities [J]. Cyberpsychology, behavior and social networking,2013,16（5）: 378-384.

[57] STEBBINS R A. Serious leisure: A conceptual statement[J].The Pacific Sociological Review,1982,25: 251–272.

[58] JEON J H, RIDINGER L. An examination of sport commitment of windsurfers[J].Journal of Sport Behavior,2009,32（3）: 325–338.

[59] HUNGENBERG E, GOULD J, DALY S. An examination of social psychological factors predicting skiers' skill, participation frequency, and spending behaviors[J].Journal of Sport & Tourism,2013, 18（4）: 313-336.

[60] BROWNE B A, KALDENBERG D O. Conceptualizing self-monitoring: links to materialism and product involvement[J].Journal of Consumer Marketing,1997,14（1）: 31-44.

[61] 陆学艺. 当代中国社会阶层研究报告 [M]. 北京: 社会科学文献出版社, 2002.01.

[62]（美）凡勃伦著; 何志武, 沈晓编译. 有闲阶级论 [M]. 北京: 中国水利水电出版社, 2013.08.

[63] 江崇民, 张彦峰, 蔡睿, 等.2007 年中国城乡居民参加体育锻炼现状分析 [J]. 体育科学,2009,29（03）: 9-19.

[64] 郭可雷. 陕西省城市老年妇女体育参与的生理、心理特征分析 [J]. 辽宁体育科技,2010,32（03）: 51-52.

[65] 姚磊, 田雨普, 谭明义. 村落农民体育参与者的价值取向: 基于社会分层视角的分析——安徽省小岗村、小井庄和落儿岭三村的实证研究 [J]. 天津体育学院学报,2010,25（03）: 210-213.

[66] 赵一平,马力.大学生参与体育锻炼的调查与分析 [J].北京体育大学学报,2005（07）:897-899.

[67] 欧阳萍,陆海.高校退休教师参与体育锻炼情况研究 [J].广州体育学院学报,2009,29（02）:126-128.

[68] 刘大维,陆明涛.中国居民体育运动参与的二项逻辑回归分析 [J].武汉体育学院学报,2012,46（2）:6.

[69] 白彩梅,马文飞.从身体活动的行为科学理论看影响参与体育锻炼的因素 [J].四川体育科学,2010（02）:42-45.

[70] 肖坤鹏,张铁民.新时代冰雪运动强国建设研究 [J].体育文化导刊,2020,（06）:20-25+60.

[71] 王飞,马莉娅,高鑫瑶,赵琳.体育强国建设背景下我国冰雪运动产业发展目标及路径 [J].体育文化导刊,2021（08）:1-6.

[72] 董德朋,孙卓,袁雷.体育强国背景下冰雪运动文化力的内涵、解构与发展路径 [J].体育文化导刊,2020（11）:7-12.

[73] 周阳.2022冬奥会对北京市中小学生参与冰雪运动发展策略研究 [D].首都体育学院,2018.

[74] 穆小舟.2022年冬奥会背景下河北省大众滑雪运动发展研究 [D].哈尔滨体育学院,2019.

[75] 侯奕安.京津冀地区大众冰雪运动参与者行为研究 [D].天津财经大学,2020.

[76] 王忠瑞,李树旺,徐有彬.冰雪运动参与的影响因素及其组织化机制——基于北京市居民的抽样调查 [J].沈阳体育学院学报,2018,37（01）:1-6.

[77] 陈晓花.北京市延庆区冰雪特色校小学冰雪运动开展现状研究 [D].首都体育学院,2020.

[78] 程文广,冯振伟.我国青少年冰雪运动进校园:影响因素、推进机制与实践路径 [J].体育科学,2020,40（07）:40-48.

[79] 徐宇华,林显鹏.冬季奥运会可持续发展管理研究:国际经验及对我国筹备2022年冬奥会的启示 [J].北京体育大学学报,2016,39（01）:13-19.

[80] 张铁民."2022北京冬奥会"背景下的我国大众滑雪运动的参与现状分析——以东北3省为例 [J].中国学校体育(高等教育),2016,3（01）:30-34.

[81] 王冠瑛,王卓涛,田园.秦皇岛冰雪运动发展状况的调查研究 [J].河北师范大学学报(自然科学版),2011,35（05）:536-540.

[82] 赵晶,闫育东.我国冰雪运动人力资源储备与发展规划研究 [J].山东体育学院学报,2015,31（01）:51-54.

[83] 王海.用科学发展观审视竞技体育强国下我国冰雪运动发展方略 [J].辽宁体育科技,2013,35（03）:26-29.

[84] 王锥鑫.我国冰雪运动竞技人才储备与发展路径研究 [J].南京体育学院学报(社会科学版),2017,31（02）:82-87.

[85] 马毅,吕晶红.我国备战 2022 年冬奥会重点项目后备人才培养问题探究 [J].体育科学,2016,36（04）:3-10.

[86] 唐哲."北冰南展"的实施现状及拓展对策 [J].广州体育学院学报,2012,32（05）:72-75+79.

[87] 孙科.全民健身与冰雪运动发展 [J].体育文化导刊,2017（03）:1-4.

[88] 中共中央办公厅、国务院办公厅.关于以 2022 年北京冬奥会为契机大力发展冰雪运动的意见 [EB/OL].[2019-03-13].http://www.gov.cn/gongbao/content/2019/content_538371.htm.

[89] 阚军常,王飞,张宏宇,张莹.我国大众冰雪运动发展的问题、形成根源及对策 [J].体育文化导刊,2018,（10）:40-45.

[90] 李京律,马江涛,李树旺,李震宁.北京冬奥语境下大众冰雪运动参与动机、运动投入、参与满意度与持续参与意图的关系 [J].成都体育学院学报,2020,46（06）:74-79.

[91] 马江涛,李京律,李树旺.北京冬奥会背景下大众冰雪运动持续参与形成机制研究 [J].西安体育学院学报,2022,39（01）:18-30.

[92] 马江涛,李树旺,李京律,宋晓红.大众冰雪运动参与休闲限制对变通策略的影响研究 [J].沈阳体育学院学报,2021,40（01）:116-124.

[93] 许弘.北京 2022 年冬奥会和冬残奥会背景下冰雪运动进校园的现状、思考与展望 [J].体育科学,2021,41（04）:41-48.

[94] 程宇飞.我国冰雪运动进校园经验及发展策略 [J].体育文化导刊,2020（06）:33-39.

[95] 曹英,程传银,董鹏.我国校园冰雪运动开展的机遇、问题及策略 [J].体育文化导刊,2020（11）:13-19.

[96] 伊晓彤,孙鸣浩.冬奥会背景下冰雪运动进校园的传播策略研究 [J].冰雪运动,2017,39（05）:67-70.

[97] 王恒利,王琪.我国体育彩票研究热点和脉络演进的可视化研究 [J].体育成人教育学刊,2018,34（06）:37-43.

[98] 李树祯,成尔卓,雷尚坤,等."一带一路"视角下跨境电商研究

的现状、热点与趋势——基于 2015 ~ 2021 年 CNKI 文献的计量分析 [J]. 现代商业,2022,(06):42-46.

[99] 王天军. 新疆阿勒泰毛雪板滑雪历史考察 [J]. 体育文化导刊,2012(07):123-125.

[100] 庄艳华. 我国冰雪文化普及的理论之维与实现路径 [J]. 体育与科学,2018,39(05):109-114.

[101] 张志哲. 冰雪体育文化传承与拓展研究 [J]. 冰雪运动,2016,38(03):37-40.

[102] 张驰,佟铁鹰. 黑龙江省城市群众性冰雪体育行为研究 [J]. 冰雪运动,2015,37(6):70-73.

[103] 李岫儒,柴娇. 冰雪体育文化传播的意义及路径 [J]. 体育文化导刊,2019(08):43-47+53.

[104] 任昳霏,郭磊. 飞驰的冰刀与停滞的帝国——冰嬉盛典与清代文化命运兴衰 [J]. 清华大学学报(哲学社会科学版),2021,36(06):1-11+205.

[105] 张志成,周祖旭. 高校冰雪文化建设与发展策略研究 [J]. 黑龙江工业学院学报(综合版),2018,18(10):24-27.

[106] 曹杰,刘义峰,关富余等. 新时代我国高校冰雪体育运动文化建设的多元意义 [J]. 冰雪运动,2019,41(1):89-92.

[107] 王子鸣,管淑波. 大学生冰雪校园文化素养的培养策略 [J]. 冰雪运动,2017,39(01):73-76.

[108] 于德生. 东北地区高校冰雪文化的构建 [J]. 冰雪运动,2014,36(05):50-52.

[109] 周祖旭,赵萌. 北方高校冰雪体育文化实现途径研究 [J]. 长春师范大学学报,2018,37(10):113-115.

[110] 王学如,谭睿,李智鹏,等. 冰雪休闲体育丰富校园文化建设的研究 [J]. 冰雪运动,2020,42(05):45-50.

[111] 李玉文. 我国少数民族体育冰雪项目进入冬奥会的发展探索 [J]. 广州体育学院学报,2021,41(06):60-63.

[112] 唐云松,陈德明. "一带一路"冰雪运动文化交流价值与推进路径 [J]. 体育文化导刊,2022(03):14-19.

[113] 吴爱兵. 网络空间的冰雪文化参与:行为特征、价值转向与失范 [J]. 体育与科学,2022,43(01):13-19.

[114] 李祥虎,袁雷,丁晓梅. 全域旅游视域下我国冰雪运动小镇发展研究 [J]. 体育文化导刊,2021(04):72-78.

[115] 李艳 . 后冬奥时期冰雪文化旅游产业空间的延续：政策变迁、行动框架及路径选择 [J]. 体育与科学,2022,43（02）：43-48.

[116] 於鹏,陈刚,孔景 . 北京冬奥会：冰雪文化启蒙与体育旅游产业推进策略 -《体育与科学》"北京冬奥会与中国冰雪文化发展"学术工作坊综述 [J]. 体育与科学,2021,42（06）：1-5.

[117] 王洪雷,杨鹏,高欣欣,刘宏辉 . 冰雪运动后备人才多元化培养模式的研究 [J]. 冰雪运动,2018,40（05）：65-68.

[118] 陈海燕 . 冰雪运动进校园推进机制及优化策略 [J]. 体育文化导刊,2022（04）：22-28.

[119] 王华倬 . 中国近现代体育课程史论 [M]. 北京：高等教育出版社,2004.

[120] 全海英,郭子萌 ."校企合作"推进冰雪运动进校园的机理、困境与路径研究 [J]. 沈阳体育学院学报,2020,39（05）：24-31+48.

[121] 王锥鑫 . 我国冰雪运动竞技人才储备与发展路径研究 [J]. 南京体育学院学报(社会科学版),2017,31（02）：82-87.

[122] 韩重阳,夏天 . 北京冬奥会背景下我国校园冰球发展机遇与策略 [J]. 体育文化导刊,2020（04）：99-104.

[123] 王蓓 . 体教融合视域下冰雪运动进校园的价值与路径 [J]. 体育文化导刊,2021（04）：92-98.

[124] 靳勇,李永辉,路佳 . 北京冬奥会背景下京津冀冰雪人才院校协同培养研究 [J]. 西安体育学院学报,2020,37（02）：242-246.

[125] 陈天玉,刘波,郭振 ."一带一路"视域下中芬冰雪运动交流与展望 [J]. 体育文化导刊,2020（04）：25-30.

[126] 李京律,马江涛,李树旺,李震宁 . 北京冬奥语境下大众冰雪运动参与动机、运动投入、参与满意度与持续参与意图的关系 [J]. 成都体育学院学报,2020,46（06）：74-79.

[127] 马江涛,吴广亮,李树旺,宋晓红 . 北京居民体育参与影响因素研究 [J]. 成都体育学院学报,2016,42（06）：60-66.

[128] 李树旺,马江涛,李京律,等 . 北京地区居民冰雪运动参与的影响因素研究 [J]. 首都体育学院学报,2018,30（6）：495-501.

[129] 杰·科克利 . 体育社会学 - 议题与争议 [M]. 北京：清华大学出版社,2003,1.

[130] 熊欢 . 中国城市中产阶层妇女的体育参与研究 [J]. 北京体育大学学报,2008,31（8）：39-41.

[131] 李培林,田丰 . 中国劳动力市场人力资本对社会经济地位的影

响 [J]. 社会,2010,30（1）: 69-87.

[132] 仇军. 西方体育社会学: 理论、视点、方法 [M]. 北京: 清华大学出版社,2010,1.

[133] 王甫勤. 社会经济地位、生活方式与健康不平等 [J]. 社会,2012,32（2）: 125-143.

[134] 马江涛. 北京居民体质状况分析 [J]. 体育文化导刊,2016,5（5）: 31-36.

[135] 光明日报. 让冰雪运动更亲民 [EB/OL].[2018-11-21].http: // epaper.gmw.cn /gmrb/ html

[136] 人民日报. 中国人民大学发布《冰雪运动大众参与状况调查报告》[EB/OL].[2018-11-20]. https: //www.hubpd.com/c/2018-11-20/773902.shtml.

[137] 翟水保,宁科. 中国中部地区群众体育锻炼、消费模型的实证研究——基于有序 probit 回归模型的研究 [J]. 体育科学,2011,31（12）: 21-29.

[138] 仇军. 西方体育社会学: 理论、视点、方法 [M]. 北京: 清华大学出版社,2010,1.

[139] 卢志成. 社会公平语境中我国城乡群众体育发展的差异与统筹 [J]. 天津体育学院学报,2011,26（2）: 153-157.

[140] 伍斌,魏庆华,孙承华,等. 中国滑雪产业发展报告（2018）[M]. 社会科学文献出版社,2018,10.

[141] 新华社. 报告指出我国冰雪运动面临三大短板 .[EB/OL].[2018-11-21]. http: //www.bj.xinhuanet.com/bjyw/2018-11-21/c_1123748823.htm.

[142] 光明日报. 让冰雪运动更亲民 [EB/OL].[2018-11-21].http: // epaper.gmw.cn /gmrb/ html.

[143] 阳煜华. 酷文化的新表征: 青少年冰雪运动参与的亚文化解读 [J]. 体育与科学,2019,40（4）: 73-82.

[144] 光明日报. 让冰雪运动更亲民 [EB/OL].[2018-11-21].http: // epaper.gmw.cn /gmrb/ html.

[145] 李树旺: 共享办奥 打造体育强国群体基础 .《民生周刊》[EB/OL].[2022-1-1].https: //xw.qq.com/cmsid/20220116A03Y7500.

[146] 徐焕喆,赵勇军. 校园冰雪运动的育人价值及实现路径研究 [J]. 北京教育（高教）,2021,（12）: 49-51.

[147] 李爱群,吕万刚,漆昌柱,简德平,王相飞. 理念·方法·路径:

体教融合的理论阐释与实践探讨——"体教融合：理念·方法·路径"学术研讨会述评 [J].武汉体育学院学报,2020,54（07）：5-12.

[148] 陈辉.普及冰雪运动要从教育抓起 [J].中国教育学刊,2018（2）：101.

[149] 谷婧.课程思政背景下公共体育课程对大学生体育素养提升策略的初探 [J].体育科技文献通报,2021,29（10）：129+140.

[150] 王蓓,谢慧松.2022 年北京冬奥会背景下我国冬季奥运项目发展研究 [J].体育文化导刊,2019（9）：26-30.

[151] 吴建喜,池建.论我国竞技体育发展方式转变中体教结合向体教融合的嬗变 [J].北京体育大学学报,2014,37（04）：88-93.

[152] 晋腾,刘俊一.体育社会组织参与校园冰雪运动的价值、困境与路径 [J].体育文化导刊,2021（5）：98-103.

[153] 许弘.打造立体丰富体系 推动冰雪运动进校园 [J].中国学校体育,2021,40（11）：2-3

[154] 蔡朋龙.地方政府对国家体育产业政策再制定的协同力评价研究——基于 11 个省、自治区、直辖市的实证分析 [J].天津体育学院学报,2020,35（01）：70-79.

[155] 朱焱,袁诗怡,张佃波,刘立清.新时代我国冰雪产业政策实施效果评估指标体系构建与实证研究 [J].中国体育科技,2022,58（05）：11-20.

[156] 慈鑫.冰雪运动进校园仅有政策还不够 [N].中国青年报,2020-12-22（003）.

[157] 王家宏,蔡朋龙,刘广飞.我国体育产业政策实施执行的分析研究 [J].武汉体育学院学报,2019,53（09）：5-14.

[158] 陈海燕.冰雪运动进校园的多维内涵及实践意蕴 [J].体育教学,2021,41（8）：2.

[159] 马德浩.新时代我国农村公共体育服务的治理困境及其应对策略 [J].体育与科学,2020,41（1）：104-111.

[160] 孙雪.我国校园冰雪政策执行的阻滞与消解——基于萨巴蒂尔和马兹曼尼安的政策执行综合模型视角 [J].沈阳体育学院学报,2018,37（02）：8-15.

[161] 董杰,刘新立.北京 2022 冬奥会支出的风险与风险管理 [J].体育与科学,2020,41（01）：16-27.

[162] 康凤凡,叶卫兵,张舒丹,王波,陈慧业.史密斯模型视角下我国校园冰雪政策执行研究——基于校园足球政策分析 [J].体育文化导刊,

2020,（8）：104-110.

[163] 马瑞,刘春华,焦磊,耿新山.黑龙江省"百万青少年上冰雪"活动开展现状研究 [J]. 冰雪运动,2011,33（02）：65-69.

[164] 张世平,骆秉全.北京市中小学"冰雪运动进课堂"的可持续开展研究 [J]. 首都体育学院学报,2021,33（01）：56-61.

[165] 邢晓燕,Eric MacIntosh,刘平江,闫昕.加拿大青少年冰雪运动发展特征及启示 [J]. 体育成人教育学刊,2019,35（06）：45-49.

[166] 杨三军.北京冬奥会举办对中国经济发展的效应研究 [J]. 体育与科学,2022,43（1）：1-6.

[167] 臧海翔,程传银.我国冰雪运动政策工具选择特征及优化策略 [J]. 体育文化导刊,2020,（9）：1-7.

[168] 孙雪.我国校园冰雪政策执行的阻滞与消解——基于萨巴蒂尔和马兹曼尼安的政策执行综合模型视角 [J]. 沈阳体育学院学报,2018,37（02）：8-15.

[169] 舒瑶,张英波.基于史密斯模型的我国校园冰雪政策执行分析 [J]. 体育文化导刊,2020（10）：14-20+32.

[170] 李树旺.疫情后,青少年学生冰雪运动向何处去,青少年学生冰雪运动向何处去.光明网 [EB/OL].[2020-8-8].http：//epaper.gmw.cn

[171] 新华网.少儿患上"老年病",当代少年如何强？ [EB/OL].[2022-6-4].http：//www.xinhuanet.com/sports/2022-06/01/c_1128703488.htm.

[172] 许弘,李先雄.体教融合背景下青少年体育活动开展的困境与思考 [J]. 体育学刊,2021,28（02）：7-12.

[173] 舒宗礼,夏贵霞.疫情防控常态化背景下青少年家校合作体育共育模式研究 [J]. 体育文化导刊,2020（9）：54-59.

[174] 消费日报社.冰雪运动不再小众 冰雪消费人群平均支出近6000 元 [EB/OL].[2019-9-11].https：//baijiahao.baidu.com/s？id=1651225801163468290&wfr=spider&for=pc.

[175] 栾开建.关于中外竞技体育后备人才培养模式比较分析 [J]. 南京体育学院学报(社会科学版),2003（06）：13-15.

[176] 王登峰.体教融合的历史背景与现实意义 [J]. 体育科学,2020,40（10）：3-7.

[177] 布特,段红艳,诺日布斯仁.从体教结合到体教融合:从资源耦合向制度耦合创新发展 [J]. 北京体育大学学报,2021,44（09）：33-44.

[178] 杨桦,刘志国.体教融合:中国特色竞技体育后备人才培养模

式转化与创新 [J]. 成都体育学院学报,2021,47（03）:1-8.

[179] 王登峰. 新时代体教融合的目标与学校体育的改革方向 [J]. 上海体育学院学报,2020,44（10）:1-4.

[180] 郭振,王松,钟玉姣,刘波. 新时代体育强国的诉求:体教融合的概念、价值与思考 [J]. 体育科学,2022,42（2）:21-29.

[181] 崔佳琦,王文龙,邢金明. 我国竞技体育后备人才"体教融合"培养模式研究述评 [J]. 吉林体育学院学报,2022,38（2）:64-72.

[182] 刘波,王松,陈颇,尹志华,黄璐. 当前体教融合的研究动态与未来展望 [J]. 北京体育大学学报,2021,44（01）:10-17.

[183] 杨三军,刘波. 冰雪运动进校园与体教融合的内在关联和经验借鉴研究 [J]. 北京体育大学学报,2021,44（3）:105-113.

[184] 中华人民共和国教育部政府门户网站. 教育部就《教育部等四部门关于加快推进全国青少年冰雪运动进校园的指导意见》答问 [EB/OL]. [2019-6-26].http://www.moe.edu.cn.

[185] 杨桦. 教育、训练、科研"三结合"的探索与实践 [J]. 北京体育大学学报,2005（1）:1-4.

[186] 杨国庆. 论新时代"南体模式"新发展 - 关于高等体育院校体教融合实践的探索与思考 [J]. 体育学研究,2020,34（4）:1.

[187] 翟丰,张艳平. "混合型"体教结合模式向"体教融合"模式的发展 [J]. 体育学刊,2013,20（4）:90-92.

[188] 喻和文,刘东锋,谢松林. 职业足球俱乐部青训与校园足球合作探析 [J]. 体育文化导刊,2019,（2）:22-27+14.

[189] 刘波,郭振,王松,陈怡莹,张贝尔. 体教融合:新时代中国特色竞技体育后备人才培养的诉求、困境与探索 [J]. 体育学刊,2020,27（06）:12-19.

[190] 刘伟,潘昆峰. 市场逻辑与高校"教体结合"发展——北京理工大学足球俱乐部模式的探讨与反思 [J]. 内蒙古财经大学学报,2017,15（5）:90-95.

[191] 人民日报. 大体协副主席薛彦青:体教融合需深化合作、破除壁垒 [EB/OL].[2020-9-7].http://ah.people.com.cn/n2/2020/0907/c358323-34277005.html.

[192] 徐艳,柴业宏. 北京冬奥会华裔运动员成长模式对我国体教融合发展理念的启示——以谷爱凌为例 [J]. 体育与科学,2022,43（03）:50-55.

[193] 孙科,刘铁军,马艳红,等. 中国特色体教融合发展思考——对

《关于深化体教融合促进青少年健康发展意见》的诠释 [J]. 成都体育学院学报，2021，47（1）：13-20.

[194] 聂真新，刘坚，高飞. 中考体育改革：源流、价值与路径 [J]. 北京体育大学学报，2021，44（9）：76-85.

[195] 新华网. 体育课变形：初中搞"应试"，高中走"形式" [EB/OL].[2020-8-27]http://education.news.cn/2020-08/27/c_1126419928.

[196] 于文谦，季城. 体教融合背景下体育中考的热效应与冷思考 [J]. 西安体育学院学报，2021，38（03）：360-365.

[197] 胡小清，唐炎. 新时期体育中考的功能审视、现存问题及消解路径 [J]. 北京体育大学学报，2021，44（9）：67-75.

[198] 柳鸣毅，丁煌. 我国体教融合的顶层设计、政策指引与推进路径 [J]. 上海体育学院学报，2020，44（10）：13-27

[199] 王家宏，董宏. 体育回归教育：体教融合的现实选择与必然归宿 [J]. 北京体育大学学报，2021，44（1）：18-27.

[200] 新华社. 习近平：与金牌奖牌相比 我更在意冬奥会为中国注入的动力和活力 [OB/OL].[2022-1-25]http://cn.chinadaily.com.cn/gtx/5d47c3fba31099ab995d74b7/cctv/page_42.html.

[201] 王美. 奥运提振效应与低谷效应辨析与思考——兼议北京 - 张家口冬奥会办赛理念 [J]. 南京体育学院学报(社会科学版)，2017，31（4）：93-98.

[202] 黄海燕. 新阶段，新形势：我国体育产业发展战略前瞻 [J]. 上海体育学院学报，2022，46（1）：13.

[203] 崔旭艳，殷怀刚. 中国梦与奥林匹克风——《体育与科学》"冰天雪地也是金山银山：北京冬奥会后期效应"学术工作坊综述 [J]. 体育与科学，2022，43（2）：8-16.

[204] 新华体育. "带动三亿人参与冰雪运动"的目标实现了! [OB/OL].[2022-1-12] http://www.xinhuanet.com/sports/2022-01/12/c_1128256812.htm.

[205] 国家体育总局. 全力兑现"带动三亿人参与冰雪运动"庄严承诺 [J]. 当代世界，2022（2）：4-9.

[206] 人民日报网. 新学期，上好冰雪这一课(走向冬奥) [OB/OL].[2019-3-7]http://m.people.cn/n4/2021/0301/c35-14863687.html.

[207] 田栋. 奥运经济效应及我国发展冰雪经济的国际经验比较与借鉴 [J]. 全球化，2018（9）：100-111.

[208] 中国青年网. 冰雪运动大众化，2020 至 2021 雪季冰雪休闲

旅游超 2 亿人次 [OB/OL].[2022-2-9].http：//news.youth.cn/qdc/pic_list/202202/t20220222_13469644.htm.

[209] 中国商务部 . 商务部就今年春节假期消费领域有关情况等答问 [OB/OL].[2022-2-10]http：//www.gov.cn/xinwen/2022-02/10/content_5672952.htm.

[210] 罗婧 . 志愿常态化：对"个体——环境"交互机制的探索 [J]. 管理世界,2021,37（8）：128-142.

[211] 国家体育总局 . "历史会镌刻下这一笔"——记习近平总书记考察北京冬奥筹备工作 [OB/OL].[2022-1-7] https：//www.sport.gov.cn/n4/n23848493/n23961478/c23964653/content.html.

[212] 杨国庆 . 习近平关于办好北京 2022 冬奥会重要论述研究 [J]. 成都体育学院学报,2022,48（1）：1-7.

[213] 人民网 . 为推进新型经济全球化贡献中国力量 [OB/OL].[2020-1-10] http：//m.people.cn/n4/2020/0110/c25-13579585.html.

[214] 消费日报社 . 冰雪运动不再小众 冰雪消费人群平均支出近 6000 元 [OB/OL].[2019-11-25]https：//m.thepaper.cn/baijiahao_5059206.

[215] 李强 .21 世纪以来中国社会分层结构变迁的特征与趋势 [J]. 河北学刊,2021,41（5）：190-199.

[216] 杨越 . 奥运后首都经济可持续发展的地方税收研究 [J]. 体育科学,2009,29（8）：12-19.

[217] 北京青年报 . 代表委员给冰雪运动出主意 [OB/OL].[2019-3-7] http：//epaper.ynet.com/html/2019-03/07/content_321461.htm？ div=-1.

[218] 国家体育总局 .《"带动三亿人参与冰雪运动"统计调查报告》 [OB/OL].[2022-1-03]https：//www.sport.gov.cn/n20001280/n20001265/n20067533/c23921797/content.html.

[219] 阚军常,翟哲,张宏宇 . 我国冰雪运动发展的战略规划与推进路径 [J]. 上海体育学院学报,2022,46（01）：52-59.

[220] 韩元军 . 以大众冰雪旅游助力北京冬奥会战略 [J]. 旅游刊,2020,35（4）：9-11.

[221] 冯烽 . 北京冬奥会背景下中国冰雪经济高质量发展的推进策略 [J]. 当代经济管理,2022,44（3）：41-47.

[222] 李凌 . 体育消费链破解冰雪经济体多元困局的策略研究 [J]. 北京体育大学学报,2021,44（11）：51-60.DOI：10.19582/j.cnki.11-3785/g8.2021.11.006.